COMENTÁRIOS PONTUAIS SOBRE O
NOVO CÓDIGO DE PROCESSO CIVIL

FRANCISCO ANTONIO DE OLIVEIRA

Desembargador Federal do Trabalho aposentado do Tribunal Regional do Trabalho da 2ª Região.

Presidente do Tribunal Regional do Trabalho da 2ª Região no período de 2000 a 2002.

Instrução

- Bacharel em Ciências Jurídicas e Sociais pela Pontifícia Universidade Católica – Campinas – Turma 1970.
- Bacharel em Ciências Econômicas pela Fundação Moura Lacerda –Ribeirão Preto – SP – Turma 1963.
- Contador formado pela Escola Técnica e Ginásio Catanduva, Catanduva – SP – Turma de 1956.
- Diplomado em Curso Avançado de Espanhol pela First Class – Institute of Languages, de Campinas.
- Diplomado em Língua Italiana pela Pontifica Universidade Católica de São Paulo.
- Mestre em Direito do Trabalho pela Pontifícia Universidade Católica de São Paulo – PUC/SP, em 18.07.2000.
- Doutor em Direito do Trabalho pela Pontifícia Universidade Católica de São Paulo – PUC/SP. Em 20.06.2001.
- Presidente do Colégio de Presidentes e de Corregedores da Justiça do Trabalho no período de 2000 a 2002.
- Membro do Conselho Superior do Tribunal Superior do Trabalho no período de 2000 a 2002.

Obras Publicadas

Gênero: Direito Material e Processual: Trabalho, Civil e Constitucional

Editora Revista dos Tribunais e Editora LTr

1) A Execução na Justiça do Trabalho – 8ª ed. LTr;
2) A Prova no Processo do Trabalho – 4ª ed. LTr - 2014;
3) Ação Civil Pública. Enfoques Trabalhistas -- 3ª.ed. LTr, 2013;
4) Ação Rescisória. Enfoques Trabalhistas – 4ª ed. LTr, 2013;
5) Alterações do CPC Comentado. Aspectos Processuais Trabalhistas e Civis. Ed, RT – Esgotado;
6) Comentários aos Precedentes Normativos e às Orientações Jurisprudenciais do TST -- 3ª.ed. LTr. 2014;
7) Comentários às Súmulas do TST – 11ª ed. LTr. 2014;
8) Comentários à Consolidação das Leis do Trabalho – 4ª ed. LTr, 2014;
9) Mandado de Injunção (Da Inconstitucionalidade por omissão). Enfoques Trabalhistas – 3ª ed.LTr, 2014;
10) Mandado de Segurança e Controle Jurisdicional – 4ª ed. LTr. 2013;
11) Manual de Audiências Trabalhistas – 8ª ed. LTr, 2013;
12) Manual de Direito Individual e Coletivo do Trabalho – 3ª ed.RT;
13) Manual de Penhora. Enfoques Trabalhistas e Jurisprudência --3ª. ed. LTr. 2014;
14) Manual de Processo do Trabalho – 4ª ed. LTr, 2011;
15) Medidas Cautelares, Procedimentos Especiais – 4ª ed. LTr. 2008;
16) Novo contrato por prazo determinado. Lei nº 9.601/98 – Ed RT – Esgotado;
17) Manual de Revelia -- 2ª. Edição Ed. LTr, 2015;
18) O Processo na Justiça do Trabalho, 5ª.ed. ed. LTr, 2008;
19) Tratado de Direito Processual do Trabalho. 1ª. Ed. LTr. 2008;
20) A Lei do Mandado de Segurança Comentada, Ed. LTr, 2011;
21) Curso de Direito do Trabalho, Ed. LTr, 2012;
22) O Livro da Competência – Ed. LTr. – 2012;
23) Questões Processuais Trabalhista – ed. LTr, no prelo;
24) Tratado de Direito Processual do Trabalho –ed.LTr. (2 volumes);

Gênero: Romance

1. Peregrinos do Universo, Editora Vértice - Ficção - 2001;
2. Inquisição – O lado sombrio da Igreja. Ed. Appris – Ficção - 2014;
3. Por que Elas Traem, Ed. Appris – -Psico/Social - 2014;
4. Prostituição. Glamour e Ocaso, Ed. Appris – Psico/Social- 2014;
5. Introspecção. Ed. Appris – no prelo (Crônicas) - 2014;

- Professor convidado pela Universidade Presbiteriana Mackenzie – Curso de Direito – para ministrar aulas em Curso de Pós-Graduação;
- Professos convidado do Centro de Extensão Universitária (CEU) para ministrar aulas no Curso de Pós-Graduação;
- Professor convidado da Escola Paulista de Direito (EPD) para ministrar aulas em Curso de Pós-Graduação – Escola Superior de Advocacia – São Paulo;
- Professor da ESA-São Paulo –Ministrou Curso de Execução Trabalhista com duração de 24 horas.

Menção Elogiosa

- Menção elogiosa do Tribunal Superior do Trabalho sobre a obra "A Execução na Justiça do Trabalho" – Sessão Plenária de 16.06.88.
- Menção elogiosa do Tribunal Superior do Trabalho sobre obras publicadas – 14ª Sessão Extraordinária realizada em setembro/93.
- Menção elogiosa do Tribunal Superior do Trabalho sobre obras publicadas. 32ª Seção Ordinária da Seção Especializada em Dissídios Coletivos, 2000.

Condecorações

- Agraciado com a medalha da Ordem do Mérito Judiciário do Trabalho no Grau de Comendador, concedida pelo E. Órgão Especial do Tribunal Superior do Trabalho, e promovido ao grau de GRANDE OFICIAL, pelo Pleno do Tribunal Superior do Trabalho.
- Agraciado com a Medalha da Ordem do Mérito Judiciário do Tribunal Regional do Trabalho da 2ª Região, no grau de Grã–Cruz.
- Agraciado com o título de Cidadão Campineiro pela Câmara Municipal de Campinas/SP.

Participações

Membro da Academia Nacional de Direito do Trabalho.

- Membro do Instituto Brasileiro de Direito Social – Seção Brasileira da Societé Internacionale de Droit du Travail et de la Securité Social.
- Membro do Instituto dos Advogados de São Paulo (sócio colaborador).
- Membro da Asociación Iberoamericana de Derecho del Trabajo y de la Seguridad Social.
- Membro do Instituto de Direito do Trabalho do Mercosul (sócio efetivo titular).
- Membro da Academia Paulista de Magistrados.
- Membro da Academia Paulista de Letras Jurídicas, na qualidade de Acadêmico Perpétuo como Titular de Cadeira e sócio fundador,
- Cadeira n.10, patrono Frederico Marques a partir de 11.8.2003.
- Homenageado pela 2ª. Turma do Tribunal Superior do Trabalho na sessão do dia l8.08.2004 em razão da sua aposentadoria.
- Homenageado pela 4ª. Turma do Tribunal Superior do Trabalho na sessão do dia 18.08.2004 em razão da sua aposentadoria.

Francisco Antonio de Oliveira

Comentários Pontuais sobre o Novo Código de Processo Civil

EDITORA LTDA.
© Todos os direitos reservados

Rua Jaguaribe, 571
CEP 01224-001
São Paulo, SP – Brasil
Fone (11) 2167-1101
www.ltr.com.br
Setembro, 2015

Versão impressa: LTr 5296.8 — ISBN: 978-85-361-8596-5
Versão digital: LTr 8804.0 — ISBN: 978-85-361-8607-8

Dados Internacionais de Catalogação na Publicação (CIP)
(Câmara Brasileira do Livro, SP, Brasil)

Oliveira, Francisco de
   Comentários pontuais sobre o novo código de processo civil / Francisco Antonio de Oliveira. — São Paulo : LTr, 2015.

   Bibliografia

   1. Processo civil – Brasil 2. Processo civil – Leis e legislação – Brasil I. Título.

15-06574   CDU-347.9(81) (094.46)

Índice para catálogo sistemático:
1. Brasil : Códido de processo civil comentado 347.9 (81) (094.46)
2. Código de processo civil : Comentários : Brasil 347.9 (81) (094.46)

SUMÁRIO

INTRODUÇÃO	11
COMENTÁRIOS PONTUAIS SOBRE O NOVO CÓDIGO DE PROCESSO CIVIL	13
Art. 1º	13
Art. 2º	13
Art. 3º	14
Art. 4º	14
Art. 5º	15
Art. 6º	15
Art. 7º	16
Art. 8º	16
Art. 9º	17
Art. 10	18
Art. 11	18
Art. 12	21
Art. 13	22
Art. 14	22
Art. 15	23
Art. 16	23
Art. 24	24
Art. 25	25
Art. 28	27
Art. 37	28
Art. 38	29
Art. 40	30
Art. 42	32
Art. 43	32
Art. 44	33
Art. 47	33
Art. 49	35

Art. 50	36
Art. 57	37
Art. 58	38
Art. 61	39
Art. 64	45
Art. 65	46
Art. 68	46
Art. 70	47
Art. 71	48
Art. 72	49
Art. 73	50
Art. 73	52
Art. 74	55
Art. 79	55
Art. 84	57
Art. 86	58
Art. 223	58
Art. 224	59
Art. 257	60
Art. 259	61
Art. 260	62
Art. 262	62
Art. 263	63
Art. 266	64
Art. 272	64
Art. 271	65
Art. 272	66
Art. 273	67
Art. 274	67
Art. 277	68
Art. 278	69
Art. 279	70
Art. 280	70
Art. 281	72
Art. 283	78
Art. 285	79
Art. 286	81
Art. 289	81
Art. 290	84
Art. 291	85
Art. 293	87
Art. 294	87

Art. 296	89
Art. 297	89
Art. 298	90
Art. 300	92
Art. 303	93
Art. 306	95
Art. 306	96
Art. 313	96
Art. 314	97
Art. 314	98
Art. 316	98
Art. 317	100
Art. 318	103
Art. 319	103
Art. 320	104
Art. 334	105
Art. 327	106
Art. 339	107
Art. 340	108
Art. 342	109
Art. 347	109
Art. 348	110
Art. 350	111
Art. 354	111
Art. 355	114
Art. 356	115
Art. 359	117
Art. 361	118
Art. 367	121
Art. 370	122
Art. 371	122
Art. 375	123
Art. 379	124
Art. 429	124
Art. 434	125
Art. 435	127
Art. 438	128
Art. 386	129
Art. 449	130
Art. 450	131
Art. 455	132
Art. 457	133

Art. 458	133
Art. 459	135
Art. 461	136
Art. 469	137
Art. 472	141
Art. 489	142
Art. 496	145
Art. 500	152
Art. 501	156
Art. 503	159
Art. 505	161
Art. 512	163
Art. 516	165
Art. 552	167
Art. 607	167
Art. 609	167
Art. 615	169
Art. 616	172
Art. 617	173
Art. 619	175
Art. 624	176
Art. 628	177
Art. 631	178
Art. 639	180
Art. 663	182
Art. 709	187
Art. 715	189
Art. 750	193
Art. 751	194
Art. 752	195
Art. 754	196
Art. 755	197
Art. 758	199
Art. 759	201
Art. 760	202
Art. 763	204
Art. 768	205
Art. 776	206
Art. 784	207
Art. 785	207
Art. 787	209
Art. 809	210

Art. 828	210
Art. 832	211
Art. 834	213
Art. 841	215
Art. 845	215
Art. 847	217
Art. 848	218
Art. 851	219
Art. 853	219
Art. 858	226
Art. 859	227
Art. 860	227
Art. 861	229
Art. 863	231
Art. 879	232
Art. 884	234
Art. 885	236
Art. 887	245
Art. 888	246
Art. 887	246
Art. 889	247
Art. 890	247
Art. 894	250
Art. 922	252
Art. 923	252
Art. 926	253
Art. 928	254
Art. 934	257
Art, 937	258
Art. 940	263
Art. 941	264
Art. 960	270
Art. 963	271
Art. 965	272
Art. 966	272
DISPOSIÇÕES TRANSITÓRIAS DO CÓDIGO SANCIONADO	275
COMENTÁRIOS AOS VETOS PRESIDENCIAIS	287

Introdução

Antes de iniciarmos esta difícil caminhada dos comentários, faz-se mister discorrer, ainda que de forma breve, sobre o trabalho posto a lume pela comissão técnica e pelo relator do processo no Senado Federal Valter Pereira. Trata-se de um trabalho hercúleo, de fôlego ímpar, principalmente dentro da comissão, para chegar-se a uma redação que satisfaça a todos os seus participantes. Sabemos que a palavra é má condutora do pensamento e o resultado, quando isso acontece, é a edição de leis defeituosas. Sobre o assunto, observa Herbert Spencer que "ao reler o trabalho recém-concluído, o autor não fica satisfeito, por mais que se haja esmerado no retoque da forma. A razão desse fato, de experiência diuturna, está em que todos pensam melhor do que escrevem: a linguagem sempre se revela transmissora imperfeita de ideias. Dias depois, a impressão é melhor; e assim sucede, e só se recordam os conceitos pelo que os vocábulos revelam."(*apud.* MAXIMILIANO, Carlos, in *Hermenêutica e Aplicação do Direito*, 8ª. ed.: Rio: Freitas Bastos, 1965. p. 130). É louvável o esforço concentrado e o objetivo de trazer àluz um Código de Processo Civil que realmente possa atender às exigências e às necessidades de um país com tamanho continental. Não se pode ter a pretensão de que teremos em mãos um código perfeito, simplesmente porque somos humanos. Em direito, às vezes, uma vírgula colocada fora de lugar ou o emprego de uma palavra desconhecida ou que foge ao uso e ao costume habitual pode causar estragos. Exemplo ainda candente foi a discussão travada quando entrou em vigor o Código de Processo Civil atual, nos idos de 1973, entre o mestre reverenciado da época José Frederico Marques e o Juiz e jurista Paulo Restife. O cerne da discussão foi o art. 747 que usou o vocábulo "juízo requerido". A discussão mereceu dezenas de artigos publicados principalmente no Jornal "O Estado de São Paulo". A redação do artigo está hoje apaziguada com o emprego da terminologia "deprecante e deprecado". Demos o exemplo para que sejamos realistas. É na prática judicante que virão à tona as facilidades e as dificuldades, os erros e os acertos. No tocante ao relator, Senador Valter Pereira, devo registrar de imediato o mérito de impor na redação a ordem direta, embora no decorrer do trabalho tenha facilitado neste parte. Todos, absolutamente todos, adotam a cultura de escrever na ordem indireta. Os códigos atuais são prenhes de exemplos. A ordem inversa dificulta o entendimento. Pode demonstrar conhecimento e segurança no domínio da língua, mas basta um pequeno deslize na pontuação para que o autor caia do pedestal. Registro outro mérito do relator que é o de aplicar com rigor o princípio do paralelismo da língua portuguesa, princípio esquecido por, praticamente, todos, juristas, doutrinadores, escritores, legisladores, editoras etc. etc. Registro também o uso do termo "instância", superado universalmente e substituído pelo termo "jurisdição", mais completo no seu conteúdo. O termo instância denomina o local onde é exercida a jurisdição no Poder Judiciário; fora do local onde se desenvolve a jurisdição o termo correto é circunscrição. As delegacias de polícia, os cartórios de registro possuem circunscrições que delimitam o seu poder de agir e de operar. O termo jurisdição (*jurisdictio*) significa o poder de dizer o direito. Cada ramo do direito tem jurisdição em determinada base territorial ou instância. A competência material do juiz se estende por toda base territorial onde tem jurisdição. Distribuído o processo para uma das Varas, firma-se imediatamente a competência funcional e forma-se o juízo natural.

Comentários Pontuais sobre o Novo Código de Processo Civil

Redação da Comissão Técnica de Apoio

Art. 1º O processo civil será ordenado, disciplinado e interpretado conforme os valores e os princípios fundamentais estabelecidos na Constituição da República Federativa do Brasil, observando-se disposições deste Código.

Nota: Confirmado pela relatoria.

Código sancionado

Art. 1º O processo civil será ordenado, disciplinado e interpretado conforme os valores e as normas fundamentais estabelecidos na Constituição da República Federativa do Brasil, observando-se as disposições deste Código.

Comentários: O artigo sancionado substitui princípios por normas. A substituição foi apenas tautológica já que as palavras são sinônimas.

A lei processual será aplicada e interpretada de conformidade com o arcabouço doutrinário existente e os princípios que informam as regras de hermenêutica. Nenhuma interpretação poderá contrariar princípios e valores estabelecidos na Constituição Federal.

Redação da Comissão Técnica de Apoio

Art. 2º O processo começa por iniciativa da parte, nos casos e nas formas, salvo exceções previstas em lei e se desenvolve por impulso oficial.

Código sancionado

Art. 2º O processo começa por iniciativa da parte e se desenvolve por impulso oficial, salvo as exceções previstas em lei.

Comentários: A redação da Comissão baseou-se nos artigos 262 e 2º do Código em vigor. A redação atual não registra exceções e deixa como verdade peremptória que todo processo somente pode começar por iniciativa da parte. Esta regra geral do princípio dispositivo comporta exceção, mesmo porque é a exceção que confirma a regra geral. Nada é absoluto. Tudo é relativo. A redação do art. 2º do Código sancionado repete o art. 262 do Código em vigor e acrescenta a ressalva de exceções previstas em lei.

Redação da Comissão Técnica de Apoio

Art. 3º Não se excluirá da apreciação jurisdicional ameaça ou lesão a direito. Ressalvados os litígios voluntariamente submetidos à solução arbitral na forma da lei.

Código sancionado

Art. 3º Não se excluirá da apreciação jurisdicional ameaça ou lesão a direito.

§ 1º É permitida a arbitragem, na forma da lei.

§ 2º O Estado promoverá, sempre que possível, a solução consensual dos conflitos.

§ 3º A conciliação, a mediação e outros métodos de solução consensual de conflitos deverão ser estimulados por juízes, advogados, defensores públicos e membros do Ministério Público, inclusive no curso do processo judicial.

Comentários: A realidade é prenhe de modificações. A realidade de ontem poderá não ser a mesma de hoje e, seguramente, não será a de amanhã. A solução arbitral, resistida por muitos sob o argumento de que estaria usurpando o exercício próprio da jurisdição, tem demonstrado ser de real interesse na redução de conflitos e diminuindo uma cultura de resolução de conflitos perante o Poder Judiciário. As relações conflituosas cresceram acompanhando não só crescimento populacional mas também o grau de politização do povo na defesa dos seus direitos. A resolução arbitral é uma realidade para a qual não se pode fechar os olhos. Daí a necessidade de constar do diploma processual. A redação do Código sancionado é mais completa e incentiva a autocomposição. O § 2º deveria substituir "Estado" por "Juiz". O juiz investido de jurisdição representa o Estado (Estado-Juiz). O Estado é um ser abstrato. O juiz é um ser presente e que poderá incentivar as partes a se conciliarem. O § 3º não traduz norma processual, por isso seria desnecessário. Não é nada mais do que um aconselhamento e isso poderia ser feito de outras maneiras, dando mais condições ao Poder Judiciário e ao Ministério Público. Está no Código, mas não é norma. Esse tipo de procedimento abarrota o Código com parágrafos desnecessários.

Redação da Comissão Técnica de Apoio

Art. 4º As partes têm de obter em prazo razoável a solução integral da lide, incluída a atividade satisfativa.

Código sancionado

Art. 4º As partes têm o direito de obter em prazo razoável a solução integral do mérito, incluída a atividade satisfativa.

Comentários: O objetivo da norma é louvável. Dizem os doutos que justiça tardia não é justiça. Realmente os jurisdicionados que trabalham, que pagam os seus impostos, que contribuem para o engrandecimento do país têm o direito de ver a solução dos seus litígios de forma célere dentro de um critério de razoabilidade. O Brasil é conhecido como o país que detém um número exagerado de leis, entre as quais existe uma quantidade preocupante de normas que não são aplicadas ou, como dizem alguns, "leis que não pegaram". É que não adianta apenas a norma determinar. Há que se prover para que haja condições para que isso ocorra. O Poder Judiciário depende diretamente do Poder Executivo, que sempre foi e continua sendo sovina na liberação de numerário. Não existe milagre que transforme a letra da lei em realidade. Não negamos que o Poder Judiciário brasileiro melhorou e muito na prestação jurisdicional. Mas ainda há muito a fazer.

Redação da Comissão Técnica de Apoio

Art. 5º As partes têm direito de participar ativamente do processo, cooperando entre si e com o juiz e fornecendo-lhe subsídios para que profira decisões, realize atos executivos ou determine a prática de medidas de urgência.

Alteração no Relatório Geral

Art. 5º As partes têm direito de participar ativamente do processo, cooperando com o juiz e fornecendo-lhe subsídios para que profira decisões, realize atos executivos ou determine a prática de medidas de urgência.

Código sancionado

Art. 5º Aquele que de qualquer forma participa do processo deve comportar-se de acordo com a boa-fé.

Comentários: É dever das partes cooperarem com o juiz e agir sempre com lealdade processual, não criando incidentes protelatórios ou utilizando de meios artificiosos para embaraçar e atrasar a prestação jurisdicional. As partes têm o direito inalienável de participar de todos os atos processuais, desde que o façam dentro dos prazos previstos em lei, posto que sujeitas às preclusões legais. Tudo dentro do devido processo legal. A parte tem o direito da ampla defesa e de exercitar o princípio do contraditório. O relatório geral suprimiu a locução em que a redação falava em "cooperando entre si". O relator congressual fê-lo corretamente. Pode-se exigir que as partes ajam no processo de forma leal e sem litigar de má-fé. Mas que cooperam entre si seria uma exigência romântica e que arrepiaria à própria realidade. Nenhum litigante vai entregar o ouro ao seu adversário na lide. Irá, sim, dificultar o quanto puder que leve alguma vantagem. Na peleja processual se esgrima com punhos de rendas e em alto nível. Jamais se coopera com o adversário. A redação sancionada é mais objetiva e não se perde em divagações. Tudo o que foi posto pela Comissão e pela relatoria se resume no princípio da "boa-fé".

Redação da Comissão Técnica de Apoio

Art. 6º Ao aplicar a lei, o juiz atenderá aos fins sociais a que ela se dirige e às exigências do bem comum, observando sempre os princípios da dignidade da pessoa humana, da razoabilidade, da legalidade, da impessoalidade, da moralidade, da publicidade e da eficiência.

Nota: Confirmado pela relatoria.

Código sancionado

Art. 8º Ao aplicar o ordenamento jurídico, o juiz atenderá aos fins sociais e às exigências do bem comum, resguardando e promovendo a dignidade da pessoa humana e observando a proporcionalidade, a razoabilidade, a legalidade, a publicidade e a eficiência.

Comentários: Este artigo tem no seu conteúdo programático o cerne do art. 5º da Lei de Introdução do Código Civil, a teoria da tridimensionalidade e a doutrina universal: "entre a justiça e a legalidade, prefira a justiça." Confirma o art. 1º *retro* que o processo deve prestigiar os princípios constitucionais. Esse artigo libera o intérprete de certas peias, oportunizando uma interpretação mais rente ao bem comum e à dignidade da pessoa humana. Isso não significa que as rédeas estariam soltas, pois tem a balizá-las o princípio da razoabilidade. De resto, o juiz deverá sempre fundamentar todas as suas decisões (inciso IX, do art. 93, da CF). A redação do art. 8º que corresponde do art. 6º da relatoria adota o mesmo conteúdo com redação mais objetiva.

Redação da Comissão Técnica de Apoio

Art. 7º É assegurada às partes paridade de tratamento em relação ao exercício de direitos e faculdades processuais, aos meios de defesa, aos ônus, aos deveres e à aplicação de sanções processuais, competindo ao juiz velar pelo efetivo contraditório em casos de hipossuficiência técnica.

Alteração no relatório geral

Art. 7º É assegurado às partes paridade de tratamento em relação ao exercício de direitos e faculdades processuais, aos meios de defesa, aos ônus, aos deveres, e à aplicação de sanções processuais, competindo aos juiz velar pelo efetivo contraditório.

Código sancionado

Art. 7º É assegurada às partes paridade de tratamento em relação ao exercício de direitos e faculdades processuais, aos meios de defesa, aos ônus, aos deveres e à aplicação de sanções processuais, competindo ao juiz zelar pelo efetivo contraditório.

Comentários: Código sancionado aderiu *ipsis literis* à redação da relatoria. A comissão técnica substituiu o termo "igualdade" constante do CPC há mais de quatro décadas por "paridade". O termo igualdade é unívoco e o termo "paridade" é equívoco, isto é, tem o conteúdo vasto. Encontramos em Juliano – Digesto, liv. 34, tit. 5, frag. 12: "Prefira-se a inteligência dos textos que torne viável o seu objetivo, ao invés da que os reduza à inutilidade." O termo utilizado há mais de 40 anos deveria permanecer. Não se mexe naquilo que nunca suscitou discussão e atende perfeitamente à finalidade.

O relator suprimiu a locução "em caso de hipossuficiência técnica." O que seria? Seria a imperícia técnica por parte do advogado. Isto é, um advogado despreparado. Normalmente, isso poderá acontecer com novéis causídicos, neófitos no mister. Em sede trabalhista, o advogado não tem peso de obrigatoriedade (art. 791, da CLT) e o magistrado vela pela correção processual como um poder do juiz (*dominus processus*). No processo civil, em que a presença do advogado é obrigatória, havendo a hipótese, deve o juiz suspender o procedimento e oficiar a Ordem dos Advogados do Brasil para conhecimento e providências e instruir o ofício com documentos comprobatórios da hipossuficiência técnica. Em nenhuma hipótese deve o juiz mencionar por escrito o termo "insuficiência técnica". Os atos procedimentais devem falar por si só, não necessitando de denominação. Temos como correta a exclusão.

Redação da Comissão Técnica de Apoio

Art. 8º As partes têm o dever de contribuir para a rápida solução da lide, colaborando com o juiz para a identificação das questões de fato e de direito e abstendo-se de provocar incidentes desnecessários e procrastinatórios.

Alteração no relatório geral

Art. 8º As partes e seus procuradores têm o dever de contribuir para a rápida solução da lide, colaborando com o juiz para a identificação das questões de fato e de direito e abstendo-se de provocar incidentes desnecessários e procrastinatórios.

Código sancionado

Art. 6º Todos os sujeitos do processo devem cooperar entre si para que se obtenha, em tempo razoável, decisão de mérito justa e efetiva.

Comentários: A redação do Código sancionado é mais objetiva, redação mais própria para a formulação de normas jurídicas.

Verifica-se que o relatório geral havia incluído a locução "e seus procuradores", corretamente. A redação sancionada substitui por "sujeitos do processo". Como regra, a parte não pode estar solitária no processo, exigindo-se a presença do advogado. Ademais, poucas são as hipóteses em que a parte poderá postular sem advogado. Devemos raciocinar por regra geral, não por exceção.

Tudo o que o artigo exige está expressamente contido no princípio da lealdade processual e da boa-fé. Em princípio, ambas as partes devem ter interesse em que a jurisdição seja entregue no menor prazo possível. Sabemos, todavia, que na prática a teoria é outra. Haverá casos em que uma das partes não terá o mínimo interesse de que o julgamento seja célere. Para tanto, poderá usar de medidas que a lei lhe concede, sem que possa ser classificado de litigante de má-fé. A celeridade processual caberá a um juiz atento para que o procedimento flua sem empecilhos. Certos incidentes processuais que possam surgir não podem ser indeferidos liminarmente, salvo se transparecer o claro objetivo procrastinatório, pena de incorrer no cerceamento de defesa. Deve o juiz agir sempre com razoabilidade. Esse é o segredo!

Redação da Comissão Técnica de Apoio

Art. 9º Não se proferirá sentença ou decisão contra uma das partes sem que esta seja previamente ouvida, salvo se se tratar de medida de urgência ou concedida a fim de evitar o perecimento de direito.

Nota: Redação referendada pela relatoria.

Código sancionado

Art. 9º Não se proferirá decisão contra uma das partes sem que ela seja previamente ouvida.

Parágrafo único. O disposto no *caput* não se aplica:

I – à tutela provisória de urgência;

II – às hipóteses de tutela da evidência previstas no art. 311, incisos II e III;

III – à decisão prevista no art. 701.

Comentários: Código sancionado preferiu o uso didático de incisos e a remissão do artigo respectivo.

A redação apresenta ambiguidade inicial ao falar em "sentença ou decisão". Ambos os vocábulos seriam sinônimos? Ou sentença diz respeito a decisões meritórias e as decisões seriam as interlocutórias? Não desconhecemos que o conteúdo programático de "decisões" contém a sentença, mas não devem ser considerados sinônimos em terminologia jurídica, pois sentença diz menos do que decisão e vice-versa.

Existe a afirmação inicial de que "Não se proferirá sentença ou decisão contra uma das partes sem que esta seja previamente ouvida" está incompleta. Haveria de acrescentar-se: "salvo o caso da revelia". A correção vale para o artigo sancionado.

Em havendo revelia, a sentença será proferida sem que a parte seja previamente ouvida. Embora devidamente citada, não se fez ouvir. Quanto à exceção, está correta, pois até mesmo o juiz impedido poderá deferir medida de urgência para evitar o perecimento de direitos. A redação merecia uma atenção maior do relator congressual e do artigo sancionado, já que deveria haver um parágrafo único.

Parágrafo único. Para evitar a perda de direitos, a medida cautelar poderá ser deferida por juiz incompetente.

Perdeu-se a oportunidade de normatizar aquilo que a doutrina e a jurisprudência unânime apregoam.

Redação da Comissão Técnica de Apoio

Art. 10. O juiz não pode decidir em grau algum de jurisdição, com base em fundamento a respeito do qual não se tenha dado às partes oportunidade de se manifestar, ainda que se trate de matéria sobre a qual tenha que decidir de ofício.

Alteração no relatório geral

Art. 10. O juiz não pode decidir em grau algum de jurisdição, com base em fundamento a respeito do qual não se tenha dado às partes oportunidade de se manifestar, ainda que se trate de matéria sobre a qual tenha que decidir de ofício.

Parágrafo único. O disposto no *caput* não se aplica aos casos de tutela de urgência e nas hipóteses do art. 307.

Código sancionado

Art. 10. O juiz não pode decidir, em grau algum de jurisdição, com base em fundamento a respeito do qual não se tenha dado às partes oportunidade de se manifestar, ainda que se trate de matéria sobre a qual deva decidir de ofício.

Comentários: O artigo sancionado repete a redação da relatoria, sem o parágrafo único. Todavia, o artigo sancionado ficou incompleto, pois o parágrafo único da relatoria era imprescindível.

Como regra, o juiz condutor do processo ouve as partes sobre o tema que deverá decidir. A regra é salutar uma vez que a fala das partes poderá trazer luz ao tema e facilitar a decisão pelo juiz. Com isso, atende-se ao princípio do contraditório. É bem possível que o juiz já tenha a sua convicção formada a respeito daquilo que irá decidir, mas isso não traduz motivo suficiente para que deixe de dar vista à parte ou às partes. De qualquer forma, a decisão proferida será sempre obrigatoriamente fundamentada, pena de nulidade (art. 93, IX, da Constituição Federal). No que se refere a tema em que deva decidir de ofício, à vista às partes é preciosismo e é mais um procedimento a atravancar o princípio da celeridade. O acréscimo do parágrafo único pela relatoria era oportuno. A regra do *caput* comporta exceção nos casos de tutela de urgência

Redação da Comissão Técnica de Apoio

Art. 11. Todos os julgamentos dos órgãos do Poder Judiciário serão públicos e fundamentadas todas as decisões sob pena de nulidade.

Parágrafo único. Nas hipóteses previstas neste Código e nas demais leis, poderá ser autorizada somente a presença das partes ou de seus advogados.

Alteração no relatório geral

Art. 11. Todos os julgamentos dos órgãos do Poder Judiciário serão públicos e fundamentadas todas as decisões sob pena de nulidade.

Parágrafo único. Nos casos de segredo de justiça pode ser autorizada somente a presença das partes, de seus advogados ou dos defensores públicos, ou ainda, quando for o caso, do Ministério Público.

Código sancionado

Art. 11. Todos os julgamentos dos órgãos do Poder Judiciário serão públicos, e fundamentadas todas as decisões, sob pena de nulidade.

Parágrafo único. Nos casos de segredo de justiça, pode ser autorizada a presença somente das partes, de seus advogados, de defensores públicos ou do Ministério Público.

Comentários: A redação do *caput* da Comissão e do Código sancionado poderia ser melhor, se fosse usada a ordem direta. Evitaria o uso exagerado de vírgulas.

Art. 11. "Todos os julgamentos dos órgãos do Poder Judiciário serão públicos e todas as decisões serão fundamentadas sob pena de nulidade."

Verifica-se que a redação foi copiada do inciso IX do art. 96 da Constituição Federal que usa a ordem indireta. Mas nada impede, tudo aconselha, que aqui fosse usada a ordem direta para maior clareza. Deve ser lembrada uma passagem em que o Congresso Nacional havia contratado um filólogo para melhorar a redação da novel Constituição de 1988. Depois de alguns dias, o profissional declinou do honroso convite, pois não havia como dar clareza a um emaranhado construído na ordem indireta e com desrespeito a princípios que regem a língua como o paralelismo, a pontuação, entre outros. Qualquer modificação poderia, inclusive, mudar o sentido.

A relatoria deu maior clareza ao parágrafo único. A redação firmada pela Comissão hospedava-se em sede genérica ao falar em hipóteses previstas no Código e nas demais leis. Melhor seria: "no Código e nas leis". O termo "demais" não faz a menor falta. Todavia, a redação da relatoria peca ao usar a preposição indefinida "de" (de seus advogados). O correto é seguir os antecedentes: "das partes, dos seus advogados ou dos defensores públicos, ou ainda, quando for o caso, do Ministério Público, erronia cometida também pelo Código sancionado. A exigência de que todas as decisões sejam fundamentadas é ociosa, face ao inciso IX do art. 93 da Constituição Federal e ao que dispõe o art. 3º da LICC.

Comentários: A ordem indireta utilizada cria ambiguidade, dando a impressão de que a pena de nulidade somente seria aplicada no caso em que o julgamento realizado não seja público. A má redação é salva pelo inciso IX do art. 93 da Constituição Federal que tem a cominação de nulidade para as decisões não fundamentadas. Daí a necessidade da interpretação sistemática e aplicação do princípio da hierarquia das normas.

Artigo de iniciativa da relatoria

Art. 12. Os juízes deverão proferir sentença e os tribunais deverão decidir os recursos obedecendo à ordem cronológica de conclusão.

§1º A lista de processos aptos a julgamento deverá ser permanentemente disponibilizada em cartório, para consulta pública.

§2º Estão excluídos da regra do *caput*:

I – as sentenças proferidas em audiência, homologatórias de acordo ou de improcedência liminar do pedido;

II – o julgamento de processos em bloco para aplicação da tese jurídica firmada em incidente de resolução de demandas repetitivas ou em recurso repetitivo;

III – a apreciação de pedido de efeito suspensivo ou de antecipação da tutela recursal;

IV – o julgamento de recursos repetitivos ou de incidente de resolução de demandas repetitivas;

V – as preferências legais.

Código sancionado

Art. 12. Os juízes e os tribunais deverão obedecer à ordem cronológica de conclusão para proferir sentença ou acórdão.

§ 1º A lista de processos aptos a julgamento deverá estar permanentemente à disposição para consulta pública em cartório e na rede mundial de computadores.

§ 2º Estão excluídos da regra do *caput*:

I – as sentenças proferidas em audiência, homologatórias de acordo ou de improcedência liminar do pedido;

II – o julgamento de processos em bloco para aplicação de tese jurídica firmada em julgamento de casos repetitivos;

III – o julgamento de recursos repetitivos ou de incidente de resolução de demandas repetitivas;

IV – as decisões proferidas com base nos arts. 485 e 932;

V – o julgamento de embargos de declaração;

VI – o julgamento de agravo interno;

VII – as preferências legais e as metas estabelecidas pelo Conselho Nacional de Justiça;

VIII – os processos criminais, nos órgãos jurisdicionais que tenham competência penal;

IX – a causa que exija urgência no julgamento, assim reconhecida por decisão fundamentada.

§ 3º Após elaboração de lista própria, respeitar-se-á a ordem cronológica das conclusões entre as preferências legais.

§ 4º Após a inclusão do processo na lista de que trata o § 1º, o requerimento formulado pela parte não altera a ordem cronológica para a decisão, exceto quando implicar a reabertura da instrução ou a conversão do julgamento em diligência.

§ 5º Decidido o requerimento previsto no § 4º, o processo retornará à mesma posição em que anteriormente se encontrava na lista.

§ 6º Ocupará o primeiro lugar na lista prevista no § 1º ou, conforme o caso, no § 3º, o processo que:

I – tiver sua sentença ou acórdão anulado, salvo quando houver necessidade de realização de diligência ou de complementação da instrução;

II – se enquadrar na hipótese do art. 1.040, inciso II.

Comentários: A norma sancionada é mais ampla e fez modificações pontuais no que coincide o conteúdo com a redação da Comissão.

§ 1º A lista de processos aptos a julgamento deverá estar permanentemente à disposição para consulta pública em cartório e na rede mundial de computadores.

Comentários: O parágrafo tem presença didática e dá credibilidade ao princípio da transparência. Todavia, não há previsão de sanção em caso de desobediência.

§2º Estão excluídos da regra do *caput*: as sentenças proferidas em audiência, homologatórias de acordo ou de improcedência liminar do pedido.

Comentários:. O termo "liminar" deveria ser substituído pela locução "in limine." O termo "liminar" em terminologia jurídica tem sentido conceitual próprio.

I – o julgamento de processos em bloco para aplicação da tese jurídica firmada em incidente de resolução de demandas repetitivas ou em recurso repetitivo;

II – o julgamento de recursos repetitivos ou de incidente de resolução de demandas repetitivas. Nota: Este item repete o inciso IV da relatoria.

III – o julgamento de recursos repetitivos ou de incidente de resolução de demandas repetitivas;

IV – as decisões proferidas com base nos arts. 485 e 932;

V – o julgamento de embargos de declaração;

VI – o julgamento de agravo interno;

VII – as preferências legais e as metas estabelecidas pelo Conselho Nacional de Justiça;

VIII – os processos criminais, nos órgãos jurisdicionais que tenham competência penal;

IX – a causa que exija urgência no julgamento, assim reconhecida por decisão fundamentada.

Comentários: A exclusão do *caput* foi colocada de forma didática e mais completa do que havia feito a relatoria.

§ 3º Após elaboração de lista própria, respeitar-se-á a ordem cronológica das conclusões entre as preferências legais.

§ 4º Após a inclusão do processo na lista de que trata o § 1º, o requerimento formulado pela parte não altera a ordem cronológica para a decisão, exceto quando implicar a reabertura da instrução ou a conversão do julgamento em diligência.

Comentários: Fica claro que o simples fato de peticionar não influi na ordem cronológica, salvo se implicar na reabertura da instrução ou na conversão do julgamento em diligência, providências que impediriam o julgamento já agendado.

§ 5º Decidido o requerimento previsto no § 4º, o processo retornará à mesma posição em que anteriormente se encontrava na lista.

Comentários: Este § é ocioso. Isso já está dito no § 4º com outras palavras: "não altera a ordem cronológica".

§ 6º Ocupará o primeiro lugar na lista prevista no § 1º ou, conforme o caso, no § 3º, o processo que:

I – tiver sua sentença ou acórdão anulado, salvo quando houver necessidade de realização de diligência ou de complementação da instrução;

Comentários: Oportuno este inciso para a agilização do julgamento.

II – se enquadrar na hipótese do art. 1.040, inciso II.

Redação da Comissão Técnica

Art. 12. A jurisdição civil será regida unicamente pelas normas processuais brasileiras, ressalvadas as disposições específicas previstas em tratados ou convenções internacionais de que o Brasil seja signatário.

Nota: Redação teve o apoio da relatoria

Código sancionado

Art. 13. A jurisdição civil será regida pelas normas processuais brasileiras, ressalvadas as disposições específicas previstas em tratados, convenções ou acordos internacionais de que o Brasil seja parte.

Comentários: A redação da Comissão teve o apoio da relatoria, mas teve a redação modificada para melhor. Código sancionado adotou a redação da relatoria. Este artigo corresponde parcialmente ao art. 1.211 do CPC em vigor, porém mais completo. A jurisdição civil será regida por este Código e por leis extravagantes que cuidam de matéria processual, aí incluído o Código Civil. As convenções e os tratados internacionais dos quais o Brasil é signatário passam a fazer parte da legislação nacional, fato que já acontecia.

Redação da Comissão Técnica de Apoio

Art. 13. A norma processual não retroagirá e será aplicável imediatamente aos processos em curso, respeitados os atos processuais praticados e as situações jurídicas consolidadas sob a vigência da lei revogada.

Nota: Redação teve o apoio da relatoria.

Código sancionado

Art. 14. A norma processual não retroagirá e será aplicável imediatamente aos processos em curso, respeitados os atos processuais praticados e as situações jurídicas consolidadas sob a vigência da norma revogada.

Comentários: Código sancionado adotou a redação da Comissão. Contém dois princípios: o primeiro é o de que a norma será aplicada imediatamente aos atos procedimentais que devam ser praticados da data da entrada em vigor da lei; o segundo é o de que a lei não retroage e respeitará os atos processuais já praticados e consolidados.

Redação da Comissão Técnica de Apoio

Art. 14. Na ausência de normas que regulem processos penais, eleitorais, administrativos ou trabalhistas, as disposições deste Código lhes serão aplicadas supletivamente.

Alteração no relatório geral

Art. 15. Na ausência de normas que regulem processos penais, eleitorais, administrativos, as disposições deste Código lhes serão aplicadas supletivamente.

Código sancionado

Art. 15. Na ausência de normas que regulem processos eleitorais, trabalhistas ou administrativos, as disposições deste Código lhes serão aplicadas supletiva e subsidiariamente.

Comentários: O relator havia excluido a menção ao processo trabalhista corretamente. A intervenção fora oportuna. Dizíamos que se permanecesse a inclusão, haveria uma revolução no processo do trabalho para pior, pois a norma processual teria preferência em todo o processo laboral. As normas subsidiárias do processo comum são aplicáveis no processo do trabalho em casos pontuais (art. 769 da CLT) na fase de conhecimento. Aplicam-se o Código Tributário Nacional e a Lei dos Executivos Fiscais na execução trabalhista (art. 889 da CLT). Alguém já disse que o legislador com uma frase mal empregada poderá pôr abaixo toda uma biblioteca de doutrina e de jurisprudência. Parafraseando, diremos que se permanecesse a inclusão do termo "trabalhista" haveria a subversão da ordem processual trabalhista para pior. O processo do trabalho perderia a sua agilidade. Cantávamos loas à relatoria! Mas por pouco tempo...

Processo do Trabalho

Lamentavelmente, os senhores Senadores não tiveram a mesma percepção processual da relatoria e teimaram em incluir no artigo supletivamente o processo trabalhista. A invocação subsidiária em sede trabalhista somente se dá na fase de conhecimento (art. 769 da CLT). Na fase executória, *ex vi* do art. 889, têm aplicação o Código Tributário Nacional e a Lei dos Executivos Fiscais de forma preferencial. E é isso que deverá continuar a ser feito, não obstante a colocação genérica do artigo 15. Isso, porque o processo do trabalho não necessita buscar suplemento na fase executória uma vez que a própria CLT já direciona. Esses deslizes legislativos acontecem porque o legislador não entende nem tem vontade de entender sobre as peculiaridades do processo do trabalho. Quando vai legislar pega pela rama e quase sempre complica ao invés de melhorar.

Redação do Código atual

Art. 1º A jurisdição civil, contenciosa e voluntária, é exercida pelos juízes, em todo o território nacional, conforme as disposições que este Código estabelece.

Redação da Comissão Técnica de Apoio

Art. 15. A jurisdição civil é exercida pelos juízes em todo o território nacional, conforme as disposições deste Código.

Código sancionado

Art. 16. A jurisdição civil é exercida pelos juízes e pelos tribunais em todo o território nacional, conforme as disposições deste Código.

Comentários: A redação da relatoria adotou o termo juízes, que engloba ministros e desembargadores e juízes de primeiro grau. Não obstante a diferença do *nomen juris*, todos são juízes ou aquele que julga. Não havia a necessidade de mudar para "juízes e tribunais". Poder-se-ia ponderar que juízes seriam os de primeiro grau, mas assim não é. Até há pouco os juízes dos tribunais regionais federais e trabalhistas eram denominados juízes do tribunal. No tocante à jurisdição, a modificação foi oportuna. O Código atual fala em jurisdição contenciosa e voluntária. Não existe jurisdição voluntária. Na voluntária não existe lide, isto é, não há necessidade da intervenção do Estado-Juiz. Não há conflito de interesses entre dois ou mais indivíduos. Há apenas um negócio jurídico que se apresenta ao juiz. Pode-se afirmar que não haverá sentença, apenas pronunciamento judicial administrando interesse privado, mas que tem repercussão pública. Não existem partes. Existem pessoas interessadas. Fala-se em partes quando há processo, quando há lide, quando se discute a existência de direitos antagônicos, possibilidade inexistente no procedimento (não processo) voluntário. Errôneo também seria falar ação. Esta existe apenas quando há processo e, consequentemente, quando há lide.

Redação da Comissão Técnica de Apoio

Art. 17. Ninguém poderá pleitear direito alheio em nome próprio, salvo quando autorizado por lei.

Comentários: O conteúdo do artigo corresponde ao art. 6º do Código em vigor, obedecida, todavia, a ordem direta, mais clara.

Art. 6º. Ninguém poderá pleitear, em nome próprio, direito alheio, salvo quando autorizado por lei.

Alteração no relatório geral

Art. 18. Ninguém poderá pleitear direito alheio em nome próprio, salvo quando autorizado pelo ordenamento jurídico.

Código sancionado

Art. 18. Ninguém poderá pleitear direito alheio em nome próprio, salvo quando autorizado pelo ordenamento jurídico.

Parágrafo único. Havendo substituição processual, o juiz determinará que seja dada ciência ao substituído da pendência do processo; nele intervindo, cessará a substituição.

Comentários: A substituição no *caput* de lei por ordenamento jurídico é simples procedimento tautológico. Deveria permanecer a redação da comissão que nada mais fez do que repetir a sinonímia que vinha sento utilizada há meio século pelo Código em vigor.

Já o parágrafo único impõe modificação doutrinária indevida. Existem, hoje, duas espécies de substituição processual: a EXCLUSIVA e a CONCORRENTE. É EXCLUSIVA, quando o substituto é o titular do direito de ação e deve este prosseguir com ela até o final. Exclusiva significa que o substituído não tem possibilidade de titular a ação da qual é titular do direito substancial. É CONCORRENTE, quando o substituto e o substituído, tanto um como outro, podem ser titulares da ação. Todavia, não poderá haver simultaneidade ou concomitância, isto é, ambos não podem ficar no mesmo polo ao mesmo tempo. Proposta a ação pelo substituto, se o substituído vier para ação, o substituto deixa a ação. A preferência de permanência é sempre do substituído, já que ele é o titular do direito substancial. No processo do trabalho só há a substituição processual CONCORRENTE pelo sindicato. Isso significa que se o substituído vier a ocupar o polo respectivo na ação, o sindicato sai do processo pelo fato de não haver concomitância. Todavia, em matéria civilista, não existe a possibilidade de não haver a SUBSTITUIÇÃO EXCLUSIVA, dada a gama de casuísmo que envolve ambas as substituições.

A colocação genérica do artigo não tem sentido, pois se a substituição for concorrente não haverá a possibilidade de o substituído assumir o polo ativo. Da forma como o parágrafo único está redigido há que se entender que se cuida de substituição concorrente.

Na substituição EXCLUSIVA, o indivíduo é o único titular da legitimidade *ad processum*, motivo pelo qual não há razão para que se dê ciência ao substituído. Ele, substituído, não poderá titular a ação, nem impedir que o substituto o faça.

A doutrina que trata da substituição processual tem foros de universalidade e aí está há mais de século e foi estudada, discutida e tratada por autores do coturno intelectual de Giuseppe Chiovenda, Piero Calamandrei, Francesco Carnelutti e outros.

A permanecer a exclusão não haverá outra saída a não ser a construção doutrinária e jurisprudencial no sentido de que a substituição exclusiva faz parte do instituto da substituição processual e a exclusão foi mero lapso legislativo. Tudo ficaria sanado se o parágrafo único tivesse a seguinte redação:

Parágrafo único. Havendo substituição processual concorrente, o juiz determinará que seja dada ciência ao substituído da pendência do processo; se nele o substituído intervier, cessará a substituição.

Redação da Comissão Técnica de Apoio

Art. 24. Não cabe à autoridade judiciária brasileira o processamento e o julgamento das ações quando houver cláusula de eleição de foro exclusivo estrangeiro arguida pelo réu na contestação.

Parágrafo único. Não se aplica o disposto no *caput* às hipóteses de competência internacional exclusiva prevista neste Capítulo.

Nota: *Caput* e parágrafo único confirmados pela relatoria.

Código sancionado

Art. 25. Não compete à autoridade judiciária brasileira o processamento e o julgamento da ação quando houver cláusula de eleição de foro exclusivo estrangeiro em contrato internacional, arguida pelo réu na contestação.

1º Não se aplica o disposto no *caput* às hipóteses de competência internacional exclusiva previstas neste Capítulo.

§ 2º Aplica-se à hipótese do *caput* o art. 63, §§ 1º a 4º.

Comentários: De conformidade com o *caput* haverá a possibilidade de derrogar-se a competência internacional brasileira por meio de cláusula de eleição de foro, salvo se a competência do Brasil for exclusiva. Vale dizer, as partes teriam o poder de retirar a competência internacional brasileira, ressalvada a exceção no parágrafo único.

A competência dada ao Poder Judiciário é cânone constitucional e o procedimento está alinhavado no Código de Processo Civil. De conformidade com o art. 1º do futuro Código, ora sob comento, deverão ser respeitados todos os princípios constitucionais. Entre eles certamente está o princípio da soberania. Nenhum país poderá obrigar outro país a obedecer às suas leis, isto porque cada país aplica as suas próprias leis. Não nos parece que uma simples cláusula de foro de eleição possa derrogar a competência internacional devida ao Judiciário brasileiro. Isso somente será possível se houver tratado ratificado ou convenção ratificada pelo governo brasileiro depois de aprovação pelo Congresso Nacional. Os tratados e acordos internacionais, quando ratificados, passam a integrar o sistema legal brasileiro. Simples contrato entre as partes seguramente não terá o poder de retirar a competência brasileira prevista na Constituição da República.

Redação da Comissão Técnica de Apoio

Art. 25. Os pedidos de cooperação jurídica internacional para obtenção de provas no Brasil, quando tiverem de ser atendidos em conformidade com decisão de autoridade estrangeira, seguirão o procedimento de carta rogatória.

Alteração no relatório geral

Art. 25. A cooperação jurídica internacional será regida por tratado do qual a República Federativa do Brasil seja parte.

Parágrafo único. Na ausência de tratado, a cooperação jurídica internacional poderá realizar-se com base em reciprocidade, manifestada por via diplomática.

Art. 26. A cooperação jurídica internacional será regida por tratado de que o Brasil faz parte e observará:

I – o respeito às garantias do devido processo legal no Estado requerente;

II – a igualdade de tratamento entre nacionais e estrangeiros, residentes ou não no Brasil, em relação ao acesso à justiça e à tramitação dos processos, assegurando-se assistência judiciária aos necessitados;

III – a publicidade processual, exceto nas hipóteses de sigilo previstas na legislação brasileira ou na do Estado requerente;

IV – a existência de autoridade central para recepção e transmissão dos pedidos de cooperação;

V – a espontaneidade na transmissão de informações a autoridades estrangeiras.

§ 1º Na ausência de tratado, a cooperação jurídica internacional poderá realizar-se com base em reciprocidade, manifestada por via diplomática.

§ 2º Não se exigirá a reciprocidade referida no § 1º para homologação de sentença estrangeira.

§ 3º Na cooperação jurídica internacional não será admitida a prática de atos que contrariem ou que produzam resultados incompatíveis com as normas fundamentais que regem o Estado brasileiro.

§ 4º O Ministério da Justiça exercerá as funções de autoridade central na ausência de designação específica.

Comentários: Código sancionado foi muito além da Comissão e da relatoria, embora adote parte, é mais completo nos casuísmos o que torna o processo mais didático.

Comentários: A redação do artigo dada pela Comissão não desceu a detalhes e indicou o elemento processual que viabilizará o pedido para a produção de prova: carta rogatória. Normalmente a rogatória passará pelo crivo do Superior Tribunal de Justiça e será distribuída a uma das Varas da Justiça Federal, excepcionado o caso em que a matéria for trabalhista, em que a distribuição deverá ser feita para uma das Varas da Justiça do Trabalho do local onde a prova deverá ser produzida.

A redação dada pela relatoria, embora mais ampla, desviou-se do objetivo para dizer sobre como será possível a cooperação para o cumprimento da carta rogatória. Acresce que, não havendo tratado de cooperação jurídica internacional, o pedido poderá ser levado a cabo na reciprocidade manifestada pela via diplomática. Ver § 1º do artigo sob comentário.

O relatório geral cuidou da matéria para o cumprimento de todo e qualquer pedido internacional que deva ser aviado por meio de carta rogatória.

Código sancionado

Art. 26. A cooperação jurídica internacional será regida por tratado de que o Brasil fez parte e observará:

Comentários: Reportamos aos comentários feitos ao artigo 24 do Código sancionado.

I – o respeito às garantias do devido processo legal no Estado requerente;

Comentários: A cooperação jurídica internacional não dispensa o respeito às garantias do princípio universal dos países democráticos que é o do devido processo lega.

II – a igualdade de tratamento entre nacionais e estrangeiros, residentes ou não no Brasil, em relação ao acesso à justiça e à tramitação dos processos, assegurando-se assistência judiciária aos necessitados;

Comentários: O estrangeiro com estada legal em nosso país tem direito a tratamento como se brasileiro fosse. Tem-se aí a aplicação do princípio da isonomia. Esse mesmo tratamento deverá ser dispensado por Estados com os quais o Brasil mantém relacionamento por meio de acordos e convenções ou mediante o tratamento de reciprocidade.

III – a publicidade processual, exceto nas hipóteses de sigilo previstas na legislação brasileira ou na do Estado requerente;

Comentários: Tem aplicação o princípio da publicidade, salvo caso de sigilo previsto em lei. A menção se nos parece desnecessária, por ser um princípio que faz parte do processo civil brasileiro. A publicidade processual impede a sonegação de informações ou a sua modulação.

IV – a existência de autoridade central para recepção e transmissão dos pedidos de cooperação;

Comentários: Ver § 4º. O inciso não indica a autoridade central. O ideal seria que a apreciação fosse feita por órgão jurisdicional, ao invés de criar-se uma nova instância.

V – a espontaneidade na transmissão de informações a autoridades estrangeiras.

Comentários: O atendimento deve ser feito sem outras exigências desde que haja reciprocidade.

§ 1º Na ausência de tratado, a cooperação jurídica internacional poderá realizar-se com base em reciprocidade, manifestada por via diplomática.

Comentários:Não havendo tratado ou acordo formais, poderá haver a cooperação mútua e a reciprocidade. Os acordos e as convenções devidamente legalizadas passam a fazer parte da legislação.

§ 2º Não se exigirá a reciprocidade referida no § 1º para homologação de sentença estrangeira.

Comentários: A homologação apenas reconhece um direito que já foi discutido meritoriamente por outro Estado soberano, daí a não exigência de reciprocidade. No cumprimento da sentença é que será verificado se a decisão estrangeira atende ao que exige as leis brasileiras.

§ 3º Na cooperação jurídica internacional não será admitida a prática de atos que contrariem ou que produzam resultados incompatíveis com as normas fundamentais que regem o Estado Brasileiro.

Comentários: Este § 3º complementa o § 2º. Cada país defende a sua soberania. E nesse sentido, não haverá cooperação na consecução de atos que não estejam em conformidade com normas fundamentais do Estado brasileiro, *v. g.*, soberania, dignidade da pessoa humana, o pluralismo político, a livre iniciativa e outros direitos da ordem pública nacional.

§ 4º O Ministério da Justiça exercerá as funções de autoridade central na ausência de designação específica.

Comentários: O § 4º cria espécie de competência residual para que o Ministério Público exerça as funções de autoridade central, enquanto não houver designação específica. Repetimos aqui o que dissemos antes no inciso IV. Preferível que seja autoridade judiciária.

Comentários:

Art. 27. A cooperação jurídica internacional terá por objeto:

I – citação, intimação e notificação judicial e extrajudicial;

II – colheita de provas e obtenção de informações;

III – homologação e cumprimento de decisão;

IV – concessão de medida judicial de urgência;

V – assistência jurídica internacional;

VI – qualquer outra medida judicial ou extrajudicial não proibida pela lei brasileira.

Comentários: O art. 27 complementa o art. 26, ambos do Código sancionado, e indica, didaticamente os requisitos e providências que informam a cooperação jurídica.

Artigo de iniciativa da relatoria

Art. 28. O pedido de cooperação jurídica internacional terá por objeto:

I – comunicação de atos processuais;

II – produção de provas;

III – medidas de urgência, tais como decretação de indisponibilidade, sequestro, arresto, busca e apreensão de bens, documentos, direitos e valores;

IV – perdimento de bens, direitos e valores;

V – reconhecimento e execução de outras espécies de decisões estrangeiras;

VI – obtenção de outras espécies de decisões nacionais, inclusive em caráter definitivo;

VII – informação de direito estrangeiro;

VIII – prestação de qualquer outra forma de cooperação jurídica internacional não proibida pela lei brasileira.

Art. 27. A cooperação jurídica internacional terá por objeto:

I – citação, intimação e notificação judicial e extrajudicial;

II – colheita de provas e obtenção de informações;

III – homologação e cumprimento de decisão;

IV – concessão de medida judicial de urgência;

V – assistência jurídica internacional;

VI – qualquer outra medida judicial ou extrajudicial não proibida pela lei brasileira.

Comentários: Ambos os artigos, da Comissão e do Código sancionado, estão incompletos. O ideal seria que ambos se mesclassem e daí retirasse uma redação com maior casuísmo. De qualquer forma a redação da relatoria é a melhor, embora incompleta. Para salvar a situação, temos o inciso VI, do Código sancionado que engloba "qualquer outra medida judicial ou extrajudicial não proibida pela lei brasileira".

A medida judicial de urgência deve abranger todos os pedidos cautelares nominados e inominados, v. g. produção antecipada de prova, vistoria ad *perpetuam rei memoriam* etc., etc.

Redação da Comissão Técnica de Apoio

Art. 28. Determina-se a competência no momento em que a ação é proposta, sendo irrelevantes as modificações do estado de fato ou de direito ocorridas posteriormente, salvo quando suprimirem o órgão judiciário ou alterarem a competência absoluta.

Parágrafo único. Para evitar perecimento de direito, as medidas urgentes poderão ser concedidas por juízo incompetente.

Alteração no relatório geral

Art. 43. Determina-se a competência no momento em que a ação é proposta, sendo irrelevantes as modificações do estado de fato ou de direito ocorridas posteriormente, salvo quando suprimirem o órgão judiciário ou alterarem a competência absoluta.

Código sancionado

Art. 43. Determina-se a competência no momento do registro ou da distribuição da petição inicial, sendo irrelevantes as modificações do estado de fato ou de direito ocorridas posteriormente, salvo quando suprimirem órgão judiciário ou alterarem a competência absoluta.

Comentários: De conformidade com a redação dada pela Comissão foi incluído o parágrafo único:

Para evitar perecimento de direito, as medidas urgentes poderão ser concedidas por juízo incompetente.

A relatoria eliminou o parágrafo único no que foi seguida pelo Código sancionado, ao nosso ver indevidamente.

A razão está com a Comissão. A possibilidade de o juiz incompetente conceder medidas urgentes (cautelares nominadas e inominadas) para evitar perdas de direito é construção doutrinária encampada pela jurisprudência. É salutar que o legislador transforme os ensinamentos doutrinários em normas jurídicas. Quando não o faz, como aconteceu agora com a supressão do parágrafo único, compete ao Poder Judiciário fazê-lo por meio de interpretação inteligente. Como diz o insigne jurista Nelson Ney: " Isto porque o sistema jurídico tem de encontrar mecanismos idôneos para que haja efetividade do direito ou de seu exercício." (*Código de Processo Civil comentado*, 2ª. ed. São Paulo: RT, 1995. p. 1431). No caso, devem prevalecer a doutrina e a jurisprudência que permitem que juiz incompetente decida para evitar perda de direito.

A parte ressalvada, "quando suprimirem órgão judiciário ou alterarem a competência absoluta", prestigia o princípio da *perpectuatio jurisdicionis*.

Redação do CPC atual

Art. 99. O foro da Capital do Estado ou do Território é competente:
I – para as causas em que a União for autora, ré ou interveniente;
II – para as causas em que o Território for autor, réu ou interveniente.

Redação da Comissão Técnica de Apoio

Art. 37. As causas em que a União for autora serão movidas no domicílio do réu; sendo ré a União, poderá a ação ser movida no domicílio do autor, onde ocorreu o ato ou o fato que deu origem à demanda, onde esteja situada a coisa ou no Distrito Federal.

Nota: Referendado pelo art. 51 da relatoria.

Código sancionado

Art. 51. É competente o foro de domicílio do réu para as causas em que seja autora a União.

Parágrafo único. Se a União for a demandada, a ação poderá ser proposta no foro de domicílio do autor, no de ocorrência do ato ou fato que originou a demanda, no de situação da coisa ou no Distrito Federal.

Comentários: Código sancionado coincide com a redação da Comissão. Durante mais de um século, a União, na qualidade de autora, de ré, ou de interveniente (art. 99 do Código em vigor), só poderia ser demandada em foro privilegiado.

Isso sempre trouxe dificuldades para o autor discutir o seu direito. Mas os nossos legisladores nunca se incomodaram com isso. Aliás, o Poder Público tem excesso de privilégios nos processos, o que leva ao tratamento desigual comparado com a outra parte, não obstante o tratamento igual seja exigência processual e constitucional. Todos são iguais perante a lei. Parece que o Poder Público é mais igual do que o povo que o sustenta regiamente. A nova redação tem inspiração nobre e facilita a ação e a defesa para o homem do povo e empresários. De resto, a União tem ao seu dispor um setor contencioso e administrativo (Advocacia Geral da União), pago com o dinheiro do povo, que lhe dá sustentação.

Todavia, o artigo só coloca a União na qualidade de autora, não de ré, de opoente, de interveniente ou de assistente. Nessa qualidade continuará com o privilégio.

Redação da Comissão Técnica de Apoio

Art. 38. É competente o foro:

I – do último domicílio do casal, para a ação de separação dos cônjuges e a conversão desta em divórcio e para a anulação de casamento;

II – do domicílio ou da residência do alimentando, para a ação em que se pedem alimentos;

III – do lugar:

a) onde está a sede, para a ação em que for ré a pessoa jurídica;

b) onde se acha a agência ou sucursal, quanto às obrigações que a pessoa jurídica contraiu;

c) onde exerce a sua atividade principal, para a ação em que for ré a sociedade sem personalidade jurídica;

d) onde a obrigação deve ser satisfeita, para a ação em que se lhe exigir o cumprimento;

IV – do lugar do ato ou do fato:

a) para a ação de reparação de dano;

b) para a ação em que for réu o administrador ou o gestor de negócios alheios.

Parágrafo único. Nas ações de reparação do dano sofrido em razão de delito ou acidente de veículos, será competente o foro do domicílio do autor ou do local do fato.

Artigo de iniciativa da relatoria

Art. 53. É competente o foro:

I – do último domicílio do casal para o divórcio, a anulação de casamento, o reconhecimento ou dissolução de união estável; caso nenhuma das partes resida no antigo domicílio do casal, será competente o foro do domicílio do guardião de filho menor, ou, em último caso, o domicílio do réu.

II – do domicílio ou da residência do alimentando, para a ação em que se pedem alimentos.

III – do lugar:

a) onde está a sede, para a ação em que for ré a pessoa jurídica;

b) onde se acha a agência ou sucursal, quanto às obrigações que a pessoa jurídica contraiu;

c) onde exerce a sua atividade principal, para a ação em que for ré a sociedade sem personalidade jurídica;

d) onde a obrigação deve ser satisfeita, para a ação em que se lhe exigir o cumprimento;

e) de moradia do idoso, nas causas que versem direitos individuais no respectivo estatuto;

IV – do lugar do ato ou do fato:

a) para a ação de reparação de dano;

b) para a ação em que for réu o administrador ou o gestor de negócios alheios.

Parágrafo único. Nas ações de reparação do dano sofrido em razão de delito ou acidente de veículos, será competente o foro do domicílio do autor ou do local do fato.

Código sancionado

Art. 53. É competente o foro:

I – para a ação de divórcio, separação, anulação de casamento e reconhecimento ou dissolução de união estável:

a) de domicílio do guardião de filho incapaz;

b) do último domicílio do casal, caso não haja filho incapaz;

c) de domicílio do réu, se nenhuma das partes residir no antigo domicílio do casal.

Comentários: Por que no domicílio do réu e não da autora? Na maioria das vezes, após a separação o réu se nega a pagar pensão e coloca a ex-mulher na "rua da amargura". Por que agora, para cobrar o seu direito, cobrar aquilo que o ex-marido regateia em pagar, ela, a mulher, tem de ser penalizada? Muitas certamente não o farão, por dificuldade intransponível. Suponha a hipótese em que a mulher reside na cidade de Jales, Estado de São Paulo, e o ex-marido reside em Vitória da Conquista-Bahia. A falta de razoabilidade do legislador é inescusável. E a ausência de intimidade com a realidade é gritante.

II – de domicílio ou residência do alimentando, para a ação em que se pedem alimentos;

III – do lugar:

a) onde está a sede, para a ação em que for ré pessoa jurídica;

b) onde se acha agência ou sucursal, quanto às obrigações que a pessoa jurídica contraiu;

c) onde exerce suas atividades, para a ação em que for ré sociedade ou associação sem personalidade jurídica;

Comentários: As empresas irregulares (têm estatuto social, mas não têm registro) ou de fato (sequer têm estatuto social) são empresas que dificultam a cobrança porque não têm personalidade jurídica. Muitas são adredemente preparadas para dar o calote na praça. Mais coerente seria que o lugar fosse aquele da residência do credor. Também aqui o legislador briga com a realidade.

d) onde a obrigação deve ser satisfeita, para a ação em que se lhe exigir o cumprimento;

e) de residência do idoso, para a causa que verse sobre direito previsto no respectivo estatuto;

Comentários: De conformidade com o art. 1º da Lei n. 10.741/2003 (Estatuto do Idoso), diz-se idoso a pessoa com idade igual ou superior a 60 anos.

Chama a atenção também a palavra "idoso". Quando é que se consegue esse *status*? Pelos estudos feitos pela KIYAK-2000, tem-se a seguinte classificação: meia idade: 50 aos 75 anos; jovem idoso: 66 aos 75 anos; muito idoso, acima dos 85 anos. http://marisadentista.blogspot.com.br/2010/11/classificacao-idade-idosos.html.

f) da sede da serventia notarial ou de registro, para a ação de reparação de dano por ato praticado em razão do ofício;

IV – do lugar do ato ou fato para a ação:

a) de reparação de dano;

b) em que for réu administrador ou gestor de negócios alheios;

V – de domicílio do autor ou do local do fato, para a ação de reparação de dano sofrido em razão de delito ou acidente de veículos, inclusive aeronaves.

Comentários: A redação do Código sancionado adotou a redação da relatoria, complementando a redação, como é o caso da letra "f", inciso V, na qual foram incluídas aeronaves. Peca, todavia, pelo uso exagerado da ordem indireta.

Redação do CPC em vigor
Art. 103. Reputam-se conexas duas ou mais ações, quando lhes for comum o objeto ou a causa de pedir.

Redação da Comissão Técnica de Apoio

Art. 40. Consideram-se conexas duas ou mais ações, quando, decididas separadamente, gerarem risco de decisões contraditórias.

Parágrafo único. Aplica-se o disposto no *caput* à execução de título extrajudicial e à ação de conhecimento relativas ao mesmo débito.

Alteração no relatório geral

Art. 55. Reputam-se conexas duas ou mais ações, quando lhes for comum o objeto ou a causa de pedir.

§ 1º Na hipótese do *caput*, os processos serão reunidos para decisão conjunta, salvo se um deles já tiver sido sentenciado.

§ 2º Aplica-se o disposto no *caput* à execução de título extrajudicial e à ação de conhecimento relativas ao mesmo negócio jurídico.

Art. 54. A competência relativa poderá modificar-se pela conexão ou pela continência, observado o disposto nesta Seção.

Código sancionado

Art. 55. Reputam-se conexas 2 (duas) ou mais ações quando lhes for comum o pedido ou a causa de pedir.

Comentários: Repete o art. 103 do Código em vigor. Dá possibilidade de reunião e "n" ações com transtornos processuais na instrução probatória e com reflexos negativos na celeridade e na economia processual.

§ 1º Os processos de ações conexas serão reunidos para decisão conjunta, salvo se um deles já houver sido sentenciado.

Comentários: Melhor seria dizer salvo se um deles já houver sido instruído. O balizamento na sentença pode determinar o atraso de um processo já instruído, enquanto para outro haverá a necessidade da reabertura da instrução para que seja procedida a instrução probatória, fato que poderá demandar meses, com prejuízo da outra parte, já que não se exige que as partes sejam as mesmas. Na prática, isso não funciona e se considera presente a conexão ou a continência, sempre, quando as partes sejam as mesmas.

§ 2º Aplica-se o disposto no *caput*:

I – à execução de título extrajudicial e à ação de conhecimento relativa ao mesmo ato jurídico;

II – às execuções fundadas no mesmo título executivo.

§ 3º Serão reunidos para julgamento conjunto os processos que possam gerar risco de prolação de decisões conflitantes ou contraditórias caso decididos separadamente, mesmo sem conexão entre eles.

Comentários: Como regra, o juiz não tem condições de tomar conhecimento de tais processos, salvo se a parte peticionar ao juiz ou calhar de ambos os processos estarem sob a jurisdição de um mesmo juiz. O parágrafo excepciona autorizando a reunião ainda que não haja conexão (incluiríamos ou continência). Não vemos utilidade no parágrafo, já que dificilmente haverá condição de emprego.

Comentários: O *caput* do Código sancionado repete o art. 103 do Código em vigor.

A redação atual, considerando conexas sempre que forem comuns o objeto ou a causa de pedir, significa que centenas ou milhares de ações são conexas. No Cível seriam, v. g., conexos todos os pedidos indenizatórios, todos os acidentes de carro etc. Na Justiça do Trabalho seriam conexos todos os pedidos provenientes de despedida injusta. Na prática, a conexão e a continência se dão quando as partes são as mesmas, fato que passou despercebido pelo legislador.

Redação do CPC em vigor

Art. 105. Havendo conexão ou continência, o juiz, de ofício, ou a requerimento de qualquer das partes, pode ordenar a reunião de ações propostas em separado, a fim de que sejam decididas simultaneamente.

Redação da Comissão Técnica de Apoio

Art. 42. Quando houver continência e a ação continente tiver sido proposta anteriormente, o processo relativo à ação contida será extinto sem resolução de mérito; caso contrário, as ações serão necessariamente reunidas.

Nota: Com o apoio do art. 57 da relatoria.

Código sancionado

Art. 56. Dá-se a continência entre 2 (duas) ou mais ações quando houver identidade quanto às partes e à causa de pedir, mas o pedido de uma, por ser mais amplo, abrange o das demais.

Nota: Repete o Código em vigor.

Art. 57. Quando houver continência e a ação continente tiver sido proposta anteriormente, no processo relativo à ação contida será proferida sentença sem resolução de mérito, caso contrário, as ações serão necessariamente reunidas.

Art. 58. A reunião das ações propostas em separado far-se-á no juízo prevento, onde serão decididas simultaneamente.

Comentários: O artigo 56 do Código sancionado repete o art. 104 do Código em vigor.

Deveria prevalecer a redação do art. 105 do CPC em vigor, posto que claro e eficiente. A redação da norma sancionada não premia a clareza. A continência significa que uma ação, cujo objeto é maior, mais abrangente (art.104), poderia conter o pedido ajuizado separadamente. Isto é, ambos os pedidos poderiam ter sido ajuizados em única acão, já que a continência exige que estejam presentes as mesmas partes. Se assim é, não se pode falar em extinção do processo contido sem a resolução do mérito. Se assim se proceder, a parte tem o direito de ajuizar a ação novamente. A ação contida deverá ser reunida à ação continente, cujo conteúdo é maior. Nesse caso não haverá falar em prevenção, pois a continência teria maior força atrativa. Em suma: se as ações não forem reunidas cada juiz entregará a prestação jurisdicional com o julgamento do mérito. Se forem reunidas, ambas as ações serão julgadas numa única sentença. Na continência tem-se uma ação maior que fora distribuída em duas partes e que, juntadas, farão uma única ação com julgamento único.

Redação que pensamos mais adequada:

> A continência tem força atrativa sobre ações contidas, ainda que propostas anteriormente. O juiz poderá ordenar a reunião das ações propostas em separado de ofício ou a requerimento de qualquer das partes para que sejam instruídas e decididas simultaneamente.

Redação da Comissão Técnica de Apoio

Art. 43. A reunião das ações propostas em separado se fará no juízo prevento onde serão decididas simultaneamente.

Código sancionado

Art. 58. A reunião das ações propostas em separado far-se-á no juízo prevento, onde serão decididas simultaneamente.

Comentários: O artigo abrange a conexão e a continência.

Redação da Comissão Técnica de Apoio

Art. 44. O despacho que ordenar a citação torna prevento o juízo.

Alteração no relatório geral

Art. 59. A distribuição da petição inicial torna prevento o juízo.

Código sancionado

Art. 59. O registro ou a distribuição da petição inicial torna prevento o juízo.

Comentários: A Comissão manteve a redação atual em que a prevenção se firma com o despacho de citação ordenado pelo juiz. Esse entendimento vem sendo prestigiado há décadas. A nova redação imprimida pela relatoria substitui a citação ordenada pelo juiz pelo ato de distribuição. O artigo 59 do Código sancionado usa da locução "registro ou distribuição", termos sinônimos que prestigiam a redação dada pela relatoria geral.

A medida é oportuna e contribui para a celeridade processual e vem sendo utilizada no processo trabalhista há mais de sete décadas sem qualquer problema. Aliás, os legisladores e juristas civilistas deveriam olhar com maior frequência para o processo do trabalho ao invés de fazê-lo para o direito comparado, pois isso certamente lhes daria uma visão mais aguda do que seja celeridade processual.

Redação do Código atual

Art. 110. Se o conhecimento da lide depender necessariamente da verificação da existência de fato delituoso, pode o juiz mandar sobrestar no andamento do processo até que se pronuncie a justiça criminal.

Parágrafo único. Se a ação penal não for exercida dentro de 30 (trinta) dias, contados da intimação do despacho de sobrestamento, cessará o efeito deste, decidindo o juiz cível a questão prejudicial.

Redação da Comissão Técnica de Apoio

Art. 47. Se o conhecimento da lide depender necessariamente da verificação da existência de fato delituoso, o juiz pode mandar suspender o processo até que se pronuncie a justiça criminal.

Parágrafo único. Se a ação penal não for exercida dentro de um mês contado da intimação do despacho de suspensão, cessará o efeito deste, incumbindo ao juiz cível examinar incidentalmente a questão prejudicial.

Alteração no relatório geral

Art. 62. Se o conhecimento da lide depender necessariamente da verificação da existência de fato delituoso, o juiz pode mandar suspender o processo até que se pronuncie a justiça criminal.

Parágrafo único. Se a ação penal não for exercida dentro de noventa dias contados da intimação do despacho de suspensão, cessará o efeito deste, incumbindo ao juiz cível examinar incidentalmente a questão prejudicial.

Código sancionado

Art. 315. Se o conhecimento do mérito depender de verificação da existência de fato delituoso, o juiz pode determinar a suspensão do processo até que se pronuncie a justiça criminal.

§ 1º Se a ação penal não for proposta no prazo de 3 (três) meses, contado da intimação do ato de suspensão, cessará o efeito desse, incumbindo ao juiz cível examinar incidentemente a questão prévia.

§ 2º Proposta a ação penal, o processo ficará suspenso pelo prazo máximo de 1 (um) ano, ao final do qual aplicar-se-á o disposto na parte final do § 1º.

Comentários: A comissão havia usado o a locução "um mês" para o sobrestamento do feito. Decorrido o prazo, o juiz deverá examinar incidentalmente a questão prejudicial. A relatoria aumentou o prazo para 90 dias, tempo que nos parece exagerado.

A norma agora sancionada utiliza da locução "três meses", incorrendo no mesmo erro da Comissão. O termo mês é indefinido e não cabe em Direito. Deveria dizer, como o fez a relatoria, 90 dias que é definido. Temos meses de 28,29,30,31 dias. A redação é de má inspiração e deixa claro a falta de vivência jurídica do legislador, fato que não se pode deixar de lamentar. O prazo de 90 dias se nos afigura exagerado. Os 30 dias concedidos pelo Código atual estavam de bom tamanho. O legislador contribui para a redução da celeridade, prejudicando as partes.

A cessação pela decorrência do prazo não nos parece peremptória. Existirão casos em que o juiz poderá (deverá) aguardar maior prazo por questão de razoabilidade. A celeridade não deve nem pode atropelar o princípio da busca de um julgamento justo e da verdade real. O juiz da ação é quem terá visão das necessidades do momento. Também no caso do § 2º o prazo não pode ser peremptório.

Alteração no relatório geral

Art. 63. A competência em razão da matéria e da função é inderrogável por convenção das partes; mas estas podem modificar a competência em razão do valor e do território, elegendo foro onde serão propostas as ações oriundas de direitos e obrigações.

§ 1º O acordo, porém, só produz efeito quando constar de contrato escrito e aludir expressamente a determinado negócio jurídico.

§ 2º O foro contratual obriga os herdeiros e sucessores das partes.

§ 3º É vedada a eleição de foro nos contratos de adesão e naqueles em que uma das partes, quando firmado o contrato, esteja em situação que lhe impeça ou dificulte opor-se ao foro contratual.

§ 4º A nulidade da cláusula de eleição de foro, em contrato de adesão, pode ser declarada de ofício pelo juiz, que declinará de competência para o juízo de domicílio do réu, salvo anuência expressa deste, manifestada nos autos, confirmando o foro eleito.

O artigo 63 da relatoria confirma o artigo 48 da Comissão e o art. 111 do CPC e inclui os parágrafos 3º e 4º.

Código sancionado

Art. 62. A competência determinada em razão da matéria, da pessoa ou da função é inderrogável por convenção das partes.

Art. 63. As partes podem modificar a competência em razão do valor e do território, elegendo foro onde será proposta ação oriunda de direitos e obrigações.

§ 1º A eleição de foro só produz efeito quando constar de instrumento escrito e aludir expressamente a determinado negócio jurídico.

Comentários: A possibilidade se restringe a instrumento escrito e dizer expressamente a que negócio jurídico se refere. O foro contratual obriga herdeiros e sucessores (§ 2º).

§ 2º O foro contratual obriga os herdeiros e sucessores das partes.

§ 3º Antes da citação, a cláusula de eleição de foro, se abusiva, pode ser reputada ineficaz de ofício pelo juiz, que determinará a remessa dos autos ao juízo do foro de domicílio do réu.

Comentários: Em sendo abusiva a cláusula de eleição de foro, o juiz poderá declará-la ineficaz de ofício e determinará a remessa ao juízo do foro competente, desde que antes da citação. O Código não indica parâmetros sobre o que seria cláusula abusiva. A conceituação estará no douto entendimento do juiz que deverá analisar com pé na razoabilidade.

A declaração de ofício se nos afigura quase impossível se a parte não oferecer os elementos necessários à formação da convicção do magistrado. Como dissemos antes: fatos concretos. O magistrado não deve e não pode decidir baseado em conjecturas.

Na Justiça do Trabalho, o foro de eleição não é aceito (art. 9º da CLT). Entendimento formulado pela doutrina e pela jurisprudência unânimes.

§ 4º Citado, incumbe ao réu alegar a abusividade da cláusula de eleição de foro na contestação, sob pena de preclusão.

Comentários: A complementar o § 3º, temos que, efetuada a citação, somente a parte interessada (réu) poderá fazê-lo na contestação, oportunidade própria para tanto. Todavia, se a contestação foi entregue, quando ainda não decorrido o prazo legal, a parte poderá emendá-la para fazer a alegação. Naturalmente, isso tudo deve ser alegado pela parte e provado com elementos concretos em princípio que embase a convicção do juiz.

Redação da Comissão Técnica de Apoio

Art. 49. A incompetência, absoluta ou relativa, será alegada como preliminar de contestação, que poderá ser protocolada no juízo do domicílio do réu.

Comentários: Diferente do Código atual que dita regras diversas para a declaração de incompetência absoluta e relativa, as regras atuais ditadas pela Comissão são mais práticas e menos formais. Ambas poderão ser declaradas mediante simples liminar. O *caput* do relator (art.64) não destoa do art. 49 da Comissão.

Alteração no relatório geral

Art. 64. A incompetência, absoluta ou relativa, será alegada como preliminar de contestação, que poderá ser protocolada no juízo do domicílio do réu.

§ 1º A incompetência absoluta pode ser alegada em qualquer tempo e grau de jurisdição e deve ser declarada de ofício.

§ 2º Declarada a incompetência, serão os autos remetidos ao juízo competente.

§ 3º Salvo decisão judicial em sentido contrário, conservar-se-ão os efeitos das decisões proferidas pelo juízo incompetente, até que outra seja proferida, se for o caso, pelo juízo competente.

Código sancionado

Art. 64. A incompetência, absoluta ou relativa, será alegada como questão preliminar de contestação.

Comentários: A nova redação é oportuna. No Código em vigor a incompetência absoluta é alegada em preliminar e a relativa mediante exceção, formalidade desnecessária. Na prática, os juízes aceitavam a alegação de incompetência relativa em forma de simples preliminar.

§ 1º A incompetência absoluta pode ser alegada em qualquer tempo e grau de jurisdição e deve ser declarada de ofício.

Comentários: O parágrafo repete o Código em vigor. O § 1º usa do termo "pode". Entenda-se-o como "deve". A incompetência absoluta deve ser declarada de ofício pelo juiz em qualquer tempo ou grau de jurisdição. Não existe preclusão para o juiz. Se o juiz não declarar a incompetência, que é absoluta, todos os atos praticados serão nulos, simplesmente porque a incompetência absoluta impede que lhe seja atribuída a competência funcional ao mesmo tempo que impede a formação do juízo natural.

§ 2º Após manifestação da parte contrária, o juiz decidirá imediatamente a alegação de incompetência.

Comentários: A manifestação da parte pode ser entendida como uma formalidade didática para impedir que o juiz declare uma incompetência absoluta que não exista, fato que admitimos por mera cautela. Mas se o juiz declarar a incompetência absoluta sem a manifestação da parte, não haverá nenhuma consequência, posto que a nulidade somente pode ser declarada em tais casos, quando houver prejuízo para a parte que não foi chamada a falar.

§ 3º Caso a alegação de incompetência seja acolhida, os autos serão remetidos ao juízo competente.

§ 4º Salvo decisão judicial em sentido contrário, conservar-se-ão os efeitos de decisão proferida pelo juízo incompetente até que outra seja proferida, se for o caso, pelo juízo competente.

Comentários: Este parágrafo é enigmático e arrosta alguns princípios processuais. Primeiro – A sentença proferida por juiz absolutamente incompetente não transita em julgado, simplesmente porque o juiz que prolatou a sentença não tinha jurisdição, isto é, não tinha a *jurisdictio*, o poder recebido do Estado para dizer o direito no caso concreto. Segundo – Todos os atos decisórios são nulos *de pleno jure*, porque o juiz que proferiu a sentença não estava investido da jurisdição funcional e não havia se formado o juiz natural. A sentença proferida por juiz absolutamente incompetente é um sentença apenas na forma, sem conteúdo decisório e sem possibilidade de exigir-se o cumprimento. É um corpo sem alma. Dizer que a sentença conservará os seus efeitos até que outra seja proferida por juiz competente é o mesmo que dar validade ao que não existe de direito. Pergunta que se faz? Se a sentença foi julgada procedente pelo juiz incompetente, a outra parte poderá executá-la? Pelo comando imperativo do parágrafo poderá! E se depois de efetuada a execução, o juiz competente proferir decisão pela improcedência e a parte que recebeu o dinheiro não tiver mais condições de devolvê-lo, quem pagará a conta? A lei, dizem os doutos, deve ser uma construção cultural para prever e prover para uma realidade. A lei deverá dar segurança aos atos jurisdicionais. Jamais poderá colocar em risco o patrimônio de outrem. Melhor seria a redação seguinte:

§4º A decisão que vier a ser proferida por juízo incompetente não terá nenhum efeito decisório e, consequentemente, executório.

Redação da Comissão Técnica de Apoio

Art. 50. Prorrogar-se-á a competência relativa, se o réu não a alegar em preliminar de contestação.

Alteração no relatório geral

Art. 65. Prorrogar-se-á a competência relativa se o réu não alegar a incompetência em preliminar de contestação.

Parágrafo único. A incompetência relativa poderá ser suscitada pelo Ministério Público nas causas em que atuar como parte ou como interveniente.

Código sancionado

Art. 65. Prorrogar-se-á a competência relativa se o réu não alegar a incompetência em preliminar de contestação.

Parágrafo único. A incompetência relativa pode ser alegada pelo Ministério Público nas causas em que atuar.

Comentários: A redação do *caput* da relatoria é pior do que a da Comissão. Não havia necessidade de repetir "competência". A redação sancionada incorreu no mesmo lapso.

A relatoria incluiu o parágrafo, estendendo a possibilidade de alegação da incompetência relativa para o Ministério Público nos casos em que figure como parte ou como interveniente. A alegação do órgão ministerial deverá ser feita na primeira oportunidade em que falar nos autos, pena de preclusão. O parágrafo deveria ter a seguinte redação:

Parágrafo único. A incompetência relativa poderá ser suscitada pelo Ministério Público nas causas em que atuar como parte ou como interveniente, DEVENDO FAZÊ-LO NA PRIMEIRA VEZ EM QUE FALAR NOS AUTOS.

Sem essa inclusão na parte *in fine* haverá entendimento no sentido de que o Ministério Público poderá fazê-lo a qualquer momento. A lei deve ser clara e não deixar brechas para malabarismos interpretativos. Como veremos abaixo ao comentarmos a redação do Código sancionado, a redação ficou ainda pior.

O parágrafo único do Código sancionado deixa a desejar. Em nenhum momento deu prazo ao representante ministerial e deu poder genérico para que possa impugnar a incompetência relativa até mesmo como *custos legis* (guardião da lei). O parágrafo elaborado pela relatoria, embora parcialmente falho, limitou o poder do Ministério Público às causas em que fosse parte ou interveniente. Todavia, sendo a incompetência relativa, não vemos razão para que o Ministério Público se imiscua, na qualidade de *custos legis*, fazendo as vezes de advogado da parte. Pergunta: se a parte deverá fazer a alegação somente até a defesa, o Ministério Público poderá fazê-lo a qualquer momento? O parágrafo único deixa isso claro. Segundo princípios de hermenêutica, não se restringe onde a lei não restringiu. O parágrafo único transforma a incompetência relativa em absoluta.

Redação da Comissão Técnica de Apoio

Art. 57. O juiz nomeará curador especial:

I – ao incapaz, se não tiver representante legal ou se os interesses deste colidirem com os daquele;

II – ao réu preso, bem como ao revel citado por edital ou com hora certa.

Parágrafo único. Nas comarcas ou nas seções judiciárias onde houver representante judicial de incapazes ou de ausentes, a este caberá a função de curador especial.

Alteração no relatório geral

Art. 72. O juiz nomeará curador especial:

I – ao incapaz, se não tiver representante legal ou se os interesses deste colidirem com os daquele;

II – ao réu preso, bem como ao revel citado por edital ou com hora certa.

Parágrafo único. A função de curador especial será exercida pela Defensoria Pública, salvo se não houver defensor público na comarca ou subseção judiciária, hipótese em que o juiz nomeará advogado para desempenhar aquela função.

Código sancionado

Art. 72. O juiz nomeará curador especial ao:

I – incapaz, se não tiver representante legal ou se os interesses deste colidirem com os daquele, enquanto durar a incapacidade;

II – réu preso revel, bem como ao réu revel citado por edital ou com hora certa, enquanto não for constituído advogado.

Parágrafo único. A curatela especial será exercida pela Defensoria Pública, nos termos da lei.

Comentários: Pelo parágrafo único, a curadoria especial será exercida pela Defensoria Pública, sempre nos termos da lei. O parágrafo elaborado pela relatoria é mais completo e deveria ser adotado pelo Código sancionado. Não é em todo lugar que haverá a Defensoria Pública. Nesse caso, com lei expressa ou ausência de lei, o juiz terá que nomear alguém para exercer a função junto ao incapaz. Melhor que a lei o dissesse, como o fez a relatoria.

Parágrafo único. A função de curador especial será exercida pela Defensoria Pública, salvo se não houver defensor público na comarca ou subseção judiciária, hipótese em que o juiz nomeará advogado para desempenhar aquela função.

Redação da Comissão Técnica de Apoio

Art. 58. O cônjuge somente necessitará do consentimento do outro para propor ações que versem sobre direitos reais imobiliários, salvo quando o regime for da separação absoluta de bens.

§ 1º Ambos os cônjuges serão necessariamente citados

I – que versem sobre direitos reais imobiliários, salvo quando casados sob o regime de separação absoluta de bens;

II – resultantes de fatos que digam respeito a ambos os cônjuges ou de atos praticados por eles;

III – fundadas em dívidas contraídas por um dos cônjuges a bem da família;

Alteração no relatório geral

Art. 73. O cônjuge somente necessitará do consentimento do outro para propor ações que versem sobre direitos reais imobiliários, salvo quando o regime for da separação absoluta de bens.

§ 1º Ambos os cônjuges serão necessariamente citados

I – que versem sobre direitos reais imobiliários, salvo quando casados sob o regime de separação absoluta de bens;

II – resultantes de fatos que digam respeito a ambos os cônjuges ou de atos praticados por eles;

III – fundadas em dívidas contraídas por um dos cônjuges a bem da família;

§ 3º Aplica-se o disposto no §1º à união estável comprovada por prova documental da qual tenha ciência o autor.

Código sancionado

Art. 73. O cônjuge necessitará do consentimento do outro para propor ação que verse sobre direito real imobiliário, salvo quando casados sob o regime de separação absoluta de bens.

§ 1º Ambos os cônjuges serão necessariamente citados para a ação:

I – que verse sobre direito real imobiliário, salvo quando casados sob o regime de separação absoluta de bens;

II – resultante de fato que diga respeito a ambos os cônjuges ou de ato praticado por eles;

III – fundada em dívida contraída por um dos cônjuges a bem da família;

IV – que tenha por objeto o reconhecimento, a constituição ou a extinção de ônus sobre imóvel de um ou de ambos os cônjuges.

§ 2º Nas ações possessórias, a participação do cônjuge do autor ou do réu somente é indispensável nas hipóteses de composse ou de ato por ambos praticado.

§ 3º Aplica-se o disposto neste artigo à união estável comprovada nos autos.

Comentários: O *caput* incluiu habilmente a ressalva quando casados sob o regime de separação absoluta de bens. O inciso III deveria se complementar, pois de acordo com a doutrina e a jurisprudência da Excelsa Corte, a mulher não responde com a sua parte, desde que reste provado que o objeto da dívida não contribuiu para a manutenção da família.

Redação da Comissão Técnica de Apoio

Art. 61. Verificando a incapacidade processual ou a irregularidade da representação das partes, o juiz, suspendendo o processo, marcará prazo razoável para ser sanado o defeito.

Parágrafo único. Não sendo cumprida a determinação dentro do prazo, se a providência couber:

I – ao autor, o juiz decretará a nulidade do processo, extinguindo-o;

II – ao réu, considerar-se-á revel;

III – ao terceiro, será ou considerado revel ou excluído do processo, dependendo do polo em que se encontre.

Alteração no relatório geral

Art. 76. Verificada a incapacidade processual ou a irregularidade da representação das partes, o juiz suspenderá o processo, marcando prazo razoável para ser sanado o defeito.

§1º Descumprida a determinação, caso os autos estejam em primeiro grau, o juiz:

I – extinguirá o processo, se a providência couber ao autor;

II – aplicará as penas da revelia, se a providência couber ao réu;

III – considerará o terceiro revel ou o excluirá do processo, dependendo do polo em que se encontre.

§ 2º Descumprida a determinação, caso o processo esteja em segundo grau, no Superior Tribunal de Justiça ou no Supremo Tribunal Federal, o relator:

I – não conhecerá do recurso, se a providência couber ao recorrente;

II – determinará o desentranhamento das contrarrazões, se a providência couber ao recorrido.

Código sancionado

Art. 76. Verificada a incapacidade processual ou a irregularidade da representação da parte, o juiz suspenderá o processo e designará prazo razoável para que seja sanado o vício.

§ 1º Descumprida a determinação, caso o processo esteja na instância originária:

Comentário: Melhor que fosse empregado o termo "jurisdição" em lugar de "instância".

I – o processo será extinto, se a providência couber ao autor;

II – o réu será considerado revel, se a providência lhe couber;

Comentários: O inciso II da relatoria tinha a seguinte redação: "aplicará as penas da revelia, se a providência couber ao réu". Revelia não é pena, mas um estado processual em que não houve defesa. Poderá ter como consequência a confissão quanto à matéria fática, se o direito discutido não for indisponível, houver pluralidade de réus, um ou mais deles contestar a ação ou se falta ao pedido inicial instrumento público que a lei considere indispensável à prova do ato. A pena está na consequência da revelia. O inciso II do Código sancionado, corretamente disse que o réu será considerado revel.

III – o terceiro será considerado revel ou excluído do processo, dependendo do polo em que se encontre.

§ 2º Descumprida a determinação em fase recursal perante tribunal de justiça, tribunal regional federal ou tribunal superior, o relator:

I – não conhecerá do recurso, se a providência couber ao recorrente;

II – determinará o desentranhamento das contrarrazões, se a providência couber ao recorrido.

Redação da Comissão Técnica de Apoio

Art. 62. Em caso de abuso da personalidade jurídica, caracterizado na forma da lei, o juiz pode, em qualquer processo ou procedimento, decidir, a requerimento da parte ou do Ministério Público, quando lhe couber intervir no processo, que os efeitos de certas e determinadas obrigações sejam estendidos aos bens particulares dos administradores ou dos sócios da pessoa jurídica.

Alteração no relatório geral

Art. 77. Em caso de abuso da personalidade jurídica, caracterizado na forma da lei, o juiz pode, em qualquer processo ou procedimento, decidir, a requerimento da parte ou do Ministério Público, quando lhe couber intervir no processo, que os efeitos de certas e determinadas obrigações sejam estendidos aos bens particulares dos administradores ou dos sócios da pessoa jurídica ou aos bens de empresa do mesmo grupo econômico.

Parágrafo único. O incidente da desconsideração da personalidade jurídica:

I – pode ser suscitado nos casos de abuso de direito por parte do sócio;

II – é cabível em todas as fases do processo de conhecimento, no cumprimento de sentença e também na execução fundada em título executivo extrajudicial.

Código sancionado

Art. 133. O incidente de desconsideração da personalidade jurídica será instaurado a pedido da parte ou do Ministério Público, quando lhe couber intervir no processo.

§ 1º O pedido de desconsideração da personalidade jurídica observará os pressupostos previstos em lei.

§ 2º Aplica-se o disposto neste Capítulo à hipótese de desconsideração inversa da personalidade jurídica.

Art. 134. O incidente de desconsideração é cabível em todas as fases do processo de conhecimento, no cumprimento de sentença e na execução fundada em título executivo extrajudicial.

§ 1º A instauração do incidente será imediatamente comunicada ao distribuidor para as anotações devidas.

§ 2º Dispensa-se a instauração do incidente se a desconsideração da personalidade jurídica for requerida na petição inicial, hipótese em que será citado o sócio ou a pessoa jurídica.

§ 3º A instauração do incidente suspenderá o processo, salvo na hipótese do § 2º.

§ 4º O requerimento deve demonstrar o preenchimento dos pressupostos legais específicos para desconsideração da personalidade jurídica.

Comentários: A redação do *caput* do art. 133 do Código sancionado oportunamente transformou em norma legal a doutrina da *Disregard of Legal Entity*.

A redação do *caput* feita pela relatoria era mais completa e oportuna, pois incluiu a responsabilidade das empresas participantes de Grupo Econômico. E no parágrafo único trouxe didaticamente o Incidente Processual de Superação da Personalidade. O art. 134 do Código sancionado também cuidou da matéria de forma tautológica. A possibilidade de invocar-se o instituto poderá ocorrer a qualquer momento, em qualquer fase do processo, com maior razão na fase executória. A redação do inciso II da relatoria deveria ter sido encampada pelo Código sancionado. A omissão quanto ao grupo econômico é lamentável, mas conforme verificaremos abaixo, no Parecer de Clovis Ramalhete, mesmo com a omissão o grupo econômico poderá responder com escudo no art. 50 do Código Civil.

No processo de conhecimento poderá haver a superação da personalidade mediante um arresto. Desnecessária a locução "no cumprimento da sentença". Cumprimento de sentença é o mesmo que fase executória (art. 134, *caput*, do Código sancionado). Comete-se o mesmo deslise da relatoria no art. 77, inciso II. A execução para pagamento de quantia certa hoje não é mais processo autônomo, mas simples fase que não mais admite apelação e sim agravo de instrumento.

Art. 136. Concluída a instrução, se necessária, o incidente será resolvido por decisão interlocutória. Parágrafo único. Se a decisão for proferida pelo relator, cabe agravo interno. (Código sancionado)

Em breves pinceladas daremos uma visão da aplicação da doutrina, agora norma legal, sob dois enfoques: a) civilista e b) trabalhista.

Do ponto de vista civilista

Durante muito tempo, os civilistas e comercialistas resistiram à ideia de que os sócios e administradores pudessem ser responsabilizados por desmandos cometidos pela pessoa jurídica, tendo como atores efetivos os próprios sócios. O argumento sempre era o mesmo, qual seja, os patrimônios dos sócios e dos administradores não se misturam com o da pessoa jurídica. Assim, na prática, a pessoa jurídica era esvaziada enquanto os patrimônios dos sócios sempre saiam fortalecidos e aumentados.

A ideia do emprego da Doutrina da *Disregard of Legal Entity* se fortaleceu com o Parecer n. 63, de 10.8.1981, publicado no DOU, I, em 18.3.1981 de CLOVIS RAMALHETE, Consultor Geral da República no período de 16 de março de 1979 a 7 de abril de 1981, depois Ministro do Supremo Tribunal Federal:

> III) Ao ser desconsiderada a personalidade da sociedade mercantil, as normas legais que geram esse efeito não a desconstituem, mas negam eficácia a certos atos dela, quando desvendada por detrás da vontade manifestada pela pessoa jurídica a real presença dominante de querer dos sócios; pois a desconsideração da personalidade é proteção jurídica principalmente dos grupos econômicos, da moderna economia empresarial.
>
> IV) O sistema legal vigente neste País, quando rege a eficácia dos atos jurídicos, autoriza, no Brasil, a aplicação da doutrina mercantil inglesa do *Disregard of Legal Entity*, desde que aqui com apoio em norma de lei. **Nota:** O art. 50 do Código Civil prevê para a espécie.
>
> V) A desconsideração da personalidade da sociedade mercantil do sistema jurídico brasileiro, de direito escrito, ou funda-se em norma expressa da lei que rege o caso, a qual dispõe não se respeite a personalização legal do ente mercantil, ou, de outro modo, funda-se no sistema legal genérico, o da eficácia dos atos jurídicos e nos princípios gerais de direito, ambos aplicáveis ao caso.

Com respaldo na doutrina da superação da personalidade jurídica, o credor poderá buscar o ressarcimento sobre os bens do sócio ou dos administradores e sobre os bens pertencentes às empresas participantes de Grupo Econômico. Essa possibilidade está restrita às hipóteses de abuso de direito por parte do sócio da empresa devedora ou da direção de uma empresa do Grupo. Numa visão restrita, estariam excluídos da possibilidade os casos de insucesso empresarial da empresa devedora ou de uma das empresas partícipes do Grupo Econômico. O abuso de direito deverá ser cabalmente provado, uma vez que, como regra, os patrimônios da pessoa jurídica e da pessoa física do sócio não se misturam. Embora o Grupo Econômico seja um conglomerado econômico formando um patrimônio único contabilmente separado por empresa dentro dos seus respectivos objetivos econômicos, em sendo provado o abuso de direito, o credor poderá acionar qualquer empresa do Grupo, uma vez que o abuso de direito provado se transfere para todas as empresas do conglomerado pela *vis attractiva*, não obstante tenham personalidades jurídicas diversas.

O art. 50 do Código Civil elegeu também a Teoria da *Disregard of Legal Entity*.

> Em caso de abuso da personalidade jurídica, caracterizado pelo desvio de finalidade, ou pela confusão patrimonial, pode o juiz decidir, a requerimento da parte, ou do Ministério Público quando lhe couber intervir no processo, que os efeitos de certas e determinadas relações de obrigações sejam estendidos aos bens particulares dos administradores ou sócios da pessoa jurídica.

RUBENS REQUIÃO assinala que "Ora, diante do abuso de direito e da fraude no uso da personalidade jurídica, o juiz tem o direito de indagar, em seu convencimento, se há de consagrar a fraude ou o abuso de direito, ou se deva desprezar a personalidade jurídica, para, penetrando no seu âmago, alcançar as pessoas e bens que dentro dela se escondem para fins ilícitos ou abusivos. Se a personalidade jurídica constitui criação da lei, como concessão do Estado, objetivando, como diz CUNHA GONÇALVES, 'a realização de um fim', nada mais transcendente do que se reconhecer ao Estado, através de sua Justiça, a faculdade de verificar se o direito concedido está sendo adequadamente usado. A personalidade jurídica passa a ser considerada doutrinariamente um direito relativo, permitindo ao juiz penetrar o véu da personalidade para coibir os abusos ou condenar a fraude através de seu uso. (...) A relatividade do direito de personalização jurídica nos leva, numa rápida digressão, à teoria do abuso de direito. É de conhecimento elementar que foi ela criação da jurisprudência dos tribunais franceses. Deve-se a JOSSERAND a sistematização de seu uso, contando com oposição crítica e sistemática de PLANIOL. Para se compreender a fundo a teoria do abuso de direito, deve-se partir da observação de JOSSERAND de que, se a sociedade garante a determinadas pessoas as suas prerrogativas, não é para ser-lhes agradável, mas para assegurar-lhes a própria conservação. Esse é, na verdade, o mais alto tributo do direito: a sua finalidade social.. Já se vai tornando um conceito clássico a doutrina de GENY de que nem todo direito está contido na legalidade. A lei, de fato, não abrange todas as peculiaridades da vida cotidiana nos seus vários matizes." (*Curso de Direito Comercial*, São Paulo: Saraiva, 1986, vol. 1, p. 265/266).

Do ponto de vista trabalhista

A Teoria da Superação da Personalidade vem sendo adotada há mais de meio século no processo do trabalho com respaldo no art. 8º da Consolidação das Leis do Trabalho que a permite expressamente.

A sua aplicação em sede executória trabalhista não tem as exigências formais civilistas. O sócio responderá pelo crédito trabalhista se a empresa perder a idoneidade econômica e financeira. Não há porque se exigir a prova de abuso de direito. A execução de bens do sócio ocorre por haver uma espécie de culpa objetiva. O simples fato de a pessoa jurídica não poder garantir o juízo com oferecimento de bens à penhora ou o oficial de justiça não localizar bens para a garantia do juízo serão motivos suficientes para que o exequente requeira que se penhore bens dos sócios. E por que é assim?

Simples. O crédito trabalhista tem natureza alimentar prevista constitucionalmente. Goza de superprivilégio nos termos do art. 186 do Código Tributário Nacional e tem os favores da Lei n. 6.830/1980, *ex vi* do art. 889 da CLT.

Some-se a isso o fato de o trabalhador não poder nunca correr os riscos do empreendimento, mesmo porque nunca participa dos lucros da empresa, permanecendo o mandamento constitucional como simples carta de intenção ou de simples norma programática. Depois, o empregado não tem poderes de administração, não tendo legitimidade para intervir mesmo reconhecendo que existem desmandos ou que a pessoa jurídica está sendo esvaziada pelos sócios ou administradores. A força de trabalho não pode ser devolvida. Entre o empregado, o empregador e a administração do fundo de comércio, a posição do empregado é a de *res inter alios*.

Enfim, a única culpa que se poderia carrear para o trabalhador seria a de ter sido ingênuo ao integrar a sua força de trabalho a uma empresa inidônea. Mas nem disso se poderia pechá-lo! Num país de desempregados, qualquer emprego que aparecer será bem-vindo. Depois é rezar para que não aconteça o pior.

Com tudo isso em favor do empregado, o legislador conseguiu tirar direitos do trabalhador em caso de falência, reduzindo o privilégio de verbas alimentares para apenas 150 salários mínimos. Isso é, conseguiu imputar ao trabalhador a responsabilidade de um empreendimento mal dirigido e que descambou na quebra, sem que o trabalhador tivesse nenhuma participação na administração. Tudo isso com a conivência e a leniência do Partido dos Trabalhadores e de todos os sindicatos, federações e confederações que nada fizeram para impedir.

Transcrevemos abaixo lições oportunas do juslaboralista ARION ROMITA:

A limitação da responsabilidade dos sócios é incompatível com a proteção que o direito do trabalho dispensa aos empregados; deve ser abolida, nas relações da sociedade com seus empregados, de tal forma que os créditos dos trabalhadores encontrem integral satisfação, mediante a execução subsidiária dos bens particulares dos sócios. É tempo de afirmar, sem rebuços, que, nas sociedades por cotas de responsabilidade limitada, todos os sócios devem responder com seus bens particulares, embora subsidiariamente, pelas dívidas trabalhistas da sociedade; a responsabilidade deles deve ser solidária, isto é, caberá ao empregado exequente o direito de exigir de cada um dos sócios o pagamento integral da dívida societária.

Vale dizer, para fins de satisfação dos direitos trabalhistas, será aberta uma exceção à regra segundo a qual a responsabilidade dos sócios se exaure no limite do valor do capital social; a responsabilidade trabalhista dos sócios há de ser ilimitada, embora subsidiária; verificada a insuficiência do patrimônio societário, os bens dos sócios individualmente considerados, porém, solidariamente, ficarão sujeitos à execução, ilimitadamente, até o pagamento integral dos créditos dos empregados. Não se compadece com a índole do direito obreiro a perspectiva de ficarem os créditos trabalhistas a descoberto, enquanto os sócios, afinal os beneficiários diretos do resultado do labor dos empregados da sociedade, livram os seus bens pessoais da execução, a pretexto de que os patrimônios são separados. Que permaneçam separados para os efeitos comerciais, compreende-se; já para efeitos fiscais, assim não entende a lei; não se deve permitir, outrossim, no direito do trabalho, para completa e adequada proteção dos empregados. (...) Quanto às sociedades anônimas, a questão é mais delicada e exige reflexão. Impraticável será invocar-se a responsabilidade dos acionistas, é evidente. A responsabilidade há de ser dos gestores (diretores, administradores, pouco importa a denominação). Urge, também, proclamar que, se insuficiente o patrimônio da sociedade anônima, os diretores responderão solidariamente, com seus bens particulares, pela satisfação dos direitos trabalhistas dos empregados da sociedade. Semelhante conclusão não aberra da moderna concepção vigente a respeito da responsabilidade dos gestores de sociedade por ações. No campo da execução trabalhista, a responsabilidade dos gestores se traduziria na obrigação de satisfazer subsidiariamente os débitos da sociedade. A perspectiva de ter de responder com seus bens pessoais pelas dívidas sociais (embora somente depois de excutido o patrimônio social) certamente estimulará os gestores no sentido de conduzirem sua administração a bom êxito, evitando arrastar a sociedade à posição de devedor insolvente ante seus empregados". (Aspectos do processo de execução trabalhista à luz da Lei n. 6.830/80 – *LTr* 45/1041 e ss.)

O crédito trabalhista não pode ser relegado a plano terciário quando a empresa não vai bem, quebra ou desaparece com o fundo de comércio. O sócio, ao participar de um fundo de comércio, assume os riscos e os benefícios que o empreendimento poderá refletir. Uma coisa é certa. O empregado não pode participar dos riscos do empreendimento, mesmo porque jamais participa dos lucros. O trabalhador é aquele, num país de desempregados, que consegue um trabalho (com vínculo empregatício ou autônomo) e entrega a sua força de trabalho sem nada perguntar, sem possibilidade de imiscuir-se na administração da empresa. E, dia a dia, vê esfumar-se o seu único patrimônio, que é a higidez física, patrimônio fungível que jamais poderá ser recuperado. Com a quebra, com a derrocada, com o desaparecimento do fundo de comércio descobre-se a ausência de depósitos fundiários, o não recolhimento de cotas previdenciárias, o atraso no salário. Constata que a Carteira assinada nada significou, porque o Poder Público não fiscalizou, e inicia a sua *via crucis* quando passa a correr atrás do prejuízo. Não responsabilizar o sócio seria condenar o trabalhador e sua prole ao castigo da morte lenta, à inanição. Daí a razão por que o sócio deve responder, subsidiariamente perante a sociedade e solidariamente com os demais sócios. Não existindo bens no fundo de comércio, a responsabilidade dos sócios passa a ser solidária entre si. A situação do trabalhador entre a empresa e os sócios e o desaparecimento do fundo de comércio ou a quebra é a de *res inter alios*.

A situação do trabalhador é retratada pelo mestre Russomano de forma candente: "Quando alguém pegar com suas mãos o código trabalhista de um país, saiba que ali estão séculos de sofrimentos calados ou de revoltas e que aquelas páginas, nas entrelinhas da composição em linotipo, foram escritas a sangue e a fogo, porque, até hoje, infelizmente, nenhuma classe dominante abriu mão de seus privilégios apenas por um ideal de fraternidade ou por espírito de amor aos homens". (O empregado e o empregador no direito do trabalho, São Paulo: LTr., 1978, p. 12 e ss.).

A quebra da empresa (Lei n. 11.101/2005) impõe restrição à preferência do crédito trabalhista (art. 83, I) até 150 salários mínimos, transformando em quirografário o crédito que sobejar ao valor indicado (art. 83, VI, *c*). Daí por que a execução sobre os bens dos sócios se torna mais vantajosa, pois a restrição imposta em caso de falência não o beneficia. Dispõe o art. 596, CPC: "Os bens particulares dos sócios não respondem pelas dívidas da sociedade senão nos casos previstos em lei; o sócio, demandado pelo pagamento da dívida, tem direito a exigir que sejam primeiro excutidos os bens da sociedade". Evidentemente, não haverá bens disponíveis em caso de falência, devendo o sócio responder com o seu patrimônio particular.

Em suma, o crédito trabalhista tem todos os benefícios executórios da Lei dos Executivos Fiscais (art. 889, CLT), não rendendo tributo a nenhuma preferência, posto que, se existente, estará colocada em grau inferior. Di-lo o art. 186 do CTN. Antes, o crédito trabalhista cedia vez à infortunística (crédito por acidente do trabalho ou doença profissional). Com a modificação da lei, a responsabilidade acidentária passou para a União, cedendo vez ao crédito trabalhista.

O art. 596 do Código Buzaid normatiza a responsabilidade subsidiária do sócio. Nesse caso, em ocorrendo a hipótese, deve o sócio usar o benefício que a lei lhe assegura.

A responsabilidade subsidiária do sócio não exige que tenha integrado a lide e faça parte dos limites subjetivos da coisa julgada. Inaplicável *in casu* a orientação antes contida na Súmula n. 205, de discutível legalidade (art. 2º, § 2º, CLT), que cuidava dos grupos econômicos, já hoje revogada pela Resolução TST n. 121/2003.

O sócio, nesse caso, poderá defender-se mediante a apresentação de embargos de terceiro, cuja defesa estará restrita ao bem ou bens penhorados.

Por alento subsidiário, tínhamos o art. 350 do Código Comercial, que dispunha: "O sócio que se despedir antes de dissolvida a sociedade ficará responsável pelas obrigações contraídas e perdas havidas até o momento da despedida..." (art. 8º, CLT). Referido artigo foi revogado, tendo correspondente no art. 1.024 do CC.

Vale dizer, o sócio retirante poderá vir a responder pelos débitos da sociedade e para com empregado admitido antes de sua saída. Em acontecendo a hipótese, este poderá agir regressivamente contra os demais sócios.

O crédito trabalhista é indivisível (art. 891, CC, correspondendo ao art. 259, CC de 2002), do que resulta que o trabalhador poderá dirigir a execução contra qualquer sócio.

Em suma, o crédito trabalhista tem todos os benefícios executórios da Lei dos Executivos Fiscais (art. 889, CLT), não rendendo tributo a nenhuma preferência, posto que, se existente, estará colocado em grau inferior. Di-lo o art. 186 do CTN. Antes o crédito trabalhista cedia vez à infortunística (crédito por acidente do trabalho ou doença profissional). Com a modificação da lei, a responsabilidade acidentária passou para a União, cedendo vez ao crédito trabalhista.

A responsabilidade do sócio está diretamente ligada à espécie de culpa objetiva. Se a administração empresarial não foi bem-sucedida, deve-se aos sócios que não tiveram competência para levar a bom termo o empreendimento. Fatores outros, como planos econômicos, dificuldades para captação de capital de giro, custo operacional do produto, impossibilidade competitiva etc., são elementos circunstanciais contidos todos no risco do empreendimento.

Em sede trabalhista, o sócio poderá ser responsabilizado, podendo, sempre, usar do benefício de ordem e indicar bens desembargados da pessoa jurídica. Se os bens do fundo de comércio não forem suficientes à liquidação do débito, o sócio responderá com seus bens particulares. O sócio que se retira da sociedade será responsável até esse momento (art. 1.003, parágrafo único, CC), por inadimplência futura, podendo indicar bens de sócios remanescentes.

Na execução trabalhista, dado o superprivilégio do crédito trabalhista (art. 186 do CTN), não rendendo tributo a nenhum outro crédito, dada a sua natureza alimentar (art. 100, CF), tem aplicação a Lei n. 6.830/80, *ex vi* art. 889, CLT.

Dispõe o art. 29 da Lei n. 6.830/80: "A cobrança judicial da Dívida Ativa da Fazenda Pública não é sujeita a concurso de credores ou habilitação em falência, concordata, liquidação, inventário ou arrolamento".

Por sua vez, dispõe o art. 30: "Sem prejuízo dos privilégios especiais sobre determinados bens, que sejam previstos em lei, responde pelo pagamento da Dívida Ativa da Fazenda Pública a totalidade dos bens e das rendas, de qualquer origem ou natureza, do sujeito passivo, seu espólio ou sua massa, inclusive os gravados por ônus real ou cláusula de inalienabilidade ou impenhorabilidade, seja qual for a data da constituição do ônus ou da cláusula, excetuados unicamente os bens e rendas que a lei declara absolutamente impenhoráveis".

O crédito trabalhista tem preferência ao executivo fiscal e até mesmo à infortunística, posto que esta, hoje, está a cargo da União. Este superprivilégio restaria neutralizado caso a empregadora desaparecesse com o fundo de comércio e os sócios não respondessem pela dívida da empresa. Daí por que a responsabilidade do sócio persiste em tais casos.

A responsabilidade é subsidiária, vale dizer, poderá e deverá o sócio, quando penhorados os bens do seu patrimônio, indicar bens da pessoa jurídica que se apresentem suficientes a levar a bom termo a execução. O art. 275 do CC/2002, correspondente *ipsis literis* ao art. 904 do CC/1916, expressa a solidariedade, sem o benefício de ordem. O art. 350 do Código Comercial, hoje revogado, deixava expressa a subsidiariedade ao normatizar que os bens do sócio responderiam depois de executados os bens sociais. O CC/2002 deixou expresso o mesmo direcionamento no art. 1.024: "Os bens particulares dos sócios não podem ser executados por dívidas da sociedade, senão depois de executados os bens sociais".

Para o direito do trabalho, não importa o tipo de sociedade para a qual o trabalhador prestou serviço nem se a sociedade é de responsabilidade limitada ou ilimitada.

Também não se perquire se o sócio teria agido com dolo ou com culpa, pois a sua responsabilidade está diretamente ligada ao risco do negócio. Grita ao bom-senso que aquele que obtém proveito em sua iniciativa negocial também suporte os encargos. Toda iniciativa negocial encerra perigos potenciais para o dono do negócio. Não obviamente ao trabalhador, cuja única "culpa" seria a de dar a sua força de trabalho, sem qualquer possibilidade de opinar sobre os destinos da empresa.

O crédito trabalhista é indivisível (art. 891, CC, correspondendo ao art. 259, CC de 2002), do que resulta que o trabalhador poderá dirigir a execução contra qualquer sócio.

O art. 596 do Código Buzaid normatiza a responsabilidade subsidiária do sócio. Nesse caso, em ocorrendo a hipótese, deve o sócio usar o benefício que a lei lhe assegura.

A responsabilidade subsidiária do sócio não exige que tenha integrado a lide e faça parte dos limites subjetivos da coisa julgada. Inaplicável *in casu* a orientação antes contida na Súmula n. 205, de discutível legalidade (art. 2º, § 2º, CLT), que cuidava de grupos econômicos, já hoje revogada pela Resolução TST n. 121/2003.

O sócio, nesse caso, poderá defender-se mediante a apresentação de embargos de terceiro, cuja defesa estará restrita ao bem ou bens penhorados.

Redação da Comissão Técnica de Apoio

Art. 64. Requerida a desconsideração da personalidade jurídica, o sócio ou o terceiro e a pessoa jurídica serão intimados para, no prazo comum de quinze dias, se manifestar e requerer as provas cabíveis.

Alteração no relatório geral

Art. 78. Requerida a desconsideração da personalidade jurídica, o sócio ou o terceiro e a pessoa jurídica serão citados para, no prazo comum de quinze dias, se manifestar e requerer as provas cabíveis.

Código sancionado

Art. 135. Instaurado o incidente, o sócio ou a pessoa jurídica será citado para manifestar-se e requerer as provas cabíveis no prazo de 15 (quinze) dias.

Comentários: A relatoria substituiu o termo "intimação" por "citação" para a hipótese do incidente de superação da personalidade. Nesse mesmo sentido direcionou o art. 135 do Código sancionado. Existem duas formas procedimentais de comunicação: pela citação e pela intimação.

Do ponto de vista conceitual, intimação é ato processual pelo qual é feita a comunicação para alguém ligado ao processo de algum acontecimento ocorrido, devendo a pessoa intimada fazer ou deixar de fazer algo em função dessa comunicação dentro do prazo legal ou judicial. Responder ou não à intimação é um ônus processual, não uma obrigação. Sob o mesmo enfoque, a citação é um ato processual pelo qual se integra ao processo uma terceira pessoa que está fora do processo. O exemplo mais comum é o do ajuizamento da ação. Ajuizada uma ação, tem-se inicialmente apenas autor e Juiz. Com a citação, o réu passa a integrar a lide, com prazo para apresentar resposta (contestação, exceção e reconvenção – art. 297, CPC). Também aqui a confecção de resposta é um ônus da parte (arts. 319-330, CPC) Temos para nós que a relatoria aplicou corretamente a terminologia jurídica ao substituir intimação por citação. De resto, o art. 39, inciso I, do CPC é indicador de que a intimação é utilizada para quem já faz parte do processo.

Redação da Comissão Técnica de Apoio

Art. 65. Concluída a instrução, se necessária, o incidente será resolvido por decisão interlocutória impugnável por agravo de instrumento.

Código sancionado

Art. 136. Concluída a instrução, se necessária, o incidente será resolvido por decisão interlocutória.
Parágrafo único. Se a decisão for proferida pelo relator, cabe agravo interno.

Comentários: O redação do artigo não é boa, quando usa a locução "se necessária." A redação deveria ser:

Art. 65. Havendo ou não instrução, o incidente será resolvido por decisão interlocutória impugnável por agravo de instrumento.

A relatoria bipartiu a redação da Comissão em *caput* e parágrafo único. Código sancionado adotou a redação da Comissão.

Prevaleceu aqui o *caput* formulado pela Comissão Técnica referendado pelo art. 78 da relatoria. A parte citada no incidente de superação da personalidade, como vimos pelo art. 135 do Código sancionado, terá o prazo de 15 dias para apresentar defesa e rol de provas que pretende produzir.

Art. 135. Instaurado o incidente, o sócio ou a pessoa jurídica será citado para manifestar-se e requerer as provas cabíveis no prazo de 15 (quinze) dias.

A norma poderá ser usada de forma subsidiária em sede processual trabalhista (art. 769 da CLT), mas o prazo será de 8 dias. Uma outra diferença se apresenta: a decisão proferida no processo civil será interlocutória, impugnável pela via do agravo de instrumento. No processo trabalhista não haverá recursos pelo fato de as decisões interlocutórias serem irrecorríveis. Por outro lado, o agravo de instrumento trabalhista tem o seu núcleo operacional restrito ao desatrelamento de recursos.

Redação atual do CPC

Art. 16. Responde por perdas e danos aquele que pleitear de má-fé como autor, réu ou interveniente.

Redação da Comissão Técnica de Apoio

Art. 68. Responde por perdas e danos aquele que pleitear de má-fé como autor, réu ou interveniente.

Nota: Confirmado pelo art. 82 da relatoria e ambos repetem o art. 16 do Código em vigor.

Código sancionado

Art. 79. Responde por perdas e danos aquele que litigar de má-fé como autor, réu ou interveniente.

Comentários: O art. 16 do Código em vigor é de aplicação subsidiária em sede trabalhista (art. 769 da CLT). Todavia, a sua aplicação na prática traz alguma dificuldade. Diferente do que acontece na área cível, a autora não é condenada ao pagamento de custas na parte do pedido que foi julgado improcedente. E o autor (empregado) não é condenado em honorários advocatícios. Essa brecha legal permite que as petições iniciais sejam enxertadas com pedidos "fantasmas" com o objetivo de conseguir uma revelia ou um acordo mais rendoso. Essa é uma situação perversa que persiste no processo do trabalho em que partes e advogados usam de má-fé, abusam da deslealdade processual e não respondem por isso. A obtusidade somente será sanada quando a lei for modificada impondo ao trabalhador o pagamento de custas e a possibilidade de pagamento de honorários na parte em que sucumbir.

Redação da Comissão Técnica de Apoio

Art. 70. O juiz ou tribunal, de ofício ou a requerimento, condenará o litigante de má-fé a pagar multa não excedente a dois por cento sobre o valor da causa e a indenizar a parte contrária dos prejuízos que esta sofreu, além de honorários advocatícios e de todas as despesas que efetuou.

§ 1º Quando forem dois ou mais os litigantes de má-fé, o juiz condenará cada um na proporção do seu respectivo interesse na causa ou solidariamente aqueles que se coligaram para lesar a parte contrária.

§ 2º O valor da indenização será desde logo fixado pelo juiz, em quantia não superior a vinte por cento sobre o valor da causa, ou liquidado por arbitramento.

§ 3º Quando o valor da causa for irrisório ou inestimável, a multa referida no *caput* poderá ser fixada em até o décuplo do valor das custas processuais.

Alteração no relatório geral

Art. 84. O juiz ou tribunal, de ofício ou a requerimento, condenará o litigante de má-fé a pagar multa que não deverá ser inferior a dois por cento, nem superior a dez por cento, do valor corrigido da causa e a indenizar a parte contrária dos prejuízos que esta sofreu, além de honorários advocatícios e de todas as despesas que efetuou.

1º Quando forem dois ou mais os litigantes de má-fé, o juiz condenará cada um na proporção do seu respectivo interesse na causa ou solidariamente aqueles que se coligaram para lesar a parte contrária.

§ 2º O valor da indenização será desde logo fixado pelo juiz, em quantia não superior a vinte por cento sobre o valor da causa, ou, caso não seja possível mensurá-la desde logo, liquidada por arbitramento ou pelo procedimento comum.

§ 3º Quando o valor da causa for irrisório ou inestimável, a multa referida no *caput* poderá ser fixada em até dez vezes o valor do salário mínimo.

Código sancionado

Art. 80. Considera-se litigante de má-fé aquele que:

I – deduzir pretensão ou defesa contra texto expresso de lei ou fato incontroverso;

II – alterar a verdade dos fatos;

III – usar do processo para conseguir objetivo ilegal;

IV – opuser resistência injustificada ao andamento do processo;

V – proceder de modo temerário em qualquer incidente ou ato do processo;

VI – provocar incidente manifestamente infundado;

VII – interpuser recurso com intuito manifestamente protelatório.

Comentários: O *caput* substitui o termo "reputa-se" por "considera-se" e adotou todos os incisos do Código em vigor.

Art. 81. De ofício ou a requerimento, o juiz condenará o litigante de má-fé a pagar multa, que deverá ser superior a um por cento e inferior a dez por cento do valor corrigido da causa, a indenizar a parte contrária pelos prejuízos que esta sofreu e a arcar com os honorários advocatícios e com todas as despesas que efetuou.

Comentários: Reduziu a multa de dois para um e conservou o texto de dez por cento. Some-se a isso a responsabilidade civil pelos danos sofridos, mais despesas processuais e todas as despesas. A multa deve ser de forma a que a parte não possa escolher entre custo e benefício. Se o custo for menor certamente haverá incentivo à procrastinação e à má-fé.

§ 1º Quando forem 2 (dois) ou mais os litigantes de má-fé, o juiz condenará cada um na proporção de seu respectivo interesse na causa ou solidariamente aqueles que se coligaram para lesar a parte contrária.

Comentários: Raciocínio perfeito em consonância com o princípio de justiça distributiva. Código sancionado adotou a redação da Comissão referendada pela relatoria.

2º Quando o valor da causa for irrisório ou inestimável, a multa poderá ser fixada em até 10 (dez) vezes o valor do salário mínimo.

§ 3º O valor da indenização será fixado pelo juiz ou, caso não seja possível mensurá-lo, liquidado por arbitramento ou pelo procedimento comum, nos próprios autos.

Comentários: O valor da responsabilidade processual pelo dano causado, se possível, deverá ser fixado de imediato pelo juiz. Na impossibilidade, o valor será apurado por arbitramento ou pelo procedimento comum nos próprios autos.

Se o valor das custas for irrisório, fato que poderá desmerecer a finalidade saneadora, o valor da multa poderá ser fixado em até dez vezes o valor do salário mínimo. Código sancionado aceitou a sugestão da relatoria. O valor, todavia, é excessivo e não guarda equanimidade com a realidade. O valor deveria ser o valor irrisório multiplicado por dez, que já estaria de bom tamanho. O processo não é lugar para achaques ou para engordar a arrecadação do Poder Público. O § 2º sob comento indica falta de sensibilidade do legislador. É possível que em certos casos o valor da multa supere o principal. É evidente a ausência de razoabilidade.

Redação da Comissão Técnica de Apoio

Art. 71. Salvo as disposições concernentes à gratuidade de justiça, cabe às partes prover as despesas dos atos que realizam ou requerem no processo, antecipando-lhes o pagamento, desde o início até sentença final ou, na execução, até a plena satisfação do direito declarado pela sentença.

Parágrafo único. Incumbe ao autor adiantar as despesas relativas a atos cuja realização o juiz determinar de ofício ou a requerimento do Ministério Público, quando sua intervenção ocorrer como fiscal da lei.

Alteração no relatório geral

Art. 85. Salvo as disposições concernentes à gratuidade de justiça, cabe às partes prover as despesas dos atos que realizarem ou requererem no processo, antecipando-lhes o pagamento, desde o início até sentença final ou, na execução, até a plena satisfação do direito reconhecido no título.

Parágrafo único. Incumbe ao autor adiantar as despesas relativas a atos cuja realização o juiz determinar de ofício ou a requerimento do Ministério Público, quando sua intervenção ocorrer como fiscal da ordem jurídica.

Comentários: A substituição da expressão "fiscal da lei" por "fiscal da ordem jurídica" é tautológica e de péssima inspiração. Fiscal da lei ou *custos legis* é expressão usada há mais de século. Não se modifica aquilo que já solidificou no trato terminológico jurídico com o passar dos tempos.

Código sancionado

Art. 82. Salvo as disposições concernentes à gratuidade da justiça, incumbe às partes prover as despesas dos atos que realizarem ou requererem no processo, antecipando-lhes o pagamento, desde o início até a sentença final ou, na execução, até a plena satisfação do direito reconhecido no título.

§ 1º Incumbe ao autor adiantar as despesas relativas a ato cuja realização o juiz determinar de ofício ou a requerimento do Ministério Público, quando sua intervenção ocorrer como fiscal da ordem jurídica.

Comentários: Código sancionado adotou a terminologia da relatoria ao empregar a locução "fiscal da ordem jurídica" em substituição à locução "fiscal da lei." A substituição é tautológica e não acrescenta nada. Ao contrário, contraria princípio processual de que não se deve modificar aquilo cuja aceitação firmou-se no tempo. Não se modifica pelo simples desejo de ser diferente. Como o uso do cachimbo já deu forma à boca, as expressões fiscal da lei e *custos legis* certamente continuarão a ser usadas. A origem românica de *custos legis* (fiscal da lei ou guardião da lei) está cristalizada no direito processual e diz da sua origem.

§ 2º A sentença condenará o vencido a pagar ao vencedor as despesas que antecipou.

Comentários: O parágrafo é oportuno. Descarta-se o princípio dispositivo e fixa o comando imperativo no sentido de que a sentença condene o réu a pagar ao autor as despesas que este antecipou com o ajuizamento da ação. É a aplicação do princípio da *restitutio in integrum*.

Redação da Comissão Técnica de Apoio

Art. 72. Ao decidir qualquer incidente, o juiz condenará nas despesas o vencido.

Parágrafo único. As despesas abrangem não só as custas dos atos do processo, como também a indenização de viagem, a remuneração do assistente técnico e a diária de testemunha.

Alteração no relatório geral

Art. 86. As despesas abrangem não só as custas dos atos do processo, como também a indenização de viagem, a remuneração do assistente técnico e a diária de testemunha.

Comentários: A redação da Comissão foi habilmente transformada no *caput* da relatoria, sem comprometer a clareza. Mas ambos esqueceram de incluir no rol das despesas os honorários do perito do juízo, limitando a falar em "assistente técnico".

Código sancionado

Art. 84. As despesas abrangem as custas dos atos do processo, a indenização de viagem, a remuneração do assistente técnico e a diária de testemunha.

Comentários: O artigo adota em parte a redação da relatoria, mas incorre no mesmo lapso: deixa de incluir os honorários do perito do juízo. O omissão deverá ser superada na prática pelos juízes com forte no princípio da *restitutio in integrum*.

Redação da Comissão Técnica de Apoio

Art. 73. A sentença condenará o vencido a pagar honorários ao advogado do vencedor, salvo se houver perda do objeto, hipótese em que serão imputados à parte que lhe tiver dado causa.

§ 1º A verba honorária de que trata o *caput* será devida também no cumprimento de sentença, na execução embargada ou não e nos recursos interpostos, cumulativamente.

Alteração no relatório geral

Art. 87. A sentença condenará o vencido a pagar honorários ao advogado do vencedor.

§ 1º A verba honorária de que trata o *caput* será devida também no pedido contraposto, no cumprimento de sentença, na execução resistida ou não e nos recursos interpostos, cumulativamente.

Comentários: A redação da relatoria é abrangente e mais técnica. A perda de objeto desaguará na extinção do processo sem julgamento do mérito. O ônus será de quem sucumbir.

A corregedoria trouxe no § 1º a expressão "pedido contraposto". Essa expressão foi criada pelo art. 17 da Lei n. 9.099/95, parágrafo único:

> Havendo pedidos contrapostos, pode ser dispensada a contestação formal e ambos serão apreciados na mesma sentença.

Pedido contraposto é a pretensão deduzida pelo réu na contestação fundada nos mesmos fatos articulados pelo autor na petição inicial (art. 278, § 1º, do CPC).

De resto, a verba honorária será devida cumulativamente nos recursos interpostos e no cumprimento da sentença, inclusive nos embargos.

Código sancionado

Art. 85. A sentença condenará o vencido a pagar honorários ao advogado do vencedor.

....

§ 11. O tribunal, ao julgar recurso, majorará os honorários fixados anteriormente levando em conta o trabalho adicional realizado em grau recursal, observando, conforme o caso, o disposto nos §§ 2º a 6º, sendo vedado ao tribunal, no cômputo geral da fixação de honorários devidos ao advogado do vencedor, ultrapassar os respectivos limites estabelecidos nos §§ 2º e 3º para a fase de conhecimento.

Comentários: Modificou-se parcialmente a estrutura processual em vigor há mais de século sobre o pagamento de honorários. Na fase recursal, o tribunal levará em consideração o trabalho adicional que o advogado teve, utilizando como parâmetro o § 2º, incisos I a IV. Também na fase executória haverá a fixação de novos honorários (§ 1º). A verba honorária, todavia, não poderá ir além de 20% (§ 2º). Por oportuno, diga-se que a obediência ao teto de 20% é pelo juízo; não interfere com os honorários fixados contratualmente.

Enfoque crítico. O artigo não deixa de premiar um certo malabarismo processual, pois à primeira vista leva à impressão de que poderia haver a fixação de honorários em várias oportunidades. A afirmação será verdadeira desde que os honorários fixados na sentença sejam inferiores ao teto. Se inferior, o tribunal poderá majorar a verba honorária, sempre com escudo no parâmetro fixado no § 2º, incisos I a IV, tendo como teto o índice de 20%. A mesma regra é aplicada na fase executória. Em suma: se o juiz primário fixar em 20% a verba honorária, o artigo fica neutralizado.

Como fator positivo, podemos dizer que o tribunal poderá corrigir uma distorção que soe acontecer na prática. Existem juízes que só arbitram honorários no mínimo, pouco importando o tipo de ação ou o trabalho que teve o causídico. Essa espécie de juiz jamais arbitrará honorários na fase executória. Mesmo porque o comando não é imperativo, remetendo o juiz aos incisos I a IV do art. 2º.

§ 1º São devidos honorários advocatícios na reconvenção, no cumprimento de sentença, provisório ou definitivo, na execução, resistida ou não, e nos recursos interpostos, cumulativamente.

§ 2º Os honorários serão fixados entre o mínimo de dez e o máximo de vinte por cento sobre o valor da condenação, do proveito econômico obtido ou, não sendo possível mensurá-lo, sobre o valor atualizado da causa, atendidos:

§ 12. Os honorários referidos no § 11 são cumuláveis com multas e outras sanções processuais, inclusive as previstas no art. 77.

Comentários: O parágrafo se nos afigura desnecessário, pois são coisas diversas com titulares diversos.

§ 13. As verbas de sucumbência arbitradas em embargos à execução rejeitados ou julgados improcedentes e em fase de cumprimento de sentença serão acrescidas no valor do débito principal, para todos os efeitos legais.

§ 14. Os honorários constituem direito do advogado e têm natureza alimentar, com os mesmos privilégios dos créditos oriundos da legislação do trabalho, sendo vedada a compensação em caso de sucumbência parcial.

Comentários: Parágrafo oportuno. O advogado enquadra-se na conceituação constitucional de "trabalhador". Justo que os honorários advocatícios tenham as mesmas prerrogativas (não privilégios) dos créditos trabalhistas. Têm regência executória pelo Código Tributário Nacional, Lei dos Executivos Fiscais e demais leis trabalhistas. Vedada a compensação em caso de sucumbência parcial.

Enfoque crítico. Honorários periciais. Não vemos diferença entre os honorários do advogado e os honorários do perito. Todavia, esse profissional não foi contemplado pelo norma. A omissão não tem sentido e é elitista e preconceituosa, quando premia um trabalhador e elimina outros nas mesmas condições. Contraria o senso de justiça distributiva. Damos a erronia por simples lapso do legislador, aplicando a regra também aos honorários periciais.

§ 15. O advogado pode requerer que o pagamento dos honorários que lhe caibam seja efetuado em favor da sociedade de advogados que integra na qualidade de sócio, aplicando-se à hipótese o disposto no § 14.

Comentários: Oportuno o parágrafo. O fato de haver pagamento em favor da sociedade não retira a prerrogativa de crédito alimentar.

§ 16. Quando os honorários forem fixados em quantia certa, os juros moratórios incidirão a partir da data do trânsito em julgado da decisão.

Comentários: O parágrafo peca ao fixar a contagem de juros moratórios a partir da coisa julgada. Há total incoerência com o art. 883 da CLT. Se os honorários se equiparam aos créditos trabalhistas com natureza jurídica alimentar e, consequentemente, com as garantias executórias contidas no Código Tributário Nacional e na Lei dos Executivos Fiscais, com fulcro no art. 889 da CLT, razão não existe para que se não aplique o artigo 883 da CLT: "......., sendo estes, em qualquer caso, devidos a partir da data em que for ajuizada a reclamação inicial".

O parágrafo deveria ter a seguinte redação:

Quando os honorários forem fixados em quantia certa, os juros moratórios incidirão a partir da data do ajuizamento da ação (...)

§ 17. Os honorários serão devidos quando o advogado atuar em causa própria.

Comentários: Parágrafo oportuno. Embora, na prática, não seja aconselhável que o advogado atue em causa própria, pois o ânimo em determinados momentos poderá turbar o raciocínio, não seria justo que não usufruísse de honorários. Aplica-se aqui o princípio trabalhista de que todo trabalho é remunerado; não existe trabalho gratuito, ressalvadas exceções legais.

§ 18. Caso a decisão transitada em julgado seja omissa quanto ao direito aos honorários ou ao seu valor, é cabível ação autônoma para sua definição e cobrança.

Comentários: O parágrafo fala se a decisão foi omissa quanto ao direito aos honorários ou ao seu valor. Temos duas hipóteses: ausência de condenação ou condenação sem indicar o valor. Se transitou em julgado sem condenar na verba honorária (*an debeatur*), não haverá como executar o que não está nos limites objetivos da coisa julgada. Todavia, se houve condenação na verba (*an debeatur*), mas não existe o valor (*quantum debeatur*), não vemos razão para que busque o valor em ação autônoma. Isso pode e deve ser feito em liquidação de sentença e por arbitramento do juiz executor.

O parágrafo deveria permitir que a verba honorária fosse requerida incidentalmente no próprio juízo. A prova está toda nos autos e premiará a celeridade e a economia processual.

A ausência de condenação na verba honorária traduz erro do juiz primário, já que pela Súmula 256 da Excelsa Corte não é necessário pedido expresso para que o réu seja condenado na verba honorária. Não me parece que a cobrança por intermédio de ação autônoma seja de boa inspiração, quando existe a ação monitória para os casos em que existe prova material da dívida e não existe título judicial ou extrajudicial.

Enfoque crítico – A cobrança de honorários em ação autônoma para definição e cobrança poderá descaracterizar a natureza alimentar, prevista no § 14.

§ 14. Os honorários constituem direito do advogado e têm natureza alimentar, com os mesmos privilégios dos créditos oriundos da legislação do trabalho, sendo vedada a compensação em caso de sucumbência parcial.

A redação do artigo deveria ser:

§ 18. Caso a decisão transitada em julgado seja omissa quanto ao direito aos honorários advocatícios, é cabível ação autônoma para sua definição e cobrança com as prerrogativas do § 14.

Melhor seria:

§ 18. Caso a decisão transitada em julgado seja omissa quanto à verba honorária, a parte poderá requerer a fixação incidentalmente.

§ 19. Os advogados públicos perceberão honorários de sucumbência, nos termos da lei.

Comentários: Termina-se com uma discussão que só servia para engordar os cofres da instituição pública. O parágrafo é um *plus* a somar na dedicação que o advogado certamente terá na condução da ação. Vemos como um precedente oportuno para que o legislativo normatize no mesmo sentido para o setor privado, onde as grandes empresas e os bancos se beneficiam da sucumbência ressarcindo-se do salário pago ao seu quadro de advogados. Justo será que também os advogados do setor privado sejam beneficiados. Não existem diferenças na profissão que determinem o tratamento desigual.

Redação da Comissão Técnica de Apoio

Art. 73

§ 3º Nas causas em que for vencida a Fazenda Pública, os honorários serão fixados entre o mínimo de cinco por cento e o máximo de dez por cento sobre o valor da condenação, do proveito, do benefício ou da vantagem econômica obtidos, observados os parâmetros do § 2º.

§ 5º Nas ações de indenização por ato ilícito contra pessoa, o valor da condenação será a soma das prestações vencidas com o capital necessário a produzir a renda correspondente às prestações vincendas, podendo estas ser pagas, também, mensalmente, inclusive em consignação na folha de pagamento do devedor.

§ 11. Os honorários constituem direito do advogado e têm natureza alimentar, tendo os mesmos privilégios dos créditos oriundos da legislação do trabalho, sendo vedada a compensação em caso de sucumbência parcial.

§ 13. Os juros moratórios sobre honorários advocatícios incidem a partir da decisão que os arbitrou. Alteração no relatório geral.

Art. 87.

§ 3º Nas causas em que a Fazenda Pública for parte, os honorários serão fixados dentro dos seguintes percentuais, observando os referenciais do §2º:

I – mínimo de dez e máximo de vinte por cento nas ações de até duzentos salários mínimos;

II – mínimo de oito e máximo de dez por cento nas ações acima de duzentos até dois mil salários mínimos;

III – mínimo de cinco e máximo de oito por cento nas ações acima de dois mil até vinte mil salários mínimos;

IV – mínimo de três e máximo de cinco por cento nas ações acima de vinte mil até cem mil salários mínimos;

V – mínimo de um e máximo de três por cento nas ações acima de cem mil salários mínimos.

§ 5º Nas ações de indenização por ato ilícito contra pessoa, o percentual de honorários incidirá sobre a soma das prestações vencidas com mais doze prestações vincendas.

§ 10° Os honorários constituem direito do advogado e têm natureza alimentar, com os mesmos privilégios dos créditos oriundos da legislação do trabalho, sendo vedada a compensação em caso de sucumbência parcial.

§ 12° Os juros moratórios sobre honorários advocatícios incidem a partir da data do pedido de cumprimento da decisão que os arbitrou.

Comentários: A relatoria inova sobre honorários cobrados da Fazenda Pública; elabora tabela que deverá ser obedecida pelo juiz. De alguma forma, foge do excesso de protecionismo que sempre foi dado ao Poder Público, cujo exemplo se estampa na redação do § 3º da Comissão, em que o honorário é limitado ao máximo de 10%. Parece que a realidade nunca se modifica quando se trata de penalizar o Poder Público. Até hoje, mercê de súmulas do STF e STJ, não existem honorários de sucumbência para a Fazenda no mandado de segurança, quando se sabe que o writ foi criado em função de atos arbitrários do Poder Público.

O parágrafo 5º da comissão está mais em consonância com a realidade que vem sendo obedecida há quase um século. A redação trazida pela relatoria demonstra o total desconhecimento da realidade e penaliza o advogado trazendo para o processo o vício da idiossincrasia.

O § 10º da Comissão, concorde à relatoria, concede aos honorários a natureza alimentar, tendo os mesmos "prerrogativas" dos créditos trabalhistas, vedada a compensação em caso de sucumbência parcial. Tem aplicação, a partir da lei, o art. 186 do Código Tributário Nacional. O termo privilégio deveria ser substituído por "prerrogativa", não obstante o léxico cuide de ambos os termos indevidamente como sinônimos. A prerrogativa é sempre originária de lei. O privilégio pode ter origem num *favor pietatis* ou de simples protecionismo, sem qualquer mérito.

O § 13 da Comissão está em consonância com a realidade ao impor que os juros moratórios sobre os honorários advocatícios serão devidos a partir da decisão que os arbitrou. Pela redação restritiva da relatoria no § 12, a incidência se daria a partir do pedido de cumprimento. Ora, de conformidade com a lei civil e processual a parte devedora poderá pedir a execução, caso o credor não o faça, para evitar o crescimento da correção e da mora, porque pode prejudicar o credor com a exigência! Se assim é, não há razão para a restrição, que de resto fere o princípio da *restitutio in integrum*.

Código sancionado

Art. 85 (...)

3º Nas causas em que a Fazenda Pública for parte, a fixação dos honorários observará os critérios estabelecidos nos incisos I a IV do § 2º e os seguintes percentuais:

I – mínimo de dez e máximo de vinte por cento sobre o valor da condenação ou do proveito econômico obtido até 200 (duzentos) salários mínimos;

II – mínimo de oito e máximo de dez por cento sobre o valor da condenação ou do proveito econômico obtido acima de 200 (duzentos) salários mínimos até 2.000 (dois mil) salários mínimos;

III – mínimo de cinco e máximo de oito por cento sobre o valor da condenação ou do proveito econômico obtido acima de 2.000 (dois mil) salários mínimos até 20.000 (vinte mil) salários mínimos;

IV – mínimo de três e máximo de cinco por cento sobre o valor da condenação ou do proveito econômico obtido acima de 20.000 (vinte mil) salários mínimos até 100.000 (cem mil) salários mínimos;

V – mínimo de um e máximo de três por cento sobre o valor da condenação ou do proveito econômico obtido acima de 100.000 (cem mil) salários mínimos.

Comentários: Há um tratamento diferenciado para o Poder Público em que os percentuais de honorários são escalonados sobre determinados valores. Assim, num valor de 70 milhões o percentual poderá variar de 1 a 3%. O que significa que os honorários poderão variar em 700 mil, 1.400 milhão ou 2.100 milhões de honorários. Se a empresa for da iniciativa privada, o mínimo de 10% daria 7 milhões. Existe uma proteção exagerada do Poder Público. O parâmetro que antecede a fixação é a do § 2º, incisos I a IV. Quanto ao mais, devem ser observados os incisos I, II e III, do § 4º.

§ 4º Em qualquer das hipóteses do § 3º:

I – os percentuais previstos nos incisos I a V devem ser aplicados desde logo, quando for líquida a sentença;

II – não sendo líquida a sentença, a definição do percentual, nos termos previstos nos incisos I a V, somente ocorrerá quando liquidado o julgado;

III – não havendo condenação principal ou não sendo possível mensurar o proveito econômico obtido, a condenação em honorários dar-se-á sobre o valor atualizado da causa;

IV – será considerado o salário mínimo vigente quando prolatada sentença líquida ou o que estiver em vigor na data da decisão de liquidação.

§ 5º Quando, conforme o caso, a condenação contra a Fazenda Pública ou o benefício econômico obtido pelo vencedor ou o valor da causa for superior ao valor previsto no inciso I do § 3º, a fixação do percentual de honorários deve observar a faixa inicial e, naquilo que a exceder, a faixa subsequente, e assim sucessivamente.

6º Os limites e critérios previstos nos §§ 2º e 3º aplicam-se independentemente de qual seja o conteúdo da decisão, inclusive aos casos de improcedência ou de sentença sem resolução de mérito.

§ 7º Não serão devidos honorários no cumprimento de sentença contra a Fazenda Pública que enseje expedição de precatório, desde que não tenha sido impugnada.

Comentários: Nos créditos que serão pagos por meio de precatórios não serão devidos honorários, desde que a sentença não tenha sido impugnada. O parágrafo é leonino no que sonega honorários, desde que o Poder Público não tenha impugnado a sentença. Os honorários advocatícios, segundo o § 14, têm natureza alimentar e têm todas as prerrogativas do crédito trabalhista. O advogado é considerado "trabalhador" pela norma constitucional e não pode haver trabalho sem remuneração. Submeter a verba honorária à condição resolutiva tira a ilegalidade e a inconstitucionalidade. Trata-se de verba alimentar. Se o causídico deu assistência à ação até a expedição do precatório, ele já executou o seu trabalho e faz jus à verba honorária, pouco importando se o Poder Público tenha ou não impugnado. O parágrafo investe sobre o patrimônio do advogado, sem a menor cerimônia, como se isso pudesse ser feito. A incoerência é gritante: no § 14 dá toda a proteção aos honorários do causídico, reconhecendo a natureza jurídica alimentar; noutro (§ 7º) condiciona os honorários ao procedimento de o Poder Público fazer ou não impugnação. O valor da verba que está sendo negada poderá atingir milhões.

§ 14. Os honorários constituem direito do advogado e têm natureza alimentar, com os mesmos privilégios dos créditos oriundos da legislação do trabalho, sendo vedada a compensação em caso de sucumbência parcial.

Redação da Comissão Técnica de Apoio

Art. 74. Se cada litigante for, em parte, vencedor e vencido, serão proporcionalmente distribuídas entre eles as despesas.

Alteração no relatório geral

Art. 88. Se cada litigante for, em parte, vencedor e vencido, serão proporcionalmente distribuídas entre eles as despesas.

Parágrafo único. Se um litigante sucumbir em parte mínima do pedido, o outro responderá, por inteiro, pelas despesas e honorários.

Código sancionado

Art. 86. Se cada litigante for, em parte, vencedor e vencido, serão proporcionalmente distribuídas entre eles as despesas.

Parágrafo único. Se um litigante sucumbir em parte mínima do pedido, o outro responderá, por inteiro, pelas despesas e pelos honorários.

Comentários: Código sancionado adotou *in totum* a redação da relatoria. Sem dúvida, não foi a melhor escolha. Correta a Comissão.

O parágrafo único não tem razão de ser. Quem movimenta o aparelho judiciário, deve fazê-lo com o objetivo de buscar aquilo que lhe pertence: nem mais nem menos. Sabemos que quem movimenta uma ação deverá produzir provas de conformidade com o ônus que lhe impõe a lei. A abertura de valor mínimo não é salutar para carrear despesas ao outro réu. Pergunta-se: qual o conceito de valor mínimo. Dependerá do valor do pedido ou da condenação. Quem ganhou um milhão no processo e sucumbiu em cem mil, seria um valor mínimo? O parágrafo trará mais dúvidas e confusão do que benefícios. De resto, fere o princípio da justiça distributiva. O legislador foi tão inábil que deu um comando imperativo: "o outro responderá". Mas sequer teve o discernimento de conceituar o que seria valor mínimo. Invade o patrimônio da parte e lhe impõe uma despesa para a qual não contribuiu. Atenta contra o princípio da justiça distributiva sem a menor cerimônia.

Redação da Comissão Técnica de Apoio

Art. 79. As despesas dos atos processuais efetuados a requerimento do Ministério Público na qualidade de parte ou da Fazenda Pública serão pagas ao final pelo vencido, exceto as despesas periciais, que deverão ser pagas de plano por aquele que requerer a prova.

Concordância da relatoria

Art. 93. As despesas dos atos processuais efetuados a requerimento da Fazenda Pública serão pagas ao final pelo vencido, exceto as despesas periciais, que deverão ser pagas de plano por aquele que requerer a prova.

Redação do CPC em vigor

Art. 27. As despesas dos atos processuais, efetuados a requerimento do Ministério Público ou da Fazenda Pública, serão pagas a final pelo vencido.

Comentários: O Código em vigor está mais rente da realidade e fora acompanhado pela Comissão. A relatoria excluiu o Ministério Público. Código sancionado repetiu o *caput* do art. 27 do Código atual e didaticamente distribuiu a matéria em dois parágrafos. As despesas com atos processuais requeridos pela Fazenda Pública ou pelo Ministério Pública serão pagas ao final pela parte vencida.

Código sancionado

Art. 91. As despesas dos atos processuais praticados a requerimento da Fazenda Pública, do Ministério Público ou da Defensoria Pública serão pagas ao final pelo vencido.

§ 1º As perícias requeridas pela Fazenda Pública, pelo Ministério Público ou pela Defensoria Pública poderão ser realizadas por entidade pública ou, havendo previsão orçamentária, ter os valores adiantados por aquele que requerer a prova.

Comentários: O § 1º não tem pé na realidade ao achar que toda e qualquer perícia requerida pela Fazenda, pelo Ministério Público ou pela Defensoria Pública terá resposta imediata de entidades públicas. Ainda que haja elemento técnico para aquele caso, v. g., grafotécnica pela polícia, as repartições estarão sempre tão assoberbadas e poderão demorar meses ou anos para atender. A celeridade que o próprio Código exige traduz incoerência com o que ora se pretende. A segunda parte do parágrafo fala em previsão orçamentária, quando então os valores serão adiantados por aquele que requerer a prova. O parágrafo é excessivamente romântico. O juiz somente terá a possibilidade de arbitrar os honorários do perito depois do laudo pronto.

Na prática, não haverá a possibilidade de o juiz cumprir a lei. Ele poderá determinar que a parte efetue determinada importância com pé na razoabilidade. Ver art. 95, *caput*.

Art. 95. Cada parte adiantará a remuneração do assistente técnico que houver indicado, sendo a do perito adiantada pela parte que houver requerido a perícia ou rateada quando a perícia for determinada de ofício ou requerida por ambas as partes.

§ 1º O juiz poderá determinar que a parte responsável pelo pagamento dos honorários do perito deposite em juízo o valor correspondente.

Perguntas: a) o pagamento será feito sobre valor arbitrado pelo juiz?; b) Como o juiz saberá o valor da perícia se esta dependerá do trabalho a ser levado a efeito?; c) como pagar de plano valor sobre o qual sequer se tem noção? O açodamento legislativo só trará impasses ao processo.

A redação deveria ser:

Art. 93. As despesas dos atos processuais efetuados a requerimento da Fazenda Pública, do Ministério Público ou da Defensoria Pública serão pagas ao final pelo vencido, juntamente com honorários periciais arbitrados pelo juiz.

§ 2º Não havendo previsão orçamentária no exercício financeiro para adiantamento dos honorários periciais, eles serão pagos no exercício seguinte ou ao final, pelo vencido, caso o processo se encerre antes do adiantamento a ser feito pelo ente público.

Comentários: Parágrafo complicado e com pouca possibilidade de ser aplicado. Se a perícia for paga por órgão público, não haverá pagamento de honorários periciais. Se a perícia for feita por perito particular, somo soe acontecer, não haverá como efetuar pagamento no exercício financeiro seguinte. O perito que entrar nessa esparrela, não fará outra perícia. Todo perito tem no seu escritório uma estrutura com empregados especializados, computadores etc., etc., tem despesas obrigatórias mensais com água, luz, empregados, com impostos que são pagos ao próprio governo e não terá condições de trabalhar num ano para receber no outro. Os seus honorários têm natureza salarial... É essa espécie de lei que propicia a corrupção, com superfaturamento.

Redação da Comissão Técnica de Apoio

Art. 84. As sanções impostas às partes em consequência de má-fé serão consideradas custas e reverterão em benefício da parte contrária; as impostas aos serventuários pertencerão ao Estado.

Alteração no relatório geral

Art. 98. O valor das sanções impostas aos litigantes de má-fé reverterão em benefício da parte contrária; as impostas aos serventuários pertencerão ao Estado ou à União.

Redação do Código em vigor

Art. 35. As sanções impostas às partes em consequência de má-fé serão contadas como custas e reverterão em benefício da parte contrária; as impostas aos serventuários pertencerão ao Estado.

Art. 96. O valor das sanções impostas ao litigante de má-fé reverterá em benefício da parte contrária, e o valor das sanções impostas aos serventuários pertencerá ao Estado ou à União.

Comentários: A locução "serão contadas como custas" do Código atual é ambígua. Se forem contadas como custas não haveria a possibilidade de reverter à parte contrária. "Custas" pertence ao Estado. Não se trata de custas, mas de sansão pecuniária que será revertida para a parte contrária.

Quando existe condenação em sansão pecuniária (astreintes e/ou custas), certamente o juiz determinará a cobrança, não havendo necessidade de comando legal nesse sentido. A redação do art. 84 elaborado pela Comissão usou indevidamente o vocábulo "consideradas", isto é, considerou as sanções pecuniárias como se custas fossem. Não se pode considerar iguais coisas diversas e heterogêneas. As custas processuais representam crédito da União e dos Estados. Já a sanção pecuniária não pode ser considerada "custas", simplesmente porque não tem a mesma natureza jurídica e tem finalidades diferentes. O produto das astreintes e/ou da multa (naturezas jurídicas diversas) passa para o patrimônio da parte que sofreu o dano. Melhor é a redação da relatoria que retirou a locução do art. 35 do Código atual e eliminou o termo "consideradas" do art. 84 elaborado pela comissão.

Código sancionado

Art. 96. O valor das sanções impostas ao litigante de má-fé reverterá em benefício da parte contrária, e o valor das sanções impostas aos serventuários pertencerá ao Estado ou à União.

Comentários: A parte final deveria ser "Estados" (plural) e União". O termo anterior "Estado" era abrangente da União. Agora não. Os serventuários poderão ser originários de um dos Estados da União.

Adotou em parte a redação da relatoria, com algumas modificações formais, repetindo o termo "valor" em prol da clareza. A redação não comete a erronia do Código em vigor ao misturar sanções pecuniárias (multas e astrentes) com custas. Ficou claro que ditas sanções serão revertidas à parte contrária e no caso de serventuário o valor pertence ao Estado onde o servidor estiver lotado ou à União, se dela for o servidor. A redação do Código ainda em vigor mistura coisas heterogêneas: custas e sanção pecuniária e diz que esta seria contada com custas. Coisa impossível. Se fosse contada como custa, a sanção pecuniária seria creditada para a União e não haveria a possibilidade de reverter. Também a locução "contadas como custas" é falha no seu conteúdo. As custas são contadas sobre os atos processuais, a sanção pecuniária (multa) por má-fé é arbitrada pelo juízo executor e por ele executada.

Ver o art. 97 abaixo.

Art. 97. A União e os Estados podem criar fundos de modernização do Poder Judiciário, aos quais serão revertidos os valores das sanções pecuniárias processuais destinadas à União e aos Estados, e outras verbas previstas em lei.

Redação da Comissão Técnica de Apoio

Art. 86. A parte será representada em juízo por advogado regularmente inscrito na Ordem dos Advogados do Brasil.

Parágrafo único. É lícito à parte postular em causa própria quando tiver habilitação legal ou, não a tendo, no caso de falta de advogado na localidade ou de recusa ou impedimento dos que houver.

Alteração no relatório geral

Art. 100. A parte será representada em juízo por advogado regularmente inscrito na Ordem dos Advogados do Brasil.

Parágrafo único. É lícito à parte postular em causa própria quando tiver habilitação legal.

Comentários: O art. 86 da Comissão repete tautologicamente o art. 36 do Código em vigor. O parágrafo único completa com a postulação em causa própria e com a exceção de ausência de advogado na localidade ou de recusa ou impedimento dos que houver. A redação do art. 100 da relatoria cria impasse e ao invés de prever restringe retirando a regra para a exceção. Seria melhor que o relator não modificasse aquilo que vem dando certo há quase um século. Caso prevaleça a redação estrábica, a doutrina e a jurisprudência deverão construir uma saída, mesmo porque o juiz não pode deixar de decidir, sob o argumento de que não existe lei. "E o sistema jurídico tem de encontrar mecanismos idôneos para que haja a efetividade do direito ou de seu exercício" (NELSON NERY, *CPC comentado*, 2ª. ed. São Paulo: RT,1997, P. 1431).

Código sancionado

Art. 103. A parte será representada em juízo por advogado regularmente inscrito na Ordem dos Advogados do Brasil.

Parágrafo único. É lícito à parte postular em causa própria quando tiver habilitação legal.

Comentários: O art. 103, *caput*, repete o art. 36 do Código em vigor e faz modificações pontuais tautológicas sem desmerecer o conteúdo. Todavia, não se pode dizer o mesmo do parágrafo único que restou incompleto. Pelo norma única, somente quem for advogado legalmente habilitado poderá procurar em juízo; quem for advogado pode procurar em causa própria. Com essa restrição, o Código sancionado criou um impasse para aquelas hipóteses de falta de advogado na localidade, ou recusa ou impedimento daqueles que houver. Evidente a lacuna legal. E deverá ser resolvido pelos juízes, aceitando que a parte procure em juízo acionando ou se defendendo, ainda que não seja advogado.

O parágrafo único deveria ter a seguinte redação, prestigiando aquilo que vem sendo repetido secularmente, redação habilmente repetida pela Comissão de Juristas e não recepcionada por evidente descuido do legislador no Código sancionado.

Parágrafo único. É lícito à parte postular em causa própria quando tiver habilitação legal ou sem habilitação legal, quando não houver advogado na comarca.

Redação da Comissão Técnica de Apoio

Art. 223. O juiz recusará cumprimento à carta precatória, devolvendo-a com despacho motivado:

I – quando não estiver revestida dos requisitos legais;

II – quando faltar-lhe competência em razão da matéria ou da hierarquia;

III – quando tiver dúvida acerca de sua autenticidade.

Parágrafo único. No caso de incompetência em razão da matéria ou da hierarquia, o juiz deprecado, conforme o ato a ser praticado, poderá remeter a carta ao juiz ou ao tribunal competente.

Alteração no relatório geral

Art. 236. O juiz recusará cumprimento à carta precatória ou arbitral, devolvendo-a com despacho motivado:

I – quando não estiver revestida dos requisitos legais;

II – quando faltar-lhe competência em razão da matéria ou da hierarquia;

III – quando tiver dúvida acerca de sua autenticidade.

Parágrafo único. No caso de incompetência em razão da matéria ou da hierarquia, o juiz deprecado, conforme o ato a ser praticado, poderá remeter a carta ao juiz ou ao tribunal competente.

Código sancionado

Art. 267. O juiz recusará cumprimento à carta precatória ou arbitral, devolvendo-a com decisão motivada quando:

I – a carta não estiver revestida dos requisitos legais;

II – faltar ao juiz competência em razão da matéria ou da hierarquia;

III – o juiz tiver dúvida acerca de sua autenticidade.

Parágrafo único. No caso de incompetência em razão da matéria ou da hierarquia, o juiz deprecado, conforme o ato a ser praticado, poderá remeter a carta ao juiz ou ao tribunal competente.

Comentários: Na prática judicante, o item terceiro é resolvido sem devolução, bastando um telefonema do cartório ou da secretaria que certamente confirmará ou não a autenticidade. Em sendo o caso, o juízo deprecante confirmará a autenticidade por meio de ofício. Atende-se, assim, aos princípios da celeridade e da economia processual. O Código atual não foi razoável nesta parte. A Comissão e a relatoria seguiram a mesma linha de drasticidade seguida pelo Código sancionado. Faltou razoabilidade a todos. As coisas devem e podem se resolvidas de forma mais inteligente, evitando a devolução de uma carta precatória, com perda de tempo e de dinheiro. Isso demonstra que o legislador, a Comissão e a relatoria desconhecem a prática judicante.

Já no que diz respeito ao parágrafo único, o comando no sentido de o juízo deprecado enviar a precatória diretamente ao juiz ou ao tribunal competente não é de boa inspiração e não é aconselhável. Pergunta que surge: se o juiz ou o tribunal não concordar com a remessa? Como será resolvido? Só existe um meio: "Incidente de declaração de incompetência" entre o juiz deprecado e o juízo para onde foi remetida a precatória. Por economia processual e celeridade, é preferível que a devolução se faça à origem, isto é, ao juízo deprecante. O problema do envio correto é do juiz deprecante. O deprecado é mero instrumento para o cumprimento, não para levantar incidentes. A remessa a outro juízo poderá determinar incidentes não queridos e que poderão atrasar sobremaneira o procedimento, por meses ou anos. Na prática, o parágrafo único não será cumprido. Se for, poderá causar sérios inconvenientes.

Redação da Comissão Técnica de Apoio

Art. 224. As cartas rogatórias ativas obedecerão, quanto à sua admissibilidade e ao modo de seu cumprimento, ao disposto em convenção internacional; à falta desta, serão remetidas à autoridade judiciária estrangeira, por via diplomática, depois de traduzidas para a língua do país em que há de praticar-se o ato.

Parágrafo único. O requerimento de carta rogatória deverá estar acompanhado da tradução dos documentos necessários para seu processamento ou de protesto por sua apresentação em prazo razoável.

Art. 225. As cartas rogatórias passivas poderão ter por objeto, entre outros:

I – citação e intimação;

II – produção de provas;

III – medidas de urgência;

IV – execução de decisões estrangeiras.

Art. 226. O presidente do Superior Tribunal de Justiça, observado o disposto no Regimento Interno, concederá *exequatur* às cartas rogatórias provenientes do exterior, salvo se lhes faltar autenticidade ou se a medida solicitada, quanto à sua natureza, atentar contra a ordem pública nacional.

Comentários: Os artigos *retro* tiveram a concordância da relatoria. A redação do art. 211 do Código em vigor é por demais sucinta. Os arts. 224 e 225 são mais didáticos. O art. 226 está conforme a Constituição Federal. Todavia, foram omissos em não indicar como subsídio procedimental o Regimento Interno do Superior Tribunal de Justiça.

Código sancionado

Art. 36. O procedimento da carta rogatória perante o Superior Tribunal de Justiça é de jurisdição contenciosa e deve assegurar às partes as garantias do devido processo legal.

§ 1º A defesa restringir-se-á à discussão quanto ao atendimento dos requisitos para que o pronunciamento judicial estrangeiro produza efeitos no Brasil.

§ 2º Em qualquer hipótese, é vedada a revisão do mérito do pronunciamento judicial estrangeiro pela autoridade judiciária brasileira.

Comentários: O artigo 35 foi vetado. Comentários sobre o veto serão feitos ao final deste trabalho. A redação sancionada é mais objetiva e não deve entrar em minúcias desnecessárias. Lembrou bem que se trata de jurisdição contenciosa e que a parte interessada tem direito ao contraditório, embora este se limite aos requisitos formais que permitem o conhecimento da carta rogatória. È um trabalho delibatório e superficial que não deve nem pode imiscuir-se no mérito. Observa-se, todavia, que o artigo sancionado é falho e omitiu algo importante, qual seja, a de que a rogatória para cumprimento de decisão não será concedida se atentar contra princípios e mandamentos legais adotados no Brasil. Temos um exemplo do STF em que um indivíduo iraniano divorciou-se no seu país e queria a homologação da sentença para casar-se no Brasil. Foi negado, porque, no Irã, o Juiz só ouve as razões do homem, não existindo o contraditório da mulher. A falha do Código sancionado sinaliza para que tais sentenças sejam homologadas, transformando o Brasil numa republiqueta onde tudo é possível. Esperamos que o Superior Tribunal de Justiça supra essa lacuna legal. A Seção III poderia ser mais bem formulada. É simplesmente indigente.

Redação da Comissão Técnica de Apoio

Art. 257. As partes têm direito de empregar todos os meios legais, bem como os moralmente legítimos, ainda que não especificados neste Código, para provar fatos em que se funda a ação ou a defesa e influir eficazmente na livre convicção do juiz.

Parágrafo único. A inadmissibilidade das provas obtidas por meio ilícito será apreciada pelo juiz à luz da ponderação dos princípios e dos direitos fundamentais envolvidos.

Comentários: De conformidade com o art. 332 do Código em vigor, somente as provas lícitas poderão ser objeto de instrução probatória. Já pelo parágrafo único do art. 257 da redação dada pela Comissão abre-se uma nova perspectiva para aceitar prova adquirida por meio ilícito, desde que apresente razoabilidade sobre a convicção do juiz julgador, ponderados os princípios sobre direitos fundamentais envolvidos.

Atualmente, toda prova obtida por meios ilícitos não é aceita e não tem força probatória. A escuta telefônica somente vale, desde que autorizada preventivamente pelo juiz. Com esse modo probatório esdrúxulo são cometidos crimes, principalmente o de corrupção (colarinho branco) que desaguam na impunidade. Quando alguém é pego, mas a prova não foi autorizada, a primeira coisa que se alega é a ilegitimidade da prova. Não se reconhece o ato ilícito praticado porque a prova não foi autorizada. Inventaram uma espécie de jogo de xadrez para ajudar na impunidade de pessoas que são mais iguais do que as outras. É um festival de impunidade. Quando o governo é pilhado em falcatruas, a primeira coisa que lhe ocorre é saber quem teria vazado a falcatrua. Não é o fato, o roubo cometido contra o erário que importa, mas sim: QUEM VAZOU A FALCATRUA!!??. Se descobrir, será punido. Exemplo claro é o 'PETROLÃO". A nova tomada de posição certamente abrirá possibilidades de reduzir a corrupção que atingiu intensidades alarmantes. Não se fala mais em milhões, mas, sim, em bilhões!!! Lamentavelmente, como veremos a seguir pela norma sancionada, o Senado, naturalmente cedendo a lobistas, dercartou a possibilidade e tudo continuará como antes no quartel de Abrantes.

Código sancionado

Art. 369. As partes têm o direito de empregar todos os meios legais, bem como os moralmente legítimos, ainda que não especificados neste Código, para provar a verdade dos fatos em que se funda o pedido ou a defesa e influir eficazmente na convicção do juiz.

Comentários: O Senado eliminou o parágrafo único que possibilitava que o juiz executor acolhesse a prova ainda que conseguida de forma ilícita. A norma era salutar, pois o que importa na realidade é o fato em si provado, se verdadeiro ou não. Se o fato é verdadeiro, pouco importa o modo pelo qual ele foi trazido ao conhecimento do juízo. O Brasil é um dos únicos países que ainda se perde no formalismo exagerado e por isso escancara as portas para as falcatruas, para a corrupção e para a robalheira. Quem é corrupto não passa recibo do que recebeu e não confessa, nem sob tortura. Os nossos legisladores, os mais bem pagos do mundo, resolveram não recepcionar o parágrafo único da Comissão de juristas com o referendo da relatoria. Preferiram que tudo permanecesse às escondidas. Ver abaixo o parágrafo descartado.

Parágrafo único. A inadmissibilidade das provas obtidas por meio ilícito será apreciada pelo juiz à luz da ponderação dos princípios e dos direitos fundamentais envolvidos.

Redação da Comissão Técnica de Apoio

Art. 259. O juiz apreciará livremente a prova, independentemente do sujeito que a tiver promovido, e indicará na sentença as que lhe formaram o convencimento.

Código sancionado

Art. 371. O juiz apreciará a prova constante dos autos, independentemente do sujeito que a tiver promovido, e indicará na decisão as razões da formação de seu convencimento.

Comentários: O artigo não deveria ter retirado o termo "livremente". O termo significava que o juiz é livre para formar a sua convicção. Ao retirar, o legislador acenou que o juiz não estaria livre, o que seria um absurdo, posto que a comunidade internacional de países democráticos adota o "sistema da livre convicção do juiz", desde que fundamentada a sentença ou a decisão (art. 93, IX, CF). Não se diga que o termo "independente" já bastaria, pois têm objetos diferentes. A substituição de sentença por decisão, embora tautológica, não foi a melhor. Decisão é termo genérico que engloba todas as decisões. O artigo trata da hipótese definida de sentença prolatada na fase de conhecimento. Não existe outro *nomen juris*: é sentença. Temos decisões ainda em primeiro grau na liquidação de sentença e nos embargos.

O artigo repete o artigo 131 do Código em vigor, com a exclusão de "ainda que não alegados pelas partes". O sistema interpretativo atual é o da persuasão racional. O juiz é livre na apreciação, mas é obrigado a apresentar os fundamentos que o levaram a formar a convicção (inciso IX do art. 93 da CF).

A redação do art. 131 do Código em vigor pode levar ao entendimento de que o juiz poderá conhecer de matéria não alegada pelas partes, contrariando o princípio dispositivo que informa o tecido processual. A verdade é que isso vinha acontecendo, obrigando o aparecimento do trabalho dos doutrinadores para explicar como e quando o juiz poderia lançar mão de matéria não alegada pelas partes. Na verdade, o artigo parece dizer mais do que pode. Os fatos, sob a ótica processual, poderão ser jurídicos ou simples. Os primeiros são aqueles que criam, modificam ou extinguem direitos. Obviamente, estes não poderão ser invocados pelo juiz de ofício, pois exigem a iniciativa da parte. Somente os fatos simples, que não apresentam essa característica e servem apenas para demonstrar a existência dos fatos jurídicos. Ora, o emprego de fato simples no trabalho interpretativo faz parte do esforço exegético. A exclusão foi salutar e significa um complicador a menos.

Redação da Comissão Técnica de Apoio

Art. 260. O juiz poderá admitir a utilização de prova produzida em outro processo, atribuindo-lhe o valor que considerar adequado, observado o contraditório.

Código sancionado

Art. 372. O juiz poderá admitir a utilização de prova produzida em outro processo, atribuindo-lhe o valor que considerar adequado, observado o contraditório.

Comentários: O Senado repete o artigo incluído pela Comissão de Juristas. A inclusão é salutar. Temos no caso o que chamamos de prova emprestada. O que é a prova emprestada? É o aproveitamento de matéria já provada em outro processo e que redundará em economia de tempo e de trabalho; tem forte nos princípios da economia e da celeridade processual. Entretanto, é mister não se perder de vista que a prova emprestada há de ser reapreciada pelo juiz da causa em consonância com a realidade dos autos. Moacyr Amaral Santos (*Prova Judiciária no Cível e no Comercial*, São Paulo: Max Limonad, 1967, vol. 2º, p. 319) dispõe que "A prova de um fato, produzida num processo, seja por documentos, testemunhas, depoimento pessoal ou confissão, pode ser trasladada de um processo para outro e recebe o nome de prova emprestada."

A eficácia da prova emprestada está diretamente ligada à participação do mesmo autor e do mesmo réu ou quando é proveniente de processo com autor e réu diferentes. Remeto à nossa obra Tratado de Direito Processual do Trabalho, São Paulo: LTr 2008, vol.II, p. 1071/1074).

Redação da Comissão Técnica de Apoio

Art. 262. Considerando as circunstâncias da causa e as peculiaridades do fato a ser provado, o juiz poderá, em decisão fundamentada, observado o contraditório, distribuir de modo diverso o ônus da prova, impondo-o à parte que estiver em melhores condições de produzi-la.

§ 1º Sempre que o juiz distribuir o ônus da prova de modo diverso do disposto no art. 261, deverá dar à parte oportunidade para o desempenho adequado do ônus que lhe foi atribuído.

§ 2º A inversão do ônus da prova, determinada expressamente por decisão judicial, não implica alteração das regras referentes aos encargos da respectiva produção.

Comentários: o *caput* permite que o juiz, considerando as circunstâncias e as peculiaridades do fato a ser provado, faça inversão probatória. A inversão probatória significa que o réu irá fazer a prova do autor e este a prova do réu, imposição feita à parte que estiver em melhores condições de produzi-la. O comando legal coloca o juiz como interessado no processo, retirando a equidistância que deverá manter das partes, para beneficiar uma das partes, já que imporá o ônus à outra. Retira a imparcialidade, princípio que deve sempre ornar o poder estatal de dizer o direito (*jurisdictio*).

Essa avaliação será feita pelo juiz condutor do processo. Não poderá ser feita de forma meramente subjetiva; o juiz deverá indicar elementos objetivos que firmem a sua convicção nos moldes constitucionais (IX, art. 93).

Todavia, o artigo relativiza a exigência de tratamento igual (art. 125, I, o CPC em vigor). E mais. Poderá prejudicar o réu que terá de fazer prova contra si mesmo, o mesmo acontecendo com o autor, quando ninguém está obrigado a tanto. Subverte o princípio do contraditório impondo à parte contrária o ônus de produzir prova que é da parte adversa. Nem autor nem réu têm interesse em fazer prova para a parte adversa. Cada qual quer ganhar o processo e torce para que a outra parte não se desincumba da prova que lhe compete. Se este artigo for aprovado, como tudo indica que será, pois não mereceu reprimenda do relator, estará fadado a adormecer em berço esplêndido, no limbo processual. Mas as portas estarão abertas para a idiossincrasia.

Felizmente, o artigo da Comissão não foi recepcionado pelo Senado.

Código sancionado

Art. 379. Preservado o direito de não produzir prova contra si própria, incumbe à parte:

I – comparecer em juízo, respondendo ao que lhe for interrogado;

II – colaborar com o juízo na realização de inspeção judicial que for considerada necessária;

III – praticar o ato que lhe for determinado.

Comentários: O artigo deixa claro o direito de o indivíduo não produzir prova contra si mesmo, embora esteja obrigado à prática de outros atos em proveito da Justiça.

Redação da Comissão Técnica de Apoio

Art. 263. É nula a convenção relativa ao ônus da prova quando:

I – recair sobre direito indisponível da parte;

II – tornar excessivamente difícil a uma parte o exercício do direito.

Parágrafo único. O juiz não poderá inverter o ônus da prova nas hipóteses deste artigo.

Art. 333 do Código em vigor

Parágrafo único. É nula a convenção que distribui de maneira diversa o ônus da prova quando:

I – recair sobre direito indisponível da parte;

II – tornar excessivamente difícil a uma parte o exercício do direito.

Comentários: O artigo considera nula a convenção nos casos dos incisos I e II. O inciso II tem em mira a proteção da parte que aquiesceu a uma coisa sobre a qual sequer tinha o exato conhecimento e que pode ter incorrido em vício na declaração da vontade. O parágrafo único proíbe a inversão da prova nos casos indicados.

Para que o parágrafo único tivesse algum suporte, haveria de constar sanções administrativas ou mesmo pecuniária pela desobediência dolosa. Como não existe sanção, sua presença, repita-se, é inócua.

Código sancionado

Art. 373. O ônus da prova incumbe:

I – ao autor, quanto ao fato constitutivo de seu direito;

II – ao réu, quanto à existência de fato impeditivo, modificativo ou extintivo do direito do autor.

§ 1º Nos casos previstos em lei ou diante de peculiaridades da causa relacionadas à impossibilidade ou à excessiva dificuldade de cumprir o encargo nos termos *caput* ou à maior facilidade de obtenção da prova do fato contrário, poderá o juiz atribuir o ônus da prova de modo diverso, desde que o faça por decisão fundamentada, caso em que deverá dar à parte a oportunidade de se desincumbir do ônus que lhe foi atribuído.

§ 2º A decisão prevista no § 1º deste artigo não pode gerar situação em que a desincumbência do encargo pela parte seja impossível ou excessivamente difícil.

§ 3º A distribuição diversa do ônus da prova também pode ocorrer por convenção das partes, salvo quando:

I – recair sobre direito indisponível da parte;

II – tornar excessivamente difícil a uma parte o exercício do direito.

§ 4º A convenção de que trata o § 3º pode ser celebrada antes ou durante o processo.

Comentários: O § 1º somente firmará residência em casos excepcionais. O § 2º também poderá ocorrer em sede de exceção. A legislação deve operar em sede de generalidade. O § 4º poderia fazer parte do § 3º.

Redação do Código em vigor

Art. 337. A parte que alegar direito municipal, estadual, estrangeiro ou consuetudinário, provar-lhe-á o teor e a vigência, se assim o determinar o juiz.

Redação da Comissão Técnica de Apoio

Art. 266. A parte que alegar direito municipal, estadual, estrangeiro ou consuetudinário lhe provará o teor e a vigência, se assim o juiz determinar.

Código sancionado

Art. 376. A parte que alegar direito municipal, estadual, estrangeiro ou consuetudinário provar-lhe-á o teor e a vigência, se assim o juiz determinar.

Comentários: A norma sancionada repete o art. 337 do Código em vigor corretamente. A modificação posta pela Comissão, substituindo "provar-lhe-á" por "lhe provará" afronta regras gramaticais. Não existe atração pronominal para o uso da próclise. Trata-se de futuro do presente e a construção correta é com o uso da mesóclise, proibida a próclise: PROVAR-LHE-Á. Veja Domingos Paschoal Cegalla (Novíssima gramática da língua portuguesa, São Paulo: Companhia Editora Nacional. 12.ed. 1971).

Redação do Código em vigor

Art. 341. Compete ao terceiro, em relação a qualquer pleito:

I – informar ao juiz os fatos e as circunstâncias de que tenha conhecimento;

II – exibir coisa ou documento que esteja em seu poder.

Redação da Comissão Técnica de Apoio

Art. 270. Incumbe ao terceiro, em relação a qualquer pleito:

I – informar ao juiz os fatos e as circunstâncias de que tenha conhecimento;

II – exibir coisa ou documento que esteja em seu poder.

Parágrafo único. Poderá o juiz, em caso de descumprimento, determinar, além da imposição de multa, outras medidas indutivas, coercitivas, mandamentais ou sub-rogatórias.

Código sancionado

Art. 380. Incumbe ao terceiro, em relação a qualquer causa:

I – informar ao juiz os fatos e as circunstâncias de que tenha conhecimento;

II – exibir coisa ou documento que esteja em seu poder.

Parágrafo único. Poderá o juiz, em caso de descumprimento, determinar, além da imposição de multa, outras medidas indutivas, coercitivas, mandamentais ou sub-rogatórias.

Comentários: O art. 380 repete o art. 341 do Código em vigor e acrescenta o parágrafo único. Mesmo sem o parágrafo único introduzido, o juiz tem poderes coercitivos sobre terceiros para a informação de fatos que sejam de seu conhecimento ou de exigir documentos que estejam em poder de terceiro. Todavia, o parágrafo único deixa claro esses poderes, com maior poder de persuasão já que poderá aplicar multas e outras medidas indutivas, coercitivas, mandamentais e sub-rogatórias. Ou seja, medidas de convencimento que podem redundar em pressão econômica, proibir de falar nos autos e até mesmo prisão administrativa.

Redação do Código em vigor

Art. 846. A produção antecipada da prova pode consistir em interrogatório da parte, inquirição de testemunhas e exame periciais.

Art. 849. Havendo fundado receio de que venha a tornar-se impossível ou muito difícil a verificação de certos fatos na pendência da ação, é admissível o exame pericial.

Redação da Comissão Técnica de Apoio

Art. 271. A produção antecipada da prova, que poderá consistir em interrogatório da parte, inquirição de testemunhas e exame pericial, será admitida nos casos em que:

I – haja fundado receio de que venha a tornar-se impossível ou muito difícil a verificação de certos fatos na pendência da ação;

II – a prova a ser produzida seja suscetível de viabilizar a tentativa de conciliação;

III – o prévio conhecimento dos fatos possa justificar ou evitar o ajuizamento de ação.

Parágrafo único. O arrolamento de bens, quando tiver por finalidade apenas a realização de documentação e não a prática de atos de apreensão, observará o disposto neste Capítulo.

Comentários: O art. 271 da Comissão funde os artigos 846 e 849 do Código em vigor. A redação dada pela relatoria é didaticamente mais completa, quando fala na possibilidade de viabilizar a conciliação ou mesmo justificar ou evitar o ajuizamento de ação. Todavia, acabou ampliando desnecessariamente o âmbito da antecipação de prova com os itens II e III. Ambos têm conteúdos com forte na subjetividade. A parte poderá usar desse artifício para adiantar a produção de prova e fazer o seu processo andar mais rapidamente em detrimento de outros processos. Todavia, como o juiz tem a direção do processo (*dominus processus*), poderia indeferir quando o expediente se apresentar.

Código sancionado

Art. 381. A produção antecipada da prova será admitida nos casos em que:

I – haja fundado receio de que venha a tornar-se impossível ou muito difícil a verificação de certos fatos na pendência da ação;

II – a prova a ser produzida seja suscetível de viabilizar a autocomposição ou outro meio adequado de solução de conflito;

III – o prévio conhecimento dos fatos possa justificar ou evitar o ajuizamento de ação.

§ 1º O arrolamento de bens observará o disposto nesta Seção quando tiver por finalidade apenas a realização de documentação e não a prática de atos de apreensão.

§ 2º A produção antecipada da prova é da competência do juízo do foro onde esta deva ser produzida ou do foro de domicílio do réu.

§ 3º A produção antecipada da prova não previne a competência do juízo para a ação que venha a ser proposta.

§ 4º O juízo estadual tem competência para produção antecipada de prova requerida em face da União, de entidade autárquica ou de empresa pública federal se, na localidade, não houver vara federal.

§ 5º Aplica-se o disposto nesta Seção àquele que pretender justificar a existência de algum fato ou relação jurídica para simples documento e sem caráter contencioso, que exporá, em petição circunstanciada, a sua intenção.

Comentários: O § 3º deixa claro que a antecipação de prova não previne a competência do juízo. Diz o § 2º que a competência para a antecipação será do juízo do foro onde a prova deve ser produtiva ou no foro de domicílio do réu. Isso significa que o juiz que preside a antecipação pode não ser o juiz competente para a ação. Uma *vistoria ad perpetuam rei memoriam* deverá ser feita no *forum rei sitae* e a ação deverá ser ajuizada em outra lugar. O § 4º retira a possibilidade de discussão, concedendo poder residual para o juiz estadual funcionar perante a União em caso de antecipação de prova, quando não houver na comarca juiz federal. O § 5º permite a justificação da existência de algum fato em sede não contenciosa.

Redação da Comissão Técnica de Apoio

Art. 272. O requerente justificará sumariamente a necessidade da antecipação e mencionará com precisão os fatos sobre os quais há de recair a prova.

§ 4º Neste procedimento, não se admitirá defesa ou recurso, salvo contra a decisão que indeferir, total ou parcialmente, a produção da prova pleiteada pelo requerente originário.

Comentários: Referido parágrafo foi introduzido pela Comissão. A decisão que indeferir a antecipação da prova tem natureza interlocutória mista. Se o requerimento for feito, quando há processo tramitando, o indeferimento terá natureza interlocutória e o recurso será o agravo de instrumento. Se o pedido for autônomo, isto é, ainda não existe processo, o indeferimento desafiará o recurso de apelação.

Processo do Trabalho

As decisões interlocutórias são irrecorríveis no processo do trabalho. Portanto, se indeferida a tutela de urgência ou de evidência requerida no processo, a parte poderá impetrar mandado de segurança, à míngua de existência de remédio processual, pois o agravo de instrumento trabalhista tem âmbito operacional restrito ao desatrelamento de recursos em todas as jurisdições.

Código sancionado

Art. 382. Na petição, o requerente apresentará as razões que justificam a necessidade de antecipação da prova e mencionará com precisão os fatos sobre os quais a prova há de recair.

§ 1º O juiz determinará, de ofício ou a requerimento da parte, a citação de interessados na produção da prova ou no fato a ser provado, salvo se inexistente caráter contencioso.

§ 2º O juiz não se pronunciará sobre a ocorrência ou a inocorrência do fato, nem sobre as respectivas consequências jurídicas.

§ 3º Os interessados poderão requerer a produção de qualquer prova no mesmo procedimento, desde que relacionada ao mesmo fato, salvo se a sua produção conjunta acarretar excessiva demora.

§ 4º Neste procedimento, não se admitirá defesa ou recurso, salvo contra decisão que indeferir totalmente a produção da prova pleiteada pelo requerente originário.

Comentários: Na antecipação de prova não será admitida defesa ou recurso. A antecipação de prova, quando não existe ação ajuizada, é uma cautela sem caráter contencioso. O juízo que colhe as provas não fará nenhum juízo de valor sobre a prova produzida. Essa análise meritória será feita pelo juiz que titular a ação, se e quando for ajuizada. Não existe matéria digna de recurso ou de discussão.

Redação da Comissão Técnica de Apoio

Art. 273. Os autos permanecerão em cartório durante um mês, para extração de cópias e certidões pelos interessados.

Parágrafo único. Findo o prazo, os autos serão entregues ao promovente da medida.

Código sancionado

Art. 383. Os autos permanecerão em cartório durante 1 (um) mês para extração de cópias e certidões pelos interessados.

Parágrafo único. Findo o prazo, os autos serão entregues ao promovente da medida.

Comentários: O artigo sancionado comete o mesmo erro ao usar a palavra "mês". Em direito deve-se evitar os termos indefinidos. Mês significa: 28, 29, 30 e 31 dias. Deveria dizer 30 dias.

A comissão introduziu o parágrafo único no qual determina prazo de um mês para a retirada de cópias pelos interessados. Decorrido o prazo, os autos serão entregues à parte que requereu a medida. Referido parágrafo arrosta o princípio da documentação. O cartório deverá manter nos seus arquivos os autos (jurisdicional ou administrativo) durante o prazo legal. Essa manutenção previne para acontecimentos futuros. No caso, trata-se de prova produzida antecipadamente (perícia *ad perpetuam rei memorie*, testemunhal, interrogatório) em face da possibilidade de desaparecerem os vestígios para o levantamento pericial ou de morte ou doença terminal de parte ou testemunha. Os autos poderão desaparecer, se entregues à parte requerente, por vários motivos independentemente da sua ação ou mesmo de forma culposa ou dolosa. O mesmo fim poderão ter as cópias retiradas. Não havia necessidade de fixação de prazo, retirando a possibilidade da parte contrária de retirar cópia, decorrido o prazo, atentando contra a igualdade de tratamento (inciso I, do art. 125 do CPC). Finalmente, não se deve fixar prazo indefinido. A fração mês é indefinida, pois temos meses de 28, 29, 30 e 31 dias. Em suma: o parágrafo único só veio complicar. Pior. Retira a segurança da produção de prova antecipada.

Redação da Comissão Técnica de Apoio

Art. 274. Quem pretender justificar a existência de algum fato ou relação jurídica, para simples documento e sem caráter contencioso, exporá, em petição circunstanciada, a sua intenção.

Parágrafo único. Observar-se-á, na justificação, o procedimento previsto na produção antecipada de provas.

Comentários: O parágrafo único introduzido é oportuno do ponto de vista didático. Como se cuida de pedido autônomo, o indeferimento desafiará o recurso de apelação.

Código sancionado

Art. 381.

§ 5º Aplica-se o disposto nesta Seção àquele que pretender justificar a existência de algum fato ou relação jurídica para simples documento e sem caráter contencioso, que exporá, em petição circunstanciada, a sua intenção.

Comentários: Este parágrafo repete de forma diferente o que está contido no *caput* e no parágrafo único do art. 274 da Comissão. Para justificar a existência de algum fato ou relação jurídica para fins de simples documento, sem caráter contencioso, o interessado peticionará de forma circunstanciada e o procedimento será o mesmo utilizado para antecipação de provas.

Redação do Código em vigor

Art. 798. Além dos procedimentos cautelares específicos, que este Código regula no Capítulo II deste Livro, poderá o juiz determinar as medidas provisórias que julgar adequadas, quando houver fundado receio de que uma parte, antes do julgamento da lide, cause ao direito da outra lesão grave e de difícil reparação.

Art. 805. A medida cautelar poderá ser substituída, de ofício ou a requerimento de qualquer das partes, pela prestação de caução ou outra garantia menos gravosa para o requerido, sempre que adequada e suficiente para evitar a lesão ou repará-la integralmente.

Redação da Comissão Técnica de Apoio

Art. 277. A tutela de urgência e a tutela da evidência podem ser requeridas antes ou no curso do procedimento, sejam essas medidas de natureza cautelar ou satisfativa.

Alteração no relatório geral

Art. 269. A tutela de urgência e a tutela da evidência podem ser requeridas antes ou no curso do processo, sejam essas medidas de natureza satisfativa ou cautelar.

§ 1º São medidas satisfativas as que visam a antecipar ao autor, no todo ou em parte, os efeitos da tutela pretendida.

§ 2º São medidas cautelares as que visam a afastar riscos e assegurar o resultado útil do processo.

Comentários: Os parágrafos nada mais fazem do que expressar a doutrina sobre o tema. Finalidade meramente didática.

As tutelas de urgência e de evidência são preparatórias, quando requeridas antes do ajuizamento da ação.

Código sancionado: tutela de urgência

Art. 300. A tutela de urgência será concedida quando houver elementos que evidenciem a probabilidade do direito e o perigo de dano ou o risco ao resultado útil do processo.

§ 1º Para a concessão da tutela de urgência, o juiz pode, conforme o caso, exigir caução real ou fidejussória idônea para ressarcir os danos que a outra parte possa vir a sofrer, podendo a caução ser dispensada se a parte economicamente hipossuficiente não puder oferecê-la.

§ 2º A tutela de urgência pode ser concedida liminarmente ou após justificação prévia.

§ 3º A tutela de urgência de natureza antecipada não será concedida quando houver perigo de irreversibilidade dos efeitos da decisão.

Art. 301. A tutela de urgência de natureza cautelar pode ser efetivada mediante arresto, sequestro, arrolamento de bens, registro de protesto contra alienação de bem e qualquer outra medida idônea para asseguração do direito.

Art. 302. Independentemente da reparação por dano processual, a parte responde pelo prejuízo que a efetivação da tutela de urgência causar à parte adversa, se:

I – a sentença lhe for desfavorável;

II – obtida liminarmente a tutela em caráter antecedente, não fornecer os meios necessários para a citação do requerido no prazo de 5 (cinco) dias;

III – ocorrer a cessação da eficácia da medida em qualquer hipótese legal;

IV – o juiz acolher a alegação de decadência ou prescrição da pretensão do autor.

Parágrafo único. A indenização será liquidada nos autos em que a medida tiver sido concedida, sempre que possível.

Código sancionado: tutela de evidência

Art. 311. A tutela da evidência será concedida, independentemente da demonstração de perigo de dano ou de risco ao resultado útil do processo, quando:

I – ficar caracterizado o abuso do direito de defesa ou o manifesto propósito protelatório da parte;

II – as alegações de fato puderem ser comprovadas apenas documentalmente e houver tese firmada em julgamento de casos repetitivos ou em súmula vinculante;

III – se tratar de pedido reipersecutório fundado em prova documental adequada do contrato de depósito, caso em que será decretada a ordem de entrega do objeto custodiado, sob cominação de multa;

IV – a petição inicial for instruída com prova documental suficiente dos fatos constitutivos do direito do autor, a que o réu não oponha prova capaz de gerar dúvida razoável.

Parágrafo único. Nas hipóteses dos incisos II e III, o juiz poderá decidir liminarmente.

Comentários: A redação do Código sancionado é mais completa e mais didática, com pequenos senões pontuais que não comprometem o conteúdo.

O título "DAS MEDIDAS CAUTELARES" foi substituído por "TUTELA DE URGÊNCIA E TUTELA DA EVIDÊNCIA". A substituição não é boa inspiração. As medidas cautelares, nominadas e inominadas, são numerosas e deveriam continuar titulando. As tutelas de urgência e de evidência são apenas duas, número insignificante perto do gênero "Medidas Cautelares."

Pelo princípio do paralelismo que rege a língua portuguesa se é "DE URGÊNCIA" também será "DE EVIDÊNCIA". Não há razão para usar-se o "d" genérico ou indefinido e o "da" específico ou definido. Ambas as tutelas deveriam ser escritas da mesma forma, com a preposição "de".

Tutela de urgência – Tem respaldo no estado de necessidade de quem ajuíza a ação. A característica principal é a urgência na concessão para a efetividade da prestação jurisdicional. A não concessão poderá causar danos irreparáveis. Tem simetria com a liminar concedida no writ. Se os requisitos para a concessão estão presentes, o juiz deve conceder; se ausentes, não pode conceder. Não se pode transformar a medida processual em benesse que o juiz faz.

Tutela de evidência – Diferentemente da tutela de urgência, na de evidência o direito deve vir demonstrado de plano por meio de documento que confirme a certeza (líquido e certo). O direito está demonstrado por fatos notórios e/ou incontroversos. Provada de plano a conduta ilegal praticada pelo réu que teima em repetir o ato ilegal. Edificações ao arrepio das normas respectivas, v. g., distância mínima entre construções. A prática é prenhe de exemplos. Como exemplo que favorece o réu, tem-se o caso da decadência e da prescrição.

Redação da Comissão Técnica de Apoio

Art. 278. O juiz poderá determinar as medidas que considerar adequadas quando houver fundado receio de que uma parte, antes do julgamento da lide, cause ao direito da outra lesão grave e de difícil reparação.

Parágrafo único. A medida de urgência poderá ser substituída, de ofício ou a requerimento de qualquer das partes, pela prestação de caução ou outra garantia menos gravosa para o requerido, sempre que adequada e suficiente para evitar a lesão ou repará-la integralmente.

Comentários: A exemplo do que sucede no *mandamus* em termos de liminar, o sistema cautelar permite ao juiz agir de ofício sempre que haja fundado receio de dano irreparável ou de difícil reparação ou mesmo com a perda de direito. Cabe ao Judiciário prover para a efetividade futura de uma sentença condenatória. Não basta a declaração abstrata do direito. É necessário que esse direito seja transformado em realidade.

Redação da Comissão Técnica de Apoio

Art. 279. Na decisão que conceder ou negar a tutela de urgência e a tutela da evidência, o juiz indicará, de modo claro e preciso, as razões do seu convencimento.

Parágrafo único. A decisão será impugnável por agravo de instrumento.

Comentários: O parágrafo único poderia ser mais específico, pois tratou apenas das tutelas de urgência e de evidência requeridas, quando existe processo tramitando. Neste caso, sim, a decisão seria interlocutória mista e o recurso é o agravo de instrumento. Todavia, como comanda o art. 277 *retro*, as tutelas mencionadas poderiam ser requeridas antes ou no curso do processo. Ora, se foram requeridas antes, a decisão que negar será definitiva e, portanto, desafiará o recurso de apelação no cível e recurso ordinário no processo do trabalho.

A exemplo do que dissemos nos comentários ao art. 272, as decisões interlocutórias são irrecorríveis em sede processual trabalhista. Assim, se existe processo em curso e for concedida ou negada a tutela de urgência ou de evidência, a decisão tem natureza de interlocutória mista e, portanto, irrecorrível. Em sendo o caso, a parte prejudicada poderá discutir a matéria em âmbito preliminar por meio de recurso ordinário (fase de conhecimento) após a prolação da sentença ou por meio de agravo de petição (fase executória). Todavia, se o indeferimento deu-se em tutela preparatória (de urgência ou de evidência), a decisão é definitiva e a parte poderá valer-se do recurso ordinário.

Processo do trabalho

As decisões interlocutórias são irrecorríveis no processo do trabalho. Portanto, se deferida ou indeferida a tutela de urgência ou de evidência requerida no processo, a parte poderá impetrar mandado de segurança, à míngua de existência de remédio processual, pois o agravo de instrumento trabalhista tem âmbito operacional restrito ao desatrelamento de recursos.

Código sancionado

Art. 297. O juiz poderá determinar as medidas que considerar adequadas para efetivação da tutela provisória.

Parágrafo único. A efetivação da tutela provisória observará as normas referentes ao cumprimento provisório da sentença, no que couber.

Comentários: O *caput* é mais objetivo complementado pelo parágrafo único. O juiz poderá agir de ofício para a conservação do direito.

Redação do Código atual

Art. 800. As medidas cautelares serão requeridas ao juiz da causa; e, quando preparatórias, ao juiz competente para conhecer da ação principal.

Parágrafo único. Interposto o recurso, a medida cautelar será requerida diretamente ao tribunal.

Redação da Comissão Técnica de Apoio

Art. 280. A tutela de urgência e a tutela da evidência serão requeridas ao juiz da causa e, quando antecedentes, ao juízo competente para conhecer do pedido principal.

Parágrafo único. Nas ações e nos recursos pendentes no tribunal, perante este será a medida requerida.

Comentários: O parágrafo único da Comissão incluiu o óbvio na lei, qual seja, nas ações de competência originárias o pedido será feito nos tribunais. Faz-se mister uma correção. O pedido será dirigido ao relator do processo que possui a competência funcional para decidir se defere ou indefere o pedido. O termo usado "tribunal" pode levar ao entendimento de que o pedido seria feito ao Presidente do Tribunal, o que não é verdade. O pedido incidente só poderá ser requerido ao relator do processo. Nenhum outro juiz, mesmo pertencente ao mesmo colegiado, tem a competência funcional do relator. Não existe sequer competência residual, salvo quando previsto na lei.

Código sancionado

Art. 299. A tutela provisória será requerida ao juízo da causa e, quando antecedente, ao juízo competente para conhecer do pedido principal.

Comentários: A exigência do artigo no tocante ao juízo competente não pode ser tida como absoluta. Como a tutela provisória poderá fundamentar-se em tutela de evidência ou de urgência, poderá ser requerida no juízo incompetente para evitar a perda de direito. A redação do *caput* deveria incluir a locução "sempre que possível" ao final. A omissão poderá levar a entendimento diverso.

Parágrafo único. Ressalvada disposição especial, na ação de competência originária de tribunal e nos recursos a tutela provisória será requerida ao órgão jurisdicional competente para apreciar o mérito.

Comentários: Se houve recurso, a competência será do relator.

Art. 294. A tutela provisória pode fundamentar-se em urgência ou evidência. Parágrafo único. A tutela provisória de urgência, cautelar ou antecipada, pode ser concedida em caráter antecedente ou incidental.

Comentários: A cautela antecedente ou preparatória não pode obviamente ser concedida de ofício. Depende da iniciativa da parte que deverá dizer a finalidade.

Código sancionado

Art. 295. A tutela provisória requerida em caráter incidental independe do pagamento de custas.

Comentários: A tutela provisória incidente poderá ser concedida pelo juízo de ofício. Não haverá custas ou emolumentos.

Código sancionado

Art. 296. A tutela provisória conserva sua eficácia na pendência do processo, mas pode, a qualquer tempo, ser revogada ou modificada. Parágrafo único. Salvo decisão judicial em contrário, a tutela provisória conservará a eficácia durante o período de suspensão do processo.

Comentários: A tutela, como regra, conserva a sua eficácia enquanto durar o processo. Poderá ser modificada ou revogada dependendo das circunstâncias que se apresentarem. Como regra, conservará a eficácia durante a suspensão do processo.

Código sancionado

Art. 297. O juiz poderá determinar as medidas que considerar adequadas para efetivação da tutela provisória. Parágrafo único. A efetivação da tutela provisória observará as normas referentes ao cumprimento provisório da sentença, no que couber.

Comentários: O juiz, na qualidade de *dominus processus* poderá determinar de ofício a autela que julgar necessária para a conservação do direito presente ou futuro e da sua efetivação.

Código sancionado

Art. 298. Na decisão que conceder, negar, modificar ou revogar a tutela provisória, o juiz motivará seu convencimento de modo claro e preciso.

Comentários: toda decisão deferindo ou indefeindo a cautela deverá ser fundamentada (art. 93, inciso IX, CF).

Redação da Comissão Técnica de Apoio

Art. 281. A efetivação da medida observará, no que couber, o parâmetro operativo do cumprimento da sentença e da execução provisória.

Redação da relatoria

Art. 273. A efetivação da medida observará, no que couber, o parâmetro operativo do cumprimento da sentença definitivo ou provisório.

Comentários: A redação da Comissão é melhor. A relatoria, numa construção tautológica, pendeu para o malabarismo literal. Melhor seria:

A efetivação da medida observará, no que couber, o devido parâmetro para o cumprimento definitivo ou provisório da sentença.

Embora no início deste trabalho tenha elogiado o relator que primava pelo uso da ordem direta, em algumas passagens deixou de percorrer o leito da clareza eleito anteriormente.

Código sancionado

Art. 297. O juiz poderá determinar as medidas que considerar adequadas para efetivação da tutela provisória.

Parágrafo único. A efetivação da tutela provisória observará as normas referentes ao cumprimento provisório da sentença, no que couber.

Comentários: A exemplo da relatoria, a redação do Código sancionado deveria referir-se também à sentença definitiva. Toda cautelar determinada em sede provisória será aproveitada pela sentença em sede definitiva.

Código sancionado

Art. 300. A tutela de urgência será concedida quando houver elementos que evidenciem a probabilidade do direito e o perigo de dano ou o risco ao resultado útil do processo.

Comentários: A concessão está condicionada à verossimilhança e o perigo de dano ou de risco eminente ao resultado útil do processo.

§ 1º Para a concessão da tutela de urgência, o juiz pode, conforme o caso, exigir caução real ou fidejussória idônea para ressarcir os danos que a outra parte possa vir a sofrer, podendo a caução ser dispensada se a parte economicamente hipossuficiente não puder oferecê-la.

Comentários: Possibilita a exigência de caução real (bens) ou fidejussória (fiança) para o ressarcimento de possíveis danos que possam a vir a ser ocasionados à outra parte. Dispensa quando provada a hipossuficiência.

§ 2º A tutela de urgência pode ser concedida liminarmente ou após justificação prévia.

Comentários: A urgência da concessão será o indicativo da concessão imediata ou da exigência de justificativa. A cautela tem por objetivo prevenir a perda de direitos. O tempo e a hora devem ser analisadas pelo douto critério do juiz da ação, quando incidente.

§ 3º A tutela de urgência de natureza antecipada não será concedida quando houver perigo de irreversibilidade dos efeitos da decisão.

Comentários: O artigo radicaliza e impede a concessão, quando houver perigo de irrevercibilidade dos efeitos. Numa interpretação sistemática do § 3º e do § 1º haverá a possibilidade de concessão.

Código sancionado

Art. 301. A tutela de urgência de natureza cautelar pode ser efetivada mediante arresto, sequestro, arrolamento de bens, registro de protesto contra alienação de bem e qualquer outra medida idônea para asseguração do direito.

Comentários: A cautela de urgência se materializada no arresto, no sequestro, no arrolamento de bens, registro de protesto contra alienação de bens ou qualquer outra medida assecuratória do direito.

Código sancionado

Art. 302. Independentemente da reparação por dano processual, a parte responde pelo prejuízo que a efetivação da tutela de urgência causar à parte adversa, se:

I – a sentença lhe for desfavorável;

II – obtida liminarmente a tutela em caráter antecedente, não fornecer os meios necessários para a citação do requerido no prazo de 5 (cinco) dias;

III – ocorrer a cessação da eficácia da medida em qualquer hipótese legal;

IV – o juiz acolher a alegação de decadência ou prescrição da pretensão do autor.

Parágrafo único. A indenização será liquidada nos autos em que a medida tiver sido concedida, sempre que possível.

Comentários: Além de responder pelos danos que a parte poderá causar, responderá também por danos que vier a causar nas hipóteses dos incisos I a IV. Vejamos a possibilidade de cada inciso causar dano: inciso I – na sentença desfavorável, como regra, o sucumbente é condenado ao pagamento das custas e dos honorários advocatícios, periciais, emolumentos e demais despesas processuais. A concessão cautelar, como regra, não causará danos; inciso II – o fato de a cautelar ser concedida em caráter antecedente ou preparatório e o interessado deixar de oferecer os meios para a citação em cinco dias, não oferece possibilidade de danos; inciso III – o fato de a medida ser cassada prejudica apenas o interessado que a requereu. A cautelar pode ser cassada ou reduzida no seu todo sem causar qualquer dano; inciso IV – a declaração de decadência ou de prescrição direciona para a extinção do processo com a resolução do mérito, quando a cautelar perde a sua eficácia. Não vemos como o dano possa ser causado. Excepcionamos a hipótese do *caput* do art. 301, na qual o arresto, o protesto contra alienação de bens possa causar danos, quando o bem estava sendo vendido por meio de financiamento e a cautelar impediu que o negócio se consumasse.

Código sancionado

Art. 303. Nos casos em que a urgência for contemporânea à propositura da ação, a petição inicial pode limitar-se ao requerimento da tutela antecipada e à indicação do pedido de tutela final, com a exposição da lide, do direito que se busca realizar e do perigo de dano ou do risco ao resultado útil do processo.

Comentários: A tutela antecipada poderá ser requerida por ocasião do ajuizamento da ação na petição inicial, limitando-se ao requerimento e à indicação do pedido de tutela final, expondo na lide o direito que busca realizar e do perigo de dano ou de risco a um possível sucesso final.

§ 1º Concedida a tutela antecipada a que se refere o *caput* deste artigo:

I – o autor deverá aditar a petição inicial, com a complementação de sua argumentação, a juntada de novos documentos e a confirmação do pedido de tutela final, em 15 (quinze) dias ou em outro prazo maior que o juiz fixar;

Comentários: Concedida a tutela, deve a parte complementar a argumentação, com juntada de novos documentos e confirmação do pedido de tutela final em 15 dias.

II – o réu será citado e intimado para a audiência de conciliação ou de mediação na forma do art. 334;

Comentários: Feita a confirmação do inciso I, o réu será citado (não intimado) para a audiência de conciliação ou de mediação.

III – não havendo autocomposição, o prazo para contestação será contado na forma do art. 335.

Comentários: Não se compondo as partes, abre-se o prazo para a contestação em 15 dias.

§ 2º Não realizado o aditamento a que se refere o inciso I do § 1º deste artigo, o processo será extinto sem resolução do mérito.

Comentários: O artigo é complicado e delineia um malabarismo processual. Tudo isso seria evitado, bastando que a parte, juntamente com o pedido inicial, requeira antecipação de tutela provisória e definitiva, dando todos os argumentos necessários ao convencimento do juiz. No entanto, o artigo trilha caminho tortuoso e que, depois de gastar tempo e dinheiro, o processo poderá ser extinto sem a resolução do mérito. Vale dizer, obriga a que a parte, depois de toda essa caminhada, ajuíze outra ação.

§ 3º O aditamento a que se refere o inciso I do § 1º deste artigo dar-se-á nos mesmos autos, sem incidência de novas custas processuais.

Comentários: A redação é risível, quando fala que o aditamento será feito nos mesmos autos. Além dos autos principais, onde é que poderia ser feito o aditamento? O aditamento é um absurdo, pois a inicial já deveria vir completa com pedido de tutela com todos os argumentos necessários, evitando aditamento. O legislador demonstra não ter a mínima intimidade com a parte procedimental do processo.

§ 4º Na petição inicial a que se refere o *caput* deste artigo, o autor terá de indicar o valor da causa, que deve levar em consideração o pedido de tutela final.

Comentários: O valor da causa deveria constar do *caput*. O valor da causa reflete aquilo que economicamente se pleiteia. A tutela não tem valor pecuniário para ser incluído no valor. A tutela é um pedido meritório e este está incluído no pedido principal. O legislador pretende cobrar pelo adiantamento do mérito por meio de tutela. A não ser para engordar o caixa do governo, a exigência não tem sentido jurídico.

§ 5º O autor indicará na petição inicial, ainda, que pretende valer-se do benefício previsto no *caput* deste artigo.

Comentários: Tudo isso deveria estar no *caput* ou num inciso.

§ 6º Caso entenda que não há elementos para a concessão de tutela antecipada, o órgão jurisdicional determinará a emenda da petição inicial em até 5 (cinco) dias, sob pena de ser indeferida e de o processo ser extinto sem resolução de mérito.

Comentários: O art. 303, inciso e parágrafos são exemplos flamejantes daquilo que o legislador não deveria fazer. O § 6º é um primor, quando oportuniza, mais uma vez, a emenda da petição inicial para que a parte apresente mais elementos para a concessão ou não tutela. Este artigo, escrito de uma forma correta e objetiva, poderia ser sintetizado num *caput* e num parágrafo único. O artigo foi escrito de forma que a petição inicial poderá ser emendada duas vezes e o processo não saia do lugar e corra o risco de ser extinto sem resolução do mérito, depois de decorridos alguns meses ou anos. Pergunta que não cala: se o juiz é obrigado a conceder a tutela de ofício para prevenir que o direito não se perca, qual a necessidade de tantas exigências no caso do art. 303 com a possibilidade de extinguir o processo. Se a parte não precisa pedir, o fato de não ter dado argumentos ou argumentado deficitariamente não impede que o juiz analise a causa e veja se é caso de tutela ou não. A incoerência é visível!

Código sancionado

Art. 304. A tutela antecipada, concedida nos termos do art. 303, torna-se estável se da decisão que a conceder não for interposto o respectivo recurso.

§ 1º No caso previsto no *caput*, o processo será extinto.

Comentários: O *caput* afirma que a tutela se torna estável se não for interposto recurso contra a decisão que a conceder. E o parágrafo único diz que no caso previsto no *caput*, isto é, se for interposto recurso, o processo será extinto. O que o artigo naturalmente quer dizer e não diz é que se for dado provimento ao recurso cassando a tutela antecipada o processo será extinto. O artigo deveria ter a seguinte redação:

A tutela antecipada será extinta se a parte adversa interpuser recurso e este for provido.

§ 2º Qualquer das partes poderá demandar a outra com o intuito de rever, reformar ou invalidar a tutela antecipada estabilizada nos termos do *caput*.

Comentários: Este parágrafo é ocioso, face ao que dispõe o *caput*. Se o *caput* fala em recurso é óbvio que a parte poderá usar dos meios legais para rever, reformar ou invalidar a tutela que for antecipada.

§ 3º A tutela antecipada conservará seus efeitos enquanto não revista, reformada ou invalidada por decisão de mérito proferida na ação de que trata o § 2º.

Comentários: Este § 3º contraria o *caput* do art. 304 e o seu § 1º. Lá diz que a tutela antecipada poderá ser cassada, caso a parte contrária apresente recurso. Não diz sequer que a cassação se dará caso o recurso seja provido. Já aqui condiciona a validade enquanto não for invalidada por decisão de mérito.

§4º Qualquer das partes poderá requerer o desarquivamento dos autos em que foi concedida a medida, para instruir a petição inicial da ação a que se refere o § 2º, prevento o juízo em que a tutela antecipada foi concedida.

Comentários: O parágrafo prevê o desarquivamento dos autos onde foi concedida a medida, com o objetivo de instruir a petição inicial. Nesse caso, o juízo que concedera a tutela estará prevento. Dizemos nós: isso se o juiz que concedeu a tutela era o competente, já que a tutela poderá ser concedida por juiz incompetente com o objetivo de evitar a perda de direitos.

§ 5º O direito de rever, reformar ou invalidar a tutela antecipada, previsto no § 2º deste artigo, extingue-se após 2 (dois) anos, contados da ciência da decisão que extinguiu o processo, nos termos do § 1º.

Comentários: O prazo de dois anos é decadencial porque extingue o direito. Isso significa que a parte continuará tendo o direito de ação, mas no mérito decaiu do direito material.

§ 6º A decisão que concede a tutela não fará coisa julgada, mas a estabilidade dos respectivos efeitos só será afastada por decisão que a revir, reformar ou invalidar, proferida em ação ajuizada por uma das partes, nos termos do § 2º deste artigo.

Comentários: Segundo o parágrafo sob comento, a decisão que concede a tutela não transita em julgado materialmente, mas os efeitos só serão afastados por decisão que revir, reformar ou invalidar a tutela antecipada por ação própria que analisará o tema meritoriamente nos termos do § 2º, *retro*.

Código sancionado

Art. 305. A petição inicial da ação que visa à prestação de tutela cautelar em caráter antecedente indicará a lide e seu fundamento, a exposição sumária do direito que se objetiva assegurar e o perigo de dano ou o risco ao resultado útil do processo.

Parágrafo único. Caso entenda que o pedido a que se refere o *caput* tem natureza antecipada, o juiz observará o disposto no art. 303.

Comentários: A petição inicial requerendo medida cautelar preparatória deverá indicar os fundamentos da futura ação que será ajuizada com exposição sumária do direito que se objetiva assegurar, indicando o perigo e a possibilidade de dano.

Código sancionado

Art. 306. O réu será citado para, no prazo de 5 (cinco) dias, contestar o pedido e indicar as provas que pretende produzir.

Comentários: O requerido na ação cautelar terá o prazo de cinco dias para apresentar contestação, querendo, e indicar as provas que pretende produzir.

Código sancionado

Art. 307. Não sendo contestado o pedido, os fatos alegados pelo autor presumir-se-ão aceitos pelo réu como ocorridos, caso em que o juiz decidirá dentro de 5 (cinco) dias.

Parágrafo único. Contestado o pedido no prazo legal, observar-se-á o procedimento comum.

Comentários: Se o pedido cautelar não for contestado, haverá presunção de veracidade das alegações do requerente. Na hipótese, o juiz decidirá em cinco dias. Se o juiz decidir em prazo maior, não haverá penalidade, pois tudo dependerá do número de processos que corre na Vara.

Código sacionado

Art. 308. Efetivada a tutela cautelar, o pedido principal terá de ser formulado pelo autor no prazo de 30 (trinta) dias, caso em que será apresentado nos mesmos autos em que deduzido o pedido de tutela cautelar, não dependendo do adiantamento de novas custas processuais.

Comentários: Efetivada a tutela, o pedido principal deverá ser formulado em 30 dias. A palavra "efetivada" significa que o prazo não será contado da data da simples concessão, mas da data que materializa a cautelar. Exemplo: arresto se efetiva com a ida do oficial e com o registro à margem da matrícula do imóvel (art. 167, inciso I – registro, n. 5 da Lei dos Registros Públicos. O protesto contra alienação de bens se efetiva com a publicação no Diário Oficial etc. Segundo o artigo, a ação principal estará dispensada de custas. Ajuizada a ação principal, a cautelar será juntada aos autos.

§ 1º O pedido principal pode ser formulado conjuntamente com o pedido de tutela cautelar.

Comentários: O pedido cautelar poderá ser formulado de forma preparatória ou antecedente, quando não existe ação principal, ou incidente, quando já existe ação principal. Nada impede que o pedido seja formulado juntamente com a ação principal. Nesse caso, não haverá necessidade de peça separada, podendo a cautelar fazer parte de um dos itens da petição inicial, de preferência no início ou no final, com a rubrica: "Pedido cautelar".

§ 2º A causa de pedir poderá ser aditada no momento de formulação do pedido principal.

Comentários: A ausência de causa de pedir poderá desaguar na inépcia da petição inicial ou em parte dela. O parágrafo permite que a causa de pedir seja aditada no momento da formulação do pedido principal.

§ 3º Apresentado o pedido principal, as partes serão intimadas para a audiência de conciliação ou de mediação, na forma do art. 334, por seus advogados ou pessoalmente, sem necessidade de nova citação do réu.

Comentários: Ajuizada a ação principal, as partes serão intimadas para a audiência de conciliação ou de mediação. As partes poderão ser representadas por seus advogados, podendo comparecer pessoalmente.

§ 4º Não havendo autocomposição, o prazo para contestação será contado na forma do art. 335.

Comentários: Este parágrafo, ao possibilitar a apresentação de defesa depois da audiência de conciliação, atenta contra o princípio de economia e de celeridade. A redação deveria ser a seguinte:

"Não havendo autocomposição, o requerido deverá apresentar defesa escrita ou fazê-la oralmente em vinte minutos.

A defesa deveria ser apresentada por ocasião do parágrafo 2º. A conciliação poderá ter maior sucesso quando ambas as partes entram para a audiência de autocomposição sabendo o que foi pedido e o que foi contestado, isto é, tendo conhecimento da lide na sua totalidade.

Código sancionado

Art. 309. Cessa a eficácia da tutela concedida em caráter antecedente, se:

I – o autor não deduzir o pedido principal no prazo legal;

Comentários: Essa regra é universal. O autor que conseguiu a medida cautelar poderá optar em ajuizar ou não a ação principal. Não o fazendo, cessa a eficácia da cautelar por falta de objeto. Esse fato, por si só, não impede que o autor venha a ajuizar a ação posteriormente e requeira outra ou a mesma medida cautelar por outros fundamentos.

II – não for efetivada dentro de 30 (trinta) dias;

Comentários: Este inciso irá trazer dificuldade na prática diária, quando fala: "se não for efetivada em 30 (trinta) dias". Como vimos antes, nos comentários ao *caput* do art. 308, a efetivação se conta da materialização da medida cautelar. O inciso II, sob comento, transmite a ideia de que o requerente deverá cuidar da efetivação da cautelar em 30 dias. Esse trabalho é do Cartório. Repita-se: o simples deferimento da cautelar não significa efetivação da mesma e não obriga o autor a ajuizar a ação, contados 30 dias do dia seguinte ao deferimento. Certamente, o entendimento vai se bifurcar. A redação do inciso deveria ser:

II – Conta-se a efetivação da data da materialização da cautelar. A partir do dia seguinte, se não cair em sábados, domingos, feriados, dias santos de guarda ou dia em que o fórum não funcionar, terá o autor o prazo de 30 dias para ajuizar a ação principal.

III – o juiz julgar improcedente o pedido principal formulado pelo autor ou extinguir o processo sem resolução de mérito.

Comentários: A cautelar perderá a eficácia se o pedido principal for julgado improcedente ou extinto sem resolução do mérito. Nesse caso haverá perda do objeto.

Parágrafo único. Se por qualquer motivo cessar a eficácia da tutela cautelar, é vedado à parte renovar o pedido, salvo sob novo fundamento.

Comentários: Reportamo-nos aos comentários do inciso I. Não importa o motivo pelo qual a cautelar perdeu a sua eficácia. Poderá sempre ser renovada, desde que com outro fundamento. Nada impede que a parte requeira outra cautelar, que não aquela que perdeu a eficácia.

Código sancionado

Art. 310. O indeferimento da tutela cautelar não obsta a que a parte formule o pedido principal, nem influi no julgamento desse, salvo se o motivo do indeferimento for o reconhecimento de decadência ou de prescrição.

Comentários: Como dissemos em comentários anteriores, o fato de a parte não haver ajuizado a ação principal, não importando o motivo, não a impede de ajuizar a ação a qualquer momento. A lei somente excepciona no caso em que foi declarada a prescrição da ação principal ou a decadência do direito que dá suporte ao pedido principal. Do ponto de vista doutrinário, a redação do artigo é ambígua à medida em que dá o mesmo tratamento para a prescrição e para a decadência, posto que coisas díspares. Na prescrição, a parte teria o direito material, mas não teria o direito de utilizar de uma ação. Vale dizer, decorrido o prazo prescricional, a ação será extinta *ab initio* com resolução do mérito; na decadência a parte poderá utilizar do direito de ação, mas o direito material perseguido não mais existe. Embora ambas levem às mesmas consequências por vias transversas, conceitualmente são diferentes.

Embora se possa discutir que a declaração da prescrição ou da decadência em sede cautelar não estaria correta, porque mistura-se o mérito da ação principal com a cautelar, esse mesmo entendimento foi adotado pelo Código em vigor, art. 810. Em complemento diga-se que as medidas cautelares não transitam em julgado materialmente. Todavia, ao declarar a existência de prescrição ou de decadência, a decisão transitará em julgado e somente poderá vir a ser desconstituída por meio de ação rescisória.

Redação da Comissão Técnica de Apoio

Art. 283. Para a concessão de tutela de urgência, serão exigidos elementos que evidenciem a plausibilidade do direito, bem como a demonstração de risco de dano irreparável ou de difícil reparação.

Alteração no relatório geral

Art. 276. A tutela de urgência será concedida quando forem demonstrados elementos que evidenciem a plausibilidade do direito, bem como o risco de dano irreparável ou de difícil reparação.

Comentários: A Comissão e a relatoria deixaram de usar o termo VEROSSIMILHANÇA, substituindo por "plausibilidade do direito". Plausibilidade é o mesmo que razoável. Verossímel: que parece verdadeiro, é possível e provável por não contrariar o direito. Parece-nos que a troca não foi de boa inspiração. De qualquer forma a redação da relatoria é a melhor. Usou da ordem direta, sem necessidade de virgulação, evitando a repetição viciosa.

Código sancionado

Art. 300. A tutela de urgência será concedida quando houver elementos que evidenciem a probabilidade do direito e o perigo de dano ou o risco ao resultado útil do processo.

Comentários: A concessão está condicionada à verossimilhança e o perigo de dano ou de risco iminente ao resultado útil do processo. A concessão ou não da tutela não é decisão discricionária do juiz. Presentes os requisitos, deve concedê-la; ausentes os requisitos, defeso será concedê-la. Muitas vezes, as coisas não estão tão claras. Em caso de dúvida séria, melhor conceder. Mesmo porque o juiz poderá conceder a tutela de ofício para evitar a perda de direito ou que venha a correr riscos desnecessários.

§ 1º Para a concessão da tutela de urgência, o juiz pode, conforme o caso, exigir caução real ou fidejussória idônea para ressarcir os danos que a outra parte possa vir a sofrer, podendo a caução ser dispensada se a parte economicamente hipossuficiente não puder oferecê-la.

Comentários: Possibilita a exigência de caução real (bens) ou fidejussória (fiança) para o ressarcimento de possíveis danos que possam a vir a ser ocasionados à outra parte. Poderá dispensar, quando provada a hipossuficiência. O parágrafo utiliza a palavra "pode", tanto para exigir a caução, quanto para dispensá-la do hipossuficiente. Deve o juiz usar desse poder com razoabilidade e evitar a idiossincrasia.

§ 2º A tutela de urgência pode ser concedida liminarmente ou após justificação prévia.

Comentários: A urgência da concessão será o indicativo da concessão imediata ou da exigência de justificativa. A cautela tem por objetivo prevenir a perda de direitos. O tempo e a hora devem ser analisados pelo douto critério do juiz da ação, quando incidente. Como regra, a justificativa prévia é sempre aconselhável. Mas poderá haver caso em que a exigência de justificativa prévia poderá comprometer o próprio direito.

§ 3º A tutela de urgência de natureza antecipada não será concedida quando houver perigo de irreversibilidade dos efeitos da decisão.

Comentários: O artigo radicaliza e impede a concessão, quando houver perigo de irreversibilidade dos efeitos. Numa interpretação sistemática do § 3º e do § 1º haverá a possibilidade de concessão, mediante caução.

Redação da Comissão Técnica de Apoio

Art. 285. Será dispensada a demonstração de risco de dano irreparável ou de difícil reparação quando:

I – ficar caracterizado o abuso de direito de defesa ou o manifesto propósito protelatório do requerido;

II – um ou mais dos pedidos cumulados ou parcela deles mostrar-se incontroverso, caso em que a solução será definitiva;

III – a inicial for instruída com prova documental irrefutável do direito alegado pelo autor a que o réu não oponha prova inequívoca; ou

IV – a matéria for unicamente de direito e houver jurisprudência firmada em julgamento de casos repetitivos ou súmula vinculante.

Parágrafo único. Independerá igualmente de prévia comprovação de risco de dano a ordem liminar, sob cominação de multa diária, de entrega do objeto custodiado, sempre que o autor fundar seu pedido reipersecutório em prova documental adequada do depósito legal ou convencional.

Alteração no relatório geral

Art. 278. A tutela da evidência será concedida, independentemente da demonstração de risco de dano irreparável ou de difícil reparação, quando:

Comentários: A redação da Comissão é a melhor por ser mais sucinta. Dentro do mesmo Título não há necessidade de repetição de "tutela de evidência". A lei não diz o óbvio.

I – ficar caracterizado o abuso de direito de defesa ou o manifesto propósito protelatório do requerido;

II – um ou mais dos pedidos cumulados ou parcela deles mostrar-se incontroverso, caso em que a solução será definitiva;

III – a inicial for instruída com prova documental irrefutável do direito alegado pelo autor a que o réu não oponha prova inequívoca; ou

IV – a matéria for unicamente de direito e houver tese firmada em julgamento de recursos repetitivos, em incidente de resolução de demandas repetitivas ou em súmula vinculante.

Comentários: A substituição de "tese" por "jurisprudência" foi oportuna.

Parágrafo único. Independerá igualmente de prévia comprovação de risco de dano a ordem liminar, sob cominação de multa diária, de entrega do objeto custodiado, sempre que o autor fundar seu pedido reipersecutório em prova documental adequada do depósito legal ou convencional.

Comentários: O art. 287 do Código Buzaid ao falar em "cominação de pena pecuniária" fê-lo com vista às astreintes, instituto legal que tem maior poder de persuasão sobre o devedor renitente. Não tem a mesma natureza jurídica de "multa". Enquanto a multa não poderá nunca ultrapassar o valor do principal, as astreintes não encontram nenhum óbice de valor. Fruto da doutrina, as astreintes foram inspiradas para tornar efetivas as obrigações de fazer. Hoje são utilizadas também como poder de persuasão para a execução de quantias certas. No caso vertente, tudo indica tratar-se de astreintes e não de multa. O mesmo lapso é cometido pelo art. 645 do Código em vigor. O art. 287 do mesmo Código usa o termo "cominação pecuniárias".

Preceitua o Decreto n. 22.626, de 7 de abril de 1933, conhecido como a lei de usura:

Art. 8º. As multas ou cláusulas penais, quando convencionadas, reputam-se estabelecidas para atender a despesas judiciais e honorários de advogados, se não for intentada ação judicial para cobrança da respectiva obrigação.

Parágrafo único. Quando se tratar de empréstimo até Cr$ 100.000,00 (cem mil cruzeiros) e com garantia hipotecária, as multas ou cláusulas penais convencionadas reputam-se estabelecidas para atender, apenas, a honorários de advogados, sendo as despesas judiciais pagas de acordo com a conta feita nos autos da ação judicial para cobrança da respectiva obrigação. (Incluído pela Lei n. 3.942, de 21/08/1961)

Art. 9º. Não é válida a cláusula penal superior à importância de 10% do valor da dívida.

Código sancionado

Art. 311. A tutela da evidência será concedida, independentemente da demonstração de perigo de dano ou de risco ao resultado útil do processo, quando:

I – ficar caracterizado o abuso do direito de defesa ou o manifesto propósito protelatório da parte;

II – as alegações de fato puderem ser comprovadas apenas documentalmente e houver tese firmada em julgamento de casos repetitivos ou em súmula vinculante;

III – se tratar de pedido reipersecutório fundado em prova documental adequada do contrato de depósito, caso em que será decretada a ordem de entrega do objeto custodiado, sob cominação de multa;

IV – a petição inicial for instruída com prova documental suficiente dos fatos constitutivos do direito do autor, a que o réu não oponha prova capaz de gerar dúvida razoável.

Parágrafo único. Nas hipóteses dos incisos II e III, o juiz poderá decidir liminarmente.

Comentários: Código sancionado direcionou a redação de conformidade com a relatoria, usando de tautologia, com algumas modificações. Pelo *caput* a cautela de evidência será concedida, quando houver a demonstração de perigo de dano ou de risco ao resultado do processo. É usada a palavra "deve", que teria conotação imperativa. O juiz terá de conceder. Não me parecer que assim seja. A demonstração do perigo de dano e de risco ao resultado do processo deve ser analisada pelo juiz da causa, dentro do seu douto critério. A demonstração, embora deva ter fartos objetivos convincentes, terá um boa dose de subjetividade na análise. O juiz é o maior interessado em proteger o resultado útil do processo, podendo até mesmo conceder a tutela de evidência de ofício. O "deverá" deve ser entendido como "poderá".

Redação da Comissão Técnica de Apoio

Art. 286. A petição inicial da medida requerida em caráter antecedente indicará a lide, seu fundamento e a exposição sumária do direito ameaçado e do receio de lesão.

Alteração no relatório geral

Art. 279. A petição inicial da medida de urgência requerida em caráter antecedente indicará a lide, seu fundamento e a exposição sumária do direito ameaçado e do receio de lesão.

Comentários: Ambas as redações são melhores do que a redação do Código em vigor. A petição inicial já apresenta todos os elementos alinhados no Código atual de forma repetitiva ociosa. Restaram apenas exigidos o fundamento da lide e a exposição sumária do direito ameaçado. Todavia, entre as redações da Comissão e a da relatoria, esta é mais completa ao deixar expresso a "medida de urgência". De resto, o parágrafo único do Código em vigor exige o óbvio, quando explica que só será exigida a indicação da lide e seus fundamentos em caso de procedimento cautelar preparatório. Ora, se a medida for requerida incidentalmente, os elementos já estarão nos autos.

Código sancionado

Art. 305. A petição inicial da ação que visa à prestação de tutela cautelar em caráter antecedente indicará a lide e seu fundamento, a exposição sumária do direito que se objetiva assegurar e o perigo de dano ou o risco ao resultado útil do processo.

Parágrafo único. Caso entenda que o pedido a que se refere o *caput* tem natureza antecipada, o juiz observará o disposto no art. 303.

Comentários: A petição inicial, ao requerer medida cautelar preparatória, deverá indicar os fundamentos da futura ação que será ajuizada com exposição sumária do direito que se objetiva assegurar e indicar o perigo e a possibilidade de dano.

Redação da Comissão Técnica de Apoio

Art. 289. Impugnada a medida liminar, o pedido principal deverá ser apresentado pelo requerente no prazo de um mês ou em outro prazo que o juiz fixar.

§ 1º O pedido principal será apresentado nos mesmos autos em que tiver sido veiculado o requerimento de medida de urgência, não dependendo do pagamento de novas custas processuais.

§ 2º A apresentação do pedido principal será desnecessária se o réu, citado, não impugnar a liminar.

§ 3º Na hipótese prevista no § 2º, qualquer das partes poderá propor ação com o intuito de discutir o direito que tenha sido acautelado ou cujos efeitos tenham sido antecipados.

Alteração no relatório geral

Art. 282. Impugnada a medida liminar, o pedido principal deverá ser apresentado pelo requerente no prazo de trinta dias ou em outro prazo que o juiz fixar.

Comentários: A fixação do prazo de 30 dias, como já dissemos antes, é salutar. A fixação de um mês traz confusão, pois temos meses de 28, 29, 30 e 31. Se prevalecesse a redação da Comissão, juízes iriam conceder 30 dias a todos. A alternativa de fixação de prazo pelo juiz é mais um fator para criar impasse.

O juiz poderá fixar o prazo que quiser. Verdade que deverá agir com razoabilidade. Mas se escancarassem a porta para a idiossincrasia. Melhor seria que se deixasse os 30 dias como sempre foi e sempre deu certo. Suponhamos que o juiz dê 5 dias para que o autor ajuíze a ação principal. Sendo o prazo exíguo, o advogado requererá ao juiz a concessão de prazo maior. O juiz nega-se a fazê-lo. Caberia correição parcial? A resposta é não. Caberia mandado de segurança. A resposta também é não. Não existe ilegalidade. O juiz apenas está cumprindo a lei que lhe concedeu a prerrogativa de fixar o prazo. Moral da história: prazo exíguo, se a ação principal não for apresentada, a cautelar perde o efeito. O artigo deveria ter a seguinte redação:

>Art. 282. Impugnada a medida liminar, o pedido principal deverá ser apresentado pelo requerente no prazo de trinta dias.

Nota: Excluído: "ou em outro prazo que o juiz fixar". A lei deve ser clara e objetiva e não possibilitar que atos discricionários possam incentivar a idiossincrasia.

>1º O pedido principal será apresentado nos mesmos autos em que tiver sido veiculado o requerimento da medida de urgência, não dependendo do pagamento de novas custas processuais quanto ao objeto da medida requerida em caráter antecedente.

Comentários: A redação da Comissão é ambígua, quando afirma: "não dependendo do pagamento de novas custas processuais". A redação leva ao entendimento de que pagas as custas da cautelar, não haveria mais custas por ocasião do ajuizamento da ação principal. Isso está dito expressamente. Há que se ter muito cuidado nas formulações de normas legais. As palavras sempre foram e continuam sento más condutoras do pensamento. A redação dada ao parágrafo primeiro pela relatoria sanou a ambiguidade dizendo expressamente: "não dependendo do pagamento de novas custas processuais 'quanto ao objeto da medida requerida em caráter antecedente'". Em direito pode-se e deve-se comprometer a linguagem escorreita com repetição, desde que isso seja necessário para a clareza.

A apresentação do pedido principal nos autos da cautelar acaba com uma incoerência em que a cautelar, proposta anteriormente, era anexada aos autos da ação principal proposta posteriormente.

>§2º A parte será intimada para se manifestar sobre o pedido principal, por seu advogado ou pessoalmente, sem necessidade de nova citação.

Comentários: Este parágrafo foi incluído pela relatoria. O requerido já foi citado por ocasião do pedido cautelar. O artigo dispensa da necessidade de nova citação, podendo a parte ser simplesmente intimada para manifestar-se sobre o pedido principal, isto é, para apresentar resposta (art. 297 do CPC). Com a citação na cautelar a parte passou a fazer parte do processo, daí a correção da intimação. Como o artigo não menciona prazo, deve ser entendido que é o normal previsto no Código.

>§3º A apresentação do pedido principal será desnecessária se o réu, citado, não impugnar a liminar.

Comentários: Este § corresponde ao § 2º da Comissão. Em ambos existe a dispensa da ação principal se o réu, citado, não impugnar a liminar. Todavia, a medida poderá ser de urgência porque o réu está dilapidando o patrimônio e não poderá honrar dívida que se vence em 30 dias. Logo, a ação principal é necessária para que a parte possa proceder à execução lançando mão do arresto que deverá transformar-se posteriormente em penhora. A redação deveria ser a seguinte:

>§3º A apresentação do pedido principal será desnecessária se o réu, citado, não impugnar a liminar, sendo ela meramente administrativa.

>§4º Na hipótese prevista no § 3º, qualquer das partes poderá propor ação com o intuito de discutir o direito que tenha sido acautelado ou cujos efeitos tenham sido antecipados.

Comentários: O requerente que teve a liminar deferida sem impugnação do requerido não tem interesse em ajuizar ação para discutir o direito que lhe foi concedido. Sem impugnação, o direito deve permanecer. O requerido, se não impugnou o pedido cautelar de urgência, incidiu na preclusão e não teria interesse jurídico (condição da ação) em voltar a discutir o direito em ação própria. Se o fizesse incidiria na preclusão lógica.

Código sancionado

Art. 308. Efetivada a tutela cautelar, o pedido principal terá de ser formulado pelo autor no prazo de 30 (trinta) dias, caso em que será apresentado nos mesmos autos em que deduzido o pedido de tutela cautelar, não dependendo do adiantamento de novas custas processuais.

Comentários: Código sancionado adotou a redação da relatoria. Ajuizada a ação principal, as partes serão intimadas para a audiência de conciliação ou de mediação. As partes poderão ser representadas por seus advogados, podendo comparecer pessoalmente.

A locução "efetivada a tutela cautelar" certamente propiciará entendimentos divergentes. Efetivada a tutela, o pedido principal deverá ser formulado em 30 dias. Quando começará essa contagem (*dies a quo*)?

A palavra "efetivada" significa que o prazo não será contado da data da simples concessão, mas da data que a cautelar se materializar. Isto é se transformar em realidade palpável, v. g, um arresto. Exemplo: arresto se efetiva com a apreensão do bem pelo oficial e com o registro à margem da matrícula do imóvel (art. 167, inciso I –registro, n. 5, da Lei dos Registros Públicos. O protesto contra alienação de bens se efetiva com a publicação no Diário Oficial etc. Segundo o artigo, a ação principal estará dispensada de custas. Ajuizada a ação principal, a cautelar será juntada aos autos principais.

§ 1º O pedido principal pode ser formulado conjuntamente com o pedido de tutela cautelar.

Comentários: O pedido cautelar poderá ser formulado de forma preparatória ou antecedente, quando não existe ação principal; incidente, quando existe ação principal. Nada impede que o pedido seja formulado juntamente com a ação principal. Nesse caso, não haverá necessidade de peça separada, podendo a cautelar fazer parte de um dos itens da petição inicial, de preferência no início ou no final, com a rubrica: "Pedido cautelar" para facilitar a leitura pelo juiz. Se o advogado não for cuidadoso, o juiz poderá não localizar o item da cautelar.

§ 2º A causa de pedir poderá ser aditada no momento de formulação do pedido principal.

Comentários: A ausência de causa de pedir poderá desaguar na inépcia da petição inicial ou em parte dela. O parágrafo permite que a causa de pedir da cautelar seja aditada no momento da formulação do pedido principal.

§ 3º Apresentado o pedido principal, as partes serão intimadas para a audiência de conciliação ou de mediação, na forma do art. 334, por seus advogados ou pessoalmente, sem necessidade de nova citação do réu.

Comentários: Ajuizada a ação, as partes serão intimadas para tentar a autocomposição (conciliação ou mediação). As partes poderão comparecer com os seus advogados ou solitariamente. Para isso, não haverá nova citação, postos que citados na cautelar. O comparecimento das partes sem advogado é mais uma exceção à regra geral da obrigatoriedade da presença do advogado.

§ 4º Não havendo autocomposição, o prazo para contestação será contado na forma do art. 335.

Comentários: Ao possibilitar a apresentação de defesa depois da audiência de conciliação, o parágrafo atenta contra o princípio de economia e de celeridade processual. A redação deveria ser a seguinte:

Não havendo autocomposição, o requerido deverá apresentar defesa escrita ou fazê-la oralmente em vinte minutos.

A defesa deveria ser apresentada por ocasião do parágrafo 2º. A conciliação poderá ter maior sucesso, quando ambas as partes entram para a audiência de autocomposição sabendo o que foi pedido e o que foi contestado, isto é, tendo conhecimento da lide na sua totalidade.

Redação da Comissão Técnica de Apoio

Art. 290. As medidas conservam a sua eficácia na pendência do processo em que esteja veiculado o pedido principal, mas podem, a qualquer tempo, ser revogadas ou modificadas, em decisão fundamentada, exceto quando um ou mais dos pedidos cumulados ou parcela deles mostrar-se incontroverso, caso em que a solução será definitiva.

§ 1º Salvo decisão judicial em contrário, a medida de urgência conservará a eficácia durante o período de suspensão do processo.

§ 2º Nas hipóteses previstas no art. 289, §§ 2º e 3º, as medidas de urgência conservarão seus efeitos enquanto não revogadas por decisão de mérito proferida em ação ajuizada por qualquer das partes.

Alteração no relatório geral

Art. 283. As medidas conservam a sua eficácia na pendência do processo em que esteja veiculado o pedido principal, mas podem, a qualquer tempo, ser revogadas ou modificadas, em decisão fundamentada, exceto quando um ou mais dos pedidos cumulados ou parcela deles mostrar-se incontroverso, caso em que a solução será definitiva.

§ 1º Salvo decisão judicial em contrário, a medida de urgência conservará a eficácia durante o período de suspensão do processo.

§ 2º Nas hipóteses previstas no art. 282, §§ 2º e 3º, as medidas de urgência conservarão seus efeitos enquanto não revogadas por decisão de mérito proferida em ação ajuizada por qualquer das partes.

Comentários: A cautelar concedida poderá ser revogada ou modificada a qualquer momento em decisão fundamentada (art. 93, IX, CF). O juiz poderá fazê-lo de ofício ou a requerimento da parte contrária, mediante prova de que as condições antes existentes não mais existem. A regra é excepcionada, quando existem mais pedidos cumulados ou quando parcelas desses pedidos mostrarem-se incontroversos. Nesse caso, a solução é definitiva e o juiz não poderá agir de ofício e o requerimento do requerido, nesse sentido, deverá ser indeferido.

O § 1º diz o óbvio: que a medida de urgência permanece durante o pedido de suspensão, caso não haja decisão judicial em contrário. O parágrafo é evidentemente ocioso. O que é óbvio não precisa ser dito.

Comanda no sentido de que a revogação só poderá ser feita por decisão de mérito proferida em ação ajuizada por qualquer das partes. É bom deixar claro que nenhuma medida cautelar adentra ao mérito da ação principal e por isso não transita em julgado. Só a ação principal poderá devassar o mérito. O § 2º deixa claro que o juiz não poderá de ofício ou a requerimento da parte que se sentir prejudicada revogar a cautelar total ou parcial, mas somente em decisão de mérito.

Código sancionado

Art. 296. A tutela provisória conserva sua eficácia na pendência do processo, mas pode, a qualquer tempo, ser revogada ou modificada.

Parágrafo único. Salvo decisão judicial em contrário, a tutela provisória conservará a eficácia durante o período de suspensão do processo.

Comentários: O artigo conserva o mesmo ranço de outros artigos com o uso da ordem indireta, abusando do uso de vírgulas. Eliminou: " em decisão fundamentada, exceto quando um ou mais dos pedidos cumulados ou parcela deles mostrar-se incontroverso, caso em que a solução será definitiva". A redação da relatoria concorde com a da Comissão era mais completa. Quanto ao mais reportamos aos comentários *retro*. A cautelar conservará a eficácia durante a suspensão do processo. A ressalva feita "salvo decisão judicial em contrário" diz o óbvio e este não precisa ser dito, salvo para dar maior clareza. Não é o caso.

Redação da Comissão Técnica de Apoio

Art. 291. Cessa a eficácia da medida concedida em caráter antecedente, se:

I – tendo o requerido impugnado a medida liminar, o requerente não deduzir o pedido principal no prazo legal;

II – não for efetivada dentro de um mês;

III – o juiz julgar improcedente o pedido apresentado pelo requerente ou extinguir o processo em que esse pedido tenha sido veiculado sem resolução de mérito.

Parágrafo único. Se por qualquer motivo cessar a eficácia da medida, é vedado à parte repetir o pedido, salvo sob novo fundamento.

Alteração no relatório geral

Art. 284. Cessa a eficácia da medida concedida em caráter antecedente, se:
I – tendo o requerido impugnado a medida liminar, o requerente não deduzir o pedido principal no prazo do *caput* do art. 282;
II – não for efetivada dentro de um mês;
III – o juiz julgar improcedente o pedido apresentado pelo requerente ou extinguir o processo em que esse pedido tenha sido veiculado sem resolução de mérito.
§1º Se por qualquer motivo cessar a eficácia da medida, é vedado à parte repetir o pedido, salvo sob novo fundamento.
§2º A decisão que concede a tutela não fará coisa julgada, mas a estabilidade dos respectivos efeitos só será afastada por decisão que a revogar, proferida em desarquivamento dos autos em que foi concedida a medida para instruir a petição inicial da ação referida no *caput*, ação ajuizada por uma das partes.
§3º Qualquer das partes poderá requerer o desarquivamento dos autos em que foi concedida a medida para instruir a petição inicial da ação referida no *caput*.

Comentários: O *caput* do art. 284 da relatoria concorda com o *caput* da Comissão na cessação da eficácia:

No inciso I são concordes que haverá a cessação se o requerido impugnar a medida liminar e o requerente não deduzir o pedido principal no prazo legal. Pergunta: se a medida liminar não for impugnada pelo requerido, o requerente não está obrigado a ajuizar o pedido inicial no prazo legal. A redação do parágrafo leva a esse entendimento. Se a cautela for meramente administrativa (protesto contra alienação de bens) não necessita ajuizar ação. Se a cautela for jurisdicional, v. g., arresto para garantir uma futura execução em que será transformada em penhora, o ajuizamento será imprescindível, pena de a cautelar não subsistir.

No inciso II há uma contradição com o inciso I. Naquele o comando é o de que o pedido deve ser proposto no prazo legal, caso haja impugnação pelo requerido. Já no inciso II diz-se expressamente que haverá a cessação se "não for efetivada dentro de um mês." Na vocábulo "mês", existe uma outra incoerência. No art. 282, a relatoria modificou o prazo mês para 30 dias. Já agora volta a falar "mês". É mês ou são 30 dias?

Art. 282. Impugnada a medida liminar, o pedido principal deverá ser apresentado pelo requerente no prazo de trinta dias ou em outro prazo que o juiz fixar.

Por ocasião dos comentários do art. 282 consideramos salutar a modificação, pois a palavra mês implica em dificuldades, pois temos meses de 28, 29, 30 e 31 dias.

A relatoria transformou o parágrafo único da Comissão no § 1º, concordes ambos sobre o conteúdo. Cessada a eficácia da medida, esta só poderá ser renovada sob novo fundamento.

A relatoria criou o § 2º no qual fala em desarquivamento dos autos em que foi concedida a medida para instruir a petição inicial da ação referida no *caput*.

Código sancionado

Art. 309. Cessa a eficácia da tutela concedida em caráter antecedente, se:

I – o autor não deduzir o pedido principal no prazo legal;

Comentários: A ação principal deverá ser ajuizada 30 dias depois da efetivação da cautelar concedida. Isso significa que o prazo não é contado da data da concessão, mas da data em que a cautelar se tornou efetiva. Exemplo: o protesto contra alienação de bens se torna efetiva depois de devidamente publicado no Diário Oficial. É a partir daí que a medida se torna efetiva e passará a valer contra terceiros. Isto é, o comprador de um bem móvel ou imóvel que venha tornar o devedor insolvente não poderá alegar a boa-fé na compra. O autor que conseguiu a medida cautelar poderá optar em ajuizar ou não a ação principal. Não o fazendo, cessa a eficácia da cautelar por falta de objeto. Esse fato, por si só, não impede que o autor venha a ajuizar a ação posteriormente e requeira outra ou a mesma medida cautelar, esta por outros fundamentos.

Art. 308. Efetivada a tutela cautelar, o pedido principal terá de ser formulado pelo autor no prazo de 30 (trinta) dias, caso em que será apresentado nos mesmos autos em que deduzido o pedido de tutela cautelar, não dependendo do adiantamento de novas custas processuais.

II – não for efetivada dentro de 30 (trinta) dias;

Comentários: Este inciso irá trazer dificuldades na prática diária, quando fala: "se não for efetivada em 30 (trinta) dias". Como vimos antes nos comentários *retro* e no *caput* do art. 308, a efetivação se conta da materialização da medida cautelar. O inciso II, sob comento, transmite a ideia de que o requerente deverá cuidar da efetivação da cautelar em 30 dias. Esse trabalho é do Cartório. Repita-se: o simples deferimento da cautelar não significa efetivação da mesma e não obriga o autor a ajuizar a ação, contados 30 dias do dia seguinte ao deferimento. Certamente, o entendimento vai se bifurcar. A redação do inciso deveria ser:

II – Conta-se a efetivação da data da materialização da cautelar. A partir do dia seguinte, se não cair em sábados, domingos, feriados, dias santos de guarda ou dia em que o fórum não funcionar, terá o autor o prazo de 30 dias para ajuizar a ação principal.

III – o juiz julgar improcedente o pedido principal formulado pelo autor ou extinguir o processo sem resolução de mérito.

Comentários: A cautelar, como o próprio nome intui, tem a finalidade de proteger o processo para o o futuro. A cautelar perderá a eficácia se o pedido principal for julgado improcedente ou for extinto sem resolução do mérito. Nesse caso haverá perda do objeto.

Parágrafo único. Se por qualquer motivo cessar a eficácia da tutela cautelar, é vedado à parte renovar o pedido, salvo sob novo fundamento.

Comentários: Reportamo-nos aos comentários do inciso I. Não importa o motivo pelo qual a cautelar perdeu a sua eficácia. Poderá sempre ser renovada, desde que com outro fundamento. Nada impede que a parte requeira outra espécie de cautelar.

Redação da Comissão Técnica de Apoio

> Art. 293. A decisão que concede a tutela não fará coisa julgada, mas a estabilidade dos respectivos efeitos só será afastada por decisão que a revogar, proferida em ação ajuizada por uma das partes.
>
> Parágrafo único. Qualquer das partes poderá requerer o desarquivamento dos autos em que foi concedida a medida para instruir a petição inicial da ação referida no *caput*.

Comentários: Ambos os artigos estão hospedados no TÍTULO II – DO PROCEDIMENTO. O art. 293 diz que a estabilidade dos respectivos efeitos só será afastada por decisão que a revogar em ação ajuizada por uma das partes. Já o art. 290 diz que a medida poderá ser revogada ou modificada em decisão fundamentada (art. 93, IX, CF), exceto quando um ou mais dos pedidos cumulados ou parcela deles mostrar-se incontroverso, caso em que a solução será definitiva. Não há a exigência de que a revogação seja por meio de ação.

> Art. 290. As medidas conservam a sua eficácia na pendência do processo em que esteja veiculado o pedido principal, mas podem, a qualquer tempo, ser revogadas ou modificadas, em decisão fundamentada, exceto quando um ou mais dos pedidos cumulados ou parcela deles mostrar-se (sic) incontroverso(sic), caso em que a solução será definitiva.
>
> Art. 304
>
> § 6º A decisão que concede a tutela não fará coisa julgada, mas a estabilidade dos respectivos efeitos só será afastada por decisão que a revir, reformar ou invalidar, proferida em ação ajuizada por uma das partes, nos termos do § 2º deste artigo.

Comentários: Embora a concessão da tutela não se transforme em coisa julgada, os seus efeitos conservarão a estabilidade, salvo se advir decisão que a reveja, reforme ou invalide proferida em ação titulada por uma das partes.

Redação da Comissão Técnica de Apoio

> Art. 294. As medidas de que trata este Título podem ser requeridas incidentalmente no curso da causa principal, nos próprios autos, independentemente do pagamento de novas custas.
>
> Parágrafo único. Aplicam-se às medidas concedidas incidentalmente as disposições relativas às requeridas em caráter antecedente, no que couber.

Alteração no relatório geral

> Art. 286. As medidas de que trata este Capítulo podem ser requeridas incidentalmente no curso da causa principal, nos próprios autos, independentemente do pagamento de novas custas.
>
> Parágrafo único. Aplicam-se às medidas concedidas incidentalmente as disposições relativas às requeridas em caráter antecedente, no que couber.
>
> Art. 289. Impugnada a medida liminar, o pedido principal deverá ser apresentado pelo requerente no prazo de um mês ou em outro prazo que o juiz fixar.
>
> § 1º O pedido principal será apresentado nos mesmos autos em que tiver sido veiculado o requerimento de medida de urgência, não dependendo do pagamento de novas custas processuais.

Comentários: A medida requerida incidentalmente na causa principal independe de pagamento de custas. Tem-se pelo § 1º do art. 289 que a recíproca também é verdadeira, isto é, o pedido principal, quando apresentado nos mesmos autos em que veiculou a medida de urgência, também não dependerá do pagamento de novas custas processuais.

Código sancionado

Art. 308. Efetivada a tutela cautelar, o pedido principal terá de ser formulado pelo autor no prazo de 30 (trinta) dias, caso em que será apresentado nos mesmos autos em que deduzido o pedido de tutela cautelar, não dependendo do adiantamento de novas custas processuais.

Comentários: A tutela cautelar não exige a prova da existência de direito, exige apenas que haja a presença da verossimilhança ou nuances de que poderá haver o direito que se persegue. Deferida a cautelar, o requerente deverá tomar algumas providências para que a cautela sobreviva. Efetivada a tutela, o pedido principal deverá ser formulado em 30 dias. A palavra "efetivada" significa que o prazo não será contado da data da simples concessão, mas da data que materializa a cautelar. Exemplo: arresto se efetiva com a ida do oficial e com o registro à margem da matrícula do imóvel (art. 167, inciso I – registro, n. 5, da Lei dos Registros Públicos). O protesto contra alienação de bens se efetiva com a publicação no Diário Oficial etc. Segundo o artigo, a ação principal estará dispensada de custas. Ajuizada a ação principal, a cautelar será juntada aos autos.

§ 1º O pedido principal pode ser formulado conjuntamente com o pedido de tutela cautelar.

Comentários: O pedido cautelar tem por finalidade prever e prover para uma execução futura que poderá existir ou não. Existem as cautelares jurisdicionais (arresto) e com forte administrativo (vistoria *ad perpetuam rei memoriam*). Ambas podem operar com objetivo preparatório ou incidente. A primeira tem por escopo garantir uma futura execução que poderá existir ou não, dependendo do sucesso da ação; a segunda tem por objetivo fazer prova. No caso da vistoria *ad perpetuam*, dependendo do resultado, favorável ou não para o requerente, ele poderá ou não ajuizar a ação, não ser aplicando a regra de que a parte deverá ajuizar ação no prazo de 30 dias da efetivação da medida cautelar. Poderá a qualquer momento ajuizar ação com a prova preconstituída. Como vimos, o pedido cautelar poderá ser formulado de forma preparatória ou antecedente, quando não existe ação principal; ou incidente, quando já existe ação principal. Nada impede que o pedido seja formulado juntamente com a ação principal. Nesse caso, não haverá necessidade de peça separada, podendo a cautelar fazer parte de um dos itens da petição inicial, de preferência no início ou no final, com a rubrica: "Pedido cautelar".

§ 2º A causa de pedir poderá ser aditada no momento de formulação do pedido principal.

Comentários: A ausência de causa de pedir poderá desaguar na inépcia da petição inicial ou em parte dela. O parágrafo permite que a causa de pedir seja aditada no momento da formulação do pedido principal.

§ 3º Apresentado o pedido principal, as partes serão intimadas para a audiência de conciliação ou de mediação, na forma do art. 334, por seus advogados ou pessoalmente, sem necessidade de nova citação do réu.

Comentários: Ajuizada a ação principal, as partes serão intimadas para a audiência de conciliação ou de mediação. As partes poderão ser representadas por seus advogados, podendo comparecer pessoalmente. Tem-se aqui uma exceção ao exercício do *jus postulandi*, podendo a parte comparecer sem advogado.

§ 4º Não havendo autocomposição, o prazo para contestação será contado na forma do art. 335.

Comentários: Este parágrafo, ao possibilitar a apresentação de defesa depois da audiência de conciliação, atenta contra o princípio de economia e de celeridade. A redação deveria ser a seguinte:

Não havendo autocomposição, o requerido deverá apresentar defesa escrita ou fazê-la oralmente em vinte minutos.

A defesa deveria ser apresentada por ocasião do parágrafo 2º. A conciliação poderá ter maior sucesso, quando ambas as partes entram para a audiência de autocomposição sabendo o que foi pedido e o que foi contestado, isto é, tendo conhecimento da lide na sua totalidade.

Redação da Comissão Técnica de Apoio

Art. 296. Tramitarão prioritariamente os processos em que tenha sido concedida tutela da evidência ou de urgência, respeitadas outras preferências legais.

Comentários: As tutelas de urgência e de evidência são concedidas para o pedido e terão preferência no procedimento, sem afronta a outras preferências.

Código sancionado

Art. 311. A tutela da evidência será concedida, independentemente da demonstração de perigo de dano ou de risco ao resultado útil do processo, quando:

Comentários: Ao contrário da tutela de urgência, a de evidência não exige a demonstração de perigo de dano e/ou de risco no resultado útil do processo, ocorrendo as hipóteses que seguem.

I – ficar caracterizado o abuso do direito de defesa ou o manifesto propósito protelatório da parte;

Comentários: O abuso de direito de defesa não é tão fácil de detectar. Dependerá sempre de uma análise acurada do juiz diretor do processo (*dominus processus*), pois haverá sempre a possibilidade de cerceamento de defesa, fato que, se existente, poderá carrear para a nulidade dos atos decisórios.

II – as alegações de fato puderem ser comprovadas apenas documentalmente e houver tese firmada em julgamento de casos repetitivos ou em súmula vinculante;

Comentários: Três hipóteses confirmam a possibilidade. Se o fato estiver provado documetalmente: se existirem julgamentos repetitivos firmando a tese; se houver súmula vinculante sobre o tema.

III – se tratar de pedido reipersecutório fundado em prova documental adequada do contrato de depósito, caso em que será decretada a ordem de entrega do objeto custodiado, sob cominação de multa;

Comentários: Se o pedido for reipersecutório e a prova juntada for adequada ao contrato de depósito, o juiz decretará a entrega do objeto custodiado, com cominação de multa. O termo "multa" está mal colocado, deveria usar a "locução pecuniária", abrigada pelo Código Buzaid e que corresponde às astreintes.

IV – a petição inicial for instruída com prova documental suficiente dos fatos constitutivos do direito do autor, a que o réu não oponha prova capaz de gerar dúvida razoável.

Comentários: Este inciso libera a tutela, desde que os documentos juntados possam provar o fato constitutivo e que a parte contrária não faça contraprova capaz de gerar dúvida razoável sobre a prova produzida.

Parágrafo único. Nas hipóteses dos incisos II e III, o juiz poderá decidir liminarmente.

Comentários: Nos itens II e III a comprovação é imediata e autoriza a que o juiz decida liminarmente.

Redação da Comissão Técnica de Apoio

Art. 297. Considera-se proposta a ação quando a petição inicial for protocolada. A propositura da ação, todavia, só produz quanto ao réu os efeitos mencionados no art. 197 depois que for validamente citado.

Art. 197. A ação válida induz litispendência e faz litigiosa a coisa e, ainda quando ordenada por juiz incompetente, constitui em mora o devedor e interrompe a prescrição.

Alteração no relatório geral

Art. 287. Considera-se proposta a ação quando a petição inicial for protocolada. A propositura da ação, todavia, só produz quanto ao réu os efeitos mencionados no art. 209 depois que for validamente citado.

Art. 209. A ação válida induz litispendência e faz litigiosa a coisa e, ainda quando ordenada por juiz incompetente, interrompe a prescrição e constitui em mora o devedor, ressalvado o disposto no art. 397 do Código Civil.

Art. 397 (CC). O inadimplemento da obrigação, positiva e líquida, no seu termo, constitui de pleno direito em mora o devedor.

Parágrafo único. Não havendo termo, a mora se constitui mediante interpelação judicial ou extrajudicial.

Comentários: Considera-se proposta a ação desde o protocolo. Esse novo posicionamento adota o procedimento previsto no processo do trabalho há mais de três quartos de século. Todavia, copiaram pela metade, pois permaneceu a mesma burocracia como se vê do art. 209.

De resto, continua a mesma burocracia do Código em vigor, como se vê dos artigos 209 do CPC e 397 do CC. Continua tudo igual. Melhor seria que o simples protocolo tivesse todas as demais consequências, inclusive decadencial, não sendo esta sequer citada. Foi salutar a referência feita ao art. 397 do Código Civil pela relatoria.

Código sancionado

Art. 312. Considera-se proposta a ação quando a petição inicial for protocolada; todavia, a propositura da ação só produz quanto ao réu os efeitos mencionados no art. 240 depois que for validamente citado.

Comentários: Este artigo, diferente da atual redação do art. 263 do Código em vigor que considera proposta a ação depois do despacho do juiz, considera a ação proposta desde o protocolo da petição inicial. Nesta parte, o novo Código se aparelha com a Consolidação das Leis do Trabalho que adota esse critério desde a sua edição. Todavia, o avanço foi muito tímido, pois a seguir diz que os demais efeitos do art. 240 serão materializados com a efetiva citação. O legislador não fez o milagre inteiro e rendeu-se ao que aí já está no art. 210 do Código em vigor.

Art. 240. A citação válida, ainda quando ordenada por juízo incompetente, induz litispendência, torna litigiosa a coisa e constitui em mora o devedor, ressalvado o disposto nos arts. 397 e 398 da Lei n. 10.406, de 10 de janeiro de 2002 (Código Civil).

§ 1º A interrupção da prescrição, operada pelo despacho que ordena a citação, ainda que proferido por juízo incompetente, retroagirá à data de propositura da ação.

§ 2º Incumbe ao autor adotar, no prazo de 10 (dez) dias, as providências necessárias para viabilizar a citação, sob pena de não se aplicar o disposto no § 1º.

§ 3º A parte não será prejudicada pela demora imputável exclusivamente ao serviço judiciário.

§ 4º O efeito retroativo a que se refere o § 1º aplica-se à decadência e aos demais prazos extintivos previstos em lei.

Redação da Comissão Técnica de Apoio

Art. 298. Suspende-se o processo:

I – pela morte ou pela perda da capacidade processual de qualquer das partes, de seu representante legal ou de seu procurador;

II – pela convenção das partes;

III – pela arguição de impedimento ou suspeição;

IV – pela admissão de incidente de resolução de demandas repetitivas;

V – quando a sentença de mérito:

a) depender do julgamento de outra causa ou da declaração da existência ou da inexistência da relação jurídica ou de questão de estado que constitua o objeto principal de outro processo pendente;

b) não puder ser proferida senão depois de verificado determinado fato ou de produzida certa prova, requisitada a outro juízo;

VI – por motivo de força maior;

VII – nos demais casos que este Código regula.

Comentários: A redação da Comissão eliminou a letra "c": tiver por pressuposto o julgamento de questão de estado, requerido como declaração incidente. Concorde o art. 288 da relatoria.

Código sancionado

Art. 313. Suspende-se o processo:

I – pela morte ou pela perda da capacidade processual de qualquer das partes, de seu representante legal ou de seu procurador;

II – pela convenção das partes;

III – pela arguição de impedimento ou de suspeição;

IV – pela admissão de incidente de resolução de demandas repetitivas;

V – quando a sentença de mérito:

a) depender do julgamento de outra causa ou da declaração de existência ou de inexistência de relação jurídica que constitua o objeto principal de outro processo pendente;

b) tiver de ser proferida somente após a verificação de determinado fato ou a produção de certa prova, requisitada a outro juízo;

VI – por motivo de força maior;

Comentários: A suspensão do processo é um meio processual necessário para que o juízo dê às partes a possibilidade de superar impasses e contribuir para que o procedimento flua. São incidentes que não dependem do juízo, mas ora do autor, ora do réu. A suspensão é sempre temporária. Poderá ter lugar na fase de conhecimento e executória.

A redação do Código sancionado, com algumas modificações tautológicas, concorda com a redação da Comissão Técnica. Por isso, reportamo-nos aos comentários *retro*. Como se verifica, todavia, o Código sancionado foi além, cujos comentários são feitos a seguir.

VII – quando se discutir em juízo questão decorrente de acidentes e fatos da navegação de competência do Tribunal Marítimo;

VIII – nos demais casos que este Código regula.

Comentários: O inciso VII inclui nas possibilidades de suspensão do processo as questões que envolvam acidentes e fatos de navegação que sejam da competência do Tribunal Marítimo. E o inciso VIII completa incluindo todas as demais questões de direito.

§ 1º Na hipótese do inciso I, o juiz suspenderá o processo, nos termos do art. 689.

Art. 689. Proceder-se-á à habilitação nos autos do processo principal, na instância em que estiver, suspendendo-se, a partir de então, o processo.

§ 2º Não ajuizada ação de habilitação, ao tomar conhecimento da morte, o juiz determinará a suspensão do processo e observará o seguinte:

Comentários: Não se trata de ação de habilitação, mas de simples incidente ocasionado pela morte do autor ou do réu.

I – falecido o réu, ordenará a intimação do autor para que promova a citação do respectivo espólio, de quem for o sucessor ou, se for o caso, dos herdeiros, no prazo que designar, de no mínimo 2 (dois) e no máximo 6 (seis) meses;

Cometários: A exigência traduz excesso de formalidade. A redação deveria ser:

I – falecido o réu, o autor será intimado para que indique sucessor ou sucessores ou, sendo o caso, os herdeiros, no prazo mínimo de 2 (dois) e no máximo de 6 (seis) meses, para que o cartório promova a citação do espólio.

II – falecido o autor e sendo transmissível o direito em litígio, determinará a intimação de seu espólio, de quem for o sucessor ou, se for o caso, dos herdeiros, pelos meios de divulgação que reputar mais adequados, para que manifestem interesse na sucessão processual e promovam a respectiva habilitação no prazo designado, sob pena de extinção do processo sem resolução de mérito.

Comentários: Enquanto não iniciado o processo de inventário ou de arrolamento, as declarações de espólio devem ser apresentadas e assinadas pelo cônjuge meeiro, sucessor a qualquer título ou por representante destes.

§ 3º No caso de morte do procurador de qualquer das partes, ainda que iniciada a audiência de instrução e julgamento, o juiz determinará que a parte constitua novo mandatário, no prazo de 15 (quinze) dias, ao final do qual extinguirá o processo sem resolução de mérito, se o autor não nomear novo mandatário, ou ordenará o prosseguimento do processo à revelia do réu, se falecido o procurador deste.

Comentários: O artigo é um alerta para autor e réu, cujo procurador venha a falecer. A decorrência do prazo *in albis* desaguará na extinção do processo ao autor e ao prosseguimento à revelia do réu. O termo revelia está colocado no lugar de contumácia, que é o ato da parte que não atende à determinação do juiz. Em certos atos, o não atendimento poderá ter consequência na preclusão.

§ 4º O prazo de suspensão do processo nunca poderá exceder 1 (um) ano nas hipóteses do inciso V, e 6 (seis) meses naquela prevista no inciso II.

Comentários: São prazos peremptórios: a) a prolação de sentença de mérito; b) convenção entre as partes.

§ 5º O juiz determinará o prosseguimento do processo assim que esgotados os prazos previstos no § 4º.

Redação da Comissão Técnica de Apoio

Art. 300. A extinção do processo se dará por sentença.

Art. 301. Antes de proferir sentença sem resolução de mérito, o juiz deverá conceder à parte oportunidade para, se possível, corrigir o vício.

Comentários: O art. 300 comanda que a extinção do processo, com ou sem resolução do mérito, deverá ser feito por meio de sentença. Isso não significa que a sentença não seja sucinta. A decisão deve ser clara e concisa. Com a resolução do mérito transitará em julgado formal e materialmente; sem resolução do mérito, transitará em julgado apenas formalmente.

O art. 301 poderia compor o art. 300 como parágrafo único.

De lege ferenda:

Parágrafo único. Antes de proferir sentença sem resolução do mérito, o juiz deverá conceder à parte o prazo de 5 dias para sanar o vício.

A exigência está conforme os princípios de economia processual e de celeridade postos no art. 284 do Código em vigor. A possibilidade de corrigir erronias ou vícios tem o mérito de salvar o processo, evitando a perda de tempo e dinheiro.

Código sancionado

Art. 354. Ocorrendo qualquer das hipóteses previstas nos arts. 485 e 487, incisos II e III, o juiz proferirá sentença.

Parágrafo único. A decisão a que se refere o *caput* pode dizer respeito a apenas parcela do processo, caso em que será impugnável por agravo de instrumento.

Comentários: A sentença pode e deve ser sucinta. A nova redação dos artigos 485 e 487 repete praticamente os artigos 267 e 269 do Código em vigor e não premia o parágrafo único do art. 301 da Comissão técnica.

Redação da Comissão Técnica de Apoio

Art. 303. A petição inicial indicará:

I – o juízo ou o tribunal a que é dirigida;

II – os nomes, os prenomes, o estado civil, a profissão, o domicílio e a residência do autor e do réu;

III – o fato e os fundamentos jurídicos do pedido;

IV – o pedido com as suas especificações;

V – o valor da causa;

VI – as provas com que o autor pretende demonstrar a verdade dos fatos alegados;

VII – o requerimento para a citação do réu.

Alteração no relatório geral

Art. 293. A petição inicial indicará:

I – o juízo ou o tribunal a que é dirigida;

II – os nomes, os prenomes, o estado civil, a profissão, o número no cadastro de pessoas físicas ou do cadastro nacional de pessoas jurídicas, o endereço eletrônico, o domicílio e a residência do autor e do réu.

III – o fato e os fundamentos jurídicos do pedido;

IV – o pedido com as suas especificações;

V – o valor da causa;

VI – as provas com que o autor pretende demonstrar a verdade dos fatos alegados;

VII – o requerimento para a citação do réu.

Comentários: O inciso I fala em juízo ou tribunal, como se o termo "juízo" não contivesse no seu conteúdo também o conteúdo de "tribunal". A erronia já fora cometida pelo art. 282 do Código em vigor. O excesso não é de bom tom, salvo para trazer clareza ao texto. Não é esse o caso. O inciso II da relatoria completa a omissão do mesmo inciso originário da comissão. São dados necessários para distinguir com clareza autor e réu e que já vêm sendo exigidos há alguns anos pelos cartórios e pelo Regimento Interno dos tribunais.

Código sancionado

Art. 319. A petição inicial indicará:

I – o juízo a que é dirigida;

II – os nomes, os prenomes, o estado civil, a existência de união estável, a profissão, o número de inscrição no Cadastro de Pessoas Físicas ou no Cadastro Nacional da Pessoa Jurídica, o endereço eletrônico, o domicílio e a residência do autor e do réu;

III – o fato e os fundamentos jurídicos do pedido;

IV – o pedido com as suas especificações;

V – o valor da causa;

VI – as provas com que o autor pretende demonstrar a verdade dos fatos alegados;

VII – a opção do autor pela realização ou não de audiência de conciliação ou de mediação.

§ 1º Caso não disponha das informações previstas no inciso II, poderá o autor, na petição inicial, requerer ao juiz diligências necessárias a sua obtenção.

§ 2º A petição inicial não será indeferida se, a despeito da falta de informações a que se refere o inciso II, for possível a citação do réu.

§ 3º A petição inicial não será indeferida pelo não atendimento ao disposto no inciso II deste artigo se a obtenção de tais informações tornar impossível ou excessivamente oneroso o acesso à justiça.

Comentários: O artigo repete o art. 282 do Código em vigor e o completa dando maior clareza. Embora o § 2º inclua na parte *in fine* a locução "citação do réu", foi omitido o inciso VII do Código em vigor: "O requerimento para a citação do réu". Não achamos que essa omissão comprometa o elemento procedimental. A citação do réu é uma consequência da ação para que o réu integre o processo. Com ou sem requerimento a citação deve ser feita. Indeferir *in limine* o pedido inicial porque não há requerimento para a citação ou mesmo porque o autor não deu valor à causa não teria sentido. Na pior das hipóteses, o juiz deve dar oportunidade à parte para sanar o vício.

O inciso VI exige que sejam indicadas as provas com as quais o autor pretende demonstrar a verdade dos fatos invocados como causa de pedir. Dizem os doutos que o texto escrito nem sempre é bom condutor daquilo que foi elaborado pelo pensamento. A literalidade do inciso VI pode levar à conclusão, a nosso ver errônea, de que o autor deverá indicar as espécies de provas que pretender utilizar. Basta que o autor diga que pretende utilizar-se de todas as provas em direito admitidas. Existem provas que o advogado sequer sabe se irá utilizar ou não, como a grafotécnica, uma perícia contábil com visualização do que se contém no "Livro Diário" da empresa etc.

O inciso VII que deixa ao autor a opção pela realização de audiência conciliatória ou de mediação não é de boa inspiração. Antes da heterocomposição, deve-se preferir a autocomposição, reduzindo a cultura da judicialidade de toda pendenga. Por que deixar a cargo do autor se o fato de conciliarem-se as partes dependerá muito do esforço do juiz da ação? Ainda que o autor se pronuncie pela negativa, nada impede, tudo aconselha, que o juiz envide esforços no sentido conciliatório.

Os §§ 1º e 2º são de salutar inspiração, pois evitam a extinção do processo naqueles casos em que a parte certamente não teria possibilidade de trazer as informações contidas no inciso II.

Código sancionado

Art. 320. A petição inicial será instruída com os documentos indispensáveis à propositura da ação.

Art. 321. O juiz, ao verificar que a petição inicial não preenche os requisitos dos arts. 319 e 320 ou que apresenta defeitos e irregularidades capazes de dificultar o julgamento de mérito, determinará que o autor, no prazo de 15 (quinze) dias, a emende ou a complete, indicando com precisão o que deve ser corrigido ou completado.

Parágrafo único. Se o autor não cumprir a diligência, o juiz indeferirá a petição inicial.

Comentários: Os artigos 320 e 321 complementam o art. 319. Se a petição inicial contiver vícios sanáveis, mas que podem comprometer o julgamento, o juiz deverá indicar com precisão o que deverá ser corrigido ou completado, concedendo o prazo de 15 dias. Dependendo da dificuldade para sanar o vício, pode a parte, antes de decorrido o prazo legal ou judicial, peticionar ao juízo requerendo mais prazo.

Redação da Comissão Técnica de Apoio

Art. 306. Na petição inicial e na contestação, as partes apresentarão o rol de testemunhas cuja oitiva pretendam, devidamente qualificadas, em número não superior a cinco.

Alteração no relatório geral

Art. 296. Na petição inicial, o autor apresentará o rol de testemunhas cuja oitiva pretenda, em número não superior a cinco.

Redação do Código em vigor

Art. 407. Incumbe às partes, no prazo que o juiz fixará ao designar a data da audiência, depositar em cartório o rol de testemunhas, precisando-lhes o nome, profissão, residência e o local de trabalho; omitindo-se o juiz, o rol será apresentado até 10 (dez) dias antes da audiência.

Parágrafo único. É lícito a cada parte oferecer, no máximo, dez testemunhas; quando qualquer das partes oferecer mais de três testemunhas para a prova de cada fato, o juiz poderá dispensar as restantes.

Comentários: A redação da Comissão é perfeita no que determina a apresentação do rol de testemunhas, devidamente qualificadas, em prazo não superior a cinco dias no pedido inicial e na defesa. Rompeu-se com o costume secular de apresentar em cartório o rol durante o prazo designado para a audiência. Na locução "devidamente qualificada" deve ser colocada toda informação que facilite o reconhecimento da testemunha como profissão, apelido. Salutar a redução do número de testemunhas para apenas 5 (cinco).

Código sancionado

Art. 357. Não ocorrendo nenhuma das hipóteses deste Capítulo, deverá o juiz, em decisão de saneamento e de organização do processo:

....

§ 4º Caso tenha sido determinada a produção de prova testemunhal, o juiz fixará prazo comum não superior a 15 (quinze) dias para que as partes apresentem rol de testemunhas.

§ 5º Na hipótese do § 3º, as partes devem levar, para a audiência prevista, o respectivo rol de testemunhas.

§ 6º O número de testemunhas arroladas não pode ser superior a 10 (dez), sendo 3 (três), no máximo, para a prova de cada fato.

§ 7º O juiz poderá limitar o número de testemunhas levando em conta a complexidade da causa e dos fatos individualmente considerados.

Art. 450. O rol de testemunhas conterá, sempre que possível, o nome, a profissão, o estado civil, a idade, o número de inscrição no Cadastro de Pessoas Físicas, o número de registro de identidade e o endereço completo da residência e do local de trabalho.

Comentários: Como se vê pela redação do Código sancionado, o legislador não adotou a redação oferecida pela Comissão Técnica, referendada pela relatoria, como se vê pelo § 4º em que o juiz continuará a fixar prazo para que as partes apresentem rol de testemunhas; o § 5º excepcionalmente permitirá que a parte leve as suas testemunhas. Este § 5º merece maior atenção, porque na Justiça do Trabalho é regra geral o que o Código sancionado coloca como exceção. Vários incidentes poderão ocorrer e que certamente neutralização ou impedirão a audiência e/ou a oitiva de tais testemunhas. A testemunha poderá negar-se a ir à audiência; a testemunha poderá ficar doente; a testemunha já estava com viagem marcada para o exterior; a testemunha da qual a parte não pode abrir mão está no exterior; a testemunha faleceu etc. etc. O advogado fará a comunicação antecipada para o juízo e este resolverá o que fazer para superar o impasse. Se a testemunha simplesmente se nega a comparecer se não for intimada, o juiz deverá determinar que seja intimada. Se depois de intimada, teimar em não comparecer, poderá determinar o comparecimento debaixo de vara. Como se vê, o § 5º poderá ser causa de vários incidentes. O § 6º conservou o comando do Código em vigor e manteve o total de 10 testemunhas, com máximo de 3 para cada fato. O § 7º possibilitou a limitação do número, dependendo da complexidade da causa e dos fatos individualmente considerados. O § 7º tem redação ambígua. Deveria ter a seguinte redação:

> § 7º O juiz poderá limitar o número de testemunhas levando em conta a MENOR complexidade da causa e dos fatos individualmente considerados.

Enfoque crítico. Lamentavelmente, o legislador perdeu oportunidade áurea de dar maior celeridade ao processo ao não adotar a redação da Comissão Técnica, referendada pela relatoria. O número de 10 testemunhas é induvidosamente exagerado e 5 estariam de bom tamanho. A prática forense está a indicar que dificilmente as partes ouvem mais de 3 ou 4 testemunhas. Por outro, a redação da Comissão Técnica exigia que as partes (inicial e defesa) oferecessem, desde logo, o rol de testemunhas. A vantagem era que as partes ficariam conhecendo as testemunhas com antecedência, podendo ou não impugná-las. O juiz não perderia tempo tendo que dar prazo para as partes apresentarem rol de testemunhas. Mas o legislador, talvez por falta de experiência, conservou tudo como está no Código em vigor (art. 407, parágrafo único).

Redação da Comissão Técnica de Apoio

> Art. 306. Na petição inicial e na contestação, as partes apresentarão o rol de testemunhas cuja oitiva pretendam, devidamente qualificadas, em número não superior a cinco.

Código sancionado

> Art. 407. Incumbe às partes, no prazo que o juiz fixará ao designar a data da audiência, depositar em cartório o rol de testemunhas, precisando-lhes o nome, profissão, residência e o local de trabalho; omitindo-se o juiz, o rol será apresentado até 10 (dez) dias antes da audiência.
>
> Parágrafo único. É lícito a cada parte oferecer, no máximo, dez testemunhas; quando qualquer das partes oferecer mais de três testemunhas para a prova de cada fato, o juiz poderá dispensar as restantes.

Redação da Comissão Técnica de Apoio

> Art. 313. Os pedidos são interpretados restritivamente, compreendendo-se, entretanto, no principal, os juros legais, a correção monetária e as verbas de sucumbência.

Comentários: O Código em vigor estava defasado há dezenas de anos ao constar somente os juros legais. A nova redação da Comissão completa o artigo, ali constando a correção monetária e as verbas da sucumbência.

Código sancionado

> Art. 322. O pedido deve ser certo.
>
> § 1º Compreendem-se no principal os juros legais, a correção monetária e as verbas de sucumbência, inclusive os honorários advocatícios.

Comentários: Valem aqui os comentários feitos no art. 313 da Comissão Técnica. Todavia, o § 1º está incompleto ao falar somente em honorários advocatícios, dando a impressão de que não haveria honorários periciais (contábil, grafotecnico etc.). Na sucumbência já estariam incluídos os honorários advocatícios, mas a redação foi além e repetiu. Esse fato, por si só, poderá ocasionar discussão quanto aos honorários periciais que, embora incluídos na sucumbência, não teriam sido repetidos. Qual a razão? Pelo princípio da objetividade a lei não tem palavras supérfluas! A discussão será posta fatalmente!

A redação deveria ser:

§ 1º Compreendem-se no principal os juros legais, a correção monetária e as verbas de sucumbência, inclusive os honorários advocatícios e PERICIAIS.

Redação da Comissão Técnica de Apoio

Art. 314. O autor poderá, enquanto não proferida a sentença, aditar ou alterar o pedido e a causa de pedir, desde que o faça de boa-fé e que não importe em prejuízo ao réu, assegurado o contraditório mediante a possibilidade de manifestação deste no prazo mínimo de quinze dias, facultada a produção de prova suplementar.

Parágrafo único. Aplica-se o disposto neste artigo ao pedido contraposto e à respectiva causa de pedir.

Alteração no relatório geral

Art. 304. O autor poderá:

I – até a citação, modificar o pedido ou a causa de pedir, independentemente do consentimento do réu;

II – até o saneamento do processo, com o consentimento do réu, aditar ou alterar o pedido e a causa de pedir, assegurado o contraditório mediante a possibilidade de manifestação deste no prazo mínimo de quinze dias, facultado o requerimento de prova suplementar.

Parágrafo único. Aplica-se o disposto neste artigo ao pedido contraposto e à respectiva causa de pedir.

Comentários: A redação trazida pela Comissão Técnica de Apoio era de má inspiração, quando permitia que houvesse modificação do pedido e da causa de pedir antes da prolação da sentença. Em boa hora, a relatoria consertou a erronia deixando as coisas como sempre foram e que vêm dando certo há mais de um século. Se persistisse a redação da Comissão, inarredável seria a presença do seguinte panorama.

Primeiro – Se o procedimento está na fase de prolação da sentença de mérito é porque já houve a instrução do processo para colher prova de matéria fática. A única exceção de não haver instrução probatória seria a existência somente de matéria de direito.

Segundo – Se o procedimento estiver na fase de prolação da sentença é porque a instrução probatória de temas fáticos já fora encerrada.

Terceiro – Ao permitir que o autor modifique o pedido e a causa de pedir até antes da prolação da sentença, encerrada a instrução, o juiz teria que determinar a reabertura da instrução probatória, intimar o réu para complementar a defesa (resposta ao art. 297 CPC), designar audiência para completar a instrução probatória para ouvir partes e testemunhas, feitura de perícia etc. A reabertura da instrução seria necessária ainda que a matéria fosse de direito, porque o processo não poderia receber as modificações para o julgamento futuro, estando o processo encerrado. Seria como entrar na casa com a porta fechada.

Quarto – O artigo condiciona o aditamento a que não haja prejuízo para o réu. Deveria condicionar a inexistência de prejuízo para o processo, este, sim, está sendo prejudicado com a afronta ao princípio da economia processual e o da celeridade. Tudo isso poderia ser evitado com o instituto da continência. A parte propõe outra ação que viria para o mesmo juiz, posto que a primeira ação tivesse objeto maior.

Quinto – O artigo condicionava a possibilidade de aditamento desde que não houvesse má-fé. Como provar a má-fé? O advogado diria que simplesmente esqueceu de incluir a parte ora aditada ao pedido e que vai fazê-lo agora, posto que a lei lhe permite. O indeferimento pelo juiz com base na má-fé seria ato arbitrário, cerceamento de defesa, posto que não haveria como provar. O advogado e a parte que representa teriam agido no máximo, com culpa.

Felizmente, a relatoria colocou as coisas em seus devidos lugares conservando, sem modificação, aquilo que sempre existiu e que sempre deu certo.

Código sancionado

Art. 329. O autor poderá:

I – até a citação, aditar ou alterar o pedido ou a causa de pedir, independentemente de consentimento do réu;

II – até o saneamento do processo, aditar ou alterar o pedido e a causa de pedir, com consentimento do réu, assegurado o contraditório mediante a possibilidade de manifestação deste no prazo mínimo de 15 (quinze) dias, facultado o requerimento de prova suplementar.

Parágrafo único. Aplica-se o disposto neste artigo à reconvenção e à respectiva causa de pedir.

Comentários: Repete-se de outra forma o art. 264 e parágrafo único do Código em vigor. Antes da citação, a parte poderá fazer modificações no pedido e na causa de pedir, porque o réu ainda não apresentou a resposta (contestação, exceção e reconvenção). Depois da citação e até o saneamento do processo poderá proceder aditamentos e alterações no pedido e na causa de pedir somente com o consentimento do réu. O fato de o réu concordar, não lhe retira a possibilidade de exercer o contraditório, ocasião em que poderá requerer prova suplementar. O Direito ao contraditório aplica-se também no caso de o réu haver reconvindo.

Redação da Comissão Técnica de Apoio

Art. 314. O autor poderá, enquanto não proferida a sentença, aditar ou alterar o pedido e a causa de pedir, desde que o faça de boa-fé e que não importe em prejuízo ao réu, assegurado o contraditório mediante a possibilidade de manifestação deste no prazo mínimo de quinze dias, facultada a produção de prova suplementar.

Parágrafo único. Aplica-se o disposto neste artigo ao pedido contraposto e à respectiva causa de pedir.

Redação da Comissão Técnica de Apoio

Art. 316. Indeferida a petição inicial, o autor poderá apelar, facultado ao juiz, no prazo de quarenta e oito horas, reformar sua decisão.

Parágrafo único. Não sendo reformada a decisão, o juiz mandará citar o réu para responder ao recurso.

Alteração no relatório geral

Art. 306. Indeferida a petição inicial, o autor poderá apelar, facultado ao juiz, no prazo de três dias, reformar sua sentença.

§1º Se o juiz não a reconsiderar, mandará citar o réu para responder ao recurso.

§2º Sendo a sentença reformada pelo tribunal, o prazo para a contestação começará a correr a contar da intimação do retorno dos autos.

Comentários: A Comissão e a relatoria usam o termo "citação" para que a parte contrária apresente contrarrazões do recurso.

Prima facie, o termo citação poderia causar espécie. Mas está correto. O juiz indeferiu o pedido de ofício, sem haver citado o réu. O juiz teve a oportunidade de reconsiderar e não o fez, confirmando a decisão de extinção *in limine*. Logo, o réu que até então não sabia da existência do processo deverá ser citado para contrarrazões. A partir daí passará a ser intimado, inclusive na fase executória (arts. 475-A, § 1º e 475-J, do Código em vigor).

De conformidade com o art. 213 do CPC:

> Citação é o ato pelo qual se chama a juízo o réu ou o interessado a fim de se defender.

Assim, por meio da citação convoca-se o demandado para o processo, aperfeiçoando a relação jurídica que até então era integrada pelo autor e pelo Estado. Nesse sentido, ensinam Nelson Nery Junior e Rosa Maria de Andrade Nery (*CPC Comentado*, São Paulo: RT, 2010) que:

> Citação é a comunicação que se faz ao sujeito passivo da relação processual (réu ou interessado), de que em face dele foi ajuizada demanda ou procedimento de jurisdição voluntária, a fim de que possa, querendo, vir se defender ou se manifestar.

No dizer do art. 234 do CPC, "intimação é o ato pelo qual se dá ciência a alguém dos atos e termos do processo, para que faça ou deixe de fazer alguma coisa". Trata-se de modalidade de comunicação de atos processuais dirigida não só às partes e seus patronos, mas a todos aqueles que participam do processo. Mas eventualmente um terceiro poderá ser intimado. Isto é, aquela pessoa que ainda não participa do processo poderá ser excepcionalmente intimada. Conforme comanda o art. 412 do CPC, a testemunha (um terceiro) será intimada para depor.

No caso dos artigos sob comento, a redação atual do parágrafo único do art. 296 do Código em vigor está perfeita. Se a petição inicial foi indeferida, o pretenso réu que sequer foi citado para se defender não tem nenhum interesse jurídico para vir ao processo. Logicamente dirá que o indeferimento é correto, com perda de tempo e de economia. O emprego do termo "citação" está conforme a terminologia. Todavia, não vemos razão para que o pretenso réu, que sequer faz parte do processo, apresente contrarrazões. Na verdade, a determinação indevida da "citação" do pretenso réu no § 1º obrigou a criação do § 2º. Complicou-se uma coisa simples, adotando um certo malabarismo processual que em nada aproveita. Dificulta, apenas. A citação do pretenso réu somente teria sentido se o tribunal reformasse a decisão e determinasse a continuação. Aí, sim, estaria perfeita a citação.

> Art. 296. Indeferida a petição inicial, o autor poderá apelar, facultado ao juiz, no prazo de 48 (quarenta e oito) horas, reformar sua decisão.
>
> Parágrafo único. Não sendo reformada a decisão, os autos serão imediatamente encaminhados ao tribunal competente.
>
> §1º Se o juiz não a reconsiderar, mandará citar o réu para responder ao recurso.
>
> §2º Sendo a sentença reformada pelo tribunal, o prazo para a contestação começará a correr a contar da intimação do retorno dos autos.

Código sancionado

> Art. 331. Indeferida a petição inicial, o autor poderá apelar, facultado ao juiz, no prazo de 5 (cinco) dias, retratar-se.

Comentários: Código sancionado, a exemplo do direcionamento dado pela Comissão Técnica e pela relatoria, conservou as mesmas regras do art. 296 do Código em vigor e aumentou o prazo de 48 horas para cinco dias para o juiz retratar-se do indeferimento.

> § 1º Se não houver retratação, o juiz mandará citar o réu para responder ao recurso.
>
> § 2º Sendo a sentença reformada pelo tribunal, o prazo para a contestação começará a correr da intimação do retorno dos autos, observado o disposto no art. 334.

Comentários: A redação do Código em vigor se nos parece mais correta. Se a inicial foi indeferida *in limine*, sem que a outra parte tomasse conhecimento, não vemos razão para que se lhe dê oportunidade para contra-arrazoar o recurso. Não tem qualquer interesse. A manifestação é ociosa, pois já sabemos todos o que vai ser dito. O § 2º alerta que, sendo a sentença reformada, o prazo para contestação tem início com a intimação do réu do retorno dos autos, observado o art. 334. O termo citação utilizado pelo §1º em lugar de intimação está correto porque, no caso, a parte que seria ré ainda não fora citada para compor o processo.

> § 3º Não interposta a apelação, o réu será intimado do trânsito em julgado da sentença.

Código sansionado

Art. 334. Se a petição inicial preencher os requisitos essenciais e não for o caso de improcedência liminar do pedido, o juiz designará audiência de conciliação ou de mediação com antecedência mínima de 30 (trinta) dias, devendo ser citado o réu com pelo menos 20 (vinte) dias de antecedência.

§ 1º O conciliador ou mediador, onde houver, atuará necessariamente na audiência de conciliação ou de mediação, observando o disposto neste Código, bem como as disposições da lei de organização judiciária.

§ 2º Poderá haver mais de uma sessão destinada à conciliação e à mediação, não podendo exceder a 2 (dois) meses da data de realização da primeira sessão, desde que necessárias à composição das partes.

§ 3º A intimação do autor para a audiência será feita na pessoa de seu advogado.

§ 4º A audiência não será realizada:

I – se ambas as partes manifestarem, expressamente, desinteresse na composição consensual;

II – quando não se admitir a autocomposição.

§ 5º O autor deverá indicar, na petição inicial, seu desinteresse na autocomposição, e o réu deverá fazê-lo, por petição, apresentada com 10 (dez) dias de antecedência, contados da data da audiência.

§ 6º Havendo litisconsórcio, o desinteresse na realização da audiência deve ser manifestado por todos os litisconsortes.

§ 7º A audiência de conciliação ou de mediação pode realizar-se por meio eletrônico, nos termos da lei.

§ 8º O não comparecimento injustificado do autor ou do réu à audiência de conciliação é considerado ato atentatório à dignidade da justiça e será sancionado com multa de até dois por cento da vantagem econômica pretendida ou do valor da causa, revertida em favor da União ou do Estado.

§ 9º As partes devem estar acompanhadas por seus advogados ou defensores públicos.

§ 10. A parte poderá constituir representante, por meio de procuração específica, com poderes para negociar e transigir.

§ 11. A autocomposição obtida será reduzida a termo e homologada por sentença.

§ 12. A pauta das audiências de conciliação ou de mediação será organizada de modo a respeitar o intervalo mínimo de 20 (vinte) minutos entre o início de uma e o início da seguinte.

Repetimos aqui o § 3º para maior facilidade de entendimento:

§ 3º Não interposta a apelação, o réu será intimado do trânsito em julgado da sentença.

Comentários: O § 3º não é claro ao falar em trânsito em julgado da sentença. Indeferida a petição inicial, haverá a extinção do processo sem julgamento do mérito, podendo a parte aviar nova ação, corrigidos os vícios que provocou o indeferimento. O § 3º seria de todo desnecessário. Mas já que foi colocado, deveria ter a seguinte redação:

§ 3º Não interposta a apelação, o réu será intimado do trânsito em julgado FORMAL da sentença, podendo a parte ajuízar nova ação dentro do prazo prescricional, corrigidos os vícios que determinaram o arquivamento.

Redação da Comissão Técnica de Apoio

Art. 317. Independentemente de citação do réu, o juiz rejeitará liminarmente a demanda se:

I – manifestamente improcedente o pedido, desde que a decisão proferida não contrarie entendimento do Supremo Tribunal Federal ou do Superior Tribunal de Justiça, sumulado ou adotado em julgamento de casos repetitivos;

II – o pedido contrariar entendimento do Supremo Tribunal Federal ou do Superior Tribunal de Justiça, sumulado ou adotado em julgamento de casos repetitivos;

III – verificar, desde logo, a decadência ou a prescrição;

§ 1º Não interposta a apelação, o réu será intimado do trânsito em julgado da sentença.

§ 2º Aplica-se a este artigo, no que couber, o disposto no art. 316.

Parágrafo único. A propositura da ação só produzirá os efeitos do art. 197 em relação ao réu com a sua citação válida.

Alteração no relatório geral

Art. 307. O juiz julgará liminarmente improcedente o pedido que se fundamente em matéria exclusivamente de direito, independentemente da citação do réu, se este:

I – contrariar súmula do Supremo Tribunal Federal ou do Superior Tribunal de Justiça;

II – contrariar acórdão proferido pelo Supremo Tribunal Federal ou pelo Superior Tribunal de Justiça em julgamento de recursos repetitivos;

III – contrariar entendimento firmado em incidente de resolução de demandas repetitivas ou de assunção de competência;

§ 1º O juiz também poderá julgar liminarmente improcedente o pedido se verificar, desde logo, a ocorrência da decadência ou da prescrição.

§ 2º Não interposta a apelação, o réu será intimado do trânsito em julgado da sentença.

§ 3º Aplica-se a este artigo, no que couber, o disposto no art. 306.

Comentários: O *caput* da relatoria é mais claro. Seria difícil até mesmo impossível o juiz rejeitar liminarmente o pedido em se tratando de matéria de fato. Faltaria ao magistrado o dom da "onisciência". Em boa hora o *caput* foi completado restringindo o poder do juiz para a matéria de direito. A separação do inciso I da Comissão em vários incisos também demonstra senso de organização e está mais em consonância com o critério organizacional utilizado pelo Código em vigor. A inclusão do inciso III foi salutar.

A redação do § 1º não está conforme.

Na prescrição, a parte tem o direito material, mas não tem mais o direito de ação, porque a ação foi ajuizada fora do prazo legal. O juiz não irá julgar o processo improcedente, posto que jamais chegará a analisar o conteúdo da ação; julgará extinto o processo com resolução do mérito (art. 269, IV, CPC). O parágrafo único deveria ter a seguinte redação: na decadência, a parte continua com o direito de ação, mas não tem mais o direito material. Também neste caso, haverá a extinção do processo com resolução do mérito (art. 269, IV, CPC).

§ 2º Não interposta a apelação, o réu será intimado do trânsito em julgado da sentença.

Comentários: A redação está incompleta, quando manda intimar apenas o réu. O maior interessado em saber é o autor, cuja ação foi extinta com julgamento do mérito. Se o autor não for intimado do trânsito em julgado, este não o atinge e, se no futuro não haver prova de que manuseou os autos e tomou conhecimento, o prazo para uma possível ação rescisória ficará suspenso. Melhor seria:

§ 2º Decorrido o prazo legal sem apelação, as partes serão intimadas do trânsito em julgado.

Art. 332. Nas causas que dispensem a fase instrutória, o juiz, independentemente da citação do réu, julgará liminarmente improcedente o pedido que contrariar:

Comentários: O artigo não é claro, quando abrange matéria de direito e de fato, autorizando o decreto de improcedência. A redação da relatoria era sem dúvida melhor, conforme se verifica abaixo, pois autorizava o julgamento de improcedência somente quando a matéria fosse de direito:

Art. 307. O juiz julgará liminarmente improcedente o pedido que se fundamente em matéria exclusivamente de direito, independentemente da citação do réu, se este.

Comentários: Código sancionado repetiu a redação da Comissão Técnica, repetindo a mesma falha, qual seja a de autorizar a improcedência também sobre matéria de fato, não só de direito. Melhor seria a redação da relatoria que corrigiu a falha, conforme de vê abaixo.

Art. 307. O juiz julgará liminarmente improcedente o pedido que se fundamente em matéria exclusivamente de direito, independentemente da citação do réu, se este:

Repetimos aqui comentários feitos para o referido artigo.

Comentários: O *caput* da relatoria é mais claro. Seria difícil o até mesmo impossível o juiz rejeitar a liminarmente o pedido em se tratando de matéria de fato. Faltaria ao magistrado o dom da "onisciência". Em boa hora o *caput* foi completado restringindo o poder do juiz para a matéria de direito. A separação do inciso I da Comissão em vários incisos também demonstra senso de organização e está mais em consonância com o critério organizacional utilizado pelo Código em vigor. A inclusão do inciso III foi salutar.

I – enunciado de súmula do Supremo Tribunal Federal ou do Superior Tribunal de Justiça;

Comentários: A última palavra sobre tema constitucional cabe ao STF; ao STJ cabe a interpretação de lei federal. Se o pedido arrosta súmula da Excelsa Corte ou do Superior Tribunal de Justiça o juiz primário está autorizado a extinguir o processo sem resolução do mérito. Dessa decisão cabe apelação.

II – acórdão proferido pelo Supremo Tribunal Federal ou pelo Superior Tribunal de Justiça em julgamento de recursos repetitivos;

Comentários: O inciso cuida dos recursos repetitivos cuja matéria já foi objeto de pronunciamento do STF e do STJ.

III – entendimento firmado em incidente de resolução de demandas repetitivas ou de assunção de competência;

Comentários: O julgamento de improcedência no nascedouro também será possível no caso de demandas repetitivas ou de assunção de competência.

IV – enunciado de súmula de tribunal de justiça sobre direito local.

Comentários: Em se tratando de direito local, a última palavra será dos tribunais de justiça de cada Estado.

§ 1º O juiz também poderá julgar liminarmente improcedente o pedido se verificar, desde logo, a ocorrência de decadência ou de prescrição.

Comentários: O § 1º subverte a ordem processual que cuida da prescrição e da decadência, hoje consideradas matérias meritórias. O juiz ao deparar com o impasse da perda do direito de ação (prescrição) ou da perda do direito substancial (decadência), acolherá a prescrição ou a decadência, extinguindo o processo com a resolução do mérito. Não poderá julgar o pedido improcedente se não teve oportunidade de enfrentar a matéria de fundo do pedido. Existem fatores impeditivos de que a ação prossiga. Não poderá julgar o pedido improcedente por mera conjectura. O pedido poderá até ser procedente, mas a parte não tem o direito de promover a ação no caso da prescrição; e no caso da decadência, tem a ação, mas o direito material decaiu, não existe mais.

A redação deveria ser a seguinte:

§ 1º O juiz deverá extinguir liminarmente o pedido com resolução do mérito, quando verificar, desde logo, a ocorrência de decadência ou de prescrição.

§ 2º Não interposta a apelação, o réu será intimado do trânsito em julgado da sentença, nos termos do art. 241.

Comentários: Reportamo-nos aos comentários ao § 2º, do art. 331, *retro*.

§ 3º Não interposta a apelação, o réu será intimado do trânsito em julgado da sentença.

Comentários: Reportamo-nos aos comentários do § 3º do art. 331, cuja redação é idêntica ao § 3º *supra*.

O § 3º não é claro ao falar em trânsito em julgado da sentença. Indeferida a petição inicial, haverá a extinção do processo sem julgamento do mérito, podendo a parte aviar nova ação, corrigidos os vícios que provocou o indeferimento. O § 3º seria de todo desnecessário. Mas já que foi colocado, deveria ter a seguinte redação:

§ 3º Não interposta a apelação, o réu será intimado do trânsito em julgado FORMAL da sentença, podendo a parte ajuízar nova ação dentro do prazo prescricional, corrigidos os vícios que determinaram o arquivamento.

§4º Se houver retratação, o juiz determinará o prosseguimento do processo, com a citação do réu, e, se não houver retratação, determinará a citação do réu para apresentar contrarrazões, no prazo de 15 (quinze) dias.

Comentários: O artigo estaria perfeito se parasse na primeira parte que cuida do procedimento quando houver retratação; a segunda parte é ociosa e de nenhum benefício. Se o pretenso réu sequer foi citado para integrar a ação, ele simplesmente não existe, por isso não tem qualquer interesse. De resto, todos sabem o que ele irá dizer. O art. 296 do Código em vigor está perfeito, quando determina no parágrafo único a remessa do recurso ao tribunal, sem necessidade de contrarrazões. A redação deveria ser:

§ 4º Se houver retratação, o juiz determinará o prosseguimento com a citação do réu.

Redação da Comissão Técnica de Apoio

Art. 318. Citação, no processo de conhecimento, é o ato pelo qual se chama a juízo o réu ou o interessado a fim de se defender, podendo realizar-se por meio eletrônico.

Comentários: Este artigo define o que seja "citação". Mas está incompleto, a citação poderá dar-se com outra finalidade como se vê do art. 306 *retro* no qual a citação é feita para fazer contrarrazões.

Ressalvamos nosso entendimento colocado nos comentários ao art. 306.

Art. 306. Indeferida a petição inicial, o autor poderá apelar, facultado ao juiz, no prazo de três dias, reformar sua sentença.

§1º Se o juiz não a reconsiderar, mandará citar o réu para responder ao recurso.

Código sancionado

Art. 238. Citação é o ato pelo qual são convocados o réu, o executado ou o interessado para integrar a relação processual.

Comentários: O artigo é mais completo do que o art. 318 da Comissão Técnica. Todavia, generaliza da citação na execução abrangendo a execução por quantia certa, deixando antever que o avanço atual previsto nos arts. 475-I e J não entrariam em vigor.

Redação da Comissão Técnica de Apoio

Art. 319. Considera-se proposta a ação quando protocolada a petição inicial.

Parágrafo único. A propositura da ação só produzirá os efeitos do art. 197 em relação ao réu com a sua citação válida.

Comentários: Este artigo é repetitivo (ver art. 297 da Comissão). Salutar seria considerar a ação proposta por ocasião do protocolo com todas as consequências. O milagre não foi feito por completo. Deveriam advir desse momento processual todas as consequências. Isso já acontece no processo do trabalho há três quartos de século, sem qualquer transtorno.

Código sancionado

Art. 312. Considera-se proposta a ação quando a petição inicial for protocolada, todavia, a propositura da ação só produz quanto ao réu os efeitos mencionados no art. 240 depois que for validamente citado.

Comentários: O artigo faz o milagre incompleto ao considerar proposta a ação a partir do protocolo. Mas as consequências mais importantes só se realizarão com a citação. Ver artigo 240 abaixo:

Art. 240. A citação válida, ainda quando ordenada por juízo incompetente, induz litispendência, torna litigiosa a coisa e constitui em mora o devedor, ressalvado o disposto nos arts. 397 e 398 da Lei n. 10.406, de 10 de janeiro de 2002 (Código Civil).

§ 1º A interrupção da prescrição, operada pelo despacho que ordena a citação, ainda que proferido por juízo incompetente, retroagirá à data de propositura da ação.

§ 2º Incumbe ao autor adotar, no prazo de 10 (dez) dias, as providências necessárias para viabilizar a citação, sob pena de não se aplicar o disposto no § 1º.

§ 3º A parte não será prejudicada pela demora imputável exclusivamente ao serviço judiciário.

§ 4º O efeito retroativo a que se refere o § 1º aplica-se à decadência e aos demais prazos extintivos previstos em lei.

Redação da Comissão Técnica de Apoio

Art. 320. O juiz ou o relator, considerando a relevância da matéria, a especificidade do tema objeto da demanda ou a repercussão social da lide, poderá, por despacho irrecorrível, de ofício ou a requerimento das partes, solicitar ou admitir a manifestação de pessoa natural, órgão ou entidade especializada, no prazo de dez dias da sua intimação.

Parágrafo único. A intervenção de que trata o *caput* não importa alteração de competência, nem autoriza a interposição de recursos.

Comentários: O *caput* cuida do caso do *amicus curiae*. Firma-se aqui a regra da *perpetuatio jurisdictionis*. Desde o Direito Romano existe a regra de que a competência para determinada causa, desde que fixada, não poderá modificar-se, salvo casos especiais. O princípio está previsto no art. 87 do CPC em vigor. Ainda que o terceiro seja pessoa natural ou pessoa jurídica com jurisdição especial a competência não será modificada.

O parágrafo único é repetitivo. O *caput* já disse que o despacho é irrecorrível. Não havia a necessidade de falar "nem autoriza a interposição de recurso". Usou de tautologia para dizer a mesma coisa, ociosamente.

Código sancionado

Art. 138. O juiz ou o relator, considerando a relevância da matéria, a especificidade do tema objeto da demanda ou a repercussão social da controvérsia, poderá, por decisão irrecorrível, de ofício ou a requerimento das partes ou de quem pretenda manifestar-se, solicitar ou admitir a participação de pessoa natural ou jurídica, órgão ou entidade especializada, com representatividade adequada, no prazo de 15 (quinze) dias de sua intimação.

Comentários: Código sancionado adotou a redação da Comissão Ténica, com pequena modificação, mas aumentou o prazo de 10 para 15 dias. Trata-se de decisão interlocutória irrecorrível. Trata-se de uma exceção no processo comum. No processo do trabalho, as interlocutórias são todas irrecorríveis, isto é, a irrecorribilidade é regra geral. É possível que, com o tempo, os civilistas se convençam de que esse seria o melhor caminho para o processo comum. Certamente reduziria, quase à extinção, o uso do agravo de instrumento, recurso que atravanca a celeridade procedimental e lança reflexos negativos na prestação jurisdicional que nunca é entregue em tempo razoável.

Redação da Comissão Técnica de Apoio

Art. 334. O réu poderá oferecer contestação em petição escrita, no prazo de quinze dias contados da audiência de conciliação.

Alteração no relatório geral

Art. 324. O réu poderá oferecer contestação por petição, no prazo de quinze dias contados da audiência de conciliação ou da última sessão de conciliação ou mediação.

§1º Não havendo designação de audiência de conciliação, o prazo da contestação observará o disposto no art. 249.

§2º Sendo a audiência de conciliação dispensada, o prazo para contestação será computado a partir da intimação da decisão respectiva.

Comentários: O capítulo XII deveria registrar RESPOSTA (art. 297 do CPC) em lugar de CONTESTAÇÃO. Os termos são conceitualmente diferentes e o primeiro contém o segundo. A rigor legal, a parte não poderia ir além da contestação e não poderia alegar exceção e/ou reconvenção. Todavia, a interpretação deve ser no sentido de que a citação do termo contestação teve acento em lapso e deve ser entendido como "Resposta". Por outro lado, a redação da relatoria é mais completa ao indicar alguns casos que certamente ocorrerão.

Código sancionado

Art. 335. O réu poderá oferecer contestação, por petição, no prazo de 15 (quinze) dias, cujo termo inicial será a data:

Comentários: Reportamo-nos aos comentários do art. 324 da relatoria no que diz respeito ao termo "contestação" utilizado pelo *caput*. Repita-se: deveria ter usado o termo "resposta" (art. 297 do Código em vigor), posto que esta contém: contestação, exceção e reconvenção. O termo "contestação" é restrito.

I – da audiência de conciliação ou de mediação, ou da última sessão de conciliação, quando qualquer parte não comparecer ou, comparecendo, não houver autocomposição;

II – do protocolo do pedido de cancelamento da audiência de conciliação ou de mediação apresentado pelo réu, quando ocorrer a hipótese do art. 334, § 4º, inciso I;

III – prevista no art. 231, de acordo com o modo como foi feita a citação, nos demais casos.

§ 1º No caso de litisconsórcio passivo, ocorrendo a hipótese do art. 334, § 6º, o termo inicial previsto no inciso II será, para cada um dos réus, a data de apresentação de seu respectivo pedido de cancelamento da audiência.

§ 2º Quando ocorrer a hipótese do art. 334, § 4º, inciso II, havendo litisconsórcio passivo e o autor desistir da ação em relação a réu ainda não citado, o prazo para resposta correrá da data de intimação da decisão que homologar a desistência.

Comentários: Os incisos I a III ordenam sobre a contagem de prazo para a apresentação da resposta. Os §§ 1º e 2º cuidam de casuísmo que pode suceder em sede de litisconsorte passivo.

Código sancionado

Art. 334. Se a petição inicial preencher os requisitos essenciais e não for o caso de improcedência liminar do pedido, o juiz designará audiência de conciliação ou de mediação com antecedência mínima de 30 (trinta) dias, devendo ser citado o réu com pelo menos 20 (vinte) dias de antecedência.

....
§ 4º A audiência não será realizada:
....
II – quando não se admitir a autocomposição.

Redação da Comissão Técnica de Apoio

Art. 327. Incumbe ao réu, antes de discutir o mérito, alegar:

I – inexistência ou nulidade da citação;

II – incompetência absoluta e relativa;

III – incorreção do valor da causa;

IV – inépcia da petição inicial;

V – perempção;

VI – litispendência;

VII – coisa julgada;

VIII – conexão;

IX – incapacidade da parte, defeito de representação ou falta de autorização;

X – convenção de arbitragem;

XI – ausência de legitimidade ou de interesse processual;

XII – falta de caução ou de outra prestação que a lei exige como preliminar;

XIII – indevida concessão do benefício da gratuidade de justiça.

Comentários: Comparando-se a redação do art. 301 do Código atual, verifica-se que a redação da relatoria coincide com o da Comissão e incluiu: II – a incompetência relativa; no item III – incorreção do valor da causa; XI – ausência de legitimidade ou de interesse processual; XIII – indevida concessão do benefício da gratuidade de justiça.

Código sancionado

Art. 337. Incumbe ao réu, antes de discutir o mérito, alegar:
I – inexistência ou nulidade da citação;
II – incompetência absoluta e relativa;
III – incorreção do valor da causa;
IV – inépcia da petição inicial;
V – perempção;
VI – litispendência;
VII – coisa julgada;
VIII – conexão;
IX – incapacidade da parte, defeito de representação ou falta de autorização;
X – convenção de arbitragem;
XI – ausência de legitimidade ou de interesse processual;

XII – falta de caução ou de outra prestação que a lei exige como preliminar;

XIII – indevida concessão do benefício de gratuidade de justiça.

§ 1º Verifica-se a litispendência ou a coisa julgada quando se reproduz ação anteriormente ajuizada.

§ 2º Uma ação é idêntica a outra quando possui as mesmas partes, a mesma causa de pedir e o mesmo pedido.

§ 3º Há litispendência quando se repete ação que está em curso.

§ 4º Há coisa julgada quando se repete ação que já foi decidida por decisão transitada em julgado.

§ 5º Excetuadas a convenção de arbitragem e a incompetência relativa, o juiz conhecerá de ofício das matérias enumeradas neste artigo.

§ 6º A ausência de alegação da existência de convenção de arbitragem, na forma prevista neste Capítulo, implica aceitação da jurisdição estatal e renúncia ao juízo arbitral.

Comentários: O *caput*, ora comentado, louvou-se no art. 301 do Código atual, a exemplo do que fez a Comissão Técnica, mas incluiu matéria e adotou todos os parágrafos do art. 301. No inciso II foi incluída a incompetência relativa, ao nosso sentir, indevidamente. Note-se que o *caput* diz que "incumbe ao réu..." Ora, sendo relativa, o réu não está incumbido de alegar. São coisas com regências diferentes. O inciso II deveria bipartir-se em alíneas: II – incompetência: a) absoluta; b) poderá, querendo, invocar a incompetência relativa.

Redação da Comissão Técnica de Apoio

Art. 339. Alegando o réu, na contestação, ser parte ilegítima, o juiz facultará ao autor, em quinze dias, a emenda da inicial, para corrigir o vício. Nesse caso, o autor reembolsará as despesas e pagará honorários ao procurador do réu excluído, moderadamente arbitrados pelo juiz.

Alteração no relatório geral

Art. 328. Alegando o réu, na contestação, ser parte ilegítima ou não ser o responsável pelo prejuízo invocado na inicial, o juiz facultará ao autor, em quinze dias, a emenda da inicial, para corrigir o vício. Nesse caso, o autor reembolsará as despesas e pagará honorários ao procurador do réu excluído, que serão fixados entre três e cinco por cento do valor da causa ou da vantagem econômica objetivada.

Comentários: Trata-se de artigo sem correspondente no Código em vigor. A relatoria incluiu depois de "ser parte ilegítima": "ou não ser o responsável pelo prejuízo invocado na inicial" como se isso fosse sinonímia de "parte ilegítima". Mas são coisas diferentes. A ilegitimidade de parte traduz uma das condições da ação e, se presente, o juiz pode de ofício extinguir o processo sem resolução do mérito. Já a alegação de "não ser responsável pelo prejuízo" diz respeito ao mérito e ao mesmo tempo quem alega aceita a legitimidade de parte. A relatoria falou demais, pensou um coisa e disse outra. Este artigo certamente trará confusão interpretativa. Aconselha-se à parte quando apresentar a sua defesa e, em sendo o caso de parte ilegítima, não mencionar a outra parte do artigo. Se mencionar o juiz poderá entender que houve a aceitação da legitimidade e prosseguirá na instrução probatória para verificar se o réu é ou não o responsável pelos prejuízos invocados. Instruído o processo, o juiz firmará a sua convicção pela procedência total, procedência parcial ou improcedência do pedido. Tudo isso porque a relatoria confundiu matéria de mérito com matéria preliminar, achando que a alegação de haver causado prejuízo seria o mesmo que ilegitimidade de parte. Mais são coisas conceitualmente distintas. Melhor é a redação da Comissão porque não misturou os temas processuais.

A expressão "ou da vantagem econômica objetivada" é de má inspiração, posto que hospeda ambiguidade. Partindo-se do princípio de que o valor da causa ´deve refletir aquilo que economicamente se pleiteia, não há porque a inclusão "da vantagem econômica objetivada". A redação transmite a impressão de que o valor da causa pode ser alheatória e não refletir aquilo que realmente se pleiteia (art. 258 do CPC). A redação teria sentido na fase executória, em que o valor poderá ser menor ou maior do que o valor da causa.

Mas o pior é que a redação deverá prevalecer, como tantas outras que analisamos e que apresentam defeitos insanáveis e que, na prática, vão trazer confusões interpretativas. Quando a lei é mal feita, são os juízes e advogados que sofrem as consequências perversas.

Código sancionado

Art. 338. Alegando o réu, na contestação, ser parte ilegítima ou não ser o responsável pelo prejuízo invocado, o juiz facultará ao autor, em 15 (quinze) dias, a alteração da petição inicial para substituição do réu.

Parágrafo único. Realizada a substituição, o autor reembolsará as despesas e pagará os honorários ao procurador do réu excluído, que serão fixados entre três e cinco por cento do valor da causa ou, sendo este irrisório, nos termos do art. 85, § 8º.

Comentários: A redação do artigo não é clara e poderá levar ao impasse interpretativo. O *caput* se contenta com a simples alegação de ilegitimidade ou que o réu não é responsável pelo prejuízo invocado. Temos, assim, duas hipóteses diversas: a) ilegitimidade; e b) que o réu não é responsável pelo prejuízo invocado. No primeiro caso, temos a ausência de uma das condições da ação. No segundo caso, a parte é legítima, mas diz que não é a pessoa responsável pelo prejuízo invocado. Como vimos no caso de ilegitimidade, o *caput* contenta-se com a simples alegação, quando deveria exigir comprovação da ilegitimidade e, em caso positivo, dar prazo ao autor para emendar a inicial e apresentar a parte legítima em prazo que indicará, sob pena de extinção do processo por ausência de uma das condições da ação (carência de ação). Já no segundo caso, o processo deve prosseguir para que o réu produza prova de que não é responsável pelo prejuízo invocado. A ação será julgada procedente ou improcedente. O raciocínio feito tem suporte no fato de que não se pode conceber que a alegação de ilegitimidade e de ausência de responsabilidade sejam alegações com o mesmo significado. Tanto é correta a conclusão de que as alegações são coisas distintas, que o parágrafo único só cuidou da primeira hipótese.

Por isso, o artigo deveria ter a seguinte redação:

Art. 338. Alegando e COMPROVANDO o réu, na contestação, ser parte ilegítima ou não ser o responsável pelo prejuízo invocado, o juiz, na primeira hipótese, facultará ao autor, em 15 (quinze) dias, a alteração da petição inicial para substituição do réu; na segunda hipótese, o processo prosseguirá para que a parte tenha oportunidade de comprovar o alegado.

Parágrafo único. Realizada a substituição, o autor reembolsará as despesas e pagará os honorários ao procurador do réu excluído, que serão fixados entre três e cinco por cento do valor da causa ou, sendo este irrisório, nos termos do art. 85, § 8º.

Redação da Comissão Técnica de Apoio

Art. 340. Incumbe também ao réu manifestar-se precisamente sobre os fatos narrados na petição inicial, presumindo-se verdadeiros os não impugnados, salvo se:

(...)

Parágrafo único. O ônus da impugnação especificada dos fatos não se aplica ao defensor público, ao advogado dativo, ao curador especial e ao membro do Ministério Público.

Comentários: Este artigo corresponde ao 302 do Código atual. O núcleo do parágrafo único foi alargado com a inclusão do "defensor público" na exceção.

Código sancionado

Art. 341. Incumbe também ao réu manifestar-se precisamente sobre as alegações de fato constantes da petição inicial, presumindo-se verdadeiras as não impugnadas, salvo se:

I – não for admissível, a seu respeito, a confissão;

II – a petição inicial não estiver acompanhada de instrumento que a lei considerar da substância do ato;

III – estiverem em contradição com a defesa, considerada em seu conjunto.

Parágrafo único. O ônus da impugnação especificada dos fatos não se aplica ao defensor público, ao advogado dativo e ao curador especial.

Comentários: A relatoria do Senado buscou alento no art. 302 do Código em vigor e incluiu o defensor público. A redação foi encampada pelo Código sancionado. A regra de impugnação específica do pedido e da causa de pedir não se aplica ao defensor público, ao advogado dativo e ao membro ministerial. Ainda que deixem de impugnar, isso não retira da parte contrária o ônus probatório, nem penaliza aquelas pessoas com a confissão ficta.

Redação da Comissão Técnica de Apoio

Art. 342. Se o réu não contestar a ação, considerar-se-ão verdadeiros os fatos afirmados pelo autor.

Alteração no relatório geral

Art. 331. Se o réu não contestar a ação, presumir-se-ão verdadeiros os fatos afirmados pelo autor, desde que as alegações deste sejam verossímeis.

Comentários: Foi acrescentado: "presumir-se-ão" em lugar de "considerar-se-ão" e "desde que as alegações deste sejam verossímeis". A substituição por presunção foi oportuna. Os fatos serão presumidos verdadeiros se o contrário não restar do conjunto dos autos. O próprio autor poderá ter juntado com a inicial documento que desdiz a presunção. Também oportuna a exigência da presença da verossimilhança, isto é, que haja a aparência do bom direito. Na prática, em ocorrendo ausência de defesa, nada impede que o juiz interrogue o autor para formar a sua convicção para aplicar ou não a confissão. Por isso, referido artigo deveria ser completado com um parágrafo único.

De lege ferenda:

Parágrafo único. O juiz poderá interrogar o autor antes de decretar a confissão, se necessário para firmar a sua convicção.

Comentários: A revelia se forma com a ausência de defesa. Mas o decreto de confissão, no tocante à matéria fática, deve merecer maiores cuidados do juiz condutor do processo.

Código sancionado

O artigo 342 da Comissão Técnica e o art. 331 da relatoria têm correspondência no *caput* do art. 341, acima comentado. Ver abaixo:

Art. 341. Incumbe também ao réu manifestar-se precisamente sobre as alegações de fato constantes da petição inicial, presumindo-se verdadeiras as não impugnadas, salvo se:

Redação da Comissão Técnica de Apoio

Art. 347. Ao réu revel será lícita a produção de provas, contrapostas àquelas produzidas pelo autor, desde que se faça representar nos autos antes de encerrar-se a fase instrutória.

Comentários: A relatoria está conforme com a redação deste artigo que não encontra precedente no Código em vigor. A matéria agora transformada em norma tem o beneplácito parcial da doutrina e da jurisprudência. Todavia, o revel não poderá produzir PROVA daquilo que não prequestionou em defesa. Poderá, todavia, fazer CONTRAPROVA sobre a PROVA produzida pelo autor. Isto, se houver produção de prova.

Como regra, na revelia não existe fase probatória e o processo é julgado no estado da lide (art. 330, II, CPC). Ao contrário do que afirma o artigo, o revel não poderá produzir prova, repita-se, por não haver prequestionado a matéria em contestação. Poderá somente fazer contraprova, isso, repita-se, se o juiz prosseguir na instrução. Por isso, o artigo deveria suprimir o vocábulo "prova". Não existe a possibilidade de o revel produzir PROVA como se houvesse contestado o pedido normalmente.

A confusão está posta no termo "contrapostas" que tem o significado no léxico de "contraposição" ou efeito de contrapor, de contrariar, de divergir. O vocábulo utilizado tem um núcleo operacional vasto e autoriza o revel a produzir todas as provas, desde que esteja presente por representante antes do encerramento da instrução. Para que se dê a medida certa da possibilidade de produção de prova do réu, o artigo deveria ter a seguinte redação:

Art. 347. Ao réu revel será lícita a produção de CONTRAPROVA àquelas produzidas pelo autor, desde que se faça representar nos autos por advogado antes de encerrar-se a fase instrutória.

O parágrado único, do art. 322 do CPC em vigor diz que "O revel poderá intervir no processo em qualquer fase, recebendo-o no estado em que se encontra". Isso significa que transcorrido o prazo para apresentar defesa *in albis*, a produção de prova terá obrigatoriamente de levar em conta essa omissão. A parte somente poderá fazer prova daquilo que prequestionar. O revel nada pequestiona. Mas a doutrina e a jurisprudência firmaram no sentido de possibilitar fazer a contraprova. O artigo sob comento, certamente por lapso, usou a expressão: "a produção de provas, contrapostas àquelas produzidas pelo autor", alargando a possibilidade probatória e arrostando princípios processuais.

Código sancionado

Art. 344. Se o réu não contestar a ação, será considerado revel e presumir-se-ão verdadeiras as alegações de fato formuladas pelo autor.

Comentários: Reportamo-nos aos comentários *retro*. O artigo está incompleto e deveria ter sido fundido com o artigo 345. A leitura isolada do art. 344 leva à conclusão errada. Completa-se com o artigo 345, abaixo:

Art. 345. A revelia não produz o efeito mencionado no art. 344 se:
I – havendo pluralidade de réus, algum deles contestar a ação;
II – o litígio versar sobre direitos indisponíveis;
III – a petição inicial não estiver acompanhada de instrumento que a lei considere indispensável à prova do ato;
IV – as alegações de fato formuladas pelo autor forem inverossímeis ou estiverem em contradição com prova constante dos autos.

Art. 346. Os prazos contra o revel que não tenha patrono nos autos fluirão da data de publicação do ato decisório no órgão oficial.
Parágrafo único. O revel poderá intervir no processo em qualquer fase, recebendo-o no estado em que se encontrar.

Redação da Comissão Técnica de Apoio

Art. 348. Se o réu, reconhecendo o fato em que se fundou a ação, outro lhe opuser impeditivo, modificativo ou extintivo do direito do autor, este será ouvido no prazo de quinze dias, facultando-lhe o juiz a produção de prova e a apresentação de rol adicional de testemunhas.

Parágrafo único. Proceder-se-á de igual modo se o réu oferecer pedido contraposto.

Alteração no relatório geral

Art. 337. Se o réu, reconhecendo o fato em que se fundou a ação, outro lhe opuser impeditivo, modificativo ou extintivo do direito do autor, este será ouvido no prazo de quinze dias, permitindo-lhe o juiz a produção de prova e a apresentação de rol adicional de testemunhas.

Parágrafo único. Proceder-se-á de igual modo se o réu oferecer pedido contraposto.

Comentários: O artigo 326 do Código em vigor concede o prazo de 10 dias e só admite a prova documental. A nova redação da Comissão, com a concordância da relatoria, aumenta o prazo para 15 dias e admite também a prova testemunhal mediante apresentação de rol adicional pelo autor. A nova redação prestigia os princípios da ampla defesa e do devido processo legal.

Código sancionado

Art. 350. Se o réu alegar fato impeditivo, modificativo ou extintivo do direito do autor, este será ouvido no prazo de 15 (quinze) dias, permitindo-lhe o juiz a produção de prova.

Comentários: Reportamo-nos aos comentários do art. 337 da relatoria geral, *retro*. O ônus probatório do autor é a existência de fato constitutivo. O réu poderá contestar a existência do fato constitutivo. Nesse caso, caberá ao autor desincumbir-se desse ônus. O réu poderá reconhecer a existência do fato constitutivo e opor em defesa a existência de fato impeditivo, modificativo ou extintivo, carreando para si a prova.

Redação da Comissão Técnica de Apoio

Art. 350. Verificando a existência de irregularidades ou de nulidades sanáveis, o juiz mandará supri-las, fixando à parte prazo nunca superior a um mês.

Comentários: A fixação de prazo de um mês não tem sentido lógico. Existem meses de 28, 29, 30 e 31 dias. O bom-senso está a indicar que o prazo seja fixado em 30 dias. Ademais, não existe coerência da relatoria. Em alguns casos, discordou e fixou o prazo de 30 dias. Em outros, passou batida.

Código sancionado

Art. 352. Verificando a existência de irregularidades ou de vícios sanáveis, o juiz determinará sua correção em prazo nunca superior a 30 (trinta) dias.

Comentários: Parabenizo a redação dada ao novo Código substituindo o prazo de um mês, pelo prazo de 30 dias. Praticamente em todos os prazos em que demandava 30, 60 ou 90 dias, a Comissão Técnica empregou a palavra mês. Ao nosso sentir erroneamente. A palavra mês é indefinida e poderá significar mês de 28, 29, 30 ou 31 dias. Não tem sentido usar termos indefinidos em direito. A redação ora dada de prazo de 30 dias tem significado definido e racional. Imaginem-se as partes, juízes, advogados, funcionários de cartório terem de contar prazo de 90 dias de janeiro, fevereiro e março em ano bisexto.

Redação da Comissão Técnica de Apoio

Art. 354. Não ocorrendo nenhuma das hipóteses das seções deste Capítulo, o juiz, declarando saneado o processo, delimitará os pontos controvertidos sobre os quais deverá incidir a prova, especificará os meios admitidos de sua produção e, se necessário, designará audiência de instrução e julgamento.

Alteração no relatório geral

Art. 342. Não ocorrendo qualquer das hipóteses deste Capítulo, o juiz, em saneamento, decidirá as questões processuais pendentes e delimitará os pontos controvertidos sobre os quais incidirá a prova, especificando os meios admitidos de sua produção e, se necessário, designará audiência de instrução e julgamento.

Parágrafo único. As pautas deverão ser preparadas com intervalo mínimo de quarenta e cinco minutos entre uma e outra audiência de instrução e julgamento.

Comentários: As redações da Comissão e a da relatoria foram mais sucintas do que aquela prevista no art. 331 e parágrafos.

As modificações imprimidas pela relatoria à redação da Comissão é apenas tautológica. A parte em que ambos mandam especificar os meios admitidos de provas poderá criar impasse, com a possibilidade de alegação de cerceamento de defesa. Melhor seria o chavão de" todas as provas em direito admitidas".

O parágrafo único bem demonstra o desconhecimento do relator e do legislador sobre prática forense. A fixação de prazo é contraproducente e não haverá possibilidade de o juiz cumprir. O juiz da Vara é quem sabe o tempo que deverá haver entre um processo e outro. Os processos não são todos iguais. Cada processo é um processo único. Cada juiz é um juiz. Um juiz é mais rápido, outro nem tanto. Cada um tem a sua forma peculiar de conduzir a audiência. É possível que as audiências corram em menor espaço de tempo para uns e com espaço maior de 45 minutos para outros. É possível que tenha processos que demandem mais horas. A fixação de prazo é de má inspiração e demonstra total desconhecimento do legislador de prática forense. Seguramente o parágrafo deverá permanecer como letra morta, porque é, repita-se, impossível de ser cumprido. O legislador parte do princípio de que teríamos juízes robôs, fabricados em série, todos iguais. E os processos também seriam todos iguais. A teoria, na prática é outra.

Código sancionado

Art. 357. Não ocorrendo nenhuma das hipóteses deste Capítulo, deverá o juiz, em decisão de saneamento e de organização do processo:

I – resolver as questões processuais pendentes, se houver;

II – delimitar as questões de fato sobre as quais recairá a atividade probatória, especificando os meios de prova admitidos;

III – definir a distribuição do ônus da prova, observado o art. 373;

IV – delimitar as questões de direito relevantes para a decisão do mérito;

V – designar, se necessário, audiência de instrução e julgamento.

Comentários: O artigo sob comento, comparado às redações da Comissão Técnica e da relatoria geral, é mais completo. Reuniu matérias correlatas e evitou a elaboração de mais artigos. O inciso I cuida da resolução de matéria pendente, se houver.

O inciso II determina que o juiz delimite as questões de fato sobre as quais será feita a prova. Até aí tudo bem. Todavia, especificar os meios de prova não nos parece de boa inspiração. A delimitação poderá ensejar alegação de cerceamento de defesa. Quem sabe quais provas serão necessárias são as partes. O juiz tem o poder de indeferir prova que, dentro do seu douto critério, julgar desnecessária ou protelatória. Tenho a impressão de que nenhum juiz irá delimitar provas, pois, sabem, seria complicar o procedimento e ter sentenças anuladas por cerceamento de defesa.

§ 1º Realizado o saneamento, as partes têm o direito de pedir esclarecimentos ou solicitar ajustes, no prazo comum de 5 (cinco) dias.

O inciso III determina a distribuição do ônus de conformidade com o art. 373, que repete o art. 333 do Código em vigor. Ver abaixo:

Código sancionado

Art. 373. O ônus da prova incumbe:

I – ao autor, quanto ao fato constitutivo de seu direito;

II – ao réu, quanto à existência de fato impeditivo, modificativo ou extintivo do direito do autor.

§ 1º Nos casos previstos em lei ou diante de peculiaridades da causa relacionadas à impossibilidade ou à excessiva dificuldade de cumprir o encargo nos termos do *caput* ou à maior facilidade de obtenção da prova do fato contrário, poderá o juiz atribuir o ônus da prova de modo diverso, desde que o faça por decisão fundamentada, caso em que deverá dar à parte a oportunidade de se desincumbir do ônus que lhe foi atribuído.

§ 2º A decisão prevista no § 1º deste artigo não pode gerar situação em que a desincumbência do encargo pela parte seja impossível ou excessivamente difícil.

§ 3º A distribuição diversa do ônus da prova também pode ocorrer por convenção das partes, salvo quando:

I – recair sobre direito indisponível da parte;

II – tornar excessivamente difícil a uma parte o exercício do direito.

§ 4º A convenção de que trata o § 3º pode ser celebrada antes ou durante o processo.

O inciso IV determina que o juiz delimite as questões de direito relevantes para a decisão do mérito. O delimitar poderá ser o caso de resolver ou definir questões de direito. Haverá caso em que as questões de direito são envolventes do mérito e com ele serão apreciadas.

O item V cuida das instruções probatórias. Salvo o caso de matéria somente de direito ou que as provas são exclusivamente documentais, a audiência de instrução se torna inarredável.

§ 2º As partes podem apresentar ao juiz, para homologação, delimitação consensual das questões de fato e de direito a que se referem os incisos II e IV, a qual, se homologada, vincula as partes e o juiz.

§ 3º Se a causa apresentar complexidade em matéria de fato ou de direito, deverá o juiz designar audiência para que o saneamento seja feito em cooperação com as partes, oportunidade em que o juiz, se for o caso, convidará as partes a integrar ou esclarecer suas alegações.

Comentários: O parágrafo diz que "deverá o juiz designar audiência", se a causa apresentar complexidade em matéria de fato ou de direito". O "deverá" deve ser entendido como "poderá", pois o fato de a causa apresentar complexidade não significa que o juiz não poderá resolvê-la sozinho. O juiz poderá (não deverá) louvar-se nas partes antes da decisão saneadora, se julgar que isso seja necessário.

§ 4º Caso tenha sido determinada a produção de prova testemunhal, o juiz fixará prazo comum não superior a 15 (quinze) dias para que as partes apresentem rol de testemunhas.

§ 5º Na hipótese do § 3º, as partes devem levar, para a audiência prevista, o respectivo rol de testemunhas.

§ 6º O número de testemunhas arroladas não pode ser superior a 10 (dez), sendo 3 (três), no máximo, para a prova de cada fato.

Comentários: Como já dissemos antes, o número é excessivo. A prática demonstra que as partes se utilizam de número sempre menor. 5 (cinco) seria o número razoável. A permanência de número elevado subverte a celeridade, não acrescenta nada ao contraditório e dificulta a prolação da sentença.

§ 7º O juiz poderá limitar o número de testemunhas levando em conta a complexidade da causa e dos fatos individualmente considerados.

Comentários: A redação do parágrafo é ambígua. A redução pelo juiz poderá ser feita pela ausência de complexidade da causa. A redação deveria ser:

§ 7º O juiz poderá limitar o número de testemunhas levando em conta o grau de ausência de complexidade da causa e dos fatos individualmente considerados.

§ 8º Caso tenha sido determinada a produção de prova pericial, o juiz deve observar o disposto no art. 465 e, se possível, estabelecer, desde logo, calendário para sua realização.

Comentários: Como regra, todo juiz ao nomear o perito prevê prazo para a entrega do laudo. Todavia, por mais experiente que o juiz seja (tem noções de contabilidade, de matemática, de grafotécnica etc.), em muitos casos ele, certamente, não terá noção da complexidade da perícia. Por isso, em sendo o prazo exíguo, deve o expert requerer prazo maior que o juiz certamente concederá.

Código sancionado

Art. 465. O juiz nomeará perito especializado no objeto da perícia e fixará de imediato o prazo para a entrega do laudo.

Comentários: Existe apenas um audiência no dia, dividida em sessões. O parágrafo sob comento deveria usar o termo sessão que são as partes que compõem a audiência.

Repetimos aqui comentários que fizemos alhures. O parágrafo único não funciona. O legislador cuidou do tema em termos milimétricos, prova evidente de que desconhece a realidade jurisdicional. A fixação de prazo é contraproducente e não haverá possibilidade de o juiz cumprir. O juiz da Vara é quem sabe o tempo que deverá haver entre um processo e outro. Os processos não são todos iguais. Cada processo é um processo único. Cada juiz é um juiz. Um juiz é mais rápido, outro nem tanto. Cada um tem a sua forma peculiar de conduzir a audiência. É possível que as audiências corram em menor espaço de tempo para uns e com espaço maior, de 45 minutos, para outros. É possível que tenha processos que demandem mais de horas. A fixação de prazo é de má inspiração e demonstra total desconhecimento do legislador de prática forense. Seguramente o parágrafo deverá permanecer como letra morta, porque é, repita-se, impossível de ser cumprido. O legislador parte do princípio de que teríamos juízes robôs, fabricados em série, todos iguais. E os processos também seriam todos iguais. A teoria na prática é outra.

Redação do Código em vigor

Art. 450. No dia e hora designados, o juiz declarará aberta a audiência, mandando apregoar as partes e os seus respectivos advogados.

Art. 448. Antes de iniciar a instrução, o juiz tentará conciliar as partes. Chegando a acordo, o juiz mandará tomá-lo por termo.

Redação da Comissão Técnica de Apoio

Art. 355. No dia e na hora designados, o juiz declarará aberta a audiência e mandará apregoar as partes e os respectivos advogados, bem como outras pessoas que dela devam participar.

Parágrafo único. Logo após a instalação da audiência, o juiz tentará conciliar as partes, independentemente de ter ocorrido ou não tentativa anterior.

Comentários: A redação do *caput* da Comissão é equivocada quando emenda "bem como outras pessoas que dela devam participar". Inicialmente, somente são apregoados partes e os respectivos advogados. Se existirem outras pessoas interessadas serão chamadas oportunamente.

Da forma como o artigo está redigido, passa a impressão de que todos devem ser apregoados no mesmo momento, lotando a sala de audiência com partes, advogados, peritos que porventura tenham sido convidados a depor e testemunhas. Não é assim, evidentemente.

Presentes as partes e seus advogados à mesa de audiência, o juiz fará a tentativa conciliatória. Em havendo conciliação, por óbvio que não haverá mais o que apregoar. Se as partes não acordarem e o juiz, naquela audiência, for iniciar a instrução probatória, as partes serão interrogadas e, em seguida, serão apregoadas as testemunhas, uma a uma nos termos da lei. O parágrafo único é ocioso, porque diz o óbvio nos termos do art. 125, IV, CPC, pouco importando se já houve tentativas anteriores.

Código sancionado

Art. 358. No dia e na hora designados, o juiz declarará aberta a audiência de instrução e julgamento e mandará apregoar as partes e os respectivos advogados, bem como outras pessoas que dela devam participar.

Comentários: O artigo sob comento comete a mesma erronia da redação do art. 355 da Comissão Técnica. Valem aqui os mesmos comentários feitos lá. A parte *in fine,* depois da palavra advogado deveria ser eliminada, pois dá visão errada do procedimento, numa demonstração eloquente de desconhecer o procedimento. Ver abaixo, como ficaria a redação:

Art. 358. No dia e na hora designados, o juiz declarará aberta a audiência de instrução e julgamento e mandará apregoar as partes acompanhadas dos respectivos advogados.

Comentários suplementares. A sala de audiência não pode ser transformada num depósito de todos aqueles que participarão da instrução probatória. Tudo se resolve na sua vez, permanecendo as testemunhas do autor e do réu (e perito, se foi intimado a dar esclarecimentos) na sala de espera. Ademais, uma testemunha não poderá ouvir o depoimento da outra.

Redação da Comissão Técnica de Apoio

Art. 356. O juiz exerce o poder de polícia e incumbe-lhe:

I – manter a ordem e o decoro na audiência;

II – ordenar que se retirem da sala da audiência os que se comportarem inconvenientemente;

III – requisitar, quando necessário, a força policial.

Alteração no relatório geral

Art. 345. O juiz exerce o poder de polícia e incumbe-lhe:

I – manter a ordem e o decoro na audiência;

II – ordenar que se retirem da sala da audiência os que se comportarem inconvenientemente;

III – requisitar, quando necessário, a força policial;

IV – tratar com urbanidade as partes, os advogados públicos e privados, os membros do Ministério Público e da Defensoria Pública e qualquer pessoa que participe do processo;

V – registrar em ata, com exatidão, todos os requerimentos apresentados em audiência.

Comentários: O artigo 356 da Comissão repete o art. 445 do Código em vigor. Foi acrescido o item IV que é mais do que um mero lembrete mas uma exigência de que o magistrado porte-se sempre de forma cordial com relação a todos os atores que participam do processo. Eu diria, tratar com urbanidade a todos que o procurem. A exigência à primeira vista parece ser ociosa ou desnecessária. E a resposta estaria correta para a grande maioria dos magistrados. Mas lamentavelmente existe a exceção. Dentro da exceção, e com maior frequência, estão os juízes mais novos no mister que se irritam facilmente numa demonstração freudiana de insegurança por falta de domínio do seu mister. E são esses juízes que, por teimosia ou por desconhecimento (art. 416, § 2º, do CPC), acabam atritando com advogados por negarem-se a registrar as perguntas indeferidas. A exigência de urbanidade está prevista no art. 416, § 1º, do Código em vigor e se estende para as partes no tratamento com as testemunhas. É intuitivo que o tratamento lhano é caminho de mão dupla e deve ser exigido de e para todos que participam do processo. O juiz, advogados e membro ministerial devem dar o exemplo. Mas não devem tolerar comportamentos que fujam à urbanidade. O Inciso V acrescentado vai além do § 2º do art. 416 que se restringe apenas às perguntas, alargando o âmbito para todos os requerimentos apresentados em audiência. De resto, o termo de audiência deve espelhar todos os acontecimentos, não só o indeferimento de perguntas feitas às testemunhas e às partes. Para os juízes encanecidos no mister nem é necessário que a parte requeira, eles determinam de ofício o registro. A redação da relatoria é um avanço importante. Entretanto, Calamandrei, no clássico livro *Eles, os juízes, vistos por um advogado*, há muito já alertava que o relacionamento entre advogados e juízes e juízes e advogados segue o princípio dos vasos comunicantes. Não se pode baixar o conteúdo de um vaso sem que o outro também baixe (São Paulo: Ed. Martins Fontes, Tradução de Eduardo Brandão, 1996. p. 141).

Código sancionado

Art. 360. O juiz exerce o poder de polícia, incumbindo-lhe:

I – manter a ordem e o decoro na audiência;

Comentários: Em vez de audiência, deveria ser sessão de audiência, posto que a audiência é ato único dividido em sessões de acordo com a lei.

Art. 365. A audiência é una e contínua, podendo ser excepcional e justificadamente cindida na ausência de perito ou de testemunha, desde que haja concordância das partes.

Parágrafo único. Diante da impossibilidade de realização da instrução, do debate e do julgamento no mesmo dia, o juiz marcará seu prosseguimento para a data mais próxima possível, em pauta preferencial.

II – ordenar que se retirem da sala de audiência os que se comportarem inconvenientemente;

III – requisitar, quando necessário, força policial;

IV – tratar com urbanidade as partes, os advogados, os membros do Ministério Público e da Defensoria Pública e qualquer pessoa que participe do processo;

V – registrar em ata, com exatidão, todos os requerimentos apresentados em audiência.

Comentários: O juiz é o *dominus processus* e cuidará para que seja mantida a ordem e o tratamento lhano e elevado entre juiz, advogados, partes, testemunhas etc. O exemplo deve vir do juiz, que deverá ter conduta sóbria e elegante em audiência. O juiz pode sorrir. Não pode é deixar que partes e advogados misturem as coisas. Ser educado e oferecer tratamento elevado é obrigação do juiz, dos advogados e das partes entre si e para com as testemunhas e outros auxiliares do juízo. Existem juízes que entram para a audiência e não cumprimentam ninguém, como se isso fosse necessário para garantir o respeito. O que garante o respeito mútuo é a educação. Um juiz sisudo, de cara feia, de mal com a vida somente vai atrapalhar na conciliação. O juiz tem poderes plenos para conduzir a audiência e colocar as coisas em seus devidos lugares se algo de irregular acontecer ou estiver por acontecer. Quem tem poderes não precisa ficar bravo, nervoso. Não. Isso indica despreparo para o mister e insegurança. E os advogados logo perceberão. Considero comentados o *caput* e os itens I a IV. Todos os que participam de audiência sabem que é no inciso V que as coisas costumam sair do caminho correto por teimosia, muitas vezes, do juiz. Quando advogado, tivemos a oportunidade de encontrar juízes que se negavam a registrar nos autos, por exemplo, o indeferimento de perguntas feitas às testemunhas. Alguns não anotavam o requerimento na hora e, passado largo tempo, pediam para o advogado repetir o requerimento. Muitas vezes o causídico já havia esquecido e o indeferimento ficava sem ser anotado. Lembro-me de que em audiência com juiz substituto requeri que fosse registrado o indeferimento de duas perguntas. Tive como resposta do novel magistrado que a não anotação era praxe do titular da Vara. Foi quando insisti com o juiz para que lesse com atenção o parágrafo 2º do art. 416 do CPC. Em suma, as anotações foram feitas. Como juiz, sempre que indeferia alguma coisa, não só perguntas às testemunhas, determinava que a secretária de audiência fizesse a anotação, sem necessidade de requerimento. É um direito da parte e do seu advogado. Como diz Frederico Marques com picardia: "o juiz é o *dominus processus*, não é, porém, o dono do processo".

A redação do inciso V do novo Código é mais ampla do que o § 2º do art. 416 do Código atual, porque determina que todos os requerimentos sejam anotados em audiência. Entenda-se: todos os requerimentos deferidos ou indeferidos. Mas o inciso poderia ser melhor já que ainda deixa margem a dúvidas. O conteúdo amplo de "todos" direciona para toda espécie de requerimentos (deferidos ou não). Mas haverá quem discorde, direcionando somente para os requerimentos deferidos. Por isso, a redação deveria ser a que segue:

> V – registrar em ata, com exatidão, todos os requerimentos apresentados em sessão de audiência. Os indeferimentos deverão ser fundamentados (inciso IX do art. 93 da CF).

Redação da Comissão Técnica de Apoio

Art. 359.

§ 2º Quando a causa apresentar questões complexas de fato ou de direito, o debate oral poderá ser substituído por memoriais, que serão apresentados pelo autor e pelo réu, nessa ordem, em prazos sucessivos de quinze dias, assegurada vista dos autos.

Alteração no relatório geral

Art. 348.

§ 2º Quando a causa apresentar questões complexas de fato ou de direito, o debate oral poderá ser substituído por razões finais escritas, que serão apresentadas pelo autor e pelo réu, nessa ordem, em prazos sucessivos de quinze dias, assegurada vista dos autos.

Comentários: Normalmente, as partes fazem o memorial escrito sem retirar os autos do cartório, pois é comum o advogado fazer arquivo próprio com as peças mais importantes, fato que possibilita apresentar memorial escrito sem a retirada dos autos. Essa é a regra geral. O § 2º está na contramão ao deferir memorial escrito para as questões complexas.

Na prática, o advogado não apresenta razões finais orais e o juiz concede prazo para juntá-las aos autos, mesmo porque as razões orais atrasariam sobremaneira as audiências. E isso acontece não só nos processos considerados mais complexos, senão em todos os processos. Depois, a retirada dos autos em cartório é um direito do advogado que não pode ser restringido somente aos casos complexos. Se isso acontecesse, haveria cerceamento de defesa. O artigo certamente não terá maior serventia no procedimento diário dos tribunais. Tem nuances românticas que destoam da realidade.

Art. 364. Finda a instrução, o juiz dará a palavra ao advogado do autor e do réu, bem como ao membro do Ministério Público, se for o caso de sua intervenção, sucessivamente, pelo prazo de 20 (vinte) minutos para cada um, prorrogável por 10 (dez) minutos, a critério do juiz.

Código sansionado

Comentários: O artigo 357, § 9º, determina que haja intervalo de uma hora entre uma sessão e outra da audiência do dia. Agora, no *caput* do art. 364 concede 20 minutos para razões finais, sucessivamente para as partes, o que totaliza uma hora e quarenta minutos, sem prorrogação; se houver prorrogação temos um total de duas horas.

Referidas normas certamente não serão cumpridas pelos juízes, porque atrasariam o procedimento de cada sessão de audiência, comprometendo a celeridade. O legislador pôs-se a ensinar o Padre Nosso para o vigário, sem ter a experiência do vigário. O prazo de 10 minutos para razões orais seria mais do que suficiente, salvo casos excepcionais a critério do juiz. Na prática, juízes e advogados preferem apresentação de memorial por escrito. A sustentação oral não é segura e, quase sempre, a parte esquece de alguma coisa. Depois, o advogado acaba falando mais do que o necessário, sem objetividade, com dificuldades de construir períodos lógicos, o que poderá comprometer a clareza e o objetivo, que são a análise das provas e o convencimento do juiz. No memorial escrito, o advogado estará mais à vontade para construir uma peça lógica, clara, concisa, sem erros formais e obediente às regras de gramática. O *caput* atenta contra a celeridade do processo e, de cambulhada, o princípio de economia processual.

§ 1º Havendo litisconsorte ou terceiro interveniente, o prazo, que formará com o da prorrogação um só todo, dividir-se-á entre os do mesmo grupo, se não convencionarem de modo diverso.

Comentários: O prazo deve ser distribuído de forma que não haja prejuízo a nenhuma das partes; prevalecendo a teoria da vontade em caso de convenção.

§ 2º Quando a causa apresentar questões complexas de fato ou de direito, o debate oral poderá ser substituído por razões finais escritas, que serão apresentadas pelo autor e pelo réu, bem como pelo Ministério Público, se for o caso de sua intervenção, em prazos sucessivos de 15 (quinze) dias, assegurada vista dos autos.

Comentários: Este parágrafo complementa o *caput*. Reportamo-nos aqui aos comentários feitos no *caput*. Repetimos, as regras do *caput*, deste parágrafo 2º e do art. 357, com certeza, não serão aplicadas pelo fato de comprometerem todo o procedimento da audiência. O memorial continuará a ser feito por escrito, simplesmente porque não atrasará as sessões de audiência, possibilitando a instrução de número considerável de processos. Pelas regras postas pelo legislador no Código novo, o juiz só conseguirá fazer 3 ou 4 instruções, quando a audiência de cada dia tem seguramente número bem maior. Os juízes não aplicarão referidas normas por falta de efetiva razoabilidade. Qual a razão de memorial em 15 dias, quando a sentença será prolatada seis meses depois? Melhor seria a apresentação 30 dias antes do julgamento.

Redação da Comissão Técnica de Apoio

Art. 361. Encerrado o debate ou oferecidos os memoriais, o juiz proferirá a sentença desde logo ou no prazo de vinte dias.

Alteração no relatório geral

Art. 350. Encerrado o debate ou oferecidas as razões finais, o juiz proferirá a sentença desde logo ou no prazo de vinte dias.

Comentários: O Código em vigor, seguindo costume antigo, fixa o prazo para sentenciar em 10 dias (art. 456). A Comissão, concorde a relatoria, fixa o prazo em 20 dias. A indicação de prazo é relativa, pois somente poderia ser exigido o cumprimento naquelas Varas em que o número de processos não ultrapassa o permissivo legal. Na prática, o Poder Judiciário como um todo está assoberbado com volume descomunal de processos, com falta de funcionários e de material. Essa é a realidade. Isso significa que a fixação de prazo pouco ou nada adiantará. Não se pode exigir do juiz que cumpra a lei, quando o Poder Público, na grande maioria dos casos, não provê condições para tanto. Por outro lado, a prática forense indica que dificilmente as partes oferecem razões finais orais de imediato ou o juiz julga de imediato. Os advogados preferem elaborar razões finais em seus respectivos escritórios com carga dos autos. O memorial apresentado em audiência não é aconselhável, salvo casos simples, sem maiores exigências.

Código sancionado

Art. 366. Encerrado o debate ou oferecidas as razões finais, o juiz proferirá sentença em audiência ou no prazo de 30 (trinta) dias.

Comentários: Reportamo-nos aos comentários *retro* ao art. 350 da relatoria geral.

Do relatório geral

Art. 353. As partes têm direito de empregar todos os meios legais, bem como os moralmente legítimos, ainda que não especificados neste Código, para provar fatos em que se funda a ação ou a defesa e influir eficazmente na livre convicção do juiz.

Código sancionado

Art. 369. As partes têm o direito de empregar todos os meios legais, bem como os moralmente legítimos, ainda que não especificados neste Código, para provar a verdade dos fatos em que se funda o pedido ou a defesa e influir eficazmente na convicção do juiz.

Comentários: Código sancionado adotou a redação da relatoria. Reportamo-nos aos comentários abaixo ao art. 353 da relatoria.

Relatoria geral

Art. 354. Caberá ao juiz, de ofício ou a requerimento da parte, determinar as provas necessárias ao julgamento da lide.

Parágrafo único. O juiz indeferirá, em decisão fundamentada, as diligências inúteis ou meramente protelatórias.

Código sancionado

Art. 370. Caberá ao juiz, de ofício ou a requerimento da parte, determinar as provas necessárias ao julgamento do mérito.

Parágrafo único. O juiz indeferirá, em decisão fundamentada, as diligências inúteis ou meramente protelatórias.

Comentários: Código sancionado adotou a redação da relatoria. Reportamo-nos aos comentários abaixo ao art. 354 da relatoria.

Comentários: O *caput* do art. 353 está perfeito. As partes têm o direito de produzir toda espécie de prova que possa influir na incumbência do ônus probatório que lhe compete. Qualquer interferência do juiz, salvo se a prova for protelatória ou a diligência foi inútil, poderá desaguar no cerceamento de defesa. Mas em caso de indeferimento, o juiz deverá fundamentar o indeferimento (art. 93, inciso IX, CF).

O art. 354 é de má inspiração. Depois, ele contraria o art. 353. As partes estão mais capacitadas para dizer quais as provas que devem produzir. Isso não impede que o juiz, dentro do seu douto critério, indefira prova que achar protelatória ou desnecessária, com possibilidade de as partes deixarem expresso os seus inconformismos para a alegação, se for o caso, de cerceamento de defesa. Submeter as partes ao jugo do juiz na parte probatória tem nuance ditatorial. Isso não é bom para a convivência diária. São os advogados das partes, decerto, que conhecem os seus processos e as provas que devem produzir. O artigo arrosta o art. 373 que comanda incumbir às partes o ônus probatório. Se a incumbência é das partes, não cabe ao juiz dizer qual a espécie de prova que será feita. O art. 370 do Código sancionado tem todos os ingredientes para que, na prática, seja considerado letra morta, para evitar alegações de cerceamento de defesa e agravos de instrumento.

O art. 354 deveria ser excluído. O parágrafo único deveria fazer parte do art. 353.

Alteração no relatório geral

Art. 357. O ônus da prova, ressalvados os poderes do juiz, incumbe:

I – ao autor, quanto ao fato constitutivo do seu direito;

II – ao réu, quanto à existência de fato impeditivo, modificativo ou extintivo do direito do autor.

Comentários: O artigo repete o art. 333 do Código atual.

Código sancionado

Art. 373. O ônus da prova incumbe:

I – ao autor, quanto ao fato constitutivo de seu direito;

II – ao réu, quanto à existência de fato impeditivo, modificativo ou extintivo do direito do autor.

Comentários: Os incisos repetem o art. 333 do Código em vigor.

§ 1º Nos casos previstos em lei ou diante de peculiaridades da causa relacionadas à impossibilidade ou à excessiva dificuldade de cumprir o encargo nos termos do *caput*, ou à maior facilidade de obtenção da prova do fato contrário, poderá o juiz atribuir o ônus da prova de modo diverso, desde que o faça por decisão fundamentada, caso em que deverá dar à parte a oportunidade de se desincumbir do ônus que lhe foi atribuído.

Comentários: O parágrafo não nos parece de boa inspiração. Os incisos I e II já esgotam a matéria do ônus da prova que compete a cada parte. Deixar por conta do juiz modificar a ordem natural das coisas e atribuir o ônus de forma diversa não tem sentido lógico. Atribuir à parte contrária ônus que não lhe é próprio, só porque o juiz concluiu que assim seria melhor para proceder ao julgamento, obscurece o tratamento de igualdade das partes, retirando o ônus de um e o transferindo para o outro. De resto, seria o mesmo que determinar que a parte produza provas contra si mesma!

§ 2º A decisão prevista no § 1º deste artigo não pode gerar situação em que a desincumbência do encargo pela parte seja impossível ou excessivamente difícil.

Comentários: Este parágrafo surgiu por exigência do § 1º, mas poderia fazer parte deste. Quis-se aqui dourar a pílula e de forma magnânima dizer que, se o encargo for impossível ou excessivamente difícil, o § 1º não será aplicado. Tenho a impressão de que nenhum juiz aplicará referido parágrafo.

§ 3º A distribuição diversa do ônus da prova também pode ocorrer por convenção das partes, salvo quando:

I – recair sobre direito indisponível da parte;

II – tornar excessivamente difícil a uma parte o exercício do direito.

Comentários: Este parágrafo também foi exigência do § 1º.

§ 4º A convenção de que trata o § 3º pode ser celebrada antes ou durante o processo.

Comentários: Este parágrafo foi exigência do § 1º.

Alteração no relatório geral

Art. 358. Considerando as circunstâncias da causa e as peculiaridades do fato a ser provado, o juiz poderá, em decisão fundamentada, observado o contraditório, distribuir de modo diverso o ônus da prova, impondo-o à parte que estiver em melhores condições de produzi-la.

§ 1º Sempre que o juiz distribuir o ônus da prova de modo diverso do disposto no art. 357, deverá dar à parte oportunidade para o desempenho adequado do ônus que lhe foi atribuído.

§ 2º A inversão do ônus da prova, determinada expressamente por decisão judicial, não implica alteração das regras referentes aos encargos da respectiva produção.

Comentários: Como já dissemos antes, o *caput* afronta o artigo 125, inciso I, pois retira a igualdade de tratamento, impondo à outra parte o ônus de provar fato que não lhe competia, pelo simples fato de o juiz concluir (conclusão subjetiva) que a outra parte teria melhores condições de produzir a prova "considerando as circunstâncias da causa e as peculiaridades do fato a ser provado". Ninguém está obrigado a produzir prova contra si mesmo. Pergunta-se: invertido o ônus da prova, a parte incumbida não produz nenhuma prova e nada fica provado, ela perderá a ação? Não. Ela estaria produzindo prova para a parte contrária. Essa, a parte contrária, quem deverá perder a ação. Processo não é lugar para se fazer mesuras com o chapéu alheio! É o local onde se desenvolve a atividade processual em que cada parte deve desincumbir-se do ônus probatório que lhe compete. O art. 358 é de péssima inspiração e trará para os autos a idiossincrasia. O artigo e os §§ deveriam ser expungidos do novo Código.

Código sancionado

Art. 373. O ônus da prova incumbe:

....

§ 1º Nos casos previstos em lei ou diante de peculiaridades da causa relacionadas à impossibilidade ou à excessiva dificuldade de cumprir o encargo nos termos do *caput* ou à maior facilidade de obtenção da prova do fato contrário, poderá o juiz atribuir o ônus da prova de modo diverso, desde que o faça por decisão fundamentada, caso em que deverá dar à parte a oportunidade de se desincumbir do ônus que lhe foi atribuído.

Comentários: O art. 358 da relatoria foi transformado no § 1º do art. 373 do Código sancionado. A inovação da relatoria foi lamentavelmente encampada pelo novo Código. Reportamo-nos aos comentários feitos no art. 358 da relatoria.

Redação da Comissão Técnica de Apoio

Art. 367. A parte não é obrigada a depor sobre fatos:

I – criminosos ou torpes que lhe forem imputados;

II – a cujo respeito, por estado ou profissão, deva guardar sigilo;

III – a que não possa responder sem desonra própria, de seu cônjuge, de seu companheiro ou de parente em grau sucessível;

IV – que a exponham, ou às pessoas referidas no inciso III, a perigo de vida ou a dano patrimonial imediato.

Parágrafo único. Esta disposição não se aplica às ações de estado e de família.

Comentários: Este artigo é oportuno e complementa o de n. 347 do Código atual, acrescentando os incisos III, IV e parágrafo único.

Código sancionado

Art. 379. Preservado o direito de não produzir prova contra si própria, incumbe à parte:

I – comparecer em juízo, respondendo ao que lhe for interrogado;

II – colaborar com o juízo na realização de inspeção judicial que for considerada necessária;

III – praticar o ato que lhe for determinado.

Comentários: Este artigo do novo Código faz o raciocínio inverso ao da Comissão Técnica. Todavia, a redação da Comissão Técnica é a melhor, mais clara e mais didática ao indicar expressamente os casos em que a parte não está obrigada a depor, bem como a exceção prevista no parágrafo único em que a regra não é aplicada no caso de direito de família.

Redação da Comissão Técnica de Apoio

Art. 367. A parte não é obrigada a depor sobre fatos:

I – criminosos ou torpes que lhe forem imputados;

II – a cujo respeito, por estado ou profissão, deva guardar sigilo;

III – a que não possa responder sem desonra própria, de seu cônjuge, de seu companheiro ou de parente em grau sucessível;

IV – que a exponham, ou às pessoas referidas no inciso III, a perigo de vida ou a dano patrimonial imediato.

Parágrafo único. Esta disposição não se aplica às ações de estado e de família.

Redação da Comissão Técnica de Apoio

Art. 370. A confissão judicial faz prova contra o confitente, não prejudicando, todavia, os litisconsortes.

Parágrafo único. Nas ações que versarem sobre bens imóveis ou direitos sobre imóveis alheios, a confissão de um cônjuge não valerá sem a do outro, salvo se o regime de casamento for de separação absoluta de bens.

Alteração no relatório geral

Art. 377. A confissão judicial faz prova contra o confitente, não prejudicando, todavia, os litisconsortes.

Parágrafo único. Nas ações que versarem sobre bens imóveis ou direitos sobre imóveis alheios, a confissão de um cônjuge ou companheiro não valerá sem a do outro, salvo se o regime de casamento for de separação absoluta de bens.

Comentários: Ambos os parágrafos únicos completaram o art. 350 do Código em vigor. O acréscimo foi oportuno e didático.

O Regime da Separação Total (absoluta) de bens consiste na incomunicabilidade dos bens e dívidas anteriores e posteriores ao Casamento, constituindo o gênero, desmembrando-se em duas espécies: a) Regime da Separação Absoluta na forma Convencional (arts. 1.687 e 1.688, do Código Civil); b) Regime da Separação Absoluta na forma Obrigatória. O regime da Separação de Bens Obrigatória é aquele estabelecido no artigo 1.641, do Código Civil, o qual determina que se casarão neste regime, sem qualquer comunicação dos bens ou dívidas:

a) as pessoas casadas com os impedimentos descritos no artigo 1.523, do Código Civil (causas suspensivas do casamento);

b) a pessoa maior de sessenta anos;

c) todos os que dependerem de suprimento judicial para casar.

O legislador obriga tais pessoas a contraírem núpcias sob a égide deste regime, o que difere do regime da Separação de Bens Convencional, no qual os nubentes, isentos de qualquer dos impedimentos anteriormente mencionados, decidem sobre a incomunicabilidade de seus bens e dívidas, anteriores e posteriores ao casamento.

Este impedimento se manifesta em razão de interesses sociais e éticos. Busca-se assegurar a proteção patrimonial de pessoas que tenham acumulado algum patrimônio durante a vida e, diante da expectativa de vida que possuem, possam ser prejudicadas por interesses de eventuais "aproveitadores". Tenta-se evitar o que o vulgo chama de "golpe do baú."Leia mais: http://jus.com.br/artigos/6551/o-regime-da-separacao-total--absoluta-de-bens-obrigatoria-na-uniao-estavel#ixzz3RFeUM66E

Código sancionado

Art. 391. A confissão judicial faz prova contra o confitente, não prejudicando, todavia, os litisconsortes.

Parágrafo único. Nas ações que versarem sobre bens imóveis ou direitos reais sobre imóveis alheios, a confissão de um cônjuge ou companheiro não valerá sem a do outro, salvo se o regime de casamento for o de separação absoluta de bens.

Comentários: O artigo sob comento adotou a redação do artigo 377 da relatoria, que por sua vez completou o art. 350 do Código em vigor. Reportamo-nos aos comentários do art. 377.

Redação da Comissão Técnica de Apoio

Art. 371. Não vale como confissão a admissão, em juízo, de fatos relativos a direitos indisponíveis.

§ 1º A confissão será ineficaz se feita por quem não for capaz de dispor do direito a que se referem os fatos confessados.

§ 2º Prestada a confissão por um representante, somente é eficaz nos limites em que este pode vincular o representado.

Comentários: O artigo complementa o art. 351 do Código em vigor de forma mais didática. Ainda que o direito seja disponível, a confissão será ineficaz se for feita por incapaz; se prestada por representante, será eficaz apenas nos limites em que o representante pode vincular o representado.

Código sancionado

Art. 392. Não vale como confissão a admissão, em juízo, de fatos relativos a direitos indisponíveis.

§ 1º A confissão será ineficaz se feita por quem não for capaz de dispor do direito a que se referem os fatos confessados.

§ 2º A confissão feita por um representante somente é eficaz nos limites em que este pode vincular o representado.

Comentários: Este artigo fez algumas modificações formais, direcionando para a tautologia, já que o conteúdo é o mesmo. Quanto ao mais, reportamo-nos aos comentários do art. 371 da Comissão Técnica.

Redação da Comissão Técnica de Apoio

Art. 375. O juiz pode ordenar que a parte exiba documento ou coisa que se ache em seu poder.

Alteração no relatório geral

Art. 382. O juiz pode ordenar que a parte exiba:

I – a coisa móvel em poder de outrem e que o requerente repute sua ou tenha interesse em conhecer;

II – a documento próprio ou comum, em poder de cointeressado, sócio, condômino, credor ou devedor ou em poder de terceiro que o tenha em sua guarda como inventariante, testamenteiro, depositário ou administrador de bens alheios;

III – a escrituração comercial por inteiro, balanços e documentos de arquivo, nos casos expressos em lei.

Comentários: A redação da Comissão repetia o art. 355 do Código em vigor. A redação da relatoria torna o artigo mais didático nos incisos I e II. Já o inciso III merece crítica. A escrituração comercial é a alma de toda e qualquer empresa. Não pode ser devassada sob pena de trazer consequências deletérias à empresa. Em sendo o caso de apresentação de escrituração contábil, o juiz somente deverá autorizar a entrega ou a verificação por perito daquela parte que diz respeito ao enfoque probatório. O inciso III é absurdamente amplo e poderá incentivar a devassa na empresa com finalidades escusas. A lei deve ser editada para prever e prover para uma realidade. Não pode e não deve oportunizar devassa na contabilidade da empresa. Caberá, pois, aos juízes dar cumprimento à lei no sentido que mais a aproxime do bem social e da razoabilidade.

Código sancionado

Art. 396. O juiz pode ordenar que a parte exiba documento ou coisa que se encontre em seu poder.

Comentários: O artigo adotou *ipsis literis* a redação da Comissão Técnica. Descartou a redação do art. 382 da relatoria. A redação sucinta tem o mérito de ser abrangente e não abrir a discussão se os incisos seriam apenas exemplificativos ou *numerus clausus*. Reportamo-nos, em especial, aos comentários do art. 372, inciso III, em que fala na exibição da escriturarão comercial por inteiro, comando que reputamos um absurdo jurídico, vai sendo permitido no art. 381 do Códo em vigor. Um desnudamento ilegal e de proporções perigosas.

Art. 382. O juiz pode ordenar que a parte exiba:

I – a coisa móvel em poder de outrem e que o requerente repute sua ou tenha interesse em conhecer;

II – documento próprio ou comum, em poder de cointeressado, sócio, condômino, credor ou devedor ou em poder de terceiro que o tenha em sua guarda como inventariante, testamenteiro, depositário ou administrador de bens alheios;

III – a escrituração comercial por inteiro, balanços e documentos de arquivo, nos casos expressos em lei.

Redação da Comissão Técnica de Apoio

Art. 379

Parágrafo único. Entendendo conveniente, pode o juiz adotar medidas coercitivas, inclusive de natureza pecuniária, para que o documento seja exibido.

Alteração no relatório geral

Art. 386. Ao decidir o pedido na sentença, o juiz admitirá como verdadeiros os fatos que, por meio do documento ou da coisa, a parte pretendia provar se:

Parágrafo único. Sendo necessário, pode o juiz adotar medidas coercitivas, inclusive de natureza pecuniária, para que o documento seja exibido.

Comentários: O art. 359 do Código em vigor não registra coerção, o que não impede que o juiz possa tomar providências de ofício que, se ou quando, julgar necessárias.

A relatoria substitui a locução "entendendo conveniente" por "sendo necessário". Substituição tautológica. Mas a redação da Comissão é a melhor. Durante o procedimento, a conveniência e a oportunidade estão nas mãos do douto critério do juiz, *dominus processus*. Ambas as redações trazem, didaticamente, as medidas coercitivas que o juiz poderá tomar em caso de resistência. Mas são apenas exemplificativas. Não se trata de *numerus clausus*.

Código sancionado

Art. 400. Ao decidir o pedido, o juiz admitirá como verdadeiros os fatos que, por meio do documento ou da coisa, a parte pretendia provar se:

I – o requerido não efetuar a exibição nem fizer nenhuma declaração no prazo do art. 398;

II – a recusa for havida por ilegítima.

Parágrafo único. Sendo necessário, o juiz pode adotar medidas indutivas, coercitivas, mandamentais ou sub-rogatórias para que o documento seja exibido.

Comentários: O parágrafo único da relatoria foi transformado no parágrafo único do novo sancionado. Repete-se aqui o art. 359 do Código em vigor.

Redação da Comissão Técnica de Apoio

Art. 429. Incumbe às partes, na petição inicial e na contestação, apresentar o rol de testemunhas, precisando-lhes, se possível, o nome, a profissão, o estado civil, a idade, o número do cadastro de pessoa física e do registro de identidade e o endereço completo da residência e do local de trabalho.

Alteração no relatório geral

Art. 436. O rol de testemunhas conterá, sempre que possível, o nome, a profissão, o estado civil, a idade, o número do cadastro de pessoa física e do registro de identidade e o endereço completo da residência e do local de trabalho.

Comentários: Tanto a Comissão quanto a relatoria estão de parabéns ao determinar apresentação do rol de testemunhas por ocasião da entrega das peças básicas. Tem-se economia de tempo e abre-se mão de excesso de burocracia. O artigo 431 (Comissão), que segue indica casuísmo em que a testemunha poderá ser substituída. Todavia, não haverá preclusão; caso as partes não apresentem o rol de testemunhas com a inicial e defesa, poderá fazê-lo em outra oportunidade. O artigo deveria ter um parágrafo único cuidando da hipótese.

Código sancionado

Art. 450. O rol de testemunhas conterá, sempre que possível, o nome, a profissão, o estado civil, a idade, o número de inscrição no Cadastro de Pessoas Físicas, o número de registro de identidade e o endereço completo da residência e do local de trabalho.

Comentários: Este artigo adotou a redação da relatoria. Urge que se crie documento único para representar o indivíduo. Pela redação do artigo percebe-se a complexidade que gira em torno do assunto no Brasil, país da burocracia. Com isso, perde-se um fábula de tempo e de dinheiro. Reportamo-nos aos comentários dos arts 429 da Comissão Técnica e 436 da relatoria.

Redação da Comissão Técnica de Apoio

Art. 434. Cabe ao advogado informar a testemunha arrolada do local, do dia e do horário da audiência designada, dispensando-se a intimação do juízo.

§ 1º O não comparecimento da testemunha gera presunção de que a parte desistiu de ouvi-la.

§ 2º Somente se procederá à intimação pelo juiz quando essa necessidade for devidamente justificada pelas partes; nesse caso, se a testemunha deixar de comparecer sem motivo justificado, será conduzida e responderá pelas despesas do adiamento.

§ 3º Quando figurar no rol de testemunhas servidor público ou militar, nos termos do parágrafo § 2º, o juiz o requisitará ao chefe da repartição ou ao comando do corpo em que servir.

§ 4º A intimação poderá ser feita pelo correio, sob registro ou com entrega em mão própria, quando a testemunha tiver residência certa.

Alteração no relatório geral

Art. 441. Cabe ao advogado da parte informar ou intimar a testemunha que arrolou do local, do dia e do horário da audiência designada, dispensando-se a intimação do juízo.

§ 1º A intimação deverá ser realizada por carta com aviso de recebimento, cumprindo ao advogado juntar aos autos, com antecedência de pelo menos três dias da data da audiência, cópia do ofício de intimação e do comprovante de recebimento.

§ 2º A parte pode comprometer-se a levar à audiência a testemunha, independentemente da intimação de que trata o §1º; presumindo-se, caso não compareça, que desistiu de ouvi-la.

§ 3º A inércia na realização da intimação a que se refere o §1º importa na desistência da oitiva da testemunha.

§ 4º Somente se fará à intimação pela via judicial quando:

I – essa necessidade for devidamente demonstrada pela parte ao juiz;

II – quando figurar no rol de testemunhas servidor público ou militar, hipótese em que o juiz o requisitará ao chefe da repartição ou ao comando do corpo em que servir;

III – a parte estiver representada pela Defensoria Pública.

Comentários: O *caput* da relatoria incluiu o termo "intimar" no *caput*. Com isso, deu ao advogado a incumbência de providenciar a intimação das suas testemunhas por escrito e comprovar perante o juízo.

O § 1º exige que a intimação seja realizada por meio de carta com aviso de recebimento; obriga que o advogado junte aos autos a prova da intimação, com cópia do ofício de intimação e do comprovante de recebimento, no prazo de 3 dias antes da audiência.

O § 1º é um absurdo. O Estado recebe custas processuais para se desincumbir de tais afazeres. Advogado não tem nenhuma obrigação de dirigir cartas às suas testemunhas por meio registrado com aviso de recebimento para fazer prova nos autos de que realmente cumpriu essa tarefa. Esse é trabalho do cartório que tem fé pública. Pior. Não conhecemos manifestação da OAB sobre o assunto. A redação da Comissão de juristas era menos pior.

O § 2º vem sendo aplicado no processo do trabalho há três quartos de século com real proveito. Deveria expungir o § 1º e transformar o 2º no 1º.

O § 2º deveria ter a seguinte redação:

Caso a parte não consiga trazer as testemunhas ou qualquer delas, deverá peticionar ao juízo, até 3 dias antes da audiência, pedindo da intimação pelo cartório, sob pena de aplicação do § 1º, parte *in fine*. (Da Comissão)

O § 3º segue a mesma linha arbitrária do § 2º.

O § 4º restringe-se ao inciso I – "necessidade for devidamente comprovada pela parte ao juiz".

O casuísmo é grande: a testemunha se recusa a receber a intimação do advogado; a testemunha está hospitalizada e não pode receber visita por ordem médica; a testemunha viajou para o exterior. A testemunha morreu. A testemunha está presa. A exigência de comprovação segue o princípio de que todos são culpados até prova em contrário. Assim, dependendo da hipótese, o advogado deverá comprovar que a testemunha se recusou a receber. A sua palavra não basta. Deverá levar pelos menos 3 testemunhas para comprovar o fato; para comprovar que a testemunha está hospitalizada, deverá conseguir uma declaração do hospital, mencionando o internamento e respectiva data; a testemunha viajou para o exterior. A prova será difícil, pois dificilmente a empresa dará essa declaração ao advogado. Talvez necessite pedir o comprovante por meio do juízo; morte da testemunha, deverá juntar atestado de óbito.

Parece-nos muito mais fácil e produtivo que se deixasse esse controle para o douto critério do juízo. É inacreditável como um artigo mal elaborado pode revolucionar o procedimento para pior. Todavia, todo juiz é dotado de razoabilidade e saberá aplicar a norma de forma que o procedimento flua normalmente e o advogado não seja desprestigiado.

Código sancionado

Art. 455. Cabe ao advogado da parte informar ou intimar a testemunha por ele arrolada do dia, da hora e do local da audiência designada, dispensando-se a intimação do juízo.

§ 1º A intimação deverá ser realizada por carta com aviso de recebimento, cumprindo ao advogado juntar aos autos, com antecedência de pelo menos 3 (três) dias da data da audiência, cópia da correspondência de intimação e do comprovante de recebimento.

§ 2º A parte pode comprometer-se a levar a testemunha à audiência, independentemente da intimação de que trata o § 1º, presumindo-se, caso a testemunha não compareça, que a parte desistiu de sua inquirição.

§ 3º A inércia na realização da intimação a que se refere o § 1º importa desistência da inquirição da testemunha.

§ 4º A intimação será feita pela via judicial quando:

I – for frustrada a intimação prevista no § 1º deste artigo;

II – sua necessidade for devidamente demonstrada pela parte ao juiz;

III – figurar no rol de testemunhas servidor público ou militar, hipótese em que o juiz o requisitará ao chefe da repartição ou ao comando do corpo em que servir;

IV – a testemunha houver sido arrolada pelo Ministério Público ou pela Defensoria Pública;

V – a testemunha for uma daquelas previstas no art. 454.

§ 5º A testemunha que, intimada na forma do § 1º ou do § 4º, deixar de comparecer sem motivo justificado será conduzida e responderá pelas despesas do adiamento.

Comentários: O artigo sancionado tem conteúdo melhor do que o art. 434 da Comissão de juristas e do que o art. 441 da relatoria, principalmente pelo contido no § 4º, inciso I. Todavia, o § 1º não tem sentido e tisna o absurdo, quando carreia para o advogado o trabalho de intimar as suas testemunhas, mediante carta com aviso de recebimento e juntada do comprovante nos autos com antecedência de 3 dias da data da sessão de audiência. Repetimos aqui o que dissemos ao analisar o § 1º, art. 441 da relatoria. Preferível seria a redação, nesta parte, da Comissão Técnica. O Estado e a União recebem custas para arcar com as custas dos trabalhos procedimentais necessários para o andamento da ação, não é para engordar os cofres públicos. Espera-se que a OAB não aceite com leniência esse absurdo e defenda os seus associados. Reportamo-nos aos comentários feitos nos arts. 441 e 434, *retro*. Ver abaixo o § 1º:

§ 1º A intimação deverá ser realizada por carta com aviso de recebimento, cumprindo ao advogado juntar aos autos, com antecedência de pelo menos 3 (três) dias da data da audiência, cópia da correspondência de intimação e do comprovante de recebimento.

Redação da Comissão Técnica de Apoio

Art. 435. O juiz inquirirá as testemunhas separadas e sucessivamente, primeiro as do autor e depois as do réu, e providenciará para que uma não ouça o depoimento das outras.

Parágrafo único. O juiz poderá alterar a ordem estabelecida no *caput* se as partes concordarem.

Art. 438. As perguntas serão formuladas pelas partes diretamente à testemunha, começando pela que arrolou, não admitindo o juiz aquelas que puderem induzir a resposta, não tiverem relação com a causa ou importarem repetição de outra já respondida. Nota: artigo tem a concordância da relatoria.

Nota: Este artigo 435 diz exatamente o contrário do que comanda o art. 438, cujos comentários serão feitos na oportunidade própria.

Comentários: O *caput* repete o art. 413 do Código em vigor. A erronia vem sendo repetida há quase um século. A preferência no interrogatório e na inquirição de testemunhas deverá ser daquela que tem o ônus da prova. Se o ônus probatório for do réu, o autor terá a incumbência de fazer a contraprova. Se foi ouvido em primeiro lugar estará fazendo contraprova e não prova. Contraprova do que, se ainda não houve a produção de prova de quem tinha o ônus de fazê-la? A mesma regra é aplicada para as testemunhas. Ora, se a prova é do réu, ele deve ser interrogado em primeiro lugar. Se houver confissão (real), será desnecessário o interrogatório do autor e a oitiva de testemunhas. A confissão real não se desdiz por testemunhas. Na prática, os juízes seguem a regra do ônus da prova para determinar a preferência. A Comissão e a relatoria perderam a oportunidade de sanar a erronia que já se projeta por gerações. Bastaria ter um sentido de lógica. Mas sabemos que os legalistas (*summum jurs summa injuria* – Cícero) continuarão a aplicar a lei na sua literalidade. E a justiça exagerada vai se transformar em injustiça.

O parágrafo único poderia ter salvado a situação, já que ele teria aplicação plena, mas foi mal formulado. A redação deveria ser:

O juiz poderá alterar a ordem estabelecida no *caput* ao seu douto critério.

Ao condicionar a alteração à concordância da parte praticamente neutralizou o artigo e propiciou a vinda da idiosssincrasia ao processo. O parágrafo falou demais!

Na prática deve funcionar da seguinte maneira para evitar que a parte se utilize do processo para fins de capricho individual: se a parte se negar a dar a sua concordância o juiz exigirá que dê as razões da negativa. Se as razões não convencerem o juiz ele fará a alteração mesmo sem a concordância expressa. O juiz do processo não pode ficar à mercê da vontade caprichosa da parte, quando não há nada que impeça a alteração. A lei é uma construção cultural para prever e prover pela resolução da lide, não para referendar egoísmos. Como regra, a parte reage sempre contra tudo que favoreça o adversário. A direção do processo é do juiz (*dominus processus*). Essa direção não pode estar condicionada ao querer ou não das partes. A lei já prevê para as partes os meios processuais necessários para demonstrar o seu inconformismo. Não é necessário que a lei coloque a parte acima do douto critério do juiz, mormente quando o artigo não está correto ao dar preferência sempre ao autor, quando o correto será falar em primeiro lugar e ouvir testemunhas, em primeiro lugar de quem tem o ônus da prova, já que aquele que não tem o ônus poderá fazer a contraprova. Essa deve ser a ordem natural.

Parágrafo único. O juiz poderá alterar a ordem estabelecida no *caput* se as partes concordarem.

Veja julgamento abaixo sobre a negativa constante do § 2º, do art. 42 do CPC:

A proibição de alterar-se subjetivamente o processo é resquício de épocas superadas. A exigência de consentimento, a que se refere o § 1º do art. 42 do CPC, não significa reconhecimento de direito de negá-lo por mero arbítrio ou capricho. Cumpre ao juiz apreciar as razões da negativa, acolhendo-as ou não (Ac. unân. Da 1ª Câm do TJRJ, de 25.4.1975, no agr. 26.800, rel. des. Costa e Silva).

Redação da Comissão Técnica de Apoio

Art. 438. As perguntas serão formuladas pelas partes diretamente à testemunha, começando pela que arrolou, não admitindo o juiz aquelas que puderem induzir a resposta, não tiverem relação com a causa ou importarem repetição de outra já respondida. Nota: artigo tem a concordância da relatoria.

Observação: No art. 435 *retro* foi dito que o juiz inquire as testemunhas. Já este artigo diz que são as partes!? Ambas as redações são da Comissão com a concordância da relatoria!?

Art. 435. O juiz inquirirá as testemunhas separada e sucessivamente, primeiro as do autor e depois as do réu, e providenciará para que uma não ouça o depoimento das outras.

Parágrafo único. O juiz poderá alterar a ordem estabelecida no *caput* se as partes concordarem.

Comentários: O art. 438 da Comissão Técnica não tem sentido, quando acha que as partes saberão formular perguntas diretamente para a testemunha. Isso é uma aberração jurídica! Se o artigo for referendado pelo Senado e sancionado trará para a audiência brigas homéricas entre a parte e aquela testemunha que não está dizendo aquilo que combinaram. Poderá haver até vias de fato. Tudo isso com um juiz mediando a pantomima. Parece uma pintura surrealista!

Código sancionado

Art. 459. As perguntas serão formuladas pelas partes diretamente à testemunha, começando pela que a arrolou, não admitindo o juiz aquelas que puderem induzir a resposta, não tiverem relação com as questões de fato objeto da atividade probatória ou importarem repetição de outra já respondida.

§ 1º O juiz poderá inquirir a testemunha tanto antes quanto depois da inquirição feita pelas partes.

§ 2º As testemunhas devem ser tratadas com urbanidade, não se lhes fazendo perguntas ou considerações impertinentes, capciosas ou vexatórias.

§ 3º As perguntas que o juiz indeferir serão transcritas no termo, se a parte o requerer.

Código sancionado

Art. 456. O juiz inquirirá as testemunhas separadas e sucessivamente, primeiro as do autor e depois as do réu, e providenciará que uma não ouça o depoimento da outra.

Parágrafo único. O juiz poderá alterar a ordem estabelecida no *caput* se as partes concodarem.

Código sancionado

Art. 459. As perguntas serão formuladas pelas partes diretamente à testemunha, começando pela que arrolou..

§ 1º O juiz poderá inquirir a testemunha tanto antes quanto depois da inquirição feita pelas partes.

Comentários: O art. 456 confirma regra secular de que o juiz formulará perguntas às testemunhas, dando a palavra em seguida aos advogados, primeiro ao da parte que a arrolou. Essa é a regra legal e costumeira que vige até hoje. Por essa e outras razões é que a presença do advogado é obrigatória no processo civil. São os juízes e os advogados que possuem o preparo necessário para levar o procedimento a bom termo. As partes não palpitam, mesmo porque nada sabem sobre o processo e sobre o procedimento. E ainda que tenham conhecimento, a função inquiritória é do juiz e do advogado, ressalvada a hipótese de o advogado estar postulando em causa própria.

A interpretação isolada do art. 459 direciona para a contradição, posto que neutraliza a atuação do advogado, cuja presença é obrigatória ao dizer que "as perguntas serão formuladas pelas partes diretamente à testemunha." É verdade que o § 1º abre a possibilidade de que o juiz inquirir a testemunha antes ou depois da inquirição das partes, mas isso não sana a arronia. Nada fala sobre o advogado, cuja presença, repita-se, é obrigatória.

Os artigos não se completam, se confrontam. Por isso, não há como falar-se em interpretação sistemática. Na prática judicante deverão prevalecer as normas preceptivas do art. 456 que estão em consonância com a doutrina e a jurisprudência unânime, onde o juiz tem a direção da istrução do processo. A presença das partes é necessária para evitar que seja declarada a confissão ficta.

Todavia, se prevalecerem as normas do art. 459, ad argumentandum tantum, as consequências serão funestas. Vejamos:

Primeiro – As partes, como regra, não saberão o que perguntar;

Segundo – Os advogados terão de formular perguntas por escrito com antecedência para que as partes leiam em audiência;

Terceiro – As partes não terão condição de aferir se a pergunta que vai formular já não seria mais necessária, posto que já foi esclarecido o fato;

Quarto – A parte não terá o equilíbrio necessário para formular a pergunta sem colocar a sua intenção e o seu nervosismo no aguardo da resposta que quer ouvir;

Quinto – Quanto a resposta não for aquela que espera, é possível que passe a discordar da testemunha, iniciando discussão, que poderá caminhar para a via de fato, transformando a audiência numa pantomima de terceira classe, onde o juiz e os advogados ficarão na posição de plateia. Obviamente se isso acontecer, o juiz colocará as coisas em seus devidos lugares.

Para que isso não aconteça, aconselhamos aos juízes que neutralizem o caput art. 459 e adotem as regras do art. 456, baseado no princípio da razoabilidade e no princípio universal de que não se deve mudar o procedimento que deu certo e que vem sendo utilizado há muito tempo. A instrução deve ser feita pelo juiz e pelos advogados sem que se imiscuam as partes, neófitas, sem possibilidade de formularem perguntas.

Redação da Comissão Técnica de Apoio

Art. 386. Ao decidir o pedido na sentença, o juiz admitirá como verdadeiros os fatos que, por meio do documento ou da coisa, a parte pretendia provar se: da parte e não estão sujeitos a impedimento ou suspeição.

Parágrafo único. O perito deve assegurar aos assistentes das partes o acesso e o acompanhamento das diligências e dos exames que realizar.

Alteração no relatório geral

Art. 451. O perito cumprirá escrupulosamente o encargo que lhe foi cometido, independentemente de termo de compromisso. Os assistentes técnicos são de confiança da parte e não estão sujeitos a impedimento ou suspeição.

Parágrafo único. O perito deve assegurar aos assistentes das partes o acesso e o acompanhamento das diligências e dos exames que realizar, com prévia comunicação, comprovada nos autos, com antecedência mínina de cinco dias.

Comentários: A redação da relatoria é mais completa. Quando o juiz despacha determinando que o perito do juízo se comunique com os assistentes técnicos das partes para as diligências, normalmente fixa prazo que antecede a diligência para que o assistente tenha tempo de programar-se. Por isso, a redação do parágrafo único da Comissão, se permanecesse, iria deixar a impressão de que as partes é que teriam de procurar o perito para que tivessem acesso ao acompanhamento das diligências e dos exames que seriam realizados. A redação da relatoria deixou claro que o perito do juízo deverá comunicar-se previamente com as partes, com antecedência mínima de cinco dias. Como existe a exigência de que haja comprovação nos autos, a comunicação deverá ser feita por escrito, com juntado de cópia nos autos.

A exigência de comprovante nos autos, fato que obriga o perito a comunicar-se por escrito, é por demais drástica. Normalmente, os peritos e advogados são conhecidos e a comunicação poderia ser feita por telefone ou por *e-mail*. O processo deve ser desburocratizado e não burocratizado. Precisamos acabar com a cultura da burocracia também no Poder Judiciário. Tanto a Comissão quanto a relatoria perderam a oportunidade de fazê-lo. Tivemos um Ministro no passado, Hélio Beltrão, que tentou implantar a desburocratização no país. Foi só ele sair do poder, "tudo voltou como dantes no quartel de Abrantes".

Código sancionado

Art. 466. O perito cumprirá escrupulosamente o encargo que lhe foi cometido, independentemente de termo de compromisso.

§ 1º Os assistentes técnicos são de confiança da parte e não estão sujeitos a impedimento ou suspeição.

§ 2º O perito deve assegurar aos assistentes das partes o acesso e o acompanhamento das diligências e dos exames que realizar, com prévia comunicação, comprovada nos autos, com antecedência mínima de 5 (cinco) dias.

Comentários: Reportamo-nos aos comentários do parágrafo único do art. 451 da relatoria que exige que o perito se comunique mediante carta dirigida à parte contrária, naturalmente com "AR", já que deverá comprovar o fato nos autos com antecedência mínima de 5 dias.

Lamenta-se que tanto a relatoria, quanto o legislador que seguiu os mesmos passos da relatoria não conheçam o procedimento que normalmente é utilizado na prática forense e que torna o procedimento mais ágil e com menos gastos, obediente aos princípios da celeridade e da economia processual. O novo Código de Processo Civil traz em seu cerne uma tendência de burocratizar, com um certo gosto ao malabarismo processual, o que não deixa de ser lamentável, quando o próprio Código prega a celeridade processual e a entrega da jurisdição em menos tempo. Todavia, em vários artigos esse desiderato é transformado em letra morta. Os juízes, com sempre soe acontecer, encontrarão o melhor meio para desatravancar o procedimento de cipoais legais com emprego da experiência do dia a dia. Podemos dizer, sem receio de errar, que a regra *in claris interpretatio cessat*, que dominou em tempos idos, é hoje obsoleta! A interpretação é hoje inarredável. Por isso, oportuníssimas as lições de DUPLIANT: "Quem conhecer a lei e ignora a jurisprudência não conhece quase nada".

Redação da Comissão Técnica de Apoio

Art. 449. As partes poderão apresentar quesitos suplementares durante a diligência.

Parágrafo único. O escrivão dará à parte contrária ciência da juntada dos quesitos aos autos.

Alteração no relatório geral

Art. 454. As partes poderão apresentar quesitos suplementares durante a diligência, que poderão ser respondidos pelo perito previamente ou na audiência de instrução e julgamento.

Parágrafo único. O escrivão dará à parte contrária ciência da juntada dos quesitos aos autos.

Comentários: Ambos os artigos repetiam o art. 425 do Código em vigor. Todavia o art. 454 da relatoria acrescentou no *caput*:

que poderão ser respondidos pelo perito previamente ou na audiência de instrução e julgamento.

Na prática, colher depoimento do perito em audiência hospeda-se em sede de exceção. É contraproducente, porque as respostas verbais são sempre mal formuladas envolvendo excesso de palavras e muitas vezes trazendo ambiguidade. O melhor é a parte apresentar a sua impugnação por escrito e o juiz determinar que o perito complemente a resposta por escrito. No tocante aos quesitos suplementares felizmente não houve modificação e as partes somente poderão fazer quesitos suplementares durante a diligência, isto é, após encerrada a diligência não haverá mais a possibilidade da apresentação de quesitos suplementares. É mais ou menos comum o advogado nomear novos quesitos ou quesitos complementares. Qualquer que seja a nomenclatura apresentada, os quesitos devem ser indeferidos se apresentados após o encerramento das diligências.

Segundo o parágrafo único, o escrivão dará ciência à parte contrária da juntada dos quesitos aos autos. A providência é salutar, pois possibilitará à parte impugnar quesitos protelatórios ou impertinentes.

Código sancionado

Art. 469. As partes poderão apresentar quesitos suplementares durante a diligência, que poderão ser respondidos pelo perito previamente ou na audiência de instrução e julgamento.

Parágrafo único. O escrivão dará à parte contrária ciência da juntada dos quesitos aos autos.

Comentários: Reportamo-nos aos comentários *retro* do art. 454 da relatoria. O Código novo adotou o *caput* do art. 449 da Comissão Técnica, retirando o acréscimo nocivo:

que poderão ser respondidos pelo perito previamente ou na audiência de instrução e julgamento.

O art. 469 do Código novo seguiu a redação da Comissão Técnica. A inovação feita pela relatoria piorava a situação e modificava procedimento adotado a várias décadas e que sempre deu certo. É melhor deixar sempre os procedimentos para que o juiz decida naquele processo, naquele momento, qual será o melhor procedimento. Como regra, deve-se preferir as respostas escritas aos quesitos suplementares. Na pior das hipóteses, ganha-se tempo.

Redação da Comissão Técnica de Apoio

Art. 450. Incumbe ao juiz:

I – indeferir quesitos impertinentes;

II – formular os quesitos que entender necessários ao esclarecimento da causa.

Comentários: Este artigo repete o art. 426 do Código em vigor. O artigo é praticamente letra morta, pois dificilmente o juiz se abala a conferir os quesitos apresentados para saber se são ou não pertinentes; muito menos para formular quesitos que julgue necessários. Poucos o fazem nesse sentido, prncipalmente nas grandes regiões, onde o número de processos ainda supera o permissivo legal. Excepcionalmente o artigo poderá ser cumprido.

Mas todos deveriam fazer da lei uma regra obrigatória, pois teriam um laudo pericial mais enxuto e objetivo, espelhando a realidade que se persegue. Sem essa providência, o que se vê são laudos volumosos de difícil compilação e entendimento. Embora o perito possa deixar de responder quesitos protelatórios ou que não digam respeito ao objeto da perícia, acaba por respondê-los porque sabe que, na ausência de resposta, a parte, cuja intenção é protelar, fará impugnação veemente com forte no fato de o juiz nada ter dito. O juiz é o *dominus processus* e deve proceder como tal, exercendo rigorosa fiscalização em todo o procedimento.

Código sancionado

Art. 470. Incumbe ao juiz:

I – indeferir quesitos impertinentes;

II – formular os quesitos que entender necessários ao esclarecimento da causa.

Comentários: Reportamo-nos aos comentários *retro*, ao artigo 450 da Comissão de Juristas. O artigo do novo Código repete o art. 426 do Código em vigor.

Redação da Comissão Técnica de Apoio

Art. 455. Se o perito, por motivo justificado, não puder apresentar o laudo dentro do prazo, o juiz poderá conceder-lhe, por uma vez, prorrogação.

Alteração no relatório geral

Art. 460. Se o perito, por motivo justificado, não puder apresentar o laudo dentro do prazo, o juiz poderá conceder-lhe, por uma vez, prorrogação pela metade do prazo originalmente fixado.

Comentários: A redação da comissão, que repete o Código em vigor, é a melhor. O acréscimo da relatoria indica desconhecimento da realidade jurisdicional. Todo perito tem interesse em entregar o laudo no prazo indicado pelo juiz. Só não o fazendo, quando o trabalho é muito volumoso e essa parte não foi bem avaliada pelo juiz ao fixar o prazo. Por isso, na prática, o juiz concede outro prazo igual ou maior, como concederá tantas prorrogações quantas forem necessárias, desde que o perito traga argumentos convincentes. O perito é um auxiliar do juízo e não pode nem deve ser tratado com excessivo rigor, como seria o caso de apenas conceder-lhe metade do prazo, como quer a relatoria. Pergunta que se faz: e se na metade do prazo o perito não conseguir entregar o laudo!? O que fará o juiz? O destituirá por incompetência? Ou por desobedecer o prazo dado? Evidentemente que não. O perito terá sempre o prazo que for necessário para fazer um laudo convincente. Não nos esqueçamos de que o perito é o profissional de confiança do juízo. E assim deve ser tratado.

Código sancionado

Art. 476. Se o perito, por motivo justificado, não puder apresentar o laudo dentro do prazo, o juiz poderá conceder-lhe, por uma vez, prorrogação pela metade do prazo originalmente fixado.

Comentários: Reportamo-nos aos comentários do art. 455 da Comissão Técnica. Repetimos aqui o que dissemos antes com outras palavras. O legislador parte do pressuposto de que o perito está fazendo corpo mole e não é assim. Quem sabe sobre o tempo necessário para apresentar o laudo é o perito, que é uma auxiliar da Justiça e merece respeito e confiança, já que é da confiança do juiz, isto é, é a *longa manus* do condutor do processo. O juiz deverá deferir o prazo que for solicitado, sob pena de o perito voltar a requerer novo prazo. Quando o juiz perde a confiança num perito, deixa de nomeá-lo. A fixação de metade do prazo originário não tem sentido lógico e não é baseada em nenhum suporte objetivo técnico ou científico. Certamente o artigo não mudará o *modus operandi* dos magistrados de primeiro grau. Quase sempre as regras de experiência valem mais do que a letra fria da lei.

Redação da Comissão Técnica de Apoio

> Art. 457. Quando o exame tiver por objeto a autenticidade ou a falsidade de documento ou for de natureza médico-legal, o perito será escolhido, de preferência, entre os técnicos dos estabelecimentos oficiais especializados. O juiz autorizará a remessa dos autos, bem como do material sujeito a exame ao diretor do estabelecimento.
>
> § 1º Nas hipóteses de gratuidade de justiça, os órgãos e as repartições oficiais deverão cumprir a determinação judicial com preferência, no prazo estabelecido.
>
> § 2º Descumpridos os prazos do § 1º, poderá o juiz infligir multa ao órgão e a seu dirigente, por cujo pagamento ambos responderão solidariamente.
>
> § 3º A prorrogação desses prazos pode ser requerida motivadamente.

Comentários: O parágrafo primeiro é romântico ao concluir que as repartições oficiais, envoltas com seus afazeres, irão atender prontamente a uma determinação do juiz preferentemente. Como regra, as repartições têm um volume de trabalho grande e muitos deles com urgência preferencial. A drasticidade do parágrafo segundo não irá modificar a situação, mas poderá piorar. Melhor seria que no caso de gratuidade respondessem os Estados e a União. Todos pagam os seus impostos para que recebam o retorno do Poder Público. Não se veste um santo desvestindo outro. Isso, nunca deu certo. Melhor seria que o Código sancionado houvesse tomado a mesma providência que deu certo na Justiça do Trabalho, como veremos abaixo.

Na Justiça do Trabalho.

> O Conselho Superior da Magistratura editou a Resolução n. 66, de 10 de junho de 2010, carreando a responsabilidade para a União, porque a Justiça trabalhista é federal especial. Ver abaixo redação do art. 2º da Resolução:
>
> ....
>
> Art. 2º A responsabilidade da União pelo pagamento de honorários periciais, em caso de concessão do benefício da justiça gratuita, está condicionada ao atendimento simultâneo dos seguintes requisitos: I – fixação judicial de honorários periciais; II – sucumbência da parte na pretensão objeto da perícia; III – trânsito em julgado da decisão.

Redação da Comissão Técnica de Apoio

> Art. 458. A parte que desejar esclarecimento do perito ou do assistente técnico requererá ao juiz que mande intimá-lo a comparecer à audiência, formulando, desde logo, as perguntas, sob forma de quesitos.
>
> Parágrafo único. O perito ou o assistente técnico só estará obrigado a prestar os esclarecimentos a que se refere este artigo quando intimado cinco dias antes da audiência.

Comentários: O *caput* legisla fora da realidade, quando manda apresentar quesitos para serem respondidos em audiência. Os esclarecimentos devem ser feitos também por escrito pelo perito ou pelo assistente técnico. Se o laudo foi elaborado por escrito não tem sentido os esclarecimentos serem verbais, com perda de tempo em audiência a ser designada (princípio do paralelismo). O *caput* deveria ter a seguinte redação:

> Art. 458. Havendo pedido de esclarecimentos ao perito ou ao assistente técnico, a parte formulará as perguntas e requererá a intimação do expert que as responderá no prazo de 5 dias.

O parágrafo único não tem sentido lógico, quando diz que o perito não estará obrigado a prestar esclarecimentos, quando intimado no prazo menor de 5 dias da data da audiência. Primeiro, o *caput* já deveria fixar prazo para os esclarecimentos; segundo, o perito é obrigado a prestar esclarecimentos, desde que as perguntas sejam formuladas com oportunidade, não havendo a possibilidade de declinar dessa responsabilidade; terceiro, o parágrafo único deverá ser expungido, colocando-se o prazo para os esclarecimentos no *caput*.

Código sancionado

Art. 477. O perito protocolará o laudo em juízo, no prazo fixado pelo juiz, pelo menos 20 (vinte) dias antes da audiência de instrução e julgamento.

Comentários: O artigo sob comento formulou redação melhor do que a Comissão Técnica, referendada pela relatoria.

§ 1º As partes serão intimadas para, querendo, manifestar-se sobre o laudo do perito do juízo no prazo comum de 15 (quinze) dias, podendo o assistente técnico de cada uma das partes, em igual prazo, apresentar seu respectivo parecer.

Comentários: Embora não o diga o § 1º expressamente, se houver discordância do laudo do perito, a parte ou o Ministério Público formulará desde logo as perguntas de pedido de esclarecimentos, sendo o perito intimado para responder em 15 dias, como prevê o § 2º. Dúvidas do juiz poderão ser respondidas a qualquer momento, posto que ao juiz não se aplica a preclusão. Se a dúvida for no parecer do assistente técnico, este poderá apresentar as explicações no prazo legal.

§ 2º O perito do juízo tem o dever de, no prazo de 15 (quinze) dias, esclarecer ponto:
I – sobre o qual exista divergência ou dúvida de qualquer das partes, do juiz ou do órgão do Ministério Público;
II – divergente apresentado no parecer do assistente técnico da parte.

§ 3º Se ainda houver necessidade de esclarecimentos, a parte requererá ao juiz que mande intimar o perito ou o assistente técnico a comparecer à audiência de instrução e julgamento, formulando, desde logo, as perguntas, sob forma de quesitos.

Comentários: Não me parece de boa inspiração, quando os esclarecimentos não foram suficientes, designar audiência para que o perito esclareça verbalmente, mediante termos nos autos. Os novos esclarecimentos devem ser feitos por escrito (princípio do paralelismo). Quanto isso acontecer, será importante que o juiz analise as informações para concluir se os esclarecimentos foram suficientes ou não. Se não foram, o juiz deverá formular perguntas para esclarecimento daquilo que julgue necessário para a formação da sua convicção. Na prática, existe aquele juiz que não quer ter esse trabalho e aceita perguntas protelatórias, enchendo o processo com informações inúteis e que dificultarão o julgamento. O juiz deve sempre agir como *dominus processus*. Não deixar o processo à deriva.

Repetimos. Os esclarecimentos verbais em audiência deve ser evitado, porque as palavras faladas não são boas transmissoras do pensamento. A pessoa, quando fala, tende a fazer períodos truncados, não terminando frases, comprometendo o período. Quase sempre, passa a ser repetitiva e com pouca clareza. Haverá uma tendência dos advogados pressionarem o perito ou o assistente para dizer aquilo que lhes interessa. Em suma: a experiência de cerca de 30 anos de magistratura nos dá uma visão clara de que os esclarecimentos verbais devem ser evitados e até mesmo banidos.

§ 4º O perito ou o assistente técnico será intimado por meio eletrônico, com pelo menos 10 (dez) dias de antecedência da audiência.

Comentários: Quando for possível, o artigo poderá ser cumprido.

Alteração no relatório geral

Art. 463. Caso os quesitos suplementares a que se refere o art. 454 não sejam respondidos por escrito ou se ainda houver necessidade de esclarecimentos, a parte requererá ao juiz que mande intimar o perito ou o assistente técnico a comparecer à audiência, formulando, desde logo, as perguntas, sob forma de quesitos.

Comentários: Reportamo-nos aos comentários do art. 477 do novo Código. Como regra, o juiz não convoca o perito para responder em audiência, simplesmente porque a fala oral é complicada, as pessoas falam muito e têm dificuldade em concatenar as ideias. O juiz não tem tempo para ouvir perito em audiência e ouvir o rebate da parte interessada às resposta do expert. Quesitos, ainda que suplementares, continuarão sendo respondidos por escrito, por ser esta a melhor forma de agilizar o julgamento.

O artigo 463 autoriza que o perito não responda aos quesitos suplementares. Todavia, isso simplesmente não é possível, uma vez que juntados os quesitos suplementares aos autos, deles é dada vista ao perito para responder. O perito simplesmente não pode desobedecer determinação do juiz para fazê-lo em audiência. Poderá nem haver audiência de instrução, contentando-se as partes e o juízo com o laudo pericial. Quem dá a direção do processo é o juiz (*dominus professus*), não perito e muito menos as partes.

Redação da Comissão Técnica de Apoio

Art. 459. O juiz não está adstrito ao laudo pericial, podendo formar a sua convicção com outros elementos ou fatos provados nos autos.

Art. 460. O juiz poderá determinar, de ofício ou a requerimento da parte, a realização de nova perícia quando a matéria não lhe parecer suficientemente esclarecida.

Comentários: O artigo 460 repete o Código em vigor ao dizer que o juiz não está adstrito ao laudo pericial e poderá formar a sua convicção com outros elementos ou com outros fatos comprovados nos autos. Tenha-se em mente que o juiz não pode simplesmente deixar o laudo de lado e formar a sua convicção solitária, ainda que tenha conhecimentos técnicos, v. g., grafotécnico, contábil etc. Em suma, o juiz não poderá substituir o perito. Se o laudo não satisfaz e não é suficiente para formar a sua convicção, ele deverá (não poderá) determinar uma nova perícia, inclusive elaborando quesitos.

Código sancionado

Art. 479. O juiz apreciará a prova pericial de acordo com o disposto no art. 371, indicando na sentença os motivos que o levaram a considerar ou a deixar de considerar as conclusões do laudo, levando em conta o método utilizado pelo perito.

Art. 371. O juiz apreciará a prova constante dos autos, independentemente do sujeito que a tiver promovido, e indicará na decisão as razões da formação de seu convencimento.

Comentários: A redação do art. 479 é dúbia e obscura, quando autoriza o juiz a simplesmente prescindir do laudo pericial. Comete o mesmo erro do art. 436 do Código em vigor. De acordo com o art. 464 do Código novo, a perícia só será determinada quando necessário conhecimento técnico. Repete o art. 420, parágrafo único, inciso I, do Código em vigor. Como regra, o juiz não tem os conhecimentos técnicos para elaborar um laudo contábil, com exame de escrita na contabilidade da empresa, um laudo grafotécnico, um laudo que envolva atividades financeiras internacionais, câmbio etc., laudos de insalubridade, de periculosidade etc., etc. Pergunta-se: como poderá o juiz desconsiderar um laudo pericial em troca dos seus próprios argumentos, se não tem conhecimento técnico especializado? Por que a parte tem de confiar na conclusão de uma pessoa neófita tecnicamente no mister discutido? Seria o juiz dotado de poderes deíficos ao receber a toga? A resposta é não. É um neófito falando de coisas para as quais não tem conhecimento, nem é obrigado a tê-los. Por isso existem os auxiliares do juízo: peritos etc. com conhecimentos técnicos setoriais.

Façamos outro raciocínio, por amor ao argumento. Suponhamos que aquele juiz tenha conhecimento da matéria discutida, *v. g.*, contábil, pois é contador, economista, com mestrado e doutorado em Harvard University. Os argumentos seriam imbatíveis. Lamentavelmente, isso de nada valeria. A prova pericial deve ser elaborada por perito. Não adianta o juiz de primeiro grau ser doutor na matéria, quando o colegiado do tribunal que irá julgar o recurso não entende nada de contabilidade. Permaneceria o argumento do juiz de forma ditatorial. Só ele que saberia sobre os seus argumentos, ninguém mais. Nem partes, nem Ministério Público, nem o tribunal. Se as respostas não satisfazem, deve o juiz formular as suas pergntas ao perito. Poderá até nomear outro perito para que responda às suas perguntas. Mas ambos os laudos permanecerão nos autos. E a prova será aquela produzida pelos peritos, não a vontade ditatorial do juiz, ainda que tenha conhecimentos técnicos. Os seus conhecimentos propiciarão a que tenha um laudo próximo à realidade.

Art. 464. A prova pericial consiste em exame, vistoria ou avaliação.
I – a prova do fato não depender de conhecimento especial de técnico;
Art. 473. O laudo pericial deverá conter..
II – a análise técnica ou científica realizada pelo perito;

Por isso, o artigo deve ser interpretado levando em conta princípios de hermêutica que aconselham que nenhuma interpretação poderá levar ao impasse ou ao absurdo. De que forma seria resolvido o impasse se o juiz não concordar com a conclusão do laudo? De duas formas: primeiro, o juiz, como tem conhecimentos técnicos, terá facilidade para formular quesitos técnicos ou perguntas técnicas esclarecedoras para que o perito responda; segundo, se ainda assim discordar do perito, deverá nomear um outro perito para elaborar novo laudo. Já agora, o juiz deverá também formular quesitos técnicos. Desse modo, a prova não será comprometida, prevalecendo a prova técnica. Ambos os laudos permanecerão nos autos. O artigo 480 que segue determina que seja efetuada nova perícia, quando a matéria não estiver suficientemente esclarecida. Ora, se o juiz dispensar a conclusão do laudo é porque a matéria não foi absolutamente esclarecida. Logo, deve obediência à lei.

Art. 480. O juiz determinará, de ofício ou a requerimento da parte, a realização de nova perícia quando a matéria não estiver suficientemente esclarecida.
§ 1º A segunda perícia tem por objeto os mesmos fatos sobre os quais recaiu a primeira e destina-se a corrigir eventual omissão ou inexatidão dos resultados a que esta conduziu.
§ 2º A segunda perícia rege-se pelas disposições estabelecidas para a primeira.
§ 3º A segunda perícia não substitui a primeira, cabendo ao juiz apreciar o valor de uma e de outra.

Redação da Comissão Técnica de Apoio

Art. 461. A segunda perícia tem por objeto os mesmos fatos sobre que recaiu a primeira e destina-se a corrigir eventual omissão ou inexatidão dos resultados a que esta conduziu.

Comentários: Este artigo é ocioso, pois diz o óbvio ululante, termo criado pelo jornalista Ladislau Ponte Preta. Obviamente, a segunda perícia que o juiz determinar, porque o laudo apresentado não o convence, deverá ser feita levando em conta o mesmo objeto. Isso não precisaria ser dito em artigo de lei. Se o juiz determinar outra perícia com outro objeto para instruir o mesmo processo, deverá ser interditado!

Código sancionado

Art. 480. O juiz determinará, de ofício ou a requerimento da parte, a realização de nova perícia quando a matéria não estiver suficientemente esclarecida.

Comentários: Este artigo, embora contrarie o art. 479 do novo Código, coloca as coisas nos seus devidos lugares numa interpretação sistemática, isto é: se o juiz não concordar com a conclusão do laudo pericial deverá determinar outra perícia.

§ 1º A segunda perícia tem por objeto os mesmos fatos sobre os quais recaiu a primeira e destina-se a corrigir eventual omissão ou inexatidão dos resultados a que esta conduziu.

Comentários: Este parágrafo repete o *caput* do art. 461 da Comissão técnica e comete a mesma erronia: diz o óbvio. Reportamo-nos àqueles comentários:

§ 2º A segunda perícia rege-se pelas disposições estabelecidas para a primeira.

Comentários: Parágrafo ocioso. Isso já está dito no § 1º.

§ 3º A segunda perícia não substitui a primeira, cabendo ao juiz apreciar o valor de uma e de outra.

Comentários: Ambos os laudos devem permanecer nos autos.

Redação da Comissão Técnica de Apoio

Art. 469. Haverá resolução de mérito quando:

Parágrafo único. A prescrição e a decadência não serão decretadas sem que antes seja dada às partes oportunidade de se manifestar.

Alteração no relatório geral

Art. 474. Haverá resolução de mérito quando:

Parágrafo único. Ressalvada a hipótese do art. 307, inciso IV, a prescrição e a decadência não serão decretadas sem que antes seja dada às partes oportunidade de se manifestar.

Comentários: Concordes, Comissão e relatoria, no sentido de que antes de decretar a prescrição ou a decadência, de ofício ou a requerimento da parte, o juiz deverá dar vista à parte interessada. A providência se nos afigura salutar, pois a parte interessada poderá ponderar sobre erronias que possam suceder e evitar recursos. O comando do parágrafo único é imperativo: "não serão decretadas". Todavia, não impõe nenhuma consequência, nem poderia. A declaração de nulidade pelo não cumprimento da lei somente será possível naqueles casos em que acarretar prejuízo à parte. E certamente não é esse o caso, pois a parte poderá recorrer da sentença.

A manifestação da parte poderá ser de valia, *v. g.*, se não for o caso de prescrição ou de decadência e assim se evitaria uma decisão incorreta. Afora isso, outras ponderações não vinculam o juiz.

Código sancionado

Art. 487. Haverá resolução de mérito quando o juiz:

I – acolher ou rejeitar o pedido formulado na ação ou na reconvenção;

II – decidir, de ofício ou a requerimento, sobre a ocorrência de decadência ou prescrição;

III – homologar:

a) o reconhecimento da procedência do pedido formulado na ação ou na reconvenção;

b) a transação;

c) a renúncia à pretensão formulada na ação ou na reconvenção.

Parágrafo único. Ressalvada a hipótese do § 1º do art. 332, a prescrição e a decadência não serão reconhecidas sem que antes seja dada às partes oportunidade de manifestar-se.

Comentários: A exemplo do art. 269, inciso IV, do Código em vigor, haverá resolução do mérito quando forem declaradas a decadência e a prescrição. Ver artigo 219, § 5º, do Código em vigor. O parágrafo único comanda que, ressalvada a hipótese do art. 332 do novo Código, não se reconhecerá a decadência e a prescrição, sem que seja dada oportunidade de manifestação da parte. Parece-nos interessante do ponto de vista didático, já que a parte poderá corrigir erronias e evitar recurso. Do ponto de vista jurídico, sendo ambas de ordem pública, se o juiz não cumprir a determinação do parágrafo único nenhum consequência haverá. Remetemos aos comentários do art. 474 da relatoria geral.

Código sanacionado

Art. 332. Nas causas que dispensem a fase instrutória, o juiz, independentemente da citação do réu, julgará liminarmente improcedente o pedido que contrariar:

I – enunciado de súmula do Supremo Tribunal Federal ou do Superior Tribunal de Justiça;

II – acórdão proferido pelo Supremo Tribunal Federal ou pelo Superior Tribunal de Justiça em julgamento de recursos repetitivos;

III – entendimento firmado em incidente de resolução de demandas repetitivas ou de assunção de competência;

IV – enunciado de súmula de tribunal de justiça sobre direito local.

§ 1º O juiz também poderá julgar liminarmente improcedente o pedido se verificar, desde logo, a ocorrência de decadência ou de prescrição.

Alteração no relatório geral

Art. 476. São requisitos essenciais da sentença:

I – o relatório sucinto, que conterá os nomes das partes, a suma do pedido e da contestação do réu, bem como o registro das principais ocorrências havidas no andamento do processo.

II – os fundamentos, em que o juiz analisará as questões de fato e de direito;

III – o dispositivo, em que o juiz resolverá as questões que as partes lhe submeterem.

Parágrafo único. Não se considera fundamentada a decisão, sentença ou acórdão que:

I – se limita à indicação, à reprodução ou à paráfrase de ato normativo;

II – empregue conceitos jurídicos indeterminados sem explicar o motivo concreto de sua incidência no caso;

III – invoque motivos que se prestariam a justificar qualquer outra decisão;

IV – não enfrentar todos os argumentos deduzidos no processo capazes de, em tese, infirmar a conclusão adotada pelo julgador.

Comentários: A relatoria e a Comissão substituíram a palavra "resposta" do Código em vigor por "contestação". Ambas obraram mal. Em terminologia jurídica o termo "resposta" não é sinônimo de "contestação". Este está contido no termo "resposta". Basta que se consulte o art. 297 do Código em vigor:

> O réu poderá oferecer, no prazo de 15 (quinze) dias, em petição escrita, dirigida ao juiz da causa, contestação, exceção e reconvenção.

Também aqui se aplica a regra ensinada pelos doutos de que aquilo que está dando certo não deve ser modificado. No caso, o termo "contestação" diz menos que "resposta".

O artigo poderá levar alguém ao entendimento de que não haveria mais a possibilidade de alegar exceção e de reconvenção!

No mundo hermenêutico existe uma presunção de que a lei nova sempre será melhor do que a substituída. Mas o princípio deve ser recebido sempre com reservas, pois com muita frequência não é isso que acontece, mormente como no caso em que a Comissão de juristas e a relatoria substituíram o termo "resposta" por "contestação" como se fossem palavras sinônimas. Mas não são. Com isso abriram brecha para discussão e é isso que ninguém queria.

Código sanacionado

Art. 489. São elementos essenciais da sentença:

Comentários: O Código novo aproveitou muita coisa da relatoria, mas completou o artigo com outros parágrafos e vários incisos.

I – o relatório, que conterá os nomes das partes, a identificação do caso, com a suma do pedido e da contestação, e o registro das principais ocorrências havidas no andamento do processo;

Comentários: O relatório deverá indicar com clareza as partes do processo, o tema deduzido pela inicial e de forma objetiva e sucinta o pedido, causa de pedir e os elementos da defesa. Se houver incidentes, deverão constar de forma objetiva.

II – os fundamentos, em que o juiz analisará as questões de fato e de direito;

Comentários: O juiz deverá fundamentar a decisão indicando claramente os motivos que o levaram àquela conclusão e sempre que possível indicar legislação para a espécie, súmulas de tribunais superiores ou explicar de forma convincente a razão da não aplicação de determinada súmula. Como o juiz não pode deixar de julgar alegando lacuna legislativa, deverá indicar os princípios que deram suporte à sua convicção. A fundamentação deverá ser posta por meio de títulos, fato que facilitará a análise das verbas deferidas no dispositivo. Não se aceita fundamentação genérica, *v. g.*: "Procede esta parte do pedido de conformidade com a prova dos autos". Deverá indicar a prova que deu suporte àquela parte ou verba. A fundamentação não transita em julgado materialmente.

III – o dispositivo, em que o juiz resolverá as questões principais que as partes lhe submeterem.

Comentários: O dispositivo é a parte em que o juiz indicará claramente se a sentença foi procedente, procedente em parte ou improcedente. Se procedente ou procedente em parte, deverá indicar claramente o nome da verba. Exemplo: "Danos morais", "Indenização material" etc. Não é tão incomum encontrar-se dispositivo assim: "Julgo procedente (ou procedente em parte, na forma da fundamentação". Essa espécie de dispositivo indica que o magistrado não tem a menor vocação para o mister e é dotado de uma certa indolência. A adoção da lei do mínimo esforço acaba se transformando na lei do máximo esforço para todos (advogados, cartório, Ministério Público) e até mesmo para o juiz que acaba provando do seu próprio veneno. Ninguém conseguirá saber o conteúdo do dispositivo se não ler atentamente a fundamentação. E a coisa piora quando o juiz não faz a fundamentação articulada, lançando-a num monobloco. Deveria haver uma regra processual proibindo essa prática. O novo processo perdeu a oportunidade de sanar essas erronias, por evidente ausência de intimidade com a prática.

O dispositivo é a parte que transita em julgado, por isso só podem participar dele as verbas deferidas. Temos exemplo na nossa prática judicante no tribunal de juíza primária que fazia o contrário, isto é, constava do *decisum* as verbas que não haviam sido deferidas. As sentenças eram inexequíveis por falta de coisa julgada.

§ 1º Não se considera fundamentada qualquer decisão judicial, seja ela interlocutória, sentença ou acórdão, que:

Comentários: O juiz está obrigado por dever de ofício a fundamentar toda e qualquer decisão (art. 93, inciso IX, da Constituição Federal). A parte a quem a decisão (sentencial ou interlocutória mista) favorece ou não, tem o direito de saber por que teve sucesso ou insucesso.

I – se limitar à indicação, à reprodução ou à paráfrase de ato normativo, sem explicar sua relação com a causa ou a questão decidida;

Comentários: Deve indicar de forma clara e convincente como formou a sua convicção para julgar naquele sentido. A simples citação de norma legal ou de matéria sumulada não será o suficiente. Na aplicação do dispositivo legal ou de matéria sumulada deverá dizer de que forma o dispositivo ou a súmula se relaciona com o tema em discussão. A ausência dessa correlação deverá levar à nulidade da sentença por falta de fundamentação. Tudo isso deve ser feito de forma clara, objetiva, sem construções rebuscadas ou condoreiras. Vale aqui o conselho de Calamandrei: "A sentença não precisa ser bela, basta que seja justa".

II – empregar conceitos jurídicos indeterminados, sem explicar o motivo concreto de sua incidência no caso;

Comentários: Na época do computador, vejo recursos e sentenças com citações enormes tomando páginas e páginas e transformando os autos num complexo de vários volumes. Repetimos aqui o que dissemos acima. O conceito jurídico deve ser lançado com clareza e objetividade, tecendo a correlação que existe entre ele, o pedido e a prova produzida. Sabemos que cada juiz é um juiz. A exemplo dos advogados, procuradores e membros ministeriais também existem juízes prolixos. Mas dentro dessa prolixidade deverá haver clareza.

III – invocar motivos que se prestariam a justificar qualquer outra decisão;

Comentários: O motivo é o fundamento jurídico de cada pedido formulado. Não pode o julgador dizer que "n" pedidos são devidos de conformidade com os fundamentos probatórios.

IV – não enfrentar todos os argumentos deduzidos no processo capazes de, em tese, infirmar a conclusão adotada pelo julgador;

Comentários: Embora doutrina e jurisprudência sejam no sentido de que o juiz primário poderá decidir por um único fundamento sem enfrentar todos os demais fundamentos trazidos, isso seria uma meia verdade. Antes de firmar a sua convicção de forma açodada, deve o juiz ler as demais razões do inconformismo. O fato de poder decidir escolhendo um fundamento não quer dizer que não deve ler tudo. Poderá encontrar fundamento que desmereça aquela com a qual iria firmar a sua convicção.

Os tribunais estão obrigados a responder todos os motivos inseridos no recurso, tendo as partes o direito ao prequestionamento para fins recursais, se for o caso.

V – se limitar a invocar precedente ou enunciado de súmula, sem identificar seus fundamentos determinantes nem demonstrar que o caso sob julgamento se ajusta àqueles fundamentos;

Comentários: A sentença é ato de inteligência do juiz em que deve demonstrar quais fundamentos jurídicos, legais ou jurisprudenciais firmaram a sua convicção. Não basta citar o dispositivo legal, a súmula do tribunal superior ou citar ementa de jurisprudência. É seu dever demonstrar o correlacionamento que existe entre aquelas citações e o que está sendo julgado.

VI – deixar de seguir enunciado de súmula, jurisprudência ou precedente invocado pela parte, sem demonstrar a existência de distinção no caso em julgamento ou a superação do entendimento.

Comentários: As partes não estão obrigadas a citar o dispositivo legal, nem súmula de jurisprudência. Estão obrigadas, sim, a indicar o fundamento jurídico em que embasam o pedido e a defesa: *da mihi factum, dabo tibi jus*. As partes dão os fatos; o juiz (Estado-juiz) dará o direito devido para aquele caso concreto. Mas se a parte quiser indicar dispositivo legal ou súmula e fizer de forma errônea, isso não terá qualquer consequência negativa, tendo aplicação o *jura novit curia* (O juiz é quem conhece a lei). Todavia, se a parte indicar precedente ou súmula de jurisprudência em favor dos seus argumentos, não estando correto na visão do juiz, este dirá clara e objetivamente por que aqueles fundamentos não têm aplicação no caso *sub judice*.

§ 2º No caso de colisão entre normas, o juiz deve justificar o objeto e os critérios gerais da ponderação efetuada, enunciando as razões que autorizam a interferência na norma afastada e as premissas fáticas que fundamentam a conclusão.

Comentários: Em ocorrendo a hipótese, o juiz aplicará a norma que na sua visão seja a mais razoável, explicando minuciosamente como formou a sua convicção.

§ 3º A decisão judicial deve ser interpretada a partir da conjugação de todos os seus elementos e em conformidade com o princípio da boa-fé.

Comentários: A sentença é a conclusão que sobressai da análise do pedido e da defesa, da prova produzida e do ônus probatório de cada uma das partes. Tudo isso é analisado seguindo as regras de hermenêutica, com aplicação da legislação que rege a espécie, a interpretação que se firmou sobre o assunto e as regras de boa-fé, onde não tem lugar para a idiossincrasia. Embora o juiz esteja livre para a apreciação das provas, atendendo aos fatos e circunstâncias constantes dos autos, ainda que não alegadas pelas partes, deverá sempre indicar os motivos que lhe firmaram o convencimento, cânone constitucional incrustado no inciso IX do art. 93.

Redação da Comissão Técnica de Apoio

Art. 472. O juiz proferirá a sentença de mérito acolhendo ou rejeitando, no todo ou em parte, o pedido formulado pelo autor. Nos casos de sentença sem resolução de mérito, o juiz decidirá de forma concisa.

Parágrafo único. Fundamentando-se a sentença em regras que contiverem conceitos juridicamente indeterminados, cláusulas gerais ou princípios jurídicos, o juiz deve expor, analiticamente, o sentido em que as normas foram compreendidas, demonstrando as razões pelas quais, ponderando os valores em questão e à luz das peculiaridades do caso concreto, não aplicou princípios colidentes.

Alteração no relatório geral

Art. 477. O juiz proferirá a sentença de mérito acolhendo ou rejeitando, no todo ou em parte, os pedidos formulados pelas partes. Nos casos de sentença sem resolução de mérito, o juiz decidirá de forma concisa.

Parágrafo único. Fundamentando-se a sentença em regras que contiverem conceitos juridicamente indeterminados, cláusulas gerais ou princípios jurídicos, o juiz deve expor, analiticamente, o sentido em que as normas foram compreendidas.

Comentários: A redação da relatoria é mais clara e objetiva. A exigência da Comissão iria dificultar a prolação da sentença que deve ser uma peça clara, concisa, objetiva e com linguagem inteligível. Eis a parte retirada que haveria de servir de norte para a prolação da sentença:

demonstrando as razões pelas quais, ponderando os valores em questão e à luz das peculiaridades do caso concreto, não aplicou princípios colidentes.

O parágrafo único da Comissão abusa do gerúndio: fundamentando, demonstrando, ponderando.

Melhor seria:

Parágrafo único. Se a sentença for fundamentada em regras que contenham conceitos juridicamente indeterminados, cláusulas gerais ou princípios jurídicos, o juiz deverá expor, analiticamente, o sentido em que as normas foram compreendidas. Demonstrará as razões pelas quais não aplicou princípios colidentes. Ponderará sobre os valores em questão à luz das peculiaridades do caso concreto.

Enfoque crítico. De qualquer forma que se reescreva o indigitado parágrafo não se consegue descomplicá-lo. Mais parece tema para uma dissertação de mestrado.

Código sancionado

Art. 490. O juiz resolverá o mérito acolhendo ou rejeitando, no todo ou em parte, os pedidos formulados pelas partes.

Comentários: Este artigo descomplicou as redações da Comissão Técnica e da relatoria eliminando o parágrafo único de ambos. Relaciona-se com o art. 489 do Código novo acima comentado.

Redação da Comissão Técnica de Apoio

Art. 489. Transitada em julgado a sentença de mérito, considerar-se-ão deduzidas e repelidas todas as alegações e as defesas que a parte poderia opor assim ao acolhimento como à rejeição do pedido, ressalvada a hipótese de ação fundada em causa de pedir diversa.

Comentários: Teve a concordância do art. 495 da relatoria. A inclusão da parte *in fine* é preciosismo excessivo. O *caput* já diz que "considerar-se-ão deduzidas e repelidas todas as alegações e as defesas que a parte PODERIA OPOR". Por óbvio, tudo aquilo que tiver causa de pedir diversa não estará incluído, simplesmente porque a parte não poderia opor.

Código sancionado

Art. 508. Transitada em julgado a decisão de mérito, considerar-se-ão deduzidas e repelidas todas as alegações e as defesas que a parte poderia opor tanto ao acolhimento quanto à rejeição do pedido.

Comentários: Este artigo repete o art. 474 do Código em vigor. Essa norma impede que a mesma ação venha a ser ajuizada com outros fundamentos "n" vezes. Habilmente foi retirada a parte da Comissão: "ressalvada a hipótese de ação fundada em causa de pedir diversa."

Alteração no relatório geral
Art. 496. Quando a sentença condenar ao pagamento de quantia ilíquida, proceder-se-á sua liquidação, a requerimento do vencedor:
....
II – pelo procedimento comum, quando houver necessidade de alegar e provar fato novo.
§ 2º Quando a apuração do valor depender apenas de cálculo aritmético, o credor poderá promover, desde logo, o cumprimento da sentença.

Comentários: Artigo incluído pela relatoria. Ao invés do que pode parecer, esse não é o procedimento comum. Ao contrário, hospeda em lugar de exceção. O comum é aquele posto no § 2º, quando a liquidação depender de simples cálculos aritméticos e os dados estão todos nos atos. Fato novo pertence à liquidação por artigos. Embora o inciso não fale expressamente e prefira falar em procedimento comum, o que temos é a liquidação por artigos.

Código sancionado

Art. 509. Quando a sentença condenar ao pagamento de quantia ilíquida, proceder-se-á à sua liquidação, a requerimento do credor ou do devedor:

Comentários: A liquidação pode ser iniciada pelo credor ou pelo devedor; deveria constar "ou de ofício pelo juiz".

I – por arbitramento, quando determinado pela sentença, convencionado pelas partes ou exigido pela natureza do objeto da liquidação;

Comentários: Segue as regras do Código em vigor (art. 475-C).

II – pelo procedimento comum, quando houver necessidade de alegar e provar fato novo.

Comentários: Trata-se da liquidação mediante artigos; o procedimento comum é o previsto no § 2º.

§ 1º Quando na sentença houver uma parte líquida e outra ilíquida, ao credor é lícito promover simultaneamente a execução daquela e, em autos apartados, a liquidação desta.

Comentários: Normalmente procede-se à liquidação da parte ilíquida para que a execução seja una; a execução cindida encarece o processo com execuções distintas, com editais e praceamento e leilão em dias distintos.

§ 2º Quando a apuração do valor depender apenas de cálculo aritmético, o credor poderá promover, desde logo, o cumprimento da sentença.

Comentários: O ideal é que o juiz ao instruir o processo já consiga todos os elementos para que os cálculos fiquem na dependência de simples cálculos aritméticos. Isso é o que normalmente acontece no processo executório trabalhista.

§ 3º O Conselho Nacional de Justiça desenvolverá e colocará à disposição dos interessados programa de atualização financeira.

Comentários: Basta saber, se a CNJ terá o programa à disposição.

§ 4º Na liquidação é vedado discutir de novo a lide ou modificar a sentença que a julgou.

Comentários: Repete-se aqui o Código em vigor (art. 475-G).

Alteração no relatório geral

Art. 509. No caso de condenação em quantia certa ou já fixada em liquidação, o cumprimento definitivo da sentença far-se-á a requerimento do exequente, sendo o executado intimado para pagar o débito, no prazo de quinze dias, acrescido de custas e honorários advocatícios de dez por cento.

Comentários: Deveria ser: "Art. 509. No caso de condenação em quantia certa LÍQUIDA ou já fixada em liquidação..."

Art. 509. No caso de condenação em quantia certa ou já fixada em liquidação:
§1º Não ocorrendo pagamento voluntário no prazo do *caput*, o débito será acrescido de multa de dez por cento.
§2º Efetuado o pagamento parcial no prazo previsto no *caput*, a multa de dez por cento incidirá sobre o restante.
§3º Não efetuado tempestivamente o pagamento voluntário, será expedido mandado de penhora e avaliação, seguindo-se os atos de expropriação.

Comentários: O artigo mantém conteúdo do art. 475-J. Não há necessidade de citação para a execução de quantia certa. Intimada, a parte terá 15 dias para o cumprimento da obrigação, acrescida de custas, correção monetária, honorários advocatícios de dez por cento e/ ou honorários periciais, despesas e emolumentos.

Pelo § 1º, decorrido o prazo de 15 dias, sem o pagamento, o total da obrigação será acrescido da multa de dez por cento, providência imposta de ofício. Se o pagamento for parcial, a multa será aplicada proporcionalmente, segundo o § 2º, isto é, sobre o saldo devedor. De conformidade com o § 3º, constatada a inadimplência, será expedido mandado de penhora e de avaliação. A seguir, prossegue-se com a execução aparelhada, com edital e hasta pública.

Código sancionado

Art. 523. No caso de condenação em quantia certa, ou já fixada em liquidação, e no caso de decisão sobre parcela incontroversa, o cumprimento definitivo da sentença far-se-á a requerimento do exequente, sendo o executado intimado para pagar o débito, no prazo de 15 (quinze) dias, acrescido de custas, se houver.

Comentários: Lamentavelmente, o Código sancionado ainda continua impregnado das regras do princípio dispositivo, quando exige que a execução só tenha início mediante requerimento do exequente. Melhor seria que a execução tivesse início de ofício, inclusive com a penhora de bens.

§ 1º Não ocorrendo pagamento voluntário no prazo do *caput*, o débito será acrescido de multa de dez por cento e, também, de honorários de advogado de dez por cento.

§ 2º Efetuado o pagamento parcial no prazo previsto no *caput*, a multa e os honorários previstos no § 1º incidirão sobre o restante.

Comentários: Temos nos §§ 1º e 2º a repetição do art. 475-J e § 4º, do Código em vigor. A regra moralizadora foi mantida, sem necessidade de nova citação. A verba honorária não pertence à parte e sim ao advogado. Por isso, não tem sentido o pagamento parcial da verba que tem natureza salarial e goza das prerrogativas das verbas trabalhistas.

§ 3º Não efetuado tempestivamente o pagamento voluntário, será expedido, desde logo, mandado de penhora e avaliação, seguindo-se os atos de expropriação.

Comentários: Como dissemos nos comentários ao *caput*, esta parte poderia constar daquele artigo. De qualquer forma o § 3º é inovador, já que o art. 475-J, *caput*, exigia que o credor requeresse a expedição do mandado de penhora e de avaliação.

Alteração no relatório geral

Art. 510. A inicial será instruída com demonstrativo discriminado e atualizado do crédito contendo:

§1º Quando a memória aparentemente exceder os limites da condenação, a execução será iniciada pelo valor pretendido, mas a penhora terá por base a importância que o juiz, se necessário ouvido o contador do juízo, entender adequada.

Comentários: O § 1º atua em espécie de malabarismo, sendo esta a pior forma de legislar. Complica a execução, quando aceita o excesso de execução, afrontando os limites objetivos da coisa julgada e, num malabarismo hermenêutico, afirma que prosseguirá na execução errada, mas a penhora será pelo valor que o juiz achar correto. Não seria mais lógico, determinar o acerto da liquidação, nomeando perito, se necessário, para que se consiga cálculos corretos que não arrostem a coisa julgada!? Do modo como está, se os cálculos estiverem certos, com a penhora em valor menor será necessária uma outra penhora com perda de tempo e de dinheiro, já que a execução será encarecida com a publicação de novo edital e de nova almoeda. A redação atropela o princípio da celeridade e da economia processual. Parte da execução prossegue sem a garantia do juízo. Inovou para bem pior.

Código sancionado

Art. 524. O requerimento previsto no art. 523 será instruído com demonstrativo discriminado e atualizado do crédito, devendo a petição conter:

I – o nome completo, o número de inscrição no Cadastro de Pessoas Físicas ou no Cadastro Nacional da Pessoa Jurídica do exequente e do executado, observado o disposto no art. 319, §§ 1º a 3º;

Comentários: Os dados exigidos no inciso I estão todos postos na petição inicial. A exigência é ociosa, salvo se a execução não for efetuada nos próprios autos.

II – o índice de correção monetária adotado;
III – os juros aplicados e as respectivas taxas;
IV – o termo inicial e o termo final dos juros e da correção monetária utilizados;
V – a periodicidade da capitalização dos juros, se for o caso;
VI – especificação dos eventuais descontos obrigatórios realizados;
VII – indicação dos bens passíveis de penhora, sempre que possível.

Comentários: A exigência do inciso VII é oportuna e evitará perda de tempo e contribuirá com a celeridade processual.

§ 1º Quando o valor apontado no demonstrativo aparentemente exceder os limites da condenação, a execução será iniciada pelo valor pretendido, mas a penhora terá por base a importância que o juiz entender adequada.

Comentários: Este parágrafo copiou o § 1º do art. 510 da relatoria. Reportamo-nos aos comentários feitos lá. O comando é de má inspiração e adota o malabarismo processual. Procede-se a execução em valor que excede os limites objetivos da coisa julgada. Nesse caso, compete ao juiz, guardião da coisa julgada, garantir que a execução se avie sem excessos. O comando que determina a execução com excesso sem garantia de penhora transmite insegurança. A execução deve ser feita obediente aos limites subjetivos e objetivos da coisa julgada. Afora isso, haverá excesso de execução. Se o juiz tem dúvida se há ou não excesso deve determinar o levantamento por perito contábil. O que não pode é executar na dúvida, cantando loas a dois deuses, encarecendo o processo com perda de tempo. A resposta que elimina o § 1º está no § 2º. Para que eleger o malabarismo processual, se o juiz poderá fazer a liquidação com segurança? Na prática judicante, os juízes certamente se guiarão pelo que dispõe o § 2º ao invés de eleger a dúvida do § 1º.

§ 2º Para a verificação dos cálculos, o juiz poderá valer-se de contabilista do juízo, que terá o prazo máximo de 30 (trinta) dias para efetuá-la, exceto se outro lhe for determinado.

Comentários: Este § 2º elimina o § 1º. Reportamo-nos aos comentários do § 1º.

§ 3º Quando a elaboração do demonstrativo depender de dados em poder de terceiros ou do executado, o juiz poderá requisitá-los, sob cominação do crime de desobediência.

Comentários: Comando útil.

§ 4º Quando a complementação do demonstrativo depender de dados adicionais em poder do executado, o juiz poderá, a requerimento do exequente, requisitá-los, fixando prazo de até 30 (trinta) dias para o cumprimento da diligência.

Comentários: O § 4º é oportuno. Em se tratando de obrigação de fazer, o juiz, no despacho, deve prever a aplicação das astreintes, que é pressão pecuniária diária que não se confunde conceitualmente com multa.

§ 5º Se os dados adicionais a que se refere o § 4º não forem apresentados pelo executado, sem justificativa, no prazo designado, reputar-se-ão corretos os cálculos apresentados pelo exequente apenas com base nos dados de que dispõe.

Comentários: Este parágrafo repete em boa ora os arts. 359 e 475-B, § 2º do Código em vigor.

Redação da Comissão Técnica de Apoio

Art. 496. Não incidirá a multa a que se refere o *caput* do art. 495 se o devedor, no prazo de que dispõe para pagar:

I – realizar o pagamento;

II – demonstrar, fundamentada e discriminadamente, a incorreção do cálculo apresentado pelo credor ou que este pleiteia quantia superior à resultante da sentença, incumbindo-lhe declarar de imediato o valor que entende correto, sob pena de não conhecimento da arguição;

III – demonstrar a inexigibilidade da sentença ou a existência de causas impeditivas, modificativas ou extintivas da obrigação, supervenientes à sentença;

IV – demonstrar ser parte ilegítima ou não ter sido citado no processo de conhecimento.

Códio sancionado

Art. 525. Transcorrido o prazo previsto no art. 523 sem o pagamento voluntário, inicia-se o prazo de 15 (quinze) dias para que o executado, independentemente de penhora ou de nova intimação, apresente, nos próprios autos, sua impugnação.

Comentários: Transcorrido o prazo de 15 dias, a multa será devida se não for acolhido o argumento que invocar a "impugnação" (antes eram embargos à execução que desafiavam apelação), agora desafia agravo de instrumento. Para fazer a impugnação não há necessidade de garantia do juízo. Haverá necessidade da garantia quando começar a execução aparelhada. Na impugnação, o devedor poderá alegar uma ou mais das hipóteses dos incisos I a VI, do § 1º, que seguem. Dependendo do argumento utilizado, a sentença exequenda poderá ser anulada (inciso I); suspenso o procedimento para que o exequente indique a pessoa certa (inciso II); extinção do processo executório (inciso III); juiz determinará acertamentos (inciso IV); juiz determinará o acertamento (inciso V); juiz dar-se-á por incompetente e indicará o juiz competente (inciso VI); extinção do processo executório (inciso VII).

§ 1º Na impugnação, o executado poderá alegar:

I – falta ou nulidade da citação se, na fase de conhecimento, o processo correu à revelia;

II – ilegitimidade de parte;

III – inexequibilidade do título ou inexigibilidade da obrigação;

IV – penhora incorreta ou avaliação errônea;

V – excesso de execução ou cumulação indevida de execuções;

VI – incompetência absoluta ou relativa do juízo da execução;

VII – qualquer causa modificativa ou extintiva da obrigação, como pagamento, novação, compensação, transação ou prescrição, desde que supervenientes à sentença.

§ 2º A alegação de impedimento ou suspeição observará o disposto nos arts. 146 e 148.

Comentários: Haverá o incidente, observados os arts. 146 a 148. Se houver impedimento ou suspeição do juiz, outro será designado pelo tribunal; em caso negativo, o mesmo juiz prosseguirá.

§ 3º Aplica-se à impugnação o disposto no art. 229.

Art. 229. Os litisconsortes que tiverem diferentes procuradores, de escritórios de advocacia distintos, terão prazos contados em dobro para todas as suas manifestações, em qualquer juízo ou tribunal, independentemente de requerimento.

§ 1º Cessa a contagem do prazo em dobro se, havendo apenas 2 (dois) réus, é oferecida defesa por apenas um deles.

§ 2º Não se aplica o disposto no *caput* aos processos em autos eletrônicos.

§ 4º Quando o executado alegar que o exequente, em excesso de execução, pleiteia quantia superior à resultante da sentença, cumprir-lhe-á declarar de imediato o valor que entende correto, apresentando demonstrativo discriminado e atualizado de seu cálculo.

Comentários: Havendo alegação de excesso de execução, o impugnante deverá, desde logo, indicar o valor que considera correto, mediante memória discriminada com atualização dos cálculos.

§ 5º Na hipótese do § 4º, não apontado o valor correto ou não apresentado o demonstrativo, a impugnação será liminarmente rejeitada, se o excesso de execução for o seu único fundamento, ou, se houver outro, a impugnação será processada, mas o juiz não examinará a alegação de excesso de execução.

Este parágrafo deveria ter a seguinte redação:

Na hipótese do § 4º, o devedor deverá apresentar o valor que julgar correto, mediante demonstrativo com juros e correção atualizados, sob pena de preclusão. A preclusão não significa que os cálculos apresentados pelo credor estejam corretos. O juiz, na qualidade de guardião da coisa julgada, deverá preservá-la e se tiver dúvida deverá buscar alento numa perícia contábil.

Comentários: Diz o parágrafo que na ausência de indicação do valor que acha correto, a impugnação será rejeitada. Temos aqui uma erronia que vem se repetindo há várias décadas, sendo transformada em verdade pela repetição, como fazia Josef Paul Goebbels, ministro da propaganda de Hitler.

Vejamos! O juiz é o guardião da coisa julgada, na qualidade de *dominus processus*. A sentença transitada em julgado materialmente deve ser executada sem qualquer modificação para maior ou para menor. Se a parte não faz a impugnação do excesso de execução no prazo de 15 dias, haverá preclusão para a parte voltar a falar no assunto. Mas isso não transforma em verdade verdadeira o excesso de execução que existe. É da responsabilidade do juiz não deixar que a coisa julgada seja aviltada com o excesso de execução. Se o juiz tiver dúvidas, pode e deve nomear perito para fazer o levantamento correto. O que não pode é aceitar os cálculos com excesso como verdadeiros só porque não houve impugnação. Se agir assim, não estará cumprindo o seu dever de guardião da coisa julgada mas sim adotando o facilitário como forma de se livrar do processo, procedimento que não estaria de acordo com quem possui o poder de dizer o direito concedido pelo Estado. Lamentavelmente, o legislador, demonstrando incompetência e inapetência, deixou passar a oportunidade de corrigir a erronia que se transformou em verdade pela repetição e pela indolência de um introspectivo maior sobre o tema. O parágrafo 5º deveria ter a seguinte redação:

Na hipótese do § 4º, o devedor deverá apresentar o valor que julgar correto, mediante demonstrativo com juros e correção atualizados, sob pena de preclusão. A preclusão não significa que os cálculos apresentados pelo credor estejam corretos. O juiz, na qualidade de guardião da coisa julgada, deverá preservá-la e se tiver dúvida deverá buscar alento numa perícia contábil.

§ 6º A apresentação de impugnação não impede a prática dos atos executivos, inclusive os de expropriação, podendo o juiz, a requerimento do executado e desde que garantido o juízo com penhora, caução ou depósito suficientes, atribuir-lhe efeito suspensivo, se seus fundamentos forem relevantes e se o prosseguimento da execução for manifestamente suscetível de causar ao executado grave dano de difícil ou incerta reparação.

Comentários: O processo executório poderá fluir durante o processo impugnatório. Todavia, o juiz poderá atribuir o efeito suspensivo, se os argumentos apresentados forem relevantes, com possibilidade de causar prejuízos graves ao executado ou dano de difícil reparação, condicionada suspensão, todavia, à garantia do juízo.

§ 7º A concessão de efeito suspensivo a que se refere o § 6º não impedirá a efetivação dos atos de substituição, de reforço ou de redução da penhora e de avaliação dos bens;

Comentários: O efeito suspensivo não pode afetar o procedimento, *v. g.*, como substituição ou reforço de penhora e respectivas avaliações.

§ 8º Quando o efeito suspensivo atribuído à impugnação disser respeito apenas a parte do objeto da execução, esta prosseguirá quanto à parte restante.

Comentários: Este parágrafo poderia ser um inciso do § 6º.

§ 9º A concessão de efeito suspensivo à impugnação deduzida por um dos executados não suspenderá a execução contra os que não impugnaram, quando o respectivo fundamento disser respeito exclusivamente ao impugnante.

Comentários: Os efeito da impugnação só atinge o seu autor, quando os fundamentos utilizados digam respeito apenas ao autor da impugnação.

§ 10. Ainda que atribuído efeito suspensivo à impugnação, é lícito ao exequente requerer o prosseguimento da execução, oferecendo e prestando, nos próprios autos, caução suficiente e idônea a ser arbitrada pelo juiz.

Comentários: Código sancionado inova nesta parte ao possibilitar o prosseguimento da execução, mesmo havendo efeito suspensivo, desde que o exequente garanta possíveis prejuízos futuros, mediante caução idônea a ser arbitrada pelo juiz.

§ 11. As questões relativas a fato superveniente ao término do prazo para apresentação da impugnação, assim como aquelas relativas à validade e à adequação da penhora, da avaliação e dos atos executivos subsequentes, podem ser arguidas por simples petição, tendo o executado, em qualquer dos casos, o prazo de 15 (quinze) dias para formular esta arguição, contado da comprovada ciência do fato ou da intimação do ato.

Comentários: O parágrafo é oportuno. São temas que podem ser resolvidos por simples petição, como excesso de penhora, com prazo de 15 dias.

§ 12. Para efeito do disposto no inciso III do § 1º deste artigo, considera-se também inexigível a obrigação reconhecida em título executivo judicial fundado em lei ou ato normativo considerado inconstitucional pelo Supremo Tribunal Federal, ou fundado em aplicação ou interpretação da lei ou do ato normativo tido pelo Supremo Tribunal Federal como incompatível com a Constituição Federal, em controle de constitucionalidade concentrado ou difuso.

Comentários: É inexequível e inexigível a obrigação reconhecida contida em título judicial com base em lei ou ato normativo, quando considerado inconstitucional pela Excelsa Corte ou mesmo quando estribado em interpretação de lei ou de ato normativo, que o STF considerou incompatível com preceitos constitucionais por meio de controle de constitucionalidade concentrado ou difuso. Isso significa que o STF é quem diz a última palavra sobre matéria constitucional. Vale aqui o princípio da hierarquia das normas.

§ 1º – III – inexequibilidade do título ou inexigibilidade da obrigação;

§ 13. No caso do § 12, os efeitos da decisão do Supremo Tribunal Federal poderão ser modulados no tempo, em atenção à segurança jurídica.

Comentários: O direito é uma ciência dinâmica e que se modifica de conformidade com a realidade. A realidade de ontem poderá não ser a mesma de hoje e, seguramente, não será a mesma de amanhã. Embora as decisões da Excelsa Corte firmem conceito de verdade interpretativa para todas as demais jurisdições em matéria constitucional, a dinâmica da vida poderá levar a Corte a modificar o seu entendimento para prevenir a segurança jurídica ou econômica. Para tanto, devemos ter em mente que o Supremo Tribunal Federal é uma Corte jurídica e política. Já tivemos caso, como o da cobrança de previdência dos aposentados, em que o ato jurídico perfeito e o direito adquirido foram deixados de lado pela maioria. Temos para nós que esse tipo de comportamento interpretativo traz mais insegurança jurídica do que segurança. No caso, enfraqueceram-se cânones constitucionais do ato jurídico perfeito e do direito adquirido para engordar o "caixa do governo". Daí a insegurança jurídica que é transmitida aos jurisdicionados.

§ 14. A decisão do Supremo Tribunal Federal referida no § 12 deve ser anterior ao trânsito em julgado da decisão exequenda.

Comentários: Neste caso, habilmente, foi preservado o princípio da não retroatividade da lei. Entendimento contrário seria premiar a insegurança jurídica.

§ 15. Se a decisão referida no § 12 for proferida após o trânsito em julgado da decisão exequenda, caberá ação rescisória, cujo prazo será contado do trânsito em julgado da decisão proferida pelo Supremo Tribunal Federal.

Comentários: Temos aqui uma espécie de retroatividade, onde o julgamento posterior da Excelsa Corte, embora não considere inexigível, a coisa julgada formada anteriormente, admite que a parte possa manejar a ação rescisórias, cujo prazo decadencial será contado a partir do trânsito em julgado da decisão proferida no Supremo Tribunal Federal. Em suma: "A" ajuíza ação contra "B". O autor teve sucessso em todas as jurisdições percorridas e veio a transitar em julgado em decisão proferida em recurso especial no Superior Tribunal de Justiça. Posteriormente, decorridos alguns anos, a Excelsa Corte considerou inconstitucional a norma que serviu de base ao sucesso do autor. O parágrafo sob comento permite que a parte se utilize da ação rescisória para desconstituir a coisa julgada com suporte na decisão do Supremo. E mais. O prazo decadencial não será aquele do trânsito em julgado da setença exequenda, mas a contagem do prazo passará a correr do trânsito em julgado da decisão proferida pelo Supremo que poderá ocorrer 10 (dez) anos depois ou mais. Se a parte ainda não conseguiu executar, certamente não mais o fará. E se já executou a decisão exequenda? O parágrafo não diz.

Em síntese: O parágrafo afronta as regras que informam a decadência rescidória e, numa espécie de malabarismo surrealista, cria duas formas de contagem de prazo. Para as ações que não envolvam o § 12º, art. 525, a contagem do prazo será de 2 (dois) anos do trânsito em julgado da ação; se a rescisória for com escudo no § 12º do art. 525, a contagem do prazo será de 2 (dois), mas terá início do trânsito em julgado do julgamento do Supremo. Isso significa que enquanto não ocorrer a decadência sobre a decisão do STF, haverá a possibilidade da desconstituição da coisa julgada de centenas ou milhares de decisões transitadas em julgadas a 10 ou 20 anos, já que Excelsa Corte não há pressa para o julgamento de matéria constitucional, pois que a ADIN não tem previsão legal para julgamento. O parágrafo, decerto, poderá ser considerado inconstitucional, posto que afronta diretamente o inciso XXXVI, do art. 5º da Constituição Federal, ao arrostar a intangibilidade da coisa julgada, caracterizando uma exceção. O parágrafo carreia a insegurança no meio jurídico, entre os juridicionados, pois transforma a rescisória numa espécie de FENIX que renasce das cinzas. Decorrida o prazo decadencial da coisa julgada da decisão exequenda, tem-se formada a decadência e esta não pode renascer. Entedimento contrário afronta o princípio da SEGURANÇA JURÍDICA.

Art. 525

§ 12. Para efeito do disposto no inciso III do § 1º deste artigo, considera-se também inexigível a obrigação reconhecida em título executivo judicial fundado em lei ou ato normativo considerado inconstitucional pelo Supremo Tribunal Federal, ou fundado em aplicação ou interpretação da lei ou do ato normativo tido pelo Supremo Tribunal Federal como incompatível com a Constituição Federal, em controle de constitucionalidade concentrado ou difuso.

15. Se a decisão referida no §12 for proferida após o trânsito em julgado da decisão exequenda, caberá ação recisória, cujo prazo será contato do trânsito em julgado da decisão proferida pelo Supremo Tribunal Federal.

Art. 535 repede os preceitos do art. 525.

§ 5º Para efeito do disposto no inciso III do *caput* deste artigo, considera-se também inexigível a obrigação reconhecida em título executivo judicial fundado em lei ou ato normativo considerado inconstitucional pelo Supremo Tribunal Federal, ou fundado em aplicação ou interpretação da lei ou do ato normativo tido pelo Supremo Tribunal Federal como incompatível com a Constituição Federal, em controle de constitucionalidade concentrado ou difuso.

§ 7º A decisão do Supremo Tribunal Federal referida no § 5º deve ter sido proferida antes do trânsito em julgado da decisão exequenda.

Prazo para rescisória

Art. 975. O direito à rescisão se extingue em 2(dois) anos contados do trânsito em julgado da última decisão proferida no processo.

Alteração no relatório geral

Art. 511. No prazo para o pagamento voluntário, independentemente de penhora, o executado poderá apresentar impugnação nos próprios autos, cabendo nela arguir:

Comentários: Ver do artigo 525 comentado acima.

Art. 525. Transcorrido o prazo previsto no art. 523 sem o pagamento voluntário, inicia-se o prazo de 15 (quinze) dias para que o executado, independentemente de penhora ou nova intimação, apresente, nos próprios autos, sua impugnação.
II – ilegitimidade de parte;
III – inexigibilidade do título.

Comentários: A garantia do juízo é procedimento que abre as portas para a impugnação do devedor, mas também é um fator que desacoroçoa a impugnação protelatória. O art. 511 ao dispensar a penhora oportuniza a impugnação protelatória, pois ao usar do remédio processual estará exercitando um direito que a lei lhe concede sem que garanta o juízo. Não há clima para dizer que a impugnação é protelatória. O artigo sob comento será certamente um incentivo à procrastinação, pois se traduz em meio hábil legal para frear o andamento da execução. Mais um vez vem apelo aos ensinamentos de Carlos Maximiliano (ob.cit.p. 261): "Altere-se o menos possível o que sempre foi interpretado do mesmo modo".

Do inciso II – ilegitimidade de parte

A ilegitimidade de parte somente poderá ser alegada por quem não faz parte do processo, quando a execução foi dirigida contra um terceiro que não faz parte dos limites subjetivos da coisa julgada. Se fizer parte dos limites subjetivos da coisa julgada, a matéria sequer foi alegada no processo de conhecimento ou foi alegada e descartada. Se o tema transitou em julgado, somente por meio de ação rescisória poderá obter a desconstituição, não evidentemente por meio de simples impugnação. O *caput* se refere expressamente ao "executado". Não pode a simples impugnação ter corte rescisório e atingir a coisa julgada. O remédio processual é inadequado e sem conteúdo programático capaz de desdizer a *res judicata*.

§ 4º As questões relativas à validade e à adequação da penhora, da avaliação e dos atos executivos subsequentes podem ser arguidas pelo executado por simples petição.

Comentários: Este § 4º encampou o entendimento doutrinário e jurisprudencial praticamente unânime de que a impugnação sobre a penhora, valor, impenhorabilidade, excesso etc., poderá ser feita por simples petição nos autos.

Código sancionado

Ver comentário ao art. 523.

Alteração no relatório geral

Art. 512. É lícito ao devedor, antes de ser intimado para o cumprimento da sentença, comparecer em juízo e oferecer em pagamento o valor que entender devido, apresentando memória discriminada do cálculo.

§ 1º O credor será ouvido no prazo de cinco dias, podendo impugnar o valor depositado, sem prejuízo do levantamento do depósito a título de parcela incontroversa.

§ 2º Concluindo o juiz pela insuficiência do depósito, sobre a diferença incidirá multa de dez por cento e honorários advocatícios, seguindo-se a execução com penhora e atos subsequentes.

3º Se o credor não opuser objeção, o juiz declarará satisfeita a obrigação e extinto o processo.

Comentários: A relatoria incluiu o *caput* que não faz parte do Projeto de Lei do Senado n. 166/2010. É uma novidade na sistemática atual. Dá oportunidade ao devedor, antes de ser intimado dos cálculos de liquidação, de apresentar os cálculos que ache corretos e ao mesmo tempo efetuar o depósito do respectivo valor, mediante memória discriminada. A iniciativa é salutar. Essa possibilidade já está prevista no Código Civil, isto é, a iniciativa do devedor em pagar a dívida (art. 304).

De conformidade com o § 1º, o credor será ouvido no prazo de cinco dias, ocasião em que poderá impugnar o valor depositado, sem prejuízo do levantamento do valor, o qual será considerado parcela incontroversa já que o devedor confessa dever aquele valor. Ao efetuar o saque o devedor estará dando quitação daquele valor. O credor poderá concordar com o devedor no sentido de que o valor apresentado é o correto para a quitação da obrigação ou poderá não concordar, prosseguindo a execução pela diferença. Se o juiz chegar à conclusão de que o crédito do credor é maior, declarará a insuficiência do depósito. Nesse caso, a multa de 10% será aplicada de ofício e de imediato sobre o saldo devedor com juros e correção monetária e pagamento de honorários advocatícios, periciais e outras despesas que houver, prosseguindo-se na execução, com penhora e demais atos, como edital, hasta pública etc.

Pelo § 3º, se o credor não apresentar objeção, o juiz declarará a obrigação satisfeita e extinguirá a execução.

As regras do art. 512 têm aplicação no processo do trabalho. Será um meio de o hipossuficiente receber o valor do seu crédito ou de parte dele de forma mais rápida.

Código sancionado

Art. 526. É lícito ao réu, antes de ser intimado para o cumprimento da sentença, comparecer em juízo e oferecer em pagamento o valor que entender devido, apresentando memória discriminada do cálculo.

§ 1º O autor será ouvido no prazo de 5 (cinco) dias, podendo impugnar o valor depositado, sem prejuízo do levantamento do depósito a título de parcela incontroversa.

§ 2º Concluindo o juiz pela insuficiência do depósito, sobre a diferença incidirão multa de dez por cento e honorários advocatícios, também fixados em dez por cento, seguindo-se a execução com penhora e atos subsequentes.

§ 3º Se o autor não se opuser, o juiz declarará satisfeita a obrigação e extinguirá o processo.

Art. 526. É lícito ao réu, antes de ser intimado para o cumprimento da sentença, comparecer em juízo e oferecer em pagamento o valor que entender devido, apresentando memória discriminada do cálculo.

Comentários: A parte poderá adiantar-se à execução e cumprir a sentença integralmente ou parcialmente. Se não concordar com o valor total deverá dizer qual valor que entende correto com a devida memória de cálculos. Esse valor confessado não poderá mais ser objeto de dicussão.

§ 1º O autor será ouvido no prazo de 5 (cinco) dias, podendo impugnar o valor depositado, sem prejuízo do levantamento do depósito a título de parcela incontroversa.

Comentários: O autor terá cinco dias para dizer se concorda com o pagamento. Se concordar com o valor, extingue-se o processo; se o receber a título de pagamento parcial, prosseguirá a execução quanto ao resante.

§ 2º Concluindo o juiz pela insuficiência do depósito, sobre a diferença incidirão multa de dez por cento e honorários advocatícios, também fixados em dez por cento, seguindo-se a execução com penhora e atos subsequentes.

Comentários: Se o juiz concluir pela insufiçiÊncia do depósito, imporá multa de 10 (dez) por cento e honorários advocatícios fixados em 10 (dez) por cento, tudo sobre a diferença. Seguirá a execução quanto ao restante com a garantia do juízo e praça ou leilão.

§ 3º Se o autor não se opuser, o juiz declarará satisfeita a obrigação e extinguirá o processo.

Nota: O uso do termo autor está incorreto. Estamos na fase executória e a terminologia correta seria devedor ou executado.

Art. 527. Aplicam-se as disposições deste Capítulo ao cumprimento provisório da sentença, no que couber.

Comentários: As disposições do art. 526 são aplicadas no cumprimento da sentença em sede provisória.

O Código sancionado adotou a redação do art. 512 da relatoria. Reportam-nos aos comentários ao art. 512 e parágrafos.

Redação da Comissão Técnica de Apoio

Art. 500. Não sendo satisfeita a obrigação, poderá o credor requerer a intimação do devedor para, em três dias, efetuar o pagamento, provar que o fez ou justificar a impossibilidade de efetuá-lo, sob pena de prisão pelo prazo de um a três meses.

§ 1º O cumprimento da pena referida no *caput* não exime o devedor do pagamento das prestações vencidas e vincendas; satisfeita a prestação alimentícia, o juiz suspenderá o cumprimento da ordem de prisão.

§ 2º Não requerida a execução nos termos desta Seção, observar-se-á o disposto no art. 495.

Alteração no relatório geral

Art. 514. No cumprimento de sentença que condena ao pagamento de prestação alimentícia ou de decisão interlocutória que fixa alimentos, o juiz mandará intimar pessoalmente o devedor para, em três dias, efetuar o pagamento das parcelas anteriores ao início da execução e das que se vencerem no seu curso, provar que o fez ou justificar a impossibilidade de efetuá-lo.

§ 1º Se o devedor não pagar, nem se escusar, o juiz decretar-lhe-á a prisão pelo prazo de um a três meses.

§ 2º O cumprimento da pena não exime o devedor do pagamento das prestações vencidas e vincendas.

§ 3º Paga a prestação alimentícia, o juiz suspenderá o cumprimento da ordem de prisão.

Comentários: O *caput* da relatoria está mais próximo da realidade e rende mesura ao princípio de economia processual e de celeridade. O *caput* da comissão de juristas ainda conserva um certo ranço de prestigiar em demasia o princípio dispositivo ao exigir que o credor requeira a intimação do devedor. Já pelo *caput* da relatoria, o juiz determinará a intimação pessoal do devedor para pagamento das parcelas anteriores ao início da execução em três dias e das que se vencerem no curso do processo. Os parágrafos foram colocados de forma mais didática.

Código sancionado

Art. 528. No cumprimento de sentença que condene ao pagamento de prestação alimentícia ou de decisão interlocutória que fixe alimentos, o juiz, a requerimento do exequente, mandará intimar o executado pessoalmente para, em 3 (três) dias, pagar o débito, provar que o fez ou justificar a impossibilidade de efetuá-lo.

Comentários: A pensão alimentícia tem natureza jurídica alimentar, motivo pelo qual não pode nem deve a prestação ser atrasada. Em se materializando a hipótese, a parte inadimplente terá o prazo de 3 (três) dias para quitar o débito, provar que o fez ou justificar a impossibilidade de efetuá-lo. As consequências da inadimplência poderão ser funestas, razão pela qual a lei age com severidade no § 3º.

§ 1º Caso o executado, no prazo referido no *caput*, não efetue o pagamento, não prove que o efetuou ou não apresente justificativa da impossibilidade de efetuá-lo, o juiz mandará protestar o pronunciamento judicial, aplicando-se, no que couber, o disposto no art. 517.

Código sancionado

Art. 517. A decisão judicial transitada em julgado poderá ser levada a protesto, nos termos da lei, depois de transcorrido o prazo para pagamento voluntário previsto no art. 523.

§ 1º Para efetivar o protesto, incumbe ao exequente apresentar certidão de teor da decisão.

§ 2º A certidão de teor da decisão deverá ser fornecida no prazo de 3 (três) dias e indicará o nome e a qualificação do exequente e do executado, o número do processo, o valor da dívida e a data de decurso do prazo para pagamento voluntário.

§ 3º O executado que tiver proposto ação rescisória para impugnar a decisão exequenda pode requerer, a suas expensas e sob sua responsabilidade, a anotação da propositura da ação à margem do título protestado.

§ 4º A requerimento do executado, o protesto será cancelado por determinação do juiz, mediante ofício a ser expedido ao cartório, no prazo de 3 (três) dias, contado da data de protocolo do requerimento, desde que comprovada a satisfação integral da obrigação.

Comentários: O § 1º é uma inovação boa, porque dá publicidade da inadimplência do mau pagador. Embora o juiz faça a determinação de ofício, o credor é quem deverá providenciar toda a documentação necessária junto ao cartório, que terá o prazo de 3 (três) dias para providenciar.

§ 2º Somente a comprovação de fato que gere a impossibilidade absoluta de pagar justificará o inadimplemento.

Comentários: O § 2º não é claro ao exigir a comprovação de fato da impossibilidade de honrar a obrigação e justificar a inadimplência. Seria um motivo insuperável, v. g., quando o devedor foi acometido de doença grave e não está ligado à previdência. Se estiver ligado à previdência, recebendo pensão, poderá contribuir para o sustento da prole, ainda que com importância menor. Há que se ter muito cuidado, pois as espertezas não têm limite. Existem casos em que o devedor deixa o emprego, no qual era descontado o valor da pensão, só para não pagá-la. A perde de emprego não me parece causa que dê suporte à inadimplência. Se perdeu o emprego, deverá repartir o seguro-desemprego para o sustento da prole; decorrido o prazo, quando não mais receberá o seguro, deve trabalhar como autônomo. Seguramente haverá aquele devedor que não irá arranjar trabalho para não pagar e, ainda, espezinhar a mulher.

§ 3º Se o executado não pagar ou se a justificativa apresentada não for aceita, o juiz, além de mandar protestar o pronunciamento judicial na forma do § 1º, decretar-lhe-á a prisão pelo prazo de 1 (um) a 3 (três) meses.

Comentários: Embora a jurisprudência firmada na Súmula 309 do STJ seja no sentido de que a prisão abrangeria os últimos três meses da inadimplência, o parágrafo sob comento não faz qualquer referência, transmitindo a impressão de que a prisão poderá ser decretada logo no primeiro mês de inadimplência. A interpretação da lei não pode ser leniente com o devedor: em três meses o infante pode morrer de inanição! Todavia, o § 7º adota a Súmula 309 do STJ e permite a prisão após a soma de três prestações alimentícias.

Súmula 309 – "O débito alimentar que autoriza a prisão civil do alimentante é o que compreende as três prestações anteriores ao ajuizamento da execução e as que vencerem no curso do processo."

§ 4º A prisão será cumprida em regime fechado, devendo o preso ficar separado dos presos comuns.

Comentários: O § 4º tem em mira a segurança do devedor. Existe nos presídios um código de honra: não toleram aqueles que maltratam menores ou idosos.

§ 5º O cumprimento da pena não exime o executado do pagamento das prestações vencidas e vincendas.

Comentários: O cumprimento da pena não libera o devedor da prestação alimentícia. Se assim fosse, certamente muitos usariam dessa saída para não mais pagar. A prisão inicial não libera o devedor de outras prisões por inadimplência.

§ 6º Paga a prestação alimentícia, o juiz suspenderá o cumprimento da ordem de prisão.

Comentários: Paga a pensão alimentícia, desaparece o fato gerador que dava suporte à prisão, dando oportunidade para que o juiz suspenda o cumprimento da ordem de prisão.

§ 7º O débito alimentar que autoriza a prisão civil do alimentante é o que compreende até as 3 (três) prestações anteriores ao ajuizamento da execução e as que se vencerem no curso do processo.

Comentários: Este parágrafo esclarece o § 3º. Poderia ter sido feito no próprio § 3º. Remetemos aos comentários deste.

§ 8º O exequente pode optar por promover o cumprimento da sentença ou decisão desde logo, nos termos do disposto neste Livro, Título II, Capítulo III, caso em que não será admissível a prisão do executado, e, recaindo a penhora em dinheiro, a concessão de efeito suspensivo à impugnação não obsta a que o exequente levante mensalmente a importância da prestação.

Comentários: O exequente poderá optar entre executar a sentença imediatamente e nesse caso não será admissível a prisão do executado. Se a penhora recair em dinheiro, ainda que o juiz haja concedido o efeito suspensivo à impugnação, isso não impede que o exequente levante mensalmente a importância da prestação. Correto. Tratando-se de pensão alimentícia, os filhos menores necessitam de alimentação a tempo e a hora, para que não sofram consequências deletérias que poderão influir em toda a sua vida. Sabe-se que é nos primeiros anos que o cérebro se compõe e o infante necessita de alimentos.

§ 9º Além das opções previstas no art. 516, parágrafo único, o exequente pode promover o cumprimento da sentença ou decisão que condena ao pagamento de prestação alimentícia no juízo de seu domicílio.

Alteração no relatório geral

Art. 515. Quando o devedor for funcionário público, militar, diretor ou gerente de empresa, bem como empregado sujeito à legislação do trabalho, o exequente poderá requerer o desconto em folha de pagamento da importância da prestação alimentícia.

§ 1º Ao despachar a inicial, o juiz oficiará à autoridade, à empresa ou ao empregador, determinando, sob pena de crime de desobediência, o desconto a partir da primeira remuneração posterior do executado, a contar do protocolo do ofício;

§ 2º O ofício conterá os nomes e o número de inscrição no cadastro de pessoas físicas do exequente e do executado, a importância a ser descontada mensalmente, o tempo de sua duração e a conta na qual deva ser feito o depósito.

Comentários: Artigo incluído, oportuno e didático. Oportuniza o cumprimento de obrigação de fazer, colocando a determinação em folha para o pagamento mensal e deixa expressa, o que a autoridade pública, a empresa ou o empregador poderá responder pelo crime de obediência. Melhor seria que se utilizasse das astreintes, por dia de atraso no cumprimento, sem prejuízo do crime de desobediência.

A redação seria:

§ 1º Ao despachar a inicial, o juiz oficiará à autoridade, à empresa ou ao empregador, determinando, sob pena de crime de desobediência, o desconto a partir da primeira remuneração posterior do executado, a contar do protocolo do ofício, PENA DE COMINAÇÃO PECUNIÁRIA DE "x", POR DIA DE ATRASO.

Código sancionado

Art. 529. Quando o executado for funcionário público, militar, diretor ou gerente de empresa ou empregado sujeito à legislação do trabalho, o exequente poderá requerer o desconto em folha de pagamento da importância da prestação alimentícia.

Comentários: A redação diz o mesmo do art. 515 da relatoria com outras palavras, conservando o conteúdo. Poderá o credor requerer que seja posto na folha de pagamento quando o executado for funcionário público, militar, diretor ou gerente de empresa ou empregado sujeito à legislação trabalhista.

§ 1º Ao proferir a decisão, o juiz oficiará à autoridade, à empresa ou ao empregador, determinando, sob pena de crime de desobediência, o desconto a partir da primeira remuneração posterior do executado, a contar do protocolo do ofício.

Comentários: Este §1º deveria ser mais incisivo e ter a seguinte redação:

§ 1º Ao despachar a inicial, o juiz oficiará à autoridade, à empresa ou ao empregador, determinando, sob pena de crime de desobediência, o desconto a partir da primeira remuneração posterior do executado, a contar do protocolo do ofício, PENA DE COMINAÇÃO PECUNIÁRIA DE "x", POR DIA DE ATRASO.

§ 2º O ofício conterá o nome e o número de inscrição no Cadastro de Pessoas Físicas do exequente e do executado, a importância a ser descontada mensalmente, o tempo de sua duração e a conta na qual deve ser feito o depósito.

Comentários: São informações que deveriam fazer parte do § 1º, didaticamente, por meio de incisos, sem necessidade do § 2º. Em outras oportunidades tem-se aumentado o número de parágrafos indevidamente, quando a matéria poderia e deveria ser reunida. Precisou-se de dois parágrafos para compor a petição inicial, sem necessidade.

§ 3º Sem prejuízo do pagamento dos alimentos vincendos, o débito objeto de execução pode ser descontado dos rendimentos ou rendas do executado, de forma parcelada, nos termos do *caput* deste artigo, contanto que, somado à parcela devida, não ultrapasse cinquenta por cento de seus ganhos líquidos.

Comentários: Este parágrafo piora a situação do pagamento de crédito atrasado referente a pensão alimentícia ao fixar de forma parcelada e limitando cada parcela a 50% do ganho líquido, quando comparado com o previsto no art. 649, inciso IV e § 2º, do Código em vigor. A norma em vigor não levou em consideração os valores dos ganhos previstos no inciso IV e pior, errou, já que o valor percebido mensalmente poderá ser diminuto, erronia que vem sendo superada pelas decisões judiciais. Já no Código novo também houve erronia ao firmar regra geral de desconto de 50%, sem levar em conta o valor que traduz renda vitalícia de cada mês. Ora, se a renda mensal for de valor considerável que baste aos gastos normais de sobrevivência familiar, não existe razão para a fixação em 50%, já que a sobra o devedor vai colocar em poupança ou adquirir outros bens, enquanto a verba alimentar fica postergada. Por isso, o parágrafo deve ser interpretado dentro do princípio de razoabilidade. Se a renda mensal for de valor que baste à família e ainda determine sobras razoáveis, não haverá razão para postergar-se o pagamento do débito atrasado. Os §§ 3º e 4º do art. 516 da relatoria direcionava melhor a matéria.

Alteração no relatório geral

Art. 516. Não requerida a execução nos termos deste Capítulo, observar-se-á o disposto nos arts. 509 a 513, com a ressalva de que, recaindo a penhora em dinheiro, a concessão de efeito suspensivo à impugnação não obsta a que o exequente levante mensalmente a importância da prestação.

Comentários: Em se tratando de penhora em dinheiro, ainda que haja a concessão de efeito suspensivo, isto não obstará que o exequente levante mensalmente a importância da prestação. Artigo é oportuno, uma vez que se trata de verba alimentar destinada à sobrevivência do infante. O efeito suspensivo, sem a exceção liberatória, poderia ser usado pelo devedor para procrastinar o processo e livrar-se do pagamento imediato, com efeitos deletérios aos alimentandos. Pelo artigo 517 da relatoria, as mesmas regras são aplicadas aos alimentos provisórios.

Código sancionado

Art. 528

§ 8º O exequente pode optar por promover o cumprimento da sentença ou decisão desde logo, nos termos do disposto neste Livro, Título II, Capítulo III, caso em que não será admissível a prisão do executado, e, recaindo a penhora em dinheiro, a concessão de efeito suspensivo à impugnação não obsta a que o exequente levante mensalmente a importância da prestação.

Comentários: O art. 516 da relatoria foi resolvido no § 8º do art. 528. Remetemos aos comentários do art. 516 da relatoria e do § 8º do novo Código.

Redação da Comissão Técnica de Apoio

Art. 501. Na ação de cumprimento de obrigação de pagar quantia devida pela Fazenda Pública, transitada em julgado a sentença ou a decisão que julgar a liquidação, o autor apresentará demonstrativo discriminado e atualizado do crédito. Intimada a Fazenda Pública, esta poderá, no prazo de um mês, demonstrar:

§ 1º Quando se alegar que o credor, em excesso de execução, pleiteia quantia superior à resultante do título, cumprirá à devedora declarar de imediato o valor que entende correto, sob pena de não conhecimento da arguição.

§ 2º Não impugnada a execução ou rejeitadas as alegações da devedora, expedir-se-á, por intermédio do presidente do tribunal competente, precatório em favor do credor, observando-se o disposto no art. 100 da Constituição da República.

§ 3º Tratando-se de obrigação de pequeno valor, nos termos da Constituição da República e reconhecida por sentença transitada em julgado, o pagamento será realizado no prazo de dois meses contados da entrega da requisição do débito, por ordem do juiz, à autoridade citada para a causa, na agência mais próxima de banco oficial, independentemente de precatório.

§ 4º Na execução por precatório, caso reste vencido o prazo de seu cumprimento, seja omitido o respectivo valor do orçamento ou, ainda, seja desprezado o direito de precedência, o presidente do tribunal competente deverá, a requerimento do credor, determinar o sequestro de recursos financeiros da entidade executada, suficientes à satisfação da prestação.

Redação da relatoria

Art. 520. A Fazenda Pública será intimada para, querendo, no prazo de trinta dias e nos próprios autos, impugnar a execução, cabendo nela arguir:

....

§ 1º Quando se alegar que o exequente, em excesso de execução, pleiteia quantia superior à resultante do título, cumprirá à executada declarar de imediato o valor que entende correto, sob pena de não conhecimento da arguição.

§ 2º Não impugnada a execução ou rejeitadas as arguições da executada:

I – expedir-se-á por intermédio do presidente do tribunal competente, precatório em favor do exequente, observando-se o disposto na Constituição da República;

II – por ordem do juiz, dirigida à autoridade citada para a causa, o pagamento de obrigação de pequeno valor será incompatível com a Constituição da República em controle concentrado de constitucionalidade ou quando a norma tiver sua execução suspensa pelo Senado Federal.

§ 3º Tratando-se de impugnação parcial, a parte não questionada pela executada será, desde logo, objeto de cumprimento.

4º Para efeito do disposto no inciso III do *caput* deste artigo, considera-se também inexigível o título judicial fundado em lei ou ato normativo declarados inconstitucionais pelo Supremo Tribunal Federal, ou fundado em aplicação ou interpretação da lei ou ato normativo tidos pelo Supremo Tribunal Federal como realizado no prazo de sessenta dias contados da entrega da requisição, mediante depósito na agência mais próxima de banco oficial.

Comentários: O pequeno valor tratado no § 3º do art. 501 da comissão e no inciso II do art. 2º do art. 520 da relatoria, enquanto a Comissão dava o prazo de dois meses (melhor seria dizer 60 dias) para as obrigações de pequeno valor, o inciso II do § 2º da relatoria complica a redação para o pequeno valor trazendo tema estranho ao cumprimento. Perde a oportunidade de fixar prazo. No § 3º restringe o pagamento, desde logo, imediato, somente quando a impugnação for parcial. A impugnação total restou ao reduto terciário. Melhor seria a redação do § 3º da Comissão de juristas.

O § 4º da Comissão foi substituído pela relatoria por outro tema, fugindo à discussão. A redação da relatoria piora a situação numa defesa incompreensível do Poder Público, useiro e vezeiro em burlar o cumprimento de precatórios e o não cumprimento do pagamento de pequenos valores. A redação da Comissão era profilática admitindo o sequestro. A explicação lógica está em que todo político sonha um dia ser prefeito da sua cidade, governador do seu estado ou mesmo presidente. Os precatórios têm ficado para as calendas.

§ 4º Na execução por precatório, caso reste vencido o prazo de seu cumprimento, seja omitido o respectivo valor do orçamento ou, ainda, seja desprezado o direito de precedência, o presidente do tribunal competente deverá, a requerimento do credor, determinar o sequestro de recursos financeiros da entidade executada suficientes à satisfação da prestação.

Código sancionado

Art. 535. A Fazenda Pública será intimada na pessoa de seu representante judicial, por carga, remessa ou meio eletrônico, para, querendo, no prazo de 30 (trinta) dias e nos próprios autos, impugnar a execução, podendo arguir:

I – falta ou nulidade da citação se, na fase de conhecimento, o processo correu à revelia;

II – ilegitimidade de parte;

III – inexequibilidade do título ou inexigibilidade da obrigação;

IV – excesso de execução ou cumulação indevida de execuções;

V – incompetência absoluta ou relativa do juízo da execução;

VI – qualquer causa modificativa ou extintiva da obrigação, como pagamento, novação, compensação, transação ou prescrição, desde que supervenientes ao trânsito em julgado da sentença.

§ 1º A alegação de impedimento ou suspeição observará o disposto nos arts. 146 e 148.

Comentários: Têm-se aqui os requisitos para a Fazenda Pública fazer impugnação no prazo de 30 dias, prazo que sempre reputamos excessivo para quem conta com um aparato legal pago pelo contribuinte e que poderia perfeitamente responder no prazo normal de qualquer jurisdicionado. Há um excesso de privilégios.

§ 2º Quando se alegar que o exequente, em excesso de execução, pleiteia quantia superior à resultante do título, cumprirá à executada declarar de imediato o valor que entende correto, sob pena de não conhecimento da arguição.

Comentários: Ao alegar excesso de execução, deverá a Fazenda Pública declarar qual o valor que julga correto. Dito isso, o tema não mais será objeto de discussão.

§ 3º Não impugnada a execução ou rejeitadas as arguições da executada:

I – expedir-se-á, por intermédio do presidente do tribunal competente, precatório em favor do exequente, observando-se o disposto na Constituição Federal;

II – por ordem do juiz, dirigida à autoridade na pessoa de quem o ente público foi citado para o processo, o pagamento de obrigação de pequeno valor será realizado no prazo de 2 (dois) meses contado da entrega da requisição, mediante depósito na agência de banco oficial mais próxima da residência do exequente.

Comentários: Os §§ 1º e 2º poderiam compor um único inciso. Dizem respeito ao precatório e a obrigação de pequeno valor. Do ponto de vista crítico, podemos dizer que a Fazenda Pública, de todos os níveis, está acostumada a não cumprir a lei e contar com a leniência do Poder Legislativo e também Supremo Tribunal Federal que raras vezes usou da prerrogativa de afastar o governante pela inadimplência continuada, procedendo à intervenção.

§ 4º Tratando-se de impugnação parcial, a parte não questionada pela executada será, desde logo, objeto de cumprimento.

Comentários: A parte não impugnada torna-se preclusa e não poderá mais ser discutida, devendo ser cumprida.

§ 5º Para efeito do disposto no inciso III do *caput* deste artigo, considera-se também inexigível a obrigação reconhecida em título executivo judicial fundado em lei ou ato normativo considerado inconstitucional pelo Supremo Tribunal Federal, ou fundado em aplicação ou interpretação da lei ou do ato normativo tido pelo Supremo Tribunal Federal como incompatível com a Constituição Federal, em controle de constitucionalidade concentrado ou difuso. Ver art. 525, § 15º.

Comentários: Tem-se aqui a inexigibilidade do crédito, desde que a obrigação tenha sido reconhecida em título executivo judicial com escudo em lei ou ato normativo considerado inconstitucional pelo STF ou tenha sido assim declarado em interpretação de lei ou de ato normativo pela Excelsa Corte em controle de constitucionalidade concentrado ou difuso. Todavia, o reconhecimento deverá ter sido feito antes do trânsito em julgado da decisão executória, face a aplicação do princípio da irretroatividade da lei. Como o STF funciona com duas Turmas, seria de bom alvitre que o resultado fosse de julgamento do Pleno. Já tivemos caso em que as duas Turmas divergiram na apreciação do FGTS. Ver comentários ao § 8º. Ver comentários ao § 15º do art. 525.

§ 6º No caso do § 5º, os efeitos da decisão do Supremo Tribunal Federal poderão ser modulados no tempo, de modo a favorecer a segurança jurídica.

Comentários: A realidade se modifica com o tempo. A verdade jurídica de ontem pode não ser mais a de hoje e, seguramente, não será a verdade de amanhã. A Excelsa Corte, como todas as demais Cortes judiciais, deve caminhar rente com a realidade, sob pena de ficar defasada no tempo. O direito é uma ciência dinâmica e a interpretação, tal como a doutrina, deve seguir esse mesma linha de dinamismo. Ontem as nações eram isoladas; hoje o mundo apequenou-se e nos comunicamos com qualquer parte do planeta em segundos. Essa é a realidade do terceiro milênio. Essa é a realidade que deve inspirar a interpretação.

§ 7º *A decisão do Supremo Tribunal Federal referida no § 5º deve ter sido proferida antes do trânsito em julgado da decisão exequenda.* Ver comentários do art. 525.

Comentários: O artigo deixa claro que a decisão da Excelsa Corte deve ser proferida antes do trânsito em julgado da sentença exequenda. Pergunta-se: somente proferida ou proferida e transitada em julgado? É o trânsito em julgado que dá força *erga omnes* (contra todos). Fica claro também que o fato de a parte haver ajuizado a ação em nada lhe aproveita, ainda que a sentença já tenha sido proferida e esteja em grau recursal. Se ainda não transitou em julgado, ela é apanhada pela decisão proferida pela Excelsa Corte. Para nós a decisão do STF deve ter transitado em julgado.

§ 8º *Se a decisão referida no § 5º for proferida após o trânsito em julgado da decisão exequenda, caberá ação rescisória, cujo prazo será contado do trânsito em julgado da decisão proferida pelo Supremo Tribunal Federal.* Ver comentários do art. 525.

Comentários: Este § 8º afronta o princípio da irretroatividade, dando peso de obrigatoriedade ao julgamento do STF mesmo quando proferida depois do trânsito em julgado da sentença exequenda. Tanto assim é que autoriza o ajuizamento de rescisória para a desconstituição da sentença exequenda, contando-se o prazo decadencial do trânsito em julgado da decisão proferida pela Excelsa Corte.

Isso significa que todas as sentenças exequendas que tenham transitado em julgado, dentro do lapso de tempo que medeia o ajuizamento da ação no STF até o trânsito em julgado, lapso esse que poderá ser contado em anos ou até década, estarão sujeitas a ação rescisória, porque o prazo será contado, não do trânsito em julgado da sentença exequenda, mas do trânsito em julgado da decisão da Excelsa Corte.

O novo Código traz a total insegurança para o seio do Supremo Tribunal Federal e leva de cambulhada o inciso XXXVI, do art. 5º, da Constituição Federal, que cuida do ato jurídico perfeito e da coisa julgada, e afronta o princípio da irretroatividade e da hierarquia das normas.

A Carta Magna foi afrontada sem nenhum pudor. Evidente a inconstitucionalidade do artigo. Reportamo-nos aos comentários feitos ao § 5º, *retro*.

Redação da Comissão Técnica de Apoio

Art. 503. A multa periódica imposta ao devedor independe de pedido do credor e poderá se dar em liminar, na sentença ou na execução, desde que seja suficiente e compatível com a obrigação e que se determine prazo razoável para o cumprimento do preceito.

§ 1º A multa fixada liminarmente ou na sentença se aplica na execução provisória, devendo ser depositada em juízo, permitido o seu levantamento após o trânsito em julgado ou na pendência de agravo contra decisão denegatória de seguimento de recurso especial ou extraordinário.

Comentários:

§ 2º O requerimento de execução da multa abrange aquelas que se vencerem ao longo do processo, enquanto não cumprida pelo réu a decisão que a cominou.

§ 4º A multa periódica incidirá enquanto não for cumprida a decisão que a tiver cominado.
....

§ 5º O valor da multa será devido ao autor até o montante equivalente ao valor da obrigação, destinando-se o excedente à unidade da Federação onde se situa o juízo no qual tramita o processo ou à União, sendo inscrito como dívida ativa.
....

§ 7º O disposto no § 5º é inaplicável quando o devedor for a Fazenda Pública, hipótese em que a multa será integralmente devida ao credor.

§ 8º Sempre que o descumprimento da obrigação pelo réu puder prejudicar diretamente a saúde, a liberdade ou a vida, poderá o juiz conceder, em decisão fundamentada, providência de caráter mandamental, cujo descumprimento será considerado crime de desobediência.

Alteração no relatório geral

Art. 522. A multa periódica imposta ao devedor independe de pedido do credor e poderá se dar em liminar, na sentença ou na execução, desde que seja suficiente e compatível com a obrigação e que se determine prazo razoável para o cumprimento do preceito.

§ 1º A multa fixada liminarmente ou na sentença se aplica na execução provisória, devendo ser depositada em juízo, permitido o seu levantamento após o trânsito em julgado ou na pendência de agravo de admissão contra decisão denegatória de seguimento de recurso especial ou extraordinário.

§ 2º O requerimento de execução da multa abrange aquelas que se vencerem ao longo do processo, enquanto não cumprida pelo réu a decisão que a cominou.

§ 3º O juiz poderá, de ofício ou a requerimento, modificar o valor ou a periodicidade da multa vincenda ou excluí- la, caso verifique que:

I – se tornou insuficiente ou excessiva;

II – o obrigado demonstrou cumprimento parcial superveniente da obrigação ou justa causa para o descumprimento.

Comentários: O juiz poderá aplicar multa de ofício; poderá aumentá-la ou reduzi-la de conformidade com a realidade que se apresenta no momento, v. g., quando excessiva ou insuficiente. A exclusão somente pode dar-se quando o executado provar o cumprimento da obrigação; o cumprimento parcial poderá ser motivo de redução não de exclusão; o legislador não explica qual seria a justa causa para o não cumprimento. Têmo-la no caso da prescrição da execução; a situação financeira do devedor não pode ser motivo para exclusão.

§ 4º A multa periódica incidirá enquanto não for cumprida a decisão que a tiver cominado.

Comentários: A pressão pecuniária deve persistir enquanto persistir o fato gerador, isto é, enquanto o executado for inadimplente.

§ 5º *O valor da multa será devido ao exequente até o montante equivalente ao valor da obrigação*, destinando-se o excedente à unidade da Federação onde se situa o juízo no qual tramita o processo ou à União, sendo inscrito como dívida ativa.

§ 6º Sendo o valor da obrigação inestimável, deverá o juiz estabelecer o montante que será devido ao autor, incidindo a regra do § 5º no que diz respeito à parte excedente.

7º Quando o executado for a Fazenda Pública, *a parcela excedente ao valor da obrigação* principal a que se refere o § 5º será destinada a entidade pública ou privada, com finalidade social.

Comentários: O § 5º da Comissão, com a concordância da relatoria, usa o termo multa, quando deveria usar da locução "pressão pecuniária"ou astreintes (art. 287 do Código em vigor). Limita o acréscimo ao valor da obrigação somente para pagamento ao autor, único a sofrer as consequências da inadimplência do devedor. Todavia, aproveita-se da oportunidade para encher o "caixa" do governo estadual e federal, inscrevendo o valor excedente como dívida ativa. Não existe nenhum fato gerador que ligue os governos estaduais e federal ao casa da inadimplência. O absurdo é patente, pois onera o devedor que muitas vezes não cumpriu a obrigação porque não pode, não tem capital de giro disponível, passa por má fase, não tem crédito em banco, mas nada disso sensibilizou a comissão de juristas e o relator. A lei cria um *consilium fraudis* para tirar dinheiro do devedor. E vão ao cúmulo de considerar dívida ativa do Estado e da União determinando a inscrição. Em seguida vem o § 7º e diz que, quando o devedor for a Fazenda Pública, a parcela excedente ao valor do principal mencionado no § 5º será destinado a entidade pública ou privada com finalidade social.

Felizmente o art. 537 do Código sancionado não referendou a erronia.

Código sancionado

Art. 537. A multa independe de requerimento da parte e poderá ser aplicada na fase de conhecimento, em tutela provisória ou na sentença, ou na fase de execução, desde que seja suficiente e compatível com a obrigação e que se determine prazo razoável para cumprimento do preceito.

Comentários: O Código fala sempre em multa, fazendo uma confusão entre multa e a pressão pecuniária denominada astreintes (art. 287 do Código em vigor). Por absoluta imprevidência, o legislador está banindo a pressão pecuniária. Muito mais eficiente. A aplicação poderá ser feita a qualquer momento ou grau de jurisdição, de ofício ou a requerimento da parte interessada. O valor deverá ser compatível com pé na razoabilidade.

§ 1º O juiz poderá, de ofício ou a requerimento, modificar o valor ou a periodicidade da multa vincenda ou excluí-la, caso verifique que:

I – se tornou insuficiente ou excessiva;

II – o obrigado demonstrou cumprimento parcial superveniente da obrigação ou justa causa para o descumprimento.

Comentários: Autorizado pelo princípio do paralelismo, o juiz pode aplicar de ofício e pode também de ofício reduzir ou aumentar o valor a qualquer momento, quando a multa se apresentar excessiva ou insuficiente.

§ 2º O valor da multa será devido ao exequente.

Comentários: Numa análise sistemática do § 1º e respectivos incisos vê-se uma incoerência no comando do § 2º.

Diz o § 2º que o produto da multa será destinado ao exequente. Isso significa que o valor lançado até a modificação para menor, não pode ser modificado, pois constitui ato jurídico perfeito e direito adquirido que já entrou no patrimônio do exequente. Da mesma forma, se o valor for aumentado, prevalecerá o valor menor até a data da modificação. Todavia, a multa, reduzida ou aumentada, somente poderá ser excluída, quando o executado cumprir a obrigação, pois a partir daí não haverá mais fundamento para a permanência, isto é, a multa perde o objeto. O § 1º deveria ter a seguinte redação:

> § 1º O juiz poderá, de ofício ou a requerimento, modificar o valor ou a periodicidade da multa vincenda ou excluí-la, no caso do cumprimento da obrigação.
>
> § 3º A decisão que fixa a multa é passível de cumprimento provisório, devendo ser depositada em juízo, permitido o levantamento do valor após o trânsito em julgado da sentença favorável à parte ou na pendência do agravo fundado nos incisos II ou III do art. 1.042.

Comentários: A redação do § 3º é ambígua, quando permite o cumprimento provisório e condiciona o levantamento do valor da multa ao trânsito em julgado. Primeiro, não se trata de cumprimento provisório, porque não há cumprimento. Poderá haver, sim, execução provisória, com o depósito pelo executado ou mediante execução aparelhada. Não existe razão para o saque somente após o trânsito em julgado. O valor da multa passa para o patrimônio do exequente a cada período (mensal, quinzenal, semanal) fixado para a aquisição. Isso significa que a multa passa a fazer parte do patrimônio do exequente a cada vencimento. A coisa julgada da sentença não poderá excluir a multa. Logo, o exequente tem o direito de sacá-la, sim, porque lhe pertence e já faz parte do seu patrimônio.

> § 4º A multa será devida desde o dia em que se configurar o descumprimento da decisão e incidirá enquanto não for cumprida a decisão que a tiver cominado.

Comentários: A multa está ligada à existência de um fato gerador que nada mais é do que a inadimplência de uma obrigação contida numa sentença exequenda.

> § 5º O disposto neste artigo aplica-se, no que couber, ao cumprimento de sentença que reconheça deveres de fazer e de não fazer de natureza não obrigacional.

Comentários: Na obrigação de fazer têm aplicação as astreintes (art. 287 do Código em vigor) e não a multa. Entre ambas existe uma diferença conceitual que o legislador não tem distinguido.

Redação da Comissão Técnica de Apoio

> Art. 505. Nos casos previstos em lei, poderá o devedor ou terceiro requerer, com efeito de pagamento, a consignação da quantia ou da coisa devida.
>
> § 1º Tratando-se de obrigação em dinheiro, poderá o devedor ou terceiro optar pelo depósito da quantia devida em estabelecimento bancário, oficial onde houver, situado no lugar do pagamento, em conta com correção monetária, cientificando-se o credor por carta com aviso de recebimento, assinado o prazo de dez dias para a manifestação de recusa.
>
> § 2º Decorrido o prazo do § 1º, contado do retorno do aviso de recebimento, sem a manifestação de recusa, considerar-se-á o devedor liberado da obrigação, ficando à disposição do credor a quantia depositada.
>
> § 3º Ocorrendo a recusa, manifestada por escrito ao estabelecimento bancário, o devedor ou terceiro poderá propor, dentro de um mês, a ação de consignação, instruindo a inicial com a prova do depósito e da recusa.
>
> § 4º Não proposta a ação no prazo do § 3º, ficará sem efeito o depósito, podendo levantá-lo o depositante.

Comentários: O *caput* e os §§ 1º e 2º repetem o Código em vigor e resolvem a pendência em âmbito administrativo. Não havendo sucesso, isto é, em caso de recusa manifestada por escrito ao estabelecimento bancário, o devedor poderá fazer uso do instrumento processual da consignação em pagamento. Se o devedor resolver não lançar mão da consignação, poderá levantar o depósito.

O procedimento administrativo não poderá ser usado em âmbito trabalhista. Como regra, o empregado não teria o discernimento e a possibilidade de proceder nos termos do § 1º. Muitos não entenderiam o comunicado e deixariam transcorrer *in albis* o prazo, com possibilidades prejudiciais.

Código homologado.

Art. 539. Nos casos previstos em lei, poderá o devedor ou terceiro requerer, com efeito de pagamento, a consignação da quantia ou da coisa devida.

Comentários: Consignação em pagamento é instituto destinado a propiciar ao devedor o pagamento ou a discussão de determinada obrigação cujo valor o credor se recusa a receber ou exista dúvida sobre quem seria o credor.

§ 1º Tratando-se de obrigação em dinheiro, poderá o valor ser depositado em estabelecimento bancário, oficial onde houver, situado no lugar do pagamento, cientificando-se o credor por carta com aviso de recebimento, assinado o prazo de 10 (dez) dias para a manifestação de recusa.

Comentários: De conformidade com o parágrafo, o devedor poderá efetuar o depósito em banco oficial, onde houver, situado no lugar de pagamento, com ciência ao credor por carta com aviso de recebimento, para que se manifeste no prazo de 10 dias. Os parágrafos 2º e 3º tratam da mesma coisa e deveriam fazer parte de incisos deste parágrafo.

Direito do Trabalho – Não tem aplicação em matéria trabalhista face à drasticidade do § 2º, salvo casos em que o credor tenha comprovado discernimento e grau de escolaridade que permita entender o que está acontecendo. O hipossuficiente certamente não terá condições de receber a correspondência e manifestar-se em 10 dias.

§ 2º Decorrido o prazo do § 1º, contado do retorno do aviso de recebimento, sem a manifestação de recusa, considerar-se-á o devedor liberado da obrigação, ficando à disposição do credor a quantia depositada.

Comentários: Este parágrafo deveria fazer parte do § 1º por meio de inciso. O parágrafo foi inspirado por um certo açodamento, quando libera o devedor na ausência de pronunciamento. Suponha-se a hipótese em que o pseudocredor não se manifestou simplesmente porque é parte ilegítima, isto é, não é credor da importância depositada. Neste caso, o devedor estaria pagando para a pessoa errada, com o referendo da lei. Suponha-se que o verdadeiro credor, que não tomou conhecimento de nada, ajuíze ação contra o devedor para receber o que lhe é devido. Qual a defesa do devedor? Dirá que já pagou por meio de consignação em pagamento! Mas, quem paga mal, paga duas vezes de acordo com o art. 210 do Código Civil. Nesse sentido, a doutrina e a jurisprudência.

TJ-SP – Apelação APL 9200201402009826 SP 9200201-40.2009.8.26.0000 (TJ-SP) Data de publicação: 28/06/2012 Ementa: AÇÃO DE COBRANÇA DE SEGURO OBRIGATÓRIO (DPVAT). VÍTIMA FATAL. LEGITIMIDADE ATIVA CONFIGURADA. VÍTIMA SOLTEIRA. PAGAMENTO À CREDORA PUTATIVA. FATO QUE NÃO AFASTA O DIREITO DA LEGÍTIMA BENEFICIÁRIA. JUROS. TERMO INICIAL A PARTIR DA CITAÇÃO. SÚMULA N. 426 DO STJ. Eventual pagamento à suposta credora putativa não elide a pretensão da autora na qualidade de beneficiária em razão da morte de seu filho, pelo simples motivo de que quem paga mal a pessoa errada paga duas vezes.Os juros de mora na indenização do seguro DPVAT fluem a partir da citação.Recurso parcialmente provido.

O parágrafo deveria ter a seguinte redação:

§ 2º Decorrido o prazo de 10 dias, contados do retorno do aviso de recebimento, sem a manifestação de recusa, deverá o consignante provar que o consignado é o verdadeiro credor. Se restar provado, o consignante fica liberado da obrigação; não provado, o consignante poderá levantar o depósito feito.

§ 3º Ocorrendo a recusa, manifestada por escrito ao estabelecimento bancário, poderá ser proposta, dentro de 1 (um) mês, a ação de consignação, instruindo-se a inicial com a prova do depósito e da recusa.

Comentários: Se o verdadeiro credor recusar o recebimento, o consignante terá um mês para ajuizar a ação consignatória, ocasião em que deverá instruir a inicial com a prova do depósito e da recusa. O § 3º comete a erronia de usar o termo indefinido "mês". Em direito evitam-se as indefinições. Depois temos meses de 28, 29, 30 e 31 dias. Para que confundir se podemos fixar o prazo determinado de 30 dias?

§ 4º Não proposta a ação no prazo do § 3º, ficará sem efeito o depósito, podendo levantá-lo o depositante.

Comentários: Recusado o pagamento e não ajuizada a ação no prazo legal, o consignante poderá levantar o depósito.

Redação da Comissão Técnica de Apoio

Art. 512. Não oferecida a contestação e ocorrendo os efeitos da revelia, o juiz julgará procedente o pedido, declarará extinta a obrigação e condenará o réu nas custas e nos honorários advocatícios.

Parágrafo único. Proceder-se-á do mesmo modo se o credor receber e der quitação.

Comentários: Este artigo refere-se à consignação em pagamento. O devedor, como regra, utiliza a consignação em pagamento, quando o credor cria impecilhos para receber o que lhe é devido e o devedor não quer correr o risco do pagamento de juros e de correção monetária. Isto é, o devedor se vê obrigado a se utilizar do favor legal. Se o réu (requerido) for revel, arcará com as custas processuais e com os honorários advocatícios.

O parágrafo único diz que será procedido do mesmo modo se o credor receber e der quitação. Isto é, aquele credor que obrigou o devedor a vir a juízo e agora considerou o valor depositado como bom e deu quitação deverá arcar com os honorários advocatícios e as custas do processo.

Código sancionado

Código sancionado não indicou correspondente nos artigos 539 a 549 do Capítulo I – Da ação de consignação em pagamento – ao art. 512 da Comissão Técnica.

Redação da Comissão Técnica de Apoio

Art. 514. No caso do art. 513, não comparecendo pretendente algum, converter-se-á o depósito em arrecadação de coisas vagas; comparecendo apenas um, o juiz decidirá de plano; comparecendo mais de um, o juiz declarará efetuado o depósito e extinta a obrigação, continuando o processo a correr unicamente entre os presuntivos credores, observado o procedimento comum.

Nota: Este artigo repete o art. 898 do Código em vigor e teve a concordância do art. 533 da relatoria.

Comentários: Segundo o Código em vigor, o depósito será considerado "arrecadação de bens de ausentes". A Comissão de juristas substituiu por "arrecadação de coisa vagas".

A exemplo do art. 898 do Código em vigor o *caput* não resolve a situação. Para Adroaldo Furtado Fabrício, o juiz ao enviar o depósito para arrecadação de bens ausentes (de coisas vagas), haveria de liberar o devedor da responsabilidade ou extinguir a obrigação. É óbvio que essa declaração nenhuma eficácia operaria em face de quem não tenha sido citado e que poderá ser o verdadeiro credor (*Comentários ao Código de Processo Civil*, 2ª. ed. Rio: Forense, vol.VIII, tomo III, p.133/134).

O fato de não comparecer pretendente, não significa que não haja credor e que um dia comparecerá para cobrar o que lhe pertence. Enviar o dinheiro para "arrecadação de coisas vagas" (art. 1.170 e ss. do Código em vigor) não é a melhor saída. Existe uma diferença palmar entre o depósito consignado e a ausência ou não comparecimento de pretendentes e a situação daquele que acha coisa perdida. E a piorar a situação o art. 1.173 em vigor determina que o numerário seja destinado à União, ao Estado ou ao Distrito Federal. Com isso, não se resolveu nada. O dinheiro acabará sendo apropriado pelo Poder Público que não tem nenhuma ligação com os credores nem com o devedor. Rege os artigos uma espécie de sanha arrecadatória, sem se importar com o que poderá acontecer no futuro.

Pergunta: e se depois do dinheiro apropriado pelo Poder Público, o verdadeiro credor comparecer e acionar o devedor, como é que fica? O art. 514 não liberou o devedor da obrigação. O Poder Público será chamado à lide; devolverá imediatamente o numerário com juros e correção monetária; se declarará parte ilegítima. A norma não resolve. Complica!

Art. 514. No caso do art. 513, não comparecendo pretendente algum, converter-se-á o depósito em arrecadação de coisas...

A exemplo do que acontece com o Código em vigor, o novo Código referendou a erronia com o beneplácito da Comissão de juristas e da relatoria. Para resolver, a redação deveria ser a seguinte:

art. 514. No caso do art. 513, não comparecendo pretendente algum, o depósito será liberado ao devedor..

Enquanto não surgir pretendente acionando o devedor, o dinheiro faz parte do seu patrimônio e não pode o Poder Judiciário destiná-lo como benesse ao Poder Público. Temos aqui um caso de usurpação legal.

Código sancionado

Art. 547. Se ocorrer dúvida sobre quem deva legitimamente receber o pagamento, o autor requererá o depósito e a citação dos possíveis titulares do crédito para provarem o seu direito.

Comentários: Se houver dúvida sobre o verdadeiro credor, o devedor efetuará o depósito e requererá a citação de possíveis credores para que provem a legitimidade. Remetemos o leitor aos comentários do artigo 514 da Comissão Técnica:

Art. 548. No caso do art. 547:

I – não comparecendo pretendente algum, converter-se-á o depósito em arrecadação de coisas vagas;

Comentários: Este inciso é enigmático e pode levar a situação de difícil solução. Vejamos. Repetimos aqui comentários ao art. 514 da Comissão Técnica.

A exemplo do art. 898 do Código em vigor o *caput* não resolve a situação. Para Adroaldo Furtado Fabrício, o juiz ao enviar o depósito para arrecadação de bens ausentes (de coisas vagas), haveria de liberar o devedor da responsabilidade ou extinguir a obrigação. É óbvio que essa declaração nenhuma eficácia operaria em face de quem não tenha sido citado e que poderá ser o verdadeiro credor (*Comentários ao Código de Processo Civil*, 2ª. ed. Rio: Forense, vol.VIII, tomo III, p.133/134).

O fato de não comparecer pretendente, não significa que não haja credor e que um dia comparecerá para cobrar o que lhe pertence. Enviar o dinheiro para "arrecadação de coisas vagas" (art. 1.170 e ss. do Código em vigor) não é a melhor saída. Existe uma diferença palmar entre o depósito consignado e a ausência não comparecimento de pretendentes e a situação daquele que acha coisa perdida. E a piorar a situação o art. 1.173 em vigor determina que o numerário seja destinado à União, ao Estado ou ao Distrito Federal. Com isso, não se resolveu nada. O dinheiro acabará sendo apropriado pelo Poder Público que não tem nenhuma ligação com os credores nem com o devedor. Rege os artigos uma espécie de sanha arrecadatória, sem se importar com o que poderá acontecer no futuro.

Pergunta: e se depois do dinheiro apropriado pelo Poder Público, o verdadeiro credor comparecer e acionar o devedor, como é que fica? O art. 514 não liberou o devedor da obrigação. O Poder Público será chamado à lide; devolverá imediatamente o numerário com juros e correção monetária; se declarará parte ilegítima. A norma não resolve. Complica!

II – comparecendo apenas um, o juiz decidirá de plano;

Comentários: Comparecendo apenas um, deverá comprovar perante o juiz se é o credor. O juiz decidirá de imediato.

III – comparecendo mais de um, o juiz declarará efetuado o depósito e extinta a obrigação, continuando o processo a correr unicamente entre os presuntivos credores, observado o procedimento comum.

Comentários: O inciso foi inspirado com a presença de certo açodamento. O fato de haver comparecido vários pretendentes não significa que um deles é o verdadeiro credor. Extinta a obrigação, e se nenhum dos presuntivos credores for o verdadeiro credor? A obrigação foi extinta! Mas o verdadeiro credor não tomou conhecimento de nada e está na posição de *res inter alios*. A quitação dada ao devedor não atinge o verdadeiro credor, que terá todo o direito de acionar o devedor. E o devedor estará na posição de quem pagou mal pagará duas vezes? O inciso III deveria ter a seguinte redação:

III – comparecendo mais de um interessado, o processo prosseguirá entre os presuntivos credores, observado o procedimento comum. Se houver a possibilidade de conhecer o verdadeiro credor o depósito será liberado e o devedor quitado; se não for conhecido o verdadeiro credor, o depósito será liberado ao devedor.

Redação da Comissão Técnica de Apoio

Art. 516. É parte legítima para promover a ação de prestação de contas quem tiver o direito de exigi-las.

Comentários: Na Comissão está registrado "Da ação de prestação de contas". Na relatoria está registrado "Da ação de exigir contas". A relatoria concordou com a redação do artigo da comissão mas manteve o Capítulo II com a redação. A substituição redacional é tautológica. Deveria conservar a anterior "Da ação de prestação de contas" que ocupa o lugar há quase um século.

Código sancionado

Art. 550. Aquele que afirmar ser titular do direito de exigir contas requererá a citação do réu para que as preste ou ofereça contestação no prazo de 15 (quinze) dias.

Comentários: Aquele que afirmar ser titular do direito de exigir a prestação de contas deverá ter legitimidade para tanto. Se não tiver, a ação será arquivada por ausência de uma das condições da ação. A defesa deverá ser específica, não valendo a defesa por negativa geral que poderá equivaler a ausência de defesa, com a cominação de revelia e confissão quanto à matéria fática (art. 355).

§ 1º Na petição inicial, o autor especificará, detalhadamente, as razões pelas quais exige as contas, instruindo-a com documentos comprobatórios dessa necessidade, se existirem.

Comentários: A inicial deverá especificar detalhadamente a razão do pedido e juntará documentos que comprovarãoa necessidade do pedido.

§ 2º Prestadas as contas, o autor terá 15 (quinze) dias para se manifestar, prosseguindo-se o processo na forma do Capítulo X do Título I deste Livro.

§ 3º A impugnação das contas apresentadas pelo réu deverá ser fundamentada e específica, com referência expressa ao lançamento questionado.

Comentários: O autor terá o prazo de 15 dias para falar sobre a defesa apresentada. Se não concordar com os argumentos do réu, prosseguir-se-á com o procedimento na forma legal indicada. A impugnação do autor às contas apresentadas pelo réu deverá ser analítica e fundamentada com expressa referência ao que se discute.

§ 4º Se o réu não contestar o pedido, observar-se-á o disposto no art. 355.

Art. 355. O juiz julgará antecipadamente o pedido, proferindo sentença com resolução de mérito, quando:

I – não houver necessidade de produção de outras provas;

II – o réu for revel, ocorrer o efeito previsto no art. 344 e não houver requerimento de prova, na forma do art. 349.

§ 5º A decisão que julgar procedente o pedido condenará o réu a prestar as contas no prazo de 15 (quinze) dias, sob pena de não lhe ser lícito impugnar as que o autor apresentar.

Comentários: Vencida essa parte inicial, o juiz proferirá decisão pela procedência ou pela improcedência. Se procedente, o réu terá 15 dias para apresentar a prestação de contas. Transcorrendo *in albis* o prazo para apresentação, temos as sequintes consequências: a) o autor apresentará contas que ache corretas; b) o réu terá preclusa a oportunidade de impugnar as contas do autor. Interessante que o artigo fala apenas que réu perderá o direito de impugnar por decurso de prazo. Todavia, temos para nós que o juiz decidirá em favor do autor se os cálculos estiverem corretos. A simples preclusão não pode transformar em verdade verdadeira o que não é verdade. Se o juiz tiver dúvida poderá determinar o levantamento por perícia técnica nos termos do § 6º.

§ 6º Se o réu apresentar as contas no prazo previsto no § 5º seguir-se-á o procedimento do § 2º, caso contrário, o autor apresentá-las-á no prazo de 15 (quinze) dias, podendo o juiz determinar a realização de exame pericial, se necessário.

Código sancionado

Art. 551. As contas do réu serão apresentadas na forma adequada, especificando-se as receitas, a aplicação das despesas e os investimentos, se houver.

Comentários: O art. 917 do Código em vigor exige a prestação na forma mercantil, especificando as receitas e a aplicação das despesas. Embora não o diga o *caput* expressamente, esse é o modo mais claro pra fazê-lo.

§ 1º Havendo impugnação específica e fundamentada pelo autor, o juiz estabelecerá prazo razoável para que o réu apresente os documentos justificativos dos lançamentos individualmente impugnados.

Comentários: O autor terá oportunidade de falar sobre a conta apresentada. Se houver impugnação, deverá fazê-lo de forma analítica e fundamentada. O réu terá prazo razoável fixado pelo juiz para apresentar documentos que justifiquem os lançamentos efetuados, que foram individualmente impugnados. Em havendo dúvida, o juiz pode determinar o levantamento por perícia contábil.

§ 2º As contas do autor, para os fins do art. 550, § 5º, serão apresentadas na forma adequada, já instruídas com os documentos justificativos, especificando-se as receitas, a aplicação das despesas e os investimentos, se houver, bem como o respectivo saldo.

Art. 552. A sentença apurará o saldo e constituirá título executivo judicial.

Comentários: Em havendo superávit a crédito do autor ele será transformado em título executivo judicial por intermédio de sentença. Proceder-se-á a execução forçada com a intimação do executado que deverá pagar em 15 dias, pena de o saldo devedor ser acrescido da multa de 10% e prosseguir a execução com a penhora de bens e praceamento.

Art. 553. As contas do inventariante, do tutor, do curador, do depositário e de qualquer outro administrador serão prestadas em apenso aos autos do processo em que tiver sido nomeado.

Parágrafo único. Se qualquer dos referidos no *caput* for condenado a pagar o saldo e não o fizer no prazo legal, o juiz poderá destituí-lo, sequestrar os bens sob sua guarda, glosar o prêmio ou a gratificação a que teria direito e determinar as medidas executivas necessárias à recomposição do prejuízo.

Comentários: As contas do inventariante, do tutor, curador, do depositário e de qualquer outro administrador serão prestadas nos autos do processo onde foi feita a nomeação. Referidas pessoas, quando condenadas a pagar, deverão fazê-lo de imediato. Se houver inadimplência, a pessoa será destituída, os bens sob a sua guarda serão sequestrados, o prêmio, ou a gratificação, a que tinha direito será glosado e o juiz determinará as medidas executivas necessárias para a composição do prejuízo.

Código em vigor

Art. 983. O processo de inventário e partilha deve ser aberto dentro de 60 (sessenta) dias a contar da abertura da sucessão, ultimando-se nos 12 (doze) meses subsequentes, podendo o juiz prorrogar tais prazos, de ofício ou a requerimento de parte.

Redação da Comissão Técnica de Apoio

Art. 552. O processo de inventário e de partilha deve ser aberto dentro de dois meses a contar da abertura da sucessão, ultimando-se nos doze meses subsequentes, podendo o juiz prorrogar esses prazos, de ofício ou a requerimento de parte.

Comentários: A comissão confirma a redação do art. 983 do Código em vigor e faz uma modificação tautológica para pior.

Modifica o prazo de 60 dias para dois meses. O prazo de 60 é definido, pois não apresenta dúvidas. Já o prazo de dois meses variará de conformidade com os dias do m: 28, 29, 30, 31. Cria-se um verdadeiro malabarismo sobre o prazo.

Código sancionado

Art. 611. O processo de inventário e de partilha deve ser instaurado dentro de 2 (dois) meses, a contar da abertura da sucessão, ultimando-se nos 12 (doze) meses subsequentes, podendo o juiz prorrogar esses prazos, de ofício ou a requerimento de parte.

Comentários: O *caput* cometeu a mesma erronia do art. 552 da Comissão Técnica ao falar em prazo de dois meses. Remetemos àqueles **Comentários:** Para corrigir o erro cometido, os juízes devem considerar o termo mês ou meses sempre de 30 dias. O prazo tem de ser definido, não indefinido.

Redação da Comissão Técnica de Apoio

Art. 607. Independerá de inventário ou arrolamento o pagamento dos valores previstos na Lei n. 6.858, de 24 de novembro de 1980.

Comentários: A redação não obedece ao princípio do paralelismo.

Damos abaixo a redação em termos como correto:

Art. 607. Independerá de inventário ou (de) arrolamento o pagamento dos valores previstos na Lei n. 6.858, de 24 de novembro de 1980.

Redação da Comissão Técnica de Apoio

Art. 609. Cessa a eficácia das medidas cautelares previstas nas várias seções deste Capítulo:

I – se a ação não for proposta em um mês contado da data em que da decisão foi intimado o impugnante, o herdeiro excluído ou o credor não admitido;

II – se o juiz declarar extinto o processo de inventário com ou sem resolução de mérito.

Alteração no relatório geral

Art. 654. Cessa a eficácia das medidas cautelares previstas nas várias seções deste Capítulo:

I – se a ação não for proposta em trinta dias contados da data em que da decisão foi intimado o impugnante, o herdeiro excluído ou o credor não admitido;

Comentários: A Comissão elegeu o prazo indefinido pelo termo "mês". Embora em algumas oportunidades a relatoria tenha falhado e deixado passar, em grande parte o termo foi substituído por prazo certo de dias. O gosto eleito para o termo "mês" não é de boa inspiração. Repetimos aqui o que já dissemos em outras passagens destes **Comentários:** Temos meses de 30, 31, 28 e de 29 dias. Por isso o termo mês acaba sendo indefinido. Melhor que fosse indicado o prazo certo: 5, 10, 30, 60 dias etc. O termo mês trará certas complicações que não têm sentido numa norma legal. Dependendo do despacho do juiz, teremos: despacho no final de junho, correndo o prazo de 60 dias em julho e agosto: prazo 62 dias; se for junho e julho, o prazo será de 31 dias. E assim por diante. Se o prazo de um mês acontecer em ano bisexto, o mês será de 29 dias; se o mês não for em ano bisexto, o prazo será de 28 dias; se for em julho o prazo será de 31 dias, se for em março, o prazo será de 31 dias. O bom-senso está a determinar que a norma deixe expresso o número de dias, não o termo mês. Neste caso, felizmente a relatoria substituiu o termo mês por 30 dias.

Código sancionado

Art. 309. Cessa a eficácia da tutela concedida em caráter antecedente, se:

I – o autor não deduzir o pedido principal no prazo legal;

II – não for efetivada dentro de 30 (trinta) dias;

III – o juiz julgar improcedente o pedido principal formulado pelo autor ou extinguir o processo sem resolução de mérito.

Parágrafo único. Se por qualquer motivo cessar a eficácia da tutela cautelar, é vedado à parte renovar o pedido, salvo sob novo fundamento.

Comentários: Embora em outros lugares a erronia de usar a palavra "mês" não tenha sido corrigida, neste caso foi. Sobre o assunto, remetemos aos comentários ao art. 654 da relatoria geral.

O artigo cuida da perda da eficácia em três incisos. Iniciaremos os comentários pelo inciso II:

II – não for efetivada dentro de 30 (trinta) dias.

O inciso transmite informação que não é verdadeira, como se o requerente devesse, ele, efetivar a medida nos 30 dias.

A redação deveria ser a que segue:

II – Não efetivada a cautela dentro de 30 (trinta) dias por culpa do requerido.

Suponha-se que fora concedido um arresto e que o requerente tenha oferecido no pedido todos os dados necessários à efetivação da medida. A partir daí dependerá do trabalho do cartório e do oficial de justiça, não podendo carrear para o requerido a culpa pela não efetivação em 30 dias. Cessará a eficácia se o oficial não puder efetivar a medida porque o endereço oferecido não foi correto e, instada a parte para oferece endereço correto, não respondeu. Como vemos, o prazo poderá estender-se por obra e culpa do cartório e do oficial de justiça.

I – o autor não deduzir o pedido principal no prazo legal;

Comentários: O inciso não é claro e não define qual seria o prazo legal. Seria o prazo de 30 dias de forma peremptória ou quando a cautela for efetivada? Como o inciso não usa a locução "efetivação da cautela", aconselha-se que o requerente ajuíze a ação principal no prazo de 30 dias. O que pode ocorrer, e certamente ocorrerá, é que a ação principal será ajuizada antes mesmo da efetivação da medida por atraso do cartório e/ou oficial de justiça.

III – o juiz julgar improcedente o pedido principal formulado pelo autor ou extinguir o processo sem resolução de mérito.

Comentários: Por consequência lógica, cessará a cautela caso o pedido principal seja julgado improcedente ou o processo seja extinto sem resolução do mérito. Haverá, nesse caso, a perda de objeto.

Parágrafo único. Se por qualquer motivo cessar a eficácia da tutela cautelar, é vedado à parte renovar o pedido, salvo sob novo fundamento.

Comentários: Cessada a cautela, a parte não poderá renovar o pedido com o mesmo fundamento; podê-lo-á fazer por outro fundamento.

Redação do Código em vigor

Art. 1.046. Quem, não sendo parte no processo, sofrer turbação ou esbulho na posse de seus bens por ato de apreensão judicial, em casos como o de penhora, depósito, arresto, sequestro, alienação judicial, arrecadação, arrolamento, inventário, partilha, poderá:

Redação da Comissão Técnica de Apoio

Art. 615. Quem, não sendo parte no processo, sofrer turbação ou esbulho na posse de seus bens ou direitos por ato de constrição judicial poderá requerer lhe sejam manutenidos ou restituídos por meio de embargos.

Alteração no relatório geral

Art. 660. Quem, não sendo parte no processo, sofrer constrição sobre bens que possua ou sobre os quais tenha direito incompatível com o ato constritivo, poderá requerer o seu desfazimento por meio de embargos de terceiro.

Comentários: A redação do Código em vigor é a melhor quando especifica os casos em que a parte poderá servir-se dos embargos de terceiro. Trata-se de menção exemplificativa.

Comparando-se a redação do art. 615 (Comissão) e do art. 660 (relatoria), verifica-se que a primeira seguiu a mesma redação que está em vigor e que vem sendo utilizada há décadas, incluindo a locução "bens ou direitos". Todavia, a redação da relatoria, embora se desprenda da redação antiga, é bem mais clara quando deixa expresso o desfazimento da constrição por meio dos embargos de terceiro.

Código sancionado

Art. 674. Quem, não sendo parte no processo, sofrer constrição ou ameaça de constrição sobre bens que possua ou sobre os quais tenha direito incompatível com o ato constritivo, poderá requerer seu desfazimento ou sua inibição por meio de embargos de terceiro.

Comentários: A nova redação inclui como suporte para os embargos de terceiro a "ameaça de constrição". A redação atual é melhor ao limitar a possibilidade do uso do remédio processual somente em caso de "turbação ou esbulho". A simples ameaça de constrição é um nada no mundo jurídico. A ameaça pode se tornar realidade ou não. O direito opera em termos de realidade. A ameaça de constrição deverá partir de quem? Quem tem poderes para determinar a constrição é o juiz. Juiz não ameaça, determina. Se o juiz determinou a penhora do bem ou o arresto, não estamos mais no campo da ameaça, mas da realidade. A ordem foi dada e pode não ter sido executada, mas não se trata de mera ameaça. Ameaça de terceiro não serve de suporte para os embargos de terceiro.

§ 1º Os embargos podem ser de terceiro proprietário, inclusive fiduciário, ou possuidor.

Comentário. Este parágrafo deveria ter a redação que segue para se conformar com o inciso II:

§ 1º Os embargos podem ser de terceiro proprietário, inclusive fiduciário, ou possuidor e do adquirente de bem cuja alienação foi declarada ineficaz por fraude à execução.

Comentários: O parágrafo repete tautologicamente a redação do Código em vigor e acrescenta a expressão "fiduciário", no que operou bem. O credor fiduciário mantém a posse indireta do bem e tem legitimidade para defender o bem.

§ 2º Considera-se terceiro, para ajuizamento dos embargos:
I – o cônjuge ou companheiro, quando defende a posse de bens próprios ou de sua meação, ressalvado o disposto no art. 843;

Art. 843. Tratando-se de penhora de bem indivisível, o equivalente à quota-parte do coproprietário ou do cônjuge alheio à execução recairá sobre o produto da alienação do bem.

§ 1º É reservada ao coproprietário ou ao cônjuge não executado a preferência na arrematação do bem em igualdade de condições.

§ 2º Não será levada a efeito expropriação por preço inferior ao da avaliação na qual o valor auferido seja incapaz de garantir, ao coproprietário ou ao cônjuge alheio à execução, o correspondente à sua quota-parte calculado sobre o valor da avaliação.

II – o adquirente de bens cuja constrição decorreu de decisão que declara a ineficácia da alienação realizada em fraude à execução;

Comentários: A venda com fraude à execução é, ineficaz, isto é não transmite a posse do bem para o comprador. O inciso não encontra respaldo na legitimidade indicada no § 1º. Ver comentários ao § 1º.

III – quem sofre constrição judicial de seus bens por força de desconsideração da personalidade jurídica, de cujo incidente não fez parte;

Comentários: O inciso traz para o Código sancionado a Teoria da *Disregard of Legal Entity* aceita até hoje pela doutrina e pela jurisprudência. A hipótese mais comum é o arresto ou a penhora de bem de sócio da empresa devedora ou executada, desde que o sócio não faça parte dos limites subjetivos da coisa julgada. Se a ação foi proposta contra a empresa e o sócio, este perde a característica de terceiro e passa a ser devedor solidário e a defesa do bem penhorado será feita por meio de embargos à execução.

IV – o credor com garantia real para obstar expropriação judicial do objeto de direito real de garantia, caso não tenha sido intimado, nos termos legais dos atos expropriatórios respectivos.

Comentários: Os embargos de terceiro estão condicionados ao fato de o credor com garantia real não haver sido intimado nos termos da lei do ato expropriatório.

Redação do Código em vigor

Art. 1.046.

§ 1º Os embargos podem ser de terceiro senhor e possuidor, ou apenas possuidor.

Redação da Comissão Técnica de Apoio

Art. 615.

§ 1º Os embargos podem ser de terceiro senhor e possuidor ou apenas possuidor.

Alteração no relatório geral

Art. 660.

§1º Os embargos podem ser de terceiro proprietário e possuidor ou apenas proprietário.

Comentários: A Comissão repetiu corretamente a redação do Código em vigor. A relatoria substituiu, tautologicamente, a locução "senhor e possuidor" por "possuidor ou apenas proprietário".

O indivíduo poderá ser senhor e possuidor, isto é, tem o título de domínio (matrícula) registrado no cartório e é também possuidor, foi imitido na posse e detém o bem. Por outro lado, poderá ser apenas possuidor, isto é, detém o bem, mas não tem título de domínio a lhe garantir a propriedade. É o caso do POSSEIRO.

Redação da Comissão Técnica de Apoio

§ 2º Equipara-se a terceiro a parte que, posto figure no processo, defende bens que, pelo título de sua aquisição ou pela qualidade em que os possuir, não podem ser atingidos pela apreensão judicial.

Alteração no relatório geral

§2º Considera-se terceiro, para ajuizamento dos embargos:

I – o cônjuge ou companheiro quando defende a posse de bens próprios ou de sua meação, salvo no caso do art. 799, parágrafo único.

II – o adquirente de bens que foram constritos em razão da decretação de fraude à execução.

III – quem sofre constrição judicial de seus bens por força de desconsideração da personalidade jurídica e que não é parte no processo em que realizado o ato constritivo.

IV – o credor com garantia real para obstar expropriação judicial do objeto de direito real de garantia, caso não tenha sido intimado, nos termos legais dos atos expropriatórios respectivos.

Comentários: A Comissão repetiu a mesma redação em vigor. A redação atual é mais clara ao cuidar daquelas pessoas que, embora estejam nos limites subjetivos da coisa julgada, são titulares de bens penhorados que não podem responder pela obrigação executada:

§ 2º Equipara-se a terceiro a parte que, posto figure no processo, defende bens que, pelo título de sua aquisição ou pela qualidade em que os possuir, não podem ser atingidos pela apreensão judicial.

Comentários: O § 2º cuida daquelas pessoas que não estão nos limites subjetivos da coisa julgada. Basta que se veja os incisos I *usque* IV.

O tema contido no Código atual e que fora repetido pela Comissão foi abordado há muito por LIEBMAN. Isto é, são pessoas que fazem parte do processo executório, mas cujos bens do seu patrimônio particular não podem ser objeto de penhora, porque esses bens não respondem legalmente pela obrigação.

Focando os inciso indicados pela relatoria de I a IV, tem-se que são apenas exemplificativos, uma vez que existem outros casuísmos, *v. g.*, a penhora de bem do sócio da empresa. No item II, deve incluir bens que foram penhorados com base em fraude contra credores.

Código sancionado

Art. 674. Quem, não sendo parte no processo, sofrer constrição ou ameaça de constrição sobre bens que possua ou sobre os quais tenha direito incompatível com o ato constritivo, poderá requerer seu desfazimento ou sua inibição por meio de embargos de terceiro.

§ 1º Os embargos podem ser de terceiro proprietário, inclusive fiduciário, ou possuidor.

§ 2º Considera-se terceiro, para ajuizamento dos embargos:

I – o cônjuge ou companheiro, quando defende a posse de bens próprios ou de sua meação, ressalvado o disposto no art. 843;

II – o adquirente de bens cuja constrição decorreu de decisão que declara a ineficácia da alienação realizada em fraude à execução;

III – quem sofre constrição judicial de seus bens por força de desconsideração da personalidade jurídica, de cujo incidente não fez parte;

IV – o credor com garantia real para obstar expropriação judicial do objeto de direito real de garantia, caso não tenha sido intimado, nos termos legais dos atos expropriatórios respectivos.

Comentários: Ver comentários *retro* ao art. 660 da relatoria geral.

Redação da Comissão Técnica de Apoio

Art. 616. Os embargos podem ser opostos a qualquer tempo no processo de conhecimento enquanto não transitada em julgado a sentença, e, no processo de execução, até cinco dias depois da arrematação, adjudicação ou remição, mas sempre antes da assinatura da respectiva carta.

Alteração no relatório geral

Art. 661. Os embargos podem ser opostos a qualquer tempo no processo de conhecimento enquanto não transitada em julgado a sentença, e, no processo de execução, até cinco dias depois da adjudicação, alienação por iniciativa particular ou da arrematação, mas sempre antes da assinatura da respectiva carta.

Comentários: O art. 616 da Comissão repete corretamente a redação do Código em vigor. O art. 661, com a redação dada pela relatoria, inclui corretamente a alienação por iniciativa particular e exclui a remição da execução. Todavia, consta do art. 751 (Comissão Técnica) que a remição da execução poderá ser feita, a todo tempo, desde que o juiz não haja assinado a carta de adjudicação ou de arrematação. Permanece, assim, a possibilidade dos embargos à adjudicação e à arrematação. Como a lei não indica prazo para a adjudicação, o credor poderá requerê-la até antes da assinatura da carta de arrematação. Mas aconselha-se que o credor o faça logo ao término da praça ou leilão.

Art. 751. Antes de adjudicados ou alienados os bens, o executado pode, a todo tempo, remir a execução, pagando ou consignando a importância atualizada da dívida, mais juros, custas e honorários advocatícios.

De conformidade com o art. 686 do Código em vigor, sem qualquer modificação pelo novo Código, a adjudicação é proposta antes do edital de praça. Se o bem for adjudicado, o juiz deverá dar ciência ao proprietário do bem antes de assinar a carta de adjudicação, pois é nesse momento que poderá e deverá aviar os embargos de terceiro. Como dificilmente haverá a adjudicação antes da expedição de editar em face de ser o preço o de avaliação, a preferência será fazer-se o requerimento por ocasião da hasta pública. Ai, sim, segue a regra prevista no artigo: arrematação, adjudicação.

Art. 686. Não requerida a adjudicação e não realizada a alienação particular do bem penhorado, será expedido o edital de hasta pública....

Como o a remição da execução poderá ser feita a qualquer tempo, no caso do art. 686, antes da adjudicação, o devedor deverá ser notificado para que possa fazer valer a sua preferência antes da adjudicação ou da venda do bem a particular ou em hasta pública. Essa comunicação também deverá ser feita ao cônjuge, ascendentes e descendentes do devedor (art. 685-A, § 2º, do Código em vigor e que permanece no novo Código) para que possam adjudicar os bens, posto que têm preferência sobre o credor. É um *favor pietatis* deferido pela lei.

Ao artigo 661 deveria ser acrescentado de *lege ferenda*:

Parágrafo único. O prazo de cinco dias previsto no *caput* refere-se às hipóteses em que o terceiro não tenha tido conhecimento do ato de constrição do seu bem. Se teve conhecimento de alguma forma, o prazo tem início no dia seguinte, salvo se cair em feriado, dia santo de guarda ou não haja expediente no fórum.

Tenha-se em mente a hipótese em que a parte tomou conhecimento da penhora, mas somente vem embargar de terceiro dois ou três anos depois, quando o bem foi arrematado, com evidente procrastinação do feito, cujo embargante poderá ser o sócio da empresa que teve os seus bem penhorados. O artigo desrespeita o princípio da utilidade de prazo e o da preclusão, quando o interessado tomou conhecimento e permaneceu silente, só vindo a embargar de terceiro anos depois.

Código sancionado

Art. 675. Os embargos podem ser opostos a qualquer tempo no processo de conhecimento enquanto não transitada em julgado a sentença e, no cumprimento de sentença ou no processo de execução, até 5 (cinco) dias depois da adjudicação, da alienação por iniciativa particular ou da arrematação, mas sempre antes da assinatura da respectiva carta.

Comentários: Como está claro na lei, os embargos poderão ser opostos a qualquer momento na fase cognitiva, enquanto não houver trânsito em julgado; na execução, o prazo estará condicionado ao máximo de 5 dias, da adjudicação, da alienação por iniciativa do particular ou da arrematação, mas sempre antes da assinatura da carta de arrematação ou de adjudicação. O artigo segue a mesma linha do Código em vigor e apenas acrescenta a venda para particular. Analisemos o tema "prazo".

Prazo de 5 dias – A contagem do prazo estará perfeita, se o terceiro não havia tomado conhecimento da penhor ou do arresto do bem, sendo essa a primeira vez que tomou conhecimento de que o bem foi objeto de constrição.

Todavia, imagine a hipótese de ameaça (não se faz ameaça oculta) mesmo de constrição em que o terceiro havia tomado conhecimento do ato judicial constritivo. A adjudicação ou a arrematação poderá vir anos depois e, numa interpretação literal, o terceiro teria os cinco dias que fixa o artigo. Evidente que, levando em conta o princípio da utilidade de prazo e da preclusão, os cinco dias serão contados a partir do dia seguinte em que tomou conhecimento da constrição. Raciocínio diverso fere a lógica jurídica e afronta princípios processuais. Pelos princípios de hermenêutica, a interpretação não poderá levar ao impasse ou ao absurdo. A lei não pode premiar absurdos. O absurdo, quando existente, está na má interpretação. Interessante notar que o parágrafo único registra a hipótese de o terceiro ser intimado, mas não excepciona para a contagem do prazo, omissão que remete ao *caput* para a contagem. Nesse sentido é o § 3º, do art. 677, quando determina a citação pessoal do terceiro. Isso significa que ele tomará ciência da constrição, não havendo base para o prazo para o ajuizamento dos embargos postegar para as calendas.

Parágrafo único. Caso identifique a existência de terceiro titular de interesse em embargar o ato, o juiz mandará intimá-lo pessoalmente.

Comentários: Data *maxima venia*, a redação é confusa. Vejamos como poderia ser a redação de uma forma mais clara e abrangente:

Parágrafo único. Se houver elementos nos autos para identificar o terceiro, este será intimado pessoalmente e o prazo para embargos será contado a partir do dia seguinte ao da intimação, salvo se cair em domingo, feriado, dia santo de guarda ou de ausência de audiência no forum.

Redação da Comissão Técnica de Apoio

Art. 617. Os embargos serão distribuídos por dependência e correrão em autos distintos perante o mesmo juízo que ordenou a apreensão.

Alteração no relatório geral

Art. 662. Os embargos serão distribuídos por dependência e correrão em autos distintos perante o mesmo juízo que ordenou a apreensão.

Parágrafo único. Nos casos de ato de constrição realizado por carta, os embargos serão oferecidos no juízo deprecado, salvo se o bem constrito tiver sido determinado pelo juízo deprecante *ou se a carta já tiver sido devolvida*.

A redação poderia ser:

Parágrafo único. Nos casos de ato de constrição realizado por carta, os embargos serão oferecidos E JULGADOS no juízo deprecado, salvo se o bem constrito tiver sido de indicação do juiz deprecante.

Comentários: A parte final "ou se a carta já tiver sido devolvida" não tem razão de ser. Penhorado o bem, o juízo deprecado tem por dever legal aguardar o prazo para embargos. Se houver embargos, o juiz deverá decidir e da decisão desfavorável a parte poderá recorrer. Depois de apaziguado tudo é que haverá praça e leilão para a realização de almoeda, para só depois devolver a carta precatória. Se for terceiro, terá a oportunidade prevista no art. 616.

Oportunos os esclarecimentos do *caput*. Se o bem foi penhorado pelo juízo deprecado, ele será o competente para apreciar os embargos. Logo, os embargos deverão ser dirigidos a ele, deprecado. Todavia, se o bem penhorado foi indicado pelo juízo deprecante, o juízo deprecado apenas instrumentalizou a penhora, como se fosse a *longa manus* do deprecante. A competência será do juízo deprecante para a apreciação dos embargos. O legislador trouxe para a norma aquilo que a doutrina e a jurisprudência sumulada tornaram pacífico (Súmula 46, STJ).

Todavia, o parágrafo único não está completo. Deveria acrescentar que se os embargos impugnarem a penhora feita pelo deprecado juntamente com matéria meritória do deprecante, a competência para a apreciação dos embargos será do juízo deprecante, não havendo a cisão de matérias em embargos diferentes. Assim, deveria ser:

> Parágrafo único. Nos casos de ato de constrição realizado por carta, os embargos serão oferecidos no juízo deprecado se versarem unicamente sobre vícios ou defeitos da penhora, salvo se envolver impugnação meritória ou o bem houver sido indicado pelo juízo deprecante.

Esse é o entendimento pacificado pela doutrina e pela jurisprudência (Súmula 46, STJ).

Código sancionado

Art. 676. Os embargos serão distribuídos por dependência ao juízo que ordenou a constrição e autuados em apartado.

Comentários: Os embargos de terceiro são ação de natureza incidente. Não existe a possibilidade de distribuição autônoma; daí a razão pela qual deve ser distribuída por dependência ao juízo da ação principal.

Parágrafo único. Nos casos de ato de constrição realizado por carta, os embargos serão oferecidos no juízo deprecado, salvo se indicado pelo juízo deprecante o bem constrito ou se já devolvida a carta.

Comentários: Reportamo-nos aos comentários *retro* do art. 662 da relatoria. Complementamos: a parte final do parágrafo único: "tiver sido determinado pelo juízo deprecante ou se a carta já tiver sido devolvida", não tem razão de ser, caso em que a competência reverte para o deprecante, é hipótese que não existe. Penhorado o bem pelo deprecado, ele somente poderá enviar o bem à hasta pública se não houver embargos. Se houver, ele julgará e se a decisão for desfavorável ao embargante, este poderá recorrer. Enquanto tudo não se resolver, não será expedido edital de praça. Isso significa que a carta nunca será devolvida antes da praça e leilão.

Alteração no relatório geral

Art. 663. Na petição inicial, o embargante fará a prova sumária de sua posse ou domínio e a qualidade de terceiro, oferecendo documentos e rol de testemunhas.

§ 1º É facultada a prova da posse em audiência preliminar designada pelo juiz.

§ 2º O possuidor direto pode alegar, com a sua posse, domínio alheio.

§ 3º A citação será pessoal, se o embargado não tiver procurador constituído nos autos da ação principal.

§ 4º Será legitimado passivo o sujeito a quem o ato de constrição aproveita. Também o será seu adversário no processo principal quando for sua a indicação do bem para a constrição judicial.

Comentários: A Comissão repetiu o Código em vigor e o relator concordou e incluiu o § 4º. Oportuno o acréscimo.

Código sancionado

Art. 677. Na petição inicial, o embargante fará a prova sumária de sua posse ou de seu domínio e da qualidade de terceiro, oferecendo documentos e rol de testemunhas.

Comentários: O terceiro poderá, desde logo, apresentar a prova de sua posse ou do seu domínio, ocasião em que oferecerá prova documental e rol de testemunhas. Nada impede que se a prova apresentada for convincente, a constrição será liberada *in limine*. Não vemos porque persistir no formalismo, quando, pelas provas apresentadas, esteja claro que o terceiro não tem nenhum responsabilidade e que, a final, o bem será liberado. Remetemos aos comentários do art. 619 da Comissão Técnica.

§ 1º É facultada a prova da posse em audiência preliminar designada pelo juiz.

Comentários: Audiência preliminar para a prova da posse é perda de tempo e de dinheiro, contra o princípio da celeridade e da economia processual. O terceiro deveria apresentar todas as provas de que é realmente terceiro e que nenhuma responsabilidade tem no processo juntamente com a petição inicial. Se o juiz houvesse por bem de ouvir testemunhas, intimaria as partes para apresentar rol em prazo que fixaria.

§ 2º O possuidor direto pode alegar, além da sua posse, o domínio alheio.

Comentários: O fato de ter a posse e não ter o domínio não traduz impecilho para o uso dos embargos.

§ 3º A citação será pessoal, se o embargado não tiver procurador constituído nos autos da ação principal.

Comentários: O fato de a citação ser pessoal é mais uma razão para que o prazo para a interposição dos embargos não seja 5 dias depois da hasta pública (art. 675, *caput*).

§ 4º Será legitimado passivo o sujeito a quem o ato de constrição aproveita, assim como o será seu adversário no processo principal quando for sua a indicação do bem para a constrição judicial.

Comentários: A redação desse parágrafo é confusa. Melhor seria:

Parágrafo único. Será legitimado passivo o sujeito a quem o ato de constrição aproveita; este também será o adversário no processo principal quando for sua a indicação para a constrição do bem.

Redação da Comissão Técnica de Apoio

Art. 619. A decisão que reconhecer suficientemente provada a posse determinará a suspensão das medidas constritivas sobre os bens litigiosos, objeto dos embargos, bem como a manutenção ou a restituição provisória da posse, se o embargante a houver requerido.

Parágrafo único. O juiz poderá condicionar a ordem de manutenção ou restituição provisória de posse à prestação de caução pelo requerente.

Comentários: Este artigo e parágrafo único substituem os arts. 1051 e 1052 do Código em vigor com modificação tautológica da redação, com a concordância da relatoria.

Discordávamos do Código em vigor e continuamos discordando do novo Código. Se o juiz reconhece pelos documentos juntados com os embargos de terceiro que o bem é de sua propriedade, fato que resta suficientemente provado, não vemos razão para que o bem não seja liberado ou que se o libere apenas provisoriamente e, ainda, mediante caução. O terceiro, provado que não tem responsabilidade na execução, é *res inter alios* e não pode ser prejudicado por meras desconfianças.

Suponha-se que o bem penhorado de terceiro sem qualquer responsabilidade na execução estava sendo objeto de venda em financiamento a ser feito pela Caixa Econômica e necessita de certidão negativa. O processo de financiamento pelo comprador parou em face da penhora do bem objeto da compra. Sabemos que o julgamento no Judiciário pode demorar meses, anos ou décadas. De quem o terceiro irá buscar ressarcimento pelo prejuízo que tiver? De duas uma: ou o terceiro não provou a propriedade ou a provou suficientemente (como diz a lei) e não há razão para que seja submetido a uma *via crucis* para a qual não contribuiu e para a qual está na posição, repita-se, de *res inter alios*. Provado que o bem pertence ao terceiro, a não liberação ou liberação mediante caução constitui ato arbitrário a desafiar o writ, ato prejudicial ou que pode impor prejuízo de difícil recuperação.

Código sancionado

Art. 678. A decisão que reconhecer suficientemente provado o domínio ou a posse determinará a suspensão das medidas constritivas sobre os bens litigiosos objeto dos embargos, bem como a manutenção ou a reintegração provisória da posse, se o embargante a houver requerido.

Comentários: Reportamos aos comentários do art. 619 da Comissão Técnica de Apoio, *retro*.

Parágrafo único. O juíz poderá condicionar a ordem de manutenção ou de reintegração provisória de posse à prestação de caução pelo requerente, ressalvada a impossibilidade da parte economicamente hipossuficiente.

Comentários: De conformidade com o comando do parágrafo único a manutenção ou a reintegração provisória na posse poderá preceder da prestação de caução. Isso naturalmente se dará se for impossível ao juiz, perante as provas produzidas, firmar a convicção absoluta de que se trata de bem de terceiro. A prestação de caução será uma cautela para evitar prejuízos. De qualquer forma há incoerência quando a manutenção ou a reintegração provisória não estará condicionada, se houver impossibilidade econômica de hipossuficiente. Mas essa hipótese poderá causar prejuízos com impossibilidade de reparação. Verifica-se, todavia, que o legislador usou do termo "poderá", deixando o ato concessivo ao douto critério do juiz. Na prática, em ambas as hipóteses, a liberação somente se dará, quando o juiz tiver a absoluta convicção da efetiva propriedade. Neste caso, nem caução será necessário. Afora isso, esperará o resultado da ação para ficar em sentença.

Redação da Comissão Técnica de Apoio

Art. 624. Proceder-se-á à habilitação nos autos da causa principal e na instância em que ela se encontrar, cuja suspensão será determinada.

Comentários: O termos "instância" deveria ser substituído por "jurisdição".

Código sancionado

Art. 687. A habilitação ocorre quando, por falecimento de qualquer das partes, os interessados houverem de suceder-lhe no processo.

Comentários: Havendo falecimento, a habilitação faz-se imprescindível para a continuidade procedimental.

Código sancionado

Art. 688. A habilitação pode ser requerida:
I – pela parte, em relação aos sucessores do falecido;
II – pelos sucessores do falecido, em relação à parte.
Art. 689. Proceder-se-á à habilitação nos autos do processo principal, na instância em que estiver, suspendendo-se, a partir de então, o processo.
Art. 689. Proceder-se-á à habilitação nos autos do processo principal, na instância em que estiver, suspendendo-se, a partir de então, o processo.

Comentários: Mantido o termo instância ao invés de jurisdição, termo unívoco. Por questão mesmo de lógica, a habilitação será efetuada na jurisdição em que se encontrar o processo, com suspensão deste.

Código sancionado

Art. 690. Recebida a petição, o juiz ordenará a citação dos requeridos para se pronunciarem no prazo de 5 (cinco) dias.

Parágrafo único. A citação será pessoal, se a parte não tiver procurador constituído nos autos.

Comentários: A citação dos requeridos será pessoal e deverão pronunciar-se em cinco dias.

Código sancionado

Art. 691. O juiz decidirá o pedido de habilitação imediatamente, salvo se este for impugnado e houver necessidade de dilação probatória diversa da documental, caso em que determinará que o pedido seja autuado em apartado e disporá sobre a instrução.

Comentários: Não havendo impugnação, o juiz decidirá desde logo. Havendo impugnação com necessidade de dilação probatória, que não seja documental, o juiz determinará a autuação em apartado para fazer a instrução e posterior decisão.

Código sancionado

Art. 692. Transitada em julgado a sentença de habilitação, o processo principal retomará o seu curso, e cópia da sentença será juntada aos autos respectivos.

Comentários: Depois de transitada em julgado a sentença proferida incidentalmente, cópia da mesma será juntada aos autos principais e o processo principal retornará ao seu curso normal.

Redação da Comissão Técnica de Apoio

Art. 628. Verificado o desaparecimento dos autos, pode o juiz, de ofício, qualquer das partes ou o Ministério Público, se for o caso, promover-lhes a restauração.

Parágrafo único. Havendo autos suplementares, nestes prosseguirá o processo.

Alteração no relatório geral

Art. 674. Verificado o desaparecimento dos autos, pode o juiz, de ofício, qualquer das partes ou o Ministério Público, se for o caso, promover-lhes a restauração.

Comentários: A redação da Comissão, repetida pela relatoria, foi mais didática do que a do Código em vigor indicando as pessoas que podem pedir a restauração.

Todavia, a relatoria eliminou o parágrafo único, ao nosso ver indevidamente, pois trará insegurança ao processo com efeitos deletérios no julgamento. O desaparecimento de um processo não é fato incomum, principalmente se contar com vários volumes e envolver valor pecuniário elevado. Um dos requisitos que deve estar presente no Poder Judiciário é a segurança dos atos processuais. Não vemos razão para a eliminação do parágrafo único que aí firmou residência há décadas. Suponha-se que já foram colhidas provas e testemunhas oculares dos fatos tenham morrido ou desaparecido sem deixar endereço? O que fará o juiz? Dará oportunidade à parte de produzir nova prova, isso seria o mínimo. E se não houver mais testemunhas a respeito dos fatos? Quem poderia ganhar a ação certamente poderá perdê-la face à prova formal. O legislador tem obrigação de dar segurança aos jurisdicionados. Por isso não deve modificar aquilo que vem dando certo há décadas (art. 776 do Código de 1939).

Sugerimos, ainda que a lei não obrigue, nada impede, que os cartórios, sob a supervisão do juiz titular, determinem que se façam autos suplementares corrigindo, assim, a falha do legislador.

Código sancionado

Art. 712. Verificado o desaparecimento dos autos, eletrônicos ou não, pode o juiz, de ofício, qualquer das partes ou o Ministério Público, se for o caso, promover-lhes a restauração.

Parágrafo único. Havendo autos suplementares, nesses prosseguirá o processo.

Comentários: A Secretaria do Cartório deverá ser muito bem organizada para que os autos não desapareçam. Autos erroneamente arquivados podem não mais ser encontrados ou, com sorte, poderão ser encontrados depois de muito tempo. Merece cuidado especial a entrega dos autos em carga para advogados. No livro de cargas deve constar exatamente o número de volumes que compõem os autos. Registramos caso em que nove volumes desapareceram e na carga para o advogado fora registrada a entrega somente do 10º volume. A reconstrução é sempre muito trabalhosa, porque as partes certamente sonegarão documentos e termos que lhe sejam desfavoráveis. Por isso, torna-se imprescindível a feitura de autos suplementares, eletrônicos ou não. Embora o parágrafo único não seja impositivo, a medida é necessária e imprescindível. O Poder Judiciário tem a obrigação de dar segurança ao jurisdicionado e o titular do Cartório é o guardião dos autos do processo.

Redação da Comissão Técnica de Apoio

Art. 631. Se a perda dos autos tiver ocorrido depois da produção das provas em audiência, o juiz, se necessário, mandará repeti-las.

§ 1º Serão reinquiridas as mesmas testemunhas; não sendo possível, poderão ser substituídas de ofício ou a requerimento da parte.

§ 2º Não havendo certidão ou cópia do laudo, far-se-á nova perícia, sempre que for possível pelo mesmo perito.

§ 3º Não havendo certidão de documentos, estes serão reconstituídos mediante cópias e, na falta, pelos meios ordinários de prova.

§ 4º Os serventuários e os auxiliares da justiça não podem eximir-se de depor como testemunhas a respeito de atos que tenham praticado ou assistido.

§ 5º Se o juiz houver proferido sentença da qual ele próprio ou o escrivão possua cópia, esta será juntada aos autos e terá a mesma autoridade da original.

Comentários: A comissão repete tautologicamente o artigos 1066 e parágrafos do Código em vigor.

Código sancionado

Art. 715. Se a perda dos autos tiver ocorrido depois da produção das provas em audiência, o juiz, se necessário, mandará repeti-las. Ver artifo 712.

Comentários: O desaparecimento dos autos será sempre um acontecimento no mínimo incômodo, para o juiz. A ocorrência depois da instrução probatória é a pior coisa que pode acontecer. Excepcionados os casos em que os documentos foram juntados por cópias autênticas e guardados os documentos originais, o documento original simplesmente desaparece. A prova testemunhal (§ 1º) poderá ser problema com o desaparecimento da testemunha, substituída por outra que terá de ter conhecimento dos fatos ainda que *ex auditur*. A prova pericial (§ 2º), não havendo cópia, o juiz poderá determinar nova perícia, de preferência pelo mesmo perito. Dependendo a perícia, *v. g.*, *ad perpetuam rei memoriam*, os elementos poderão ter desaparecido. Os documentos desaparecidos (§ 3º), não havendo certidão, serão reconstruídos pelos meios ordinários: interrogatório das partes e depoimentos de testemunhas indicadas pelas partes e pelo próprio juízo. Prevê o § 4º que os serventuários e os auxiliares da Justiça serão obrigados, por dever de ofício e na qualidade de testemunha, a depor sobre os atos por eles praticados ou que tenham assistido a prática. A melhor hipótese é aquela em que o juiz já havia prolatado a sentença de mérito, terminando a fase cognitiva. A restauração será sempre objeto de julgamento (art. 716).

Nesse caso de haver sentença, a simples cópia será juntada aos autos por termo assinado pelo juiz e pelas partes e terá o mesmo valor e autoridade da sentença original (§ 5º).

§ 1º Serão reinquiridas as mesmas testemunhas, que, em caso de impossibilidade, poderão ser substituídas de ofício ou a requerimento.

§ 2º Não havendo certidão ou cópia do laudo, far-se-á nova perícia, sempre que possível pelo mesmo perito.

§ 3º Não havendo certidão de documentos, esses serão reconstituídos mediante cópias ou, na falta dessas, pelos meios ordinários de prova.

§ 4º Os serventuários e os auxiliares da justiça não podem eximir-se de depor como testemunhas a respeito de atos que tenham praticado ou assistido.

§ 5º Se o juiz houver proferido sentença da qual ele próprio ou o escrivão possua cópia, esta será juntada aos autos e terá a mesma autoridade da original.

Código sancionado

Art. 716. Julgada a restauração, seguirá o processo os seus termos.

Parágrafo único. Aparecendo os autos originais, neles se prosseguirá, sendo-lhes apensados os autos da restauração.

Comentários: Depois de julgada a restauração dos autos, o processo seguirá os devidos trâmites procedimentais. A lei não descarta a possibilidade de serem encontrados os autos originais. Em acontecendo a hipótese, neles prosseguirão os trâmites procedimentais, apensados os autos da restauração.

Código sancionado

Art. 717. Se o desaparecimento dos autos tiver ocorrido no tribunal, o processo de restauração será distribuído, sempre que possível, ao relator do processo.

Comentários: O relator é quem exerce a função de juízo natural, pois é só ele que pode despachar nos autos. Nenhum outro juiz do colegiado poderá fazê-lo. Logo, é a ele que cabe a tarefa de comandar a restauração dos autos. Inicia-se no juízo de origem (§ 1º); completa-se no tribunal (§ 2º).

§ 1º A restauração far-se-á no juízo de origem quanto aos atos nele realizados.

§ 2º Remetidos os autos ao tribunal, nele completar-se-á a restauração e proceder-se-á ao julgamento.

Código sancionado

Art. 718. Quem houver dado causa ao desaparecimento dos autos responderá pelas custas da restauração e pelos honorários de advogado, sem prejuízo da responsabilidade civil ou penal em que incorrer.

Comentários: Quando os autos desaparecem, geralmente não se descobre quem foi que deu causa, salvo caso em que o registro de cargas de autos foi devidamente anotado e os autos desaparecem quando em mãos do advogado: teve o veículo roubado com os autos no porta-malas, veículo pegou fogo, escritório pegou fogo etc., etc. Afora esses casos rotineiros de força maior, dificilmente se descobrirá o autor do desaparecimento. O perigo não está só no desaparecimento dos autos, mas também no desaparecimento de documentos substanciais. Temos um caso numa cidade do interior paulista, por volta de 1960, em que o advogado foi flagrado comendo (literalmente) a nota promissória juntada aos autos no original. Foi flagrado, preso, e levado ao gabinete do juiz que fez de imediato a reconstituição do título e enquadrou o causídico criminalmente. De qualquer forma, sabendo-se quem deu causa, tendo agido com dolo ou com culpa, deve ser responsabilizado.

Redação da Comissão Técnica de Apoio

Art. 639. A propositura de uma ação possessória em vez de outra não obstará a que o juiz conheça do pedido e outorgue a proteção legal correspondente àquela cujos requisitos estejam provados.

Comentários: Este artigo repete o art. 920 do Código em vigor. O fato de a parte equivocar-se na adequação ao ajuizar ação possessória não obsta que o juiz conheça do pedido e outorgue a proteção legal, desde que presentes os requisitos da ação que seria correta. É a aplicação do *da mihi factum, dabo tibi jus* e do *jura novit curia*.

Código em vigor

Art. 872. Feita a intimação, ordenará o juiz que, pagas as custas, e decorridas 48 (quarenta e oito) horas, sejam os autos entregues à parte independentemente de traslado.

Código sancionado

Art. 554. A propositura de uma ação possessória em vez de outra não obstará a que o juiz conheça do pedido e outorgue a proteção legal correspondente àquela cujos pressupostos estejam provados.

Comentários: O artigo é salutar. Abre mão do formalismo exacerbado que, regra geral, livra-se do processo, com perda de tempo e de dinheiro, uma vez que a parte certamente ajuizará novamente a ação livre do vício do *nomen juris*. Desde que presentes os pressupostos exigidos por lei, pode o juiz aplicar o princípio do *jura novit curia*. Essa mesma regra deve ser aplicada no caso das medidas cautelares, *v. g.* pede sequestro, quando o correto seria arresto etc.

§ 1º No caso de ação possessória em que figure no polo passivo grande número de pessoas, serão feitas a citação pessoal dos ocupantes que forem encontrados no local e a citação por edital dos demais, determinando-se, ainda, a intimação do Ministério Público e, se envolver pessoas em situação de hipossuficiência econômica, da Defensoria Pública.

Comentários: A exigência de citação pessoal de todos os envolvidos no processo possessório poderá levar ao impasse, pois poderá haver dificuldades não só pela demora em encontrar as pessoas, bem como pela impossibilidade de encontrar. Por isso, a lei determina a citação pessoal daquelas pessoas que estejam nos respectivos locais; as que não estiverem, não importando a razão, serão citadas por edital. Será também intimado o Ministéro Público, na qualidade de fiscal da lei (*custos legis*) ou agente de defesa dos interesses sociais. Se no polo passivo figurarem pessoas em situação de hipossuficiência, a Defensoria Pública será intimada para que designe um dos seus membros.

§ 2º Para fim da citação pessoal prevista no § 1º, o oficial de justiça procurará os ocupantes no local por uma vez, citando-se por edital os que não forem encontrados.

Comentários: Este parágrafo poderia e deveria constar do § 1º. De qualquer maneira abre-se mão do formalismo exacerbado. O oficial irá ao local onde existe a previsibilidade de encontrar as pessoas interessadas para citá-las. Fará isso uma única vez. As que não forem encontradas serão citadas por edital.

§ 3º O juiz deverá determinar que se dê ampla publicidade da existência da ação prevista no § 1º e dos respectivos prazos processuais, podendo, para tanto, valer-se de anúncios em jornal ou rádio locais, da publicação de cartazes na região do conflito e de outros meios.

Comentários: O § 3º determina o empenho do juiz na publicidade da existência da ação possessória e respectivos prazos, podendo para tanto usar de todos os meios possíveis, *v. g.*, anúncios no jornal e rádio locais, distribuição de cartazes na zona de conflito e todo e qualquer meio hábil e útil para que a publicidade atinja os seus objetivos.

Código sancionado

Art. 555. É lícito ao autor cumular ao pedido possessório o de:

I – condenação em perdas e danos;

II – indenização dos frutos.

Comentários: O pedido possessório poderá ser cumulado com a condenação em perdas e danos e indenização dos frutos perdidos ou retirados. Conforme autoriza o parágrafo único *infra*, poderá o autor, ainda, requerer a imposição de medida necessária e adequada para evitar nova turbação ou esbulho e o cumprimento da tutela provisória ou final.

Parágrafo único. Pode o autor requerer, ainda, imposição de medida necessária e adequada para:

I – evitar nova turbação ou esbulho;

II – cumprir-se a tutela provisória ou final.

Código sancionado

Art. 556. É lícito ao réu, na contestação, alegando que foi o ofendido em sua posse, demandar a proteção possessória e a indenização pelos prejuízos resultantes da turbação ou do esbulho cometido pelo autor.

Comentários: Por ocasião da defesa (resposta), o réu poderá, alegado que fora ofendido em sua posse, demandar a proteção possessória necessária e a respectiva condenação pelos prejuízos porventura resultantes da turbação ou do esbulho comedido pelo autor. O artigo é inovador. O réu não necessita esperar o julgamento da ação possessória para ressarcir-se de possíveis danos em ação autônoma. Se achar que foi ofensa poderá pedir a reparação na própria defesa, sem necessidade de reconvenção. Tendo sucesso, a indenização será apurada nos próprios autos. No caso de insucesso, arcará com a sucumbência.

Código sancionado

Art. 557. Na pendência de ação possessória é vedado, tanto ao autor quanto ao réu, propor ação de reconhecimento do domínio, exceto se a pretensão for deduzida em face de terceira pessoa.

Comentários: Pendente ação possessória, as partes (autor e réu) não poderão propor ação para reconhecimento de domínio. Excetua-se se for perante terceira pessoa.

Parágrafo único. Não obsta à manutenção ou à reintegração de posse a alegação de propriedade ou de outro direito sobre a coisa.

Comentários: A reintegração ou a manutenção de posse não será obstada pela alegação de propriedade ou de existência de direito sobre a coisa.

Código sancionado

Art. 558. Regem o procedimento de manutenção e de reintegração de posse as normas da Seção II deste Capítulo quando a ação for proposta dentro de ano e dia da turbação ou do esbulho afirmado na petição inicial.

Comentários: No litígio coletivo pela posse de imóvel, se o esbulho ou a turbação ocorreu há mais de ano e dia, o juiz designará audiência de mediação, antes de apreciar o pedido de liminar. A mediação deverá realizar-se em 30 dias, dependendo naturalmente do volume de processos da Vara. Nada impede que seja realizada em prazo menor, se a tanto tiver o juiz condição. De conformidade com o § 2º do art. 565 o Ministério Público será intimado para comparecer à audiência na qualidade de fiscal da lei. Havendo beneficiário da Justiça gratuita será intimada também a defensoria pública. Nos termos do § 4º, do art. 565, os órgãos responsáveis pela política urbana da União, do Estado, do Distrito Federal ou do Município onde esteja situada a área litigiosa, poderão ser intimados para a audiência, podendo se manifestarem, querendo, sobre possível interesse no processo e sobre a existência de possibilidade de solução para o conflito possessório. O juiz poderá comparecer à área de conflito sempre que achar necessário antes de efetivar a tutela. A verificação *in loco* pode firmar a convicção.

Se a liminar for concedida e não for executada no prazo de um ano contado da data da distribuição, o juiz deverá designar audiência de mediação nos termos dos §§ 2º e 4º do art. 565.

Código sancionado

Art. 565. No litígio coletivo pela posse de imóvel, quando o esbulho ou a turbação afirmado na petição inicial houver ocorrido há mais de ano e dia, o juiz, antes de apreciar o pedido de concessão da medida liminar, deverá designar audiência de mediação, a realizar-se em até 30 (trinta) dias, que observará o disposto nos §§ 2º e 4º.

§ 1º Concedida a liminar, se essa não for executada no prazo de 1 (um) ano, a contar da data de distribuição, caberá ao juiz designar audiência de mediação, nos termos dos §§ 2º a 4º deste artigo.

§ 2º O Ministério Público será intimado para comparecer à audiência, e a Defensoria Pública será intimada sempre que houver parte beneficiária de gratuidade da justiça.

§ 3º O juiz poderá comparecer à área objeto do litígio quando sua presença se fizer necessária à efetivação da tutela jurisdicional.

§ 4º Os órgãos responsáveis pela política agrária e pela política urbana da União, de Estado ou do Distrito Federal e de Município onde se situe a área objeto do litígio poderão ser intimados para a audiência, a fim de se manifestarem sobre seu interesse no processo e sobre a existência de possibilidade de solução para o conflito possessório.

Observações. A redação do § 4º peca e afronta o princípio do paralelismo que informa o idioma português ao usar "de" e "do" como se fossem sinônimos. A preposição "de" tem significado indefinido; e "do e da" têm significados definidos. O correto é da União, do Estado, do Distrito Federal e do Município.

§ 5º Aplica-se o disposto neste artigo ao litígio sobre propriedade de imóvel.

Código sancionado

Art. 559. Se o réu provar, em qualquer tempo, que o autor provisoriamente mantido ou reintegrado na posse carece de idoneidade financeira para, no caso de sucumbência, responder por perdas e danos, o juiz designar-lhe-á o prazo de 5 (cinco) dias para requerer caução, real ou fidejussória, sob pena de ser depositada a coisa litigiosa, ressalvada a impossibilidade da parte economicamente hipossuficiente.

Redação da Comissão Técnica de Apoio

Art. 663. Deferida e realizada a notificação ou interpelação, os autos serão entregues ao requerente.

Comentários: Como se pode verificar, o juiz não efetua qualquer julgamento. Nem homologa o ato. Sua função não vai além do deferimento da notificação ou da interpelação. A entrega dos autos, todavia, confirma o que já vem sendo feito, mas contraria o princípio da manutenção da prova, tendo o cartório como guardião. Dever-se-ia expedir traslado. Verifica-se que a redação da Comissão simplesmente desonerou a parte do pagamento de custas, fato que contraria a tradição. Tudo com a concordância da relatoria.

Código sancionado

Art. 726. Quem tiver interesse em manifestar formalmente sua vontade a outrem sobre assunto juridicamente relevante poderá notificar pessoas participantes da mesma relação jurídica para dar-lhes ciência de seu propósito.

Comentários: A notificação tem por finalidade a manifestação de uma pessoa sobre determinado assunto juridico relevante, dando ciência do propósito do notificante.

§ 1º Se a pretensão for a de dar conhecimento geral ao público, mediante edital, o juiz só a deferirá se a tiver por fundada e necessária ao resguardo de direito.

Comentários: Se o pedido for por meio de edital, a notificação não poderá ofender ou prejudicar interesses ou direitos de outrem.

§ 2º Aplica-se o disposto nesta Seção, no que couber, ao protesto judicial.

Comentários: Há uma sinonimia procedimental com o protesto judicial.

Código sancionado

Art. 727. Também poderá o interessado interpelar o requerido, no caso do art. 726, para que faça ou deixe de fazer o que o requerente entenda ser de seu direito.

Comentários: A interpelação poderá ter por finalidade interpelar o requerido (art. 726) para que faça ou deixe de fazer o que o requerente entender ser seu direito.

Código sancionado

Art. 728. O requerido será previamente ouvido antes do deferimento da notificação ou do respectivo edital:
I – se houver suspeita de que o requerente, por meio da notificação ou do edital, pretende alcançar fim ilícito;
II – se tiver sido requerida a averbação da notificação em registro público.

Comentários: Tendo em conta o princípio do contraditório, o requerido deverá ser ouvido antes de procede-se à notificação ou autorizar-se a publicação de edital.

Código sancionado

Art. 729. Deferida e realizada a notificação ou interpelação, os autos serão entregues ao requerente.

Comentários: Segundo o *caput*, deferida a notificação ou a interpelação, os autos serão entregues ao requerente. Não me parece de bom alvitre a devolução dos autos à parte requerente. Os autos principais deveriam permanecer arquivados em cartório, com a possibilidade de ambas as partes (requerente e requerido(s)) solicitarem cópia autenticada. Não se pode descartar a possibilidade de desaparecimento dos autos principais. Qual a vantagem de entregar os autos principais? Nenhuma! Quais as desvantagens? Afronta-se o princípio da documentabilidade que está a cargo dos cartórios, com a possibilidade de desaparecimento.

Alteração no relatório geral

Art. 733. Considera-se atentatória à dignidade da justiça a conduta comissiva ou omissiva do executado que:
I – frauda a execução;
II – se opõe maliciosamente à execução, empregando ardis e meios artificiosos;
III – dificulta ou embaraça a realização da penhora;
IV – resiste injustificadamente às ordens judiciais;
V – intimado, não indica ao juiz quais são e onde estão os bens sujeitos à penhora e seus respectivos valores, não exibe prova de sua propriedade e, se for o caso, certidão negativa de ônus.
Parágrafo único. Nos casos previstos neste artigo, o juiz fixará multa ao executado em montante não superior a vinte por cento do valor atualizado do débito em execução, a qual será revertida em proveito do exequente, exigível na própria execução, sem prejuízo de outras sanções de natureza processual ou material.

Comentários: A redação repete o art. 700 da Comissão de juristas e praticamente a redação do art. 600 do Código atual com algumas inclusões e é referendado pela relatoria.

O inciso III é ocioso, pois a matéria está contida no inciso II. O inciso V foi completado com exigências expressas que são feitas na prática. As sanções processuais e material significam que, além da multa, o juiz poderá proibir que a parte que praticar atos atentatórios à dignidade da Justiça fale nos autos.

O parágrafo único que faz parte do art. 601 do Código em vigor não foi posto no Projeto por evidente engano. O lapso foi repetido pela Comissão e pela relatoria. A omissão prejudica a execução.

A seguir *ipsis literis* o parágrafo omitido.

> Parágrafo único. O juiz relevará a pena, se o devedor se comprometer a não mais praticar qualquer dos atos definidos no artigo antecedente e der fiador idôneo, que responda ao credor pela dívida principal, juros, despesas e honorários advocatícios.

A eliminação do parágrafo único constitui lapso inescusável, pois a parte deve sempre ter oportunidade de redimir-se e, no caso, mediante garantias que reforçam o cumprimento da obrigação. O parágrafo deveria ser repetido e completado com correção monetária de responsabilidade do devedor.

A eliminação, todavia, não impede que o juiz condutor (*dominus processus*) continue aplicando a regra de ofício como se escrita estivesse, pois tem o poder de tomar todas as providências que agilizem a execução.

Código sancionado

> Art. 774. Considera-se atentatória à dignidade da justiça a conduta comissiva ou omissiva do executado que:
> I – frauda a execução;
> II – se opõe maliciosamente à execução, empregando ardis e meios artificiosos;
> III – dificulta ou embaraça a realização da penhora;
> IV – resiste injustificadamente às ordens judiciais;
> V – intimado, não indica ao juiz quais são e onde estão os bens sujeitos à penhora e os respectivos valores, nem exibe prova de sua propriedade e, se for o caso, certidão negativa de ônus.

Comentários: O *caput* e incisos seguem a mesma linha do art. 600 do Código em vigor.

> Parágrafo único. Nos casos previstos neste artigo, o juiz fixará multa em montante não superior a vinte por cento do valor atualizado do débito em execução, a qual será revertida em proveito do exequente, exigível nos próprios autos do processo, sem prejuízo de outras sanções de natureza processual ou material.

Comentários: O parágrafo único *retro* é um arremedo do art. 601 do Código em vigor que é mais completo.

Código em vigor:

> Art. 601, *caput*
> Nos casos previstos no artigo anterior, o devedor incidirá em multa fixada pelo juiz, em montante não superior a 20% do valor atualizado do débito em execução, sem prejuízo de outras sanções de natureza processual ou material, multa essa que reverterá em proveito do credor, exigível na própria execução.

Código sancionado piorou ainda mais a situação ao eliminar o parágrafo único do artigo 601 do Código em vigor. Ver abaixo:

> Parágrafo único. O juiz relevará a pena, se o devedor se comprometer a não mais praticar qualquer dos atos definidos no artigo antecedente e der fiador idôneo, que responda ao credor pela dívida principal, juros, despesas e honorários advocatícios.

O parágrafo não deveria ser eliminado pela importância que ele significava.

Todavia, o juiz poderá minimizar a falta de sensibilidade do legislador e continuar a aplicar o referido parágrafo eliminado. Vejamos. O juiz tem por obrigação entregar a prestação jurisdicional no tempo mais breve que lhe for possível. Para isso, ele tem a direção do processo (*dominus prossessus*) e poderá usar de todas as formas que ajudem na celeridade. Os parágrafos não adotados concedem a possibilidade daquele que agiu com ato atentatório de se redimir, contanto que garanta a execução mediante a apresentação de fiador. E além da multa, o juiz poderá aplicar sanções processuais e materiais. A processual é a possibilidade de impedir de falar nos autos.

Alteração no relatório geral

Art. 734. O exequente tem a faculdade de desistir de toda a execução ou de apenas algumas medidas executivas.

Parágrafo único. Na desistência da execução, observar-se-á o seguinte:

I – serão extintos os embargos que versarem apenas sobre questões processuais, pagando o exequente as custas e os honorários advocatícios;

II – nos demais casos, a extinção dependerá da concordância do embargante.

Comentários: Comissão e relatoria repetem o artigo 569 em vigor. A relatoria troca credor por exequente.

Existe uma diferença conceitual entre desistência e renúncia. A parte poderá desistir da ação sem a concordância da parte adversa, desde que ainda não tenha sido citada, após a citação, somente com a concordância daquela. Na execução, já houve uma sentença com trânsito em julgado declarando o direito do exequente. Não mais se pode discutir esse direito, salvo e excepcionalmente por meio de ação rescisória. Não se desiste de um direito. Pode-se renunciar aquilo que já faz parte do nosso patrimônio material. E para isso, o titular do direito não precisa de autorização de ninguém. Perdeu-se a oportunidade de concertar-se norma. A simples desistência pelo exequente não significa que ele não prossiga posteriormente na execução. Já ao efetuar à renúncia, o credor abre mão em definitivo de parte do seu patrimônio. Por óbvio, não poderá prosseguir na execução posteriormente. Há evidente engano no artigo 569 do Código em vigor e agora repetido no Código novo. O termo desistência está posto no parágrafo único do art. 158 do Código em vigor corretamente. Lá cuida de desistência da ação, onde não existe ainda nenhum direito declarado. O art. 569 diz respeito à execução, em que existe direito declarado e que já faz parte do patrimônio do exequente. Não se desiste de nenhum direito. De direito, se renuncia. Desistir de direito, total ou parcialmente, não tem nenhum significado objetivo, pois poderá o credor retornar a executá-lo no momento que lhe aprouver, ressalvada a hipótese de prescrição da execução. A Comissão e a relatoria, repita-se, perderam a oportunidade de sanar a erronia posta há quase meio século.

Código sancionado

Art. 775. O exequente tem o direito de desistir de toda a execução ou de apenas alguma medida executiva.

Parágrafo único. Na desistência da execução, observar-se-á o seguinte:

I – serão extintos a impugnação e os embargos que versarem apenas sobre questões processuais, pagando o exequente as custas processuais e os honorários advocatícios;

II – nos demais casos, a extinção dependerá da concordância do impugnante ou do embargante.

Comentários: Este artigo corresponde ao art. 569 e respectivo parágrafo único e seus incisos do Código em vigor. O *caput* diz que o exequente tem o direito de desistir da execução. Se tem o direito, não necessita de autorização do executado. O legislador fez confusão entre desistência e renúncia e suas consequências. A desistência não decide do mérito. A renúncia decide do mérito. A desistência significa que o exequente não "renunciou" o seu direito material e poderá retomar ao processo executório a qualquer momento. Significa também que o executado continuará a pagar juros e correção monetária. Se a desistência provocará prejuízos ao executado, esta somente poderá se tornar realidade com a concordância do executado e este poderá condicionar a aquiescência ao fato de não pagar juros e correção durante o período de suspensão do processo pela desistência. A renúncia, por sua vez, significa a extinção da execução, isto é, a parte renuncia ao próprio direito material, conforme preconiza o art. 794, inciso III, do Código em vigor que declara que a execução se extingue quando o credor (exequente) renuncia à execução. Por conseguência não teria aplicação o inciso I: pagamento de custas e de honorários. Caso do inciso II, a desistência não extingue a execução, só a renúncia. A extinção não necessita autorização do executado. Os termos "impugnante e embargante" deveriam ser substituídos por "executado".

Alteração no relatório geral

Art. 738. A execução pode ser promovida contra:

I – o devedor, reconhecido como tal no título executivo;

II – o espólio, os herdeiros ou os sucessores do devedor;

III – o novo devedor que assumiu, com o consentimento do credor, a obrigação resultante do título executivo;

IV – o fiador do débito constante em título extrajudicial;

V – o responsável, titular do bem vinculado por garantia real, ao pagamento do débito;

VI – o responsável tributário, assim definido na lei.

Comentários: O acréscimo do inciso V (o responsável, titular do bem vinculado por garantia real, ao pagamento do débito) é ocioso, posto que contido no item I. Na garantia real, *v. g.* hipoteca levada a efeito por escritura pública, consta expressamente o nome do devedor ou responsável pela dívida. Mesmo porque esse é um requisito inarredável: dizer claramente quem é o credor e quem é o devedor. É uma das condições da ação, isto é, a qualidade jurídica para agir.

Código sancionado

Art. 779. A execução pode ser promovida contra:

I – o devedor, reconhecido como tal no título executivo;

II – o espólio, os herdeiros ou os sucessores do devedor;

III – o novo devedor que assumiu, com o consentimento do credor, a obrigação resultante do título executivo;

IV – o fiador do débito constante em título extrajudicial;

V – o responsável titular do bem vinculado por garantia real ao pagamento do débito;

VI – o responsável tributário, assim definido em lei.

Comentários: Este artigo corresponde ao art. 568 do Código em vigor, com algumas modificações formais. O inciso IV que incluiu apenas o fiador em título extrajudicial está incompleto. Poderá haver fiador em título judicial. É o caso de acordo homologado em juízo em que se exige a presença de um fiador para garantir o pagamento, devendo, nesse caso, assinar o acordo também a mulher, sendo o fiador casado, para formalizar o ato, com desistência do benefício de ordem dos arts. 827, 829, do Código Civil. Temos, ainda, o caso de fiança bancária.

Código sancionado

Art. 780. O exequente pode cumular várias execuções, ainda que fundadas em títulos diferentes, quando o executado for o mesmo e desde que para todas elas seja competente o mesmo juízo e idêntico o procedimento.

Comentários. Sendo competente o mesmo juízo e devido o mesmo procedimento, o exequente poderá cumular vários créditos na mesma execução, ainda que provenientes de títulos diferentes, desde que o devedor seja o mesmo.

Alteração no relatório geral

Art. 740. A execução fundada em título extrajudicial será processada perante o juízo competente, observando-se o seguinte:

I – a execução poderá ser proposta no foro do domicílio do executado ou da eleição constante do título;

II – tendo mais de um domicílio, o executado poderá ser demandado no foro de qualquer deles;

III – sendo incerto ou desconhecido o domicílio do executado, a execução poderá ser proposta no lugar onde for encontrado ou no domicílio do exequente;

IV – havendo mais de um devedor, com diferentes domicílios, a execução será proposta em qualquer deles, à escolha do exequente;

V – a execução poderá ser proposta no foro do lugar em que se praticou o ato ou ocorreu o fato que deu origem ao título, embora nele não mais resida o executado;

VI – a execução poderá ser proposta no foro da situação dos bens, quando o título deles se originar.

Comentários: Este artigo repete o art. 707 da Comissão de juristas e ambos atuam de forma mais clara, englobando o art. 94, §§ 1º e 4º, do Código em vigor. A inclusão dos incisos V e VI é salutar, pois torna mais fácil a execução.

Código sancionado

Art. 781. A execução fundada em título extrajudicial será processada perante o juízo competente, observando-se o seguinte:

I – a execução poderá ser proposta no foro de domicílio do executado, de eleição constante do título ou, ainda, de situação dos bens a ela sujeitos;

II – tendo mais de um domicílio, o executado poderá ser demandado no foro de qualquer deles;

III – sendo incerto ou desconhecido o domicílio do executado, a execução poderá ser proposta no lugar onde for encontrado ou no foro de domicílio do exequente;

IV – havendo mais de um devedor, com diferentes domicílios, a execução será proposta no foro de qualquer deles, à escolha do exequente;

V – a execução poderá ser proposta no foro do lugar em que se praticou o ato ou em que ocorreu o fato que deu origem ao título, mesmo que nele não mais resida o executado.

Comentários: Este artigo, e respectivos incisos, seguiu a redação do art. 740 da relatoria geral.

O juízo competente para a execução de título extrajudicial está circunscrito às regras previstas nos incisos I a V, com possibilidades várias, objetivando sempre a facilidade para a execução. A clareza dos incisos dispensa maiores comentários.

Redação da Comissão Técnica de Apoio

Art. 709. A execução para cobrança de crédito se fundará sempre em título de obrigação certa, líquida e exigível.

Parágrafo único. A necessidade de simples operações aritméticas para apurar o crédito exequendo não retira a liquidez da obrigação constante do título.

Alteração no relatório geral

Art. 742. A execução para cobrança de crédito se fundará sempre em título de obrigação certa, líquida e exigível.

Comentários: Este artigo deveria fazer menção ao parágrafo único do art. 744. Obrigação certa, líquida e exigível significa que o título executivo não aceita mais qualquer discussão sobre os seus elementos intrínsecos e extrínsecos e sobre o seu valor.

Parágrafo único. A necessidade de simples operações aritméticas para apurar o crédito exequendo não retira a liquidez da obrigação constante do título.

Alteração no relatório geral

Art. 744. A execução pode ser instaurada caso o devedor não satisfaça a obrigação certa, líquida e exigível, consubstanciada em título executivo.

Parágrafo único. A necessidade de simples operações aritméticas para apurar o crédito exequendo não retira a liquidez da obrigação, constante do título.

Comentários: Este parágrafo único foi retirado indevidamente do art. 709 da Comissão, pela relatoria em seu art. 742. Consta agora do art. 744. Como dissemos nos comentários do art. 709, haveria de fazer-se uma remissão ao artigo.

Comentários: Reporto-me aos comentários do art. 742.

Código sancionado

Art. 783. A execução para cobrança de crédito fundar-se-á sempre em título de obrigação certa, líquida e exigível.

Comentários: A expressão "obrigação certa, líquida e exigível" significa título cuja dívida não mais se discute. Quando o título não é de valor certo e determinado (nota promissória), como é o caso de sentenças judiciais, será necessário apurar-se o *quantum debeatur* por meio de liquidação da sentença. Reportamo-nos aos comentários *retro* ao art. 744 da relatoria.

Código sancionado

Art. 784. São títulos executivos extrajudiciais:

I – a letra de câmbio, a nota promissória, a duplicata, a debênture e o cheque;

II – a escritura pública ou outro documento público assinado pelo devedor;

III – o documento particular assinado pelo devedor e por 2 (duas) testemunhas;

IV – o instrumento de transação referendado pelo Ministério Público, pela Defensoria Pública, pela Advocacia Pública, pelos advogados dos transatores ou por conciliador ou mediador credenciado por tribunal;

V – o contrato garantido por hipoteca, penhor, anticrese ou outro direito real de garantia e aquele garantido por caução;

VI – o contrato de seguro de vida em caso de morte;

VII – o crédito decorrente de foro e laudêmio;

VIII – o crédito, documentalmente comprovado, decorrente de aluguel de imóvel, bem como de encargos acessórios, tais como taxas e despesas de condomínio;

IX – a certidão de dívida ativa da Fazenda Pública da União, dos Estados, do Distrito Federal e dos Municípios, correspondente aos créditos inscritos na forma da lei;

X – o crédito referente às contribuições ordinárias ou extraordinárias de condomínio edilício, previstas na respectiva convenção ou aprovadas em assembleia geral, desde que documentalmente comprovadas;

XI – a certidão expedida por serventia notarial ou de registro relativa a valores de emolumentos e demais despesas devidas pelos atos por ela praticados, fixados nas tabelas estabelecidas em lei;

XII – todos os demais títulos aos quais, por disposição expressa, a lei atribuir força executiva.

§ 1º A propositura de qualquer ação relativa a débito constante de título executivo não inibe o credor de promover-lhe a execução.

§ 2º Os títulos executivos extrajudiciais oriundos de país estrangeiro não dependem de homologação para serem executados.

§ 3º O título estrangeiro só terá eficácia executiva quando satisfeitos os requisitos de formação exigidos pela lei do lugar de sua celebração e quando o Brasil for indicado como o lugar de cumprimento da obrigação.

Comentários: O artigo corresponde ao art. 585 do Código em vigor, porém mais didático.

Código sancionado

Art. 785. A existência de título executivo extrajudicial não impede a parte de optar pelo processo de conhecimento, a fim de obter título executivo judicial.

Comentários: É uma opção que não nos parece vantajosa.

Redação da Comissão Técnica de Apoio

Art. 715. Ficam sujeitos à execução os bens:

VI – cuja alienação ou gravação com ônus real tenha sido declarada ineficaz em razão do reconhecimento, em ação própria, de fraude contra credores.

Alteração no relatório geral

Art. 748. Ficam sujeitos à execução os bens:

VI – cuja alienação ou gravação com ônus real tenha sido anulada em razão do reconhecimento, em ação própria, de fraude contra credores.

Comentários: O inciso VI cuida de fraude contra credores. A comissão usa o termo "ineficaz", enquanto a relatoria fala em "anulada". Não se cuida de simples questão terminológica, mas de fato conceitual envolvendo a fraude à execução e a fraude contra credores.

Dá-se a fraude à execução, quando o devedor torna-se insolvente depois de ajuizada uma ação, tornando-se inadimplente.

Dá-se a fraude contra credores, quando o devedor se torna insolvente antes de o credor ajuizar ação. A dívida ainda não venceu, a parte não teria em princípio interesse jurídico para ajuizar ação e o devedor passa a desfazer-se do seu patrimônio. Nesse caso, o credor pode e deve ajuizar cautelar de protesto contra alienação de bens ou mesmo de arresto para garantir uma adimplência futura. Isso não irá impedir o devedor de continuar vendendo os seus bens e tornar-se insolvente, mas quem adquirir o bem não poderá alegar boa-fé. Isso significa que o bem vendido poderá ser penhorado e a venda anulada.

Na fraude à execução, a penhora pode ser feita desde logo porque a venda é ineficaz e a parte que se sentir prejudicada poderá usar do remédio legal à disposição, que serão os embargos de terceiro. Estando a penhora de bem imóvel registrada (artigos 167, inciso I, ns. 5 e 240 da Lei dos Registros Públicos), o adquirente não poderá invocar a boa-fé.

Na fraude contra credores, a venda não é ineficaz, mas poderá ser anulada mediante ação pauliana. E a venda poderá vir a ser declarada nula. A fraude à execução só beneficia o exequente; a fraude contra credores beneficia a todos os credores, não só o titular da ação pauliana.

Código sancionado

Art. 789. O devedor responde com todos os seus bens presentes e futuros para o cumprimento de suas obrigações, salvo as restrições estabelecidas em lei.

Comentários: Este artigo corresponde ao art. 591 do Código em vigor. O devedor responderá com todos os bens do seu patrimônio, presentes e futuros. Pouco importa se os bens foram adquiridos depois de assumir alguma responsabilidade. O devedor pode ter assumido compromisso sem qualquer garantia e quando não tinha patrimônio. O credor confiou no bom nome que ele detinha na praça. É o que se dá nos empréstimos pessoais. Muitas vezes o credor não tem como executar e acaba ficando no prejuízo. Todavia, se o devedor depois de assumir a dívida recebeu herança ou ganhou na loteria, o patrimônio adquirido será executado para o pagamento. Cândido Dinamarco, comentando o art. 591 do CPC di-lo pouco claro e explica o que entende por bens futuros: "os que passaram a integrar esse patrimônio depois da constituição da obrigação e ainda em tempo hábil para serem colhidos pela execução forçada". (*Instituições de Direito Processual Civil*, São Paulo: Ed. Malheiros, 2004, vol. IV. p.328). Não vemos ausência de clareza no art. 591 nem no seu correspondente no Código sancionado. Se o devedor tinha bens por ocasião de assumir a obrigação, esses bens responderão; se o patrimônio desapareceu, podemos ter o caso da ação pauliana; se perdeu os bens e foi aquinhoado com uma herança ou ganhou na loteria, não importa quanto, o seu patrimônio futuro responderá pela dívida.

Código sancionado

Art. 790. São sujeitos à execução os bens:

Comentários: Este artigo corresponde ao art. 592 do Código em vigor.

I – do sucessor a título singular, tratando-se de execução fundada em direito real ou obrigação reipersecutória;

II – do sócio, nos termos da lei;

Comentários: A responsabilidade do sócio é subsidiária, isto é, somente terá bens apreendidos quando a pessoa jurídica não possuir bens que bastem à execução. Quando penhorados bens, cabe ao sócio a prova de que a pessoa jurídica possui bens disponíveis. O sócio poderá defender-se por meio dos embargos de terceiro, quando não fizer parte dos limites subjetivos da coisa julgada; se fizer, o remédio processual hábil serão os embargos à execução. Nessa hipótese, a sua responsabilidde é solidária. Se a sociedade for irregular ou de fato, a execução será direta contra os sócios, com responsabilidade solidária e ilimitada, por força do próprio título. Sociedade irregular é aquela que possui contrato social mas não foi registrado no órgão competente; de fato é aquela que não possui sequer contrato.

Justiça do Trabalho – O sócio responde por espécie de culpa objetiva, já que o trabalhador não corre o risco do empreendimento e jamais participa dos lucros e das atividades administrativas. A força de trabalho não pode ser revertida, isto é, não pode ser devolvida ao trabalhador. A posição do empregado entre a empresa empregadora e o insucesso que possa advir é a de *res inter alios*. Não obstante, conseguiram na Lei n. 11.101/2005 (Lei de falência) Art. 83, I, carrear ao empregado o risco do empreendimento, garantindo apenas o pagamento de 150 salários mínimos e transformar o resto do crédito alimentar em quirografário (inciso VI, *c*).

III – do devedor, ainda que em poder de terceiros;

Comentários: O fato de o bem imóvel do devedor estar na posse de terceiros não constitui impecilho para o arresto ou a penhora. Em se tratando de bem móvel, cuja propriedade se adquire pela tradição, a situação é um pouco diferente. O bem deve ter sido entregue a terceiro por meio de um contrato de empréstimo, de comodato etc. e este contrato deve ter sido registrado no Cartório de Títulos e Documentos para valer contra terceiros. Se não foi tomada essa providência a situação poderá complicar-se.

IV – do cônjuge ou companheiro, nos casos em que seus bens próprios ou de sua meação respondem pela dívida;

Comentários: Eliminou-se o termo "reservado", diferente do que consta do Código em vigor (art. 592, inciso IV). Mas continua contido na locução "seus bens próprios".

V – alienados ou gravados com ônus real em fraude à execução;

Comentários: Se o bem foi alienado ou gravado com ônus real com fraude à execução, o ato é ineficaz.

VI – cuja alienação ou gravação com ônus real tenha sido anulada em razão do reconhecimento, em ação autônoma, de fraude contra credores;

Comentários: Tem-se aqui a ação pauliana cabível contra alienação ou gravação com ônus real com fraude contra credores. Declarada a nulidade, a situação se remete ao *status quo ante*, possibilitando o aresto ou a penhora do bem e a posterior hasta pública.

VII – do responsável, nos casos de desconsideração da personalidade jurídica.

Comentários: Temos aqui a acolhida expressa da "T*eoria da Disregard of the Legal Entity*" ou Teoria da Superação da Personalidade, cujo maior estudioso no Brasil foi o comercialista Rubens Requião.

Código sancionado

Art. 792. A alienação ou a oneração de bem é considerada fraude à execução:

Comentários: Este artigo corresponde ao art. 593 do Código em vigor no conteúdo. O artigo sob comento, todavia, é mais completo e mais didático, indo além dos incisos I e IV atuais.

I – quando sobre o bem pender ação fundada em direito real ou com pretensão reipersecutória, desde que a pendência do processo tenha sido averbada no respectivo registro público, se houver;

Comentários: Quando a ação envolver direito imobiliário, ou, em fase de execução, possa ela estender os seus efeitos sobre bem imóvel, essa medida tem previsão de registro no item 21 do artigo 167 da Lei n. 6.015/73 (Lei dos Registros Públicos), para conhecimento de terceiros. Não impede o acesso de qualquer outro título, seja transmissivo ou de oneração, mas o registrador deve dar conhecimento de sua existência ao eventual adquirente ou credor (SILVA, Ulysses da. *Direito Imobiliário – O Registro de Imóveis e Suas Atribuições – A Nova Caminhada*, 2ª ed. Porto Alegre: Sergio Fabril, 2013, p. 306-307).

II – quando tiver sido averbada, no registro do bem, a pendência do processo de execução, na forma do art. 828;

Comentários: A configuração da fraude à execução está vinculada à averbação da penhora (Lei dos Registros Públicos, art. 167, I, n. 5). A exigência está no art. 240 da LRP: "O registro da penhora faz prova quanto à fraude de qualquer transação posterior". O registro tem por objetivo dar publicidade a terceiro e desprestigiar toda alegação de boa-fé. O comprador, estando o bem registrado, não terá sucesso na alegação de boa-fé. A jurisprudência atual evoluiu para duas vertentes: a primeira, se a penhora foi registrada, o comprador não poderá alegar a boa-fé na compra; se o bem não foi registrado, o comprador poderá invocar a boa-fé e será do credor o ônus de provar que o comprador tinha conhecimento da existência da penhora. Provada má-fé do comprador pelo credor tem-se configurada a fraude à execução. A consequência é que a alienação do bem é ineficaz e o bem poderá ser apreendido com quem e onde estiver e levado à hasta pública.

Lei dos Registros Públicos

Art. 169 – Todos os atos enumerados no art. 167 são obrigatórios e efetuar-se-ão no Cartório da situação do imóvel, salvo: (Redação dada pela Lei n. 6.216, de 1975).

I – as averbações, que serão efetuadas na matrícula ou à margem do registro a que se referirem, ainda que o imóvel tenha passado a pertencer a outra circunscrição; (Incluído pela Lei n. 6.216, de 1975).

II – os registros relativos a imóveis situados em comarcas ou circunscrições limítrofes, que serão feitos em todas elas, devendo os Registros de Imóveis fazer constar dos registros tal ocorrência; (Redação dada pela Lei n. 10.267, de 2001)

Código sancionado

Art. 828. O exequente poderá obter certidão de que a execução foi admitida pelo juiz, com identificação das partes e do valor da causa, para fins de averbação no registro de imóveis, de veículos ou de outros bens sujeitos a penhora, arresto ou indisponibilidade.

Nota: a sentença exequenda será registrada e não averbada, conforme Lei dos Registros Públicos (art. 167, inciso I, n. 24)

§ 1º No prazo de 10 (dez) dias de sua concretização, o exequente deverá comunicar ao juízo as averbações efetivadas.

§ 2º Formalizada penhora sobre bens suficientes para cobrir o valor da dívida, o exequente providenciará, no prazo de 10 (dez) dias, o cancelamento das averbações relativas àqueles não penhorados.

§ 3º O juiz determinará o cancelamento das averbações, de ofício ou a requerimento, caso o exequente não o faça no prazo.

§ 4º Presume-se em fraude à execução a alienação ou a oneração de bens efetuada após a averbação.

§ 5º O exequente que promover averbação manifestamente indevida ou não cancelar as averbações nos termos do § 2º indenizará a parte contrária, processando-se o incidente em autos apartados.

III – quando tiver sido averbado, no registro do bem, hipoteca judiciária ou outro ato de constrição judicial originário do processo onde foi arguida a fraude;

Comentários: A fraude à execução estará configurada quando a hipoteca judiciária ou outro ato constrititvo houver sido averbado. O inciso III comete lapso, quando usa o termos "averbado." A hipoteca judiciária não será averbada, mas, sim, registrada (art. 167, I, 2, da Lei dos Registros Públicos). Tenho verificado que o legislador em várias passagens do Código usa os termos "averbação" e "registro" como palavras sinônimas. Isso não está correto. O legislador deve ater-se ao art. 167 da Lei dos Registros Públicos, onde estão classificados os atos destinados a registro e a averbação. Se ninguém tem o direito de alegar o desconhecimento da lei, o legislador com maior razão (art. 3º, da LICC).

IV – quando, ao tempo da alienação ou da oneração, tramitava contra o devedor ação capaz de reduzi-lo à insolvência;

Comentários: Quando os bens, ainda que não arrestados ou não penhorados foram alienados tornando o devedor inadimplente, quando já havia ação ajuizada. A fraude à execução estará configurada.

V – nos demais casos expressos em lei.

§ 1º A alienação em fraude à execução é ineficaz em relação ao exequente.

Comentários: A fraude à execução beneficia só o exequente; a fraude contra credores beneficia todos os credores.

§ 2º No caso de aquisição de bem não sujeito a registro, o terceiro adquirente tem o ônus de provar que adotou as cautelas necessárias para a aquisição, mediante a exibição das certidões pertinentes, obtidas no domicílio do vendedor e no local onde se encontra o bem.

Comentários: Existem aqueles bens que não necessitam de registro. Deve o comprador, antes de adquirir um bem, verificar se o vendedor tem outros bens, se a venda daquele bem não esgota o seu patrimônio. Se não tem dívidas pendentes e se não tem ações transitando. Neste último caso, poderá configurar-se a fraude à execução. Mas ainda que não haja ação tramitando antes da compra, poderá dar ensejo à ação pauliana ou fraude contra credores.

Código sancionado

Art. 792. A alienação ou a oneração de bem é considerada fraude à execução:

§ 3º Nos casos de desconsideração da personalidade jurídica, a fraude à execução verifica-se *a partir da citação da parte cuja* personalidade se pretende desconsiderar.

Comentários: Tem-se aqui a aplicação da Teoria do *Disregard of Legal Entity* também conhecida entre nós como Teoria da superação da personalidade do sócio. O parágrafo considera fraude contra a execução a partir da citação do sócio. A partir daí, em qualquer venda de bem que o torne inadimplente, estará configurada a fraude à execução e será declarada pelo juízo a ineficácia da venda, podendo ser decretada a busca e apreensão do bem e a remessa para hasta pública. Temos como correto distinguirem-se, nesse caso, duas hipóteses: primeira, quando o sócio fez parte dos limites subjetivos da coisa julgada; segunda, quando o sócio não fez parte dos limites subjetivos da coisa julgada. O artigo 596 e § 1º comandam que a responsabilidade do sócio será subsidiária, devendo ser penhorados bens da empresa, tendo o sócio a obrigação de indicar bens livres da empresa para garantir o juízo. O bem do sócio não pode ser penhorado se a pessoa jurídica for idônea financeira e economicamente, tendo bens para oferecer à penhora. Para o Código atual basta, para a configuração da fraude à execução, que o credor já tenha ajuizado a ação, não necessitando que haja bem penhorado. Assim, não existiria o quesito de ajuizamento de ação no caso do sócio que não faz parte da ação que está sendo executada. Como a sua responsabilidade é apenas subsidiária, somente depois de arrestado ou penhorado o bem e devidamente registrado (art. 167, I, n. 5 e art. 240, da Lei dos Registros Públicos) que uma possível alienação poderá configurar a fraude à execução. O § 3º do art. 792 do Código sancionado inova e considera que existe fraude à execução desde o momento em que o sócio foi citado para apresentar bens para a garantia do juízo. A conclusão é a de que tendo o sócio responsabilidade subsidiária pode cometer fraude à execução a partir do momento em que foi citado.

§ 4º Antes de declarar a fraude à execução, o juiz deverá intimar o terceiro adquirente que, se quiser, poderá opor embargos de terceiro, no prazo de 15 (quinze) dias.

Comentários: O parágrafo dá oportunidade ao adquirente do bem com fraude à execução para defender-se, querendo, podendo fazer uso dos embargos de terceiro no prazo de 15 dias. Essa ciência ao comprador é obrigatória, posto que o comando é imperativo.

Código sancionado

Art. 674. Quem, não sendo parte no processo, sofrer constrição ou ameaça de constrição sobre bens que possua ou sobre os quais tenha direito incompatível com o ato constritivo, poderá requerer seu desfazimento ou sua inibição por meio de embargos de terceiro.

Código em vigor

Art. 647. A expropriação consiste:

I – na adjudicação em favor do exequente ou das pessoas indicadas no § 2º do art. 685-A desta Lei;

II – na alienação por iniciativa particular;

III – na alienação em hasta pública;

IV – no usufruto de bem móvel ou imóvel.

Redação da Comissão Técnica de Apoio

Art. 750. A expropriação consiste em:

I – adjudicação;

II – alienação;

III – apropriação de frutos e rendimentos de empresa ou estabelecimentos e de outros bens.

Comentários: Diferente do Código em vigor, a comissão não copiou a norma contida no art. 685-A, § 2º, que cuida da adjudicação pelo cônjuge, ascendente e descente, *favor pietatis* permitido pelo Código em vigor, mesmo atropelando conceituação legal. Quem pode adjudicar é o credor. No caso, quem adjudica são os familiares do devedor pelo valor de avaliação dos bens.

A modificação feita pela Comissão no inciso II não é melhor. Os incisos II e III do artigo em vigor são mais didáticos. O item III, que substitui o VI, é mais didático, porém ocioso, pois o termo "frutos" contém no seu núcleo também o rendimento. Fruto no caso é aquilo que provém do bem. Se for uma fazenda de café, o fruto será o café em grãos; se for um imóvel alugado, o fruto é o rendimento; se for uma fazenda de gado leiteiro, o fruto será o leite.

Redação da Comissão Técnica de Apoio

Art. 751. Antes de adjudicados ou alienados os bens, o executado pode, a todo tempo, remir a execução, pagando ou consignando a importância atualizada da dívida, mais juros, custas e honorários advocatícios.

Comentários: Conforme comentamos antes, a adjudicação será proposta antes da expedição do edital de praça (art. 686). O valor será o da avaliação (art. 685-A).

O artigo 751 cuida da adjudicação após a realização da praça. A remição, neste caso, tem preferência e poderá ser requerida a todo tempo, antes de assinado o laudo de arrematação ou de adjudicação. Assim, deve o devedor, se for do seu interesse remir a execução, requerê-la tão logo termine a praça. Mas, repita-se, ainda que exista pedido de adjudicação, a remição terá preferência. Embora o artigo fale a qualquer tempo, se houver pedido de adjudicação e houver demora no pedido de remição, poderá acontecer de o auto de adjudicação ser assinado. Haverá ato jurídico perfeito. Repita-se aqui: no caso da adjudicação do *caput* do art. 685, pelo exequente, da possibilidade de adjudicação pelos membros da família do devedor, este, o devedor, deverá ser notificado porque dele é a preferência de fazer a remição da execução. Nota-se que a adjudicação pelos familiares atualmente faz-se sobre o devedor solvente. Antes, de conformidade com o art. 787, essa possibilidade somente era possível quando o devedor fosse insolvente. Este artigo foi revogado pela Lei n. 11.382, em 6.12.2006.

Nota: o processo do trabalho tem regras próprias (art. 888, § 3º, da CLT) para a adjudicação pelo exequente. Não existem regras trabalhistas para que os membros da família adjudiquem os bens (*favor pietatis*). Por isso, para cobrir essa parte deve-se aplicar as regras do art. 585-A, mediante notificação ao devedor, tendo em vista a preferência da remição da execução.

Código sancionado

Art. 824. A execução por quantia certa realiza-se pela expropriação de bens do executado, ressalvadas as execuções especiais.

Comentários: Como regra, a execução por quantia certa realiza-se mediante penhora de bens, praça e leilão. Excepciona-se o caso do Poder Público cujos bens são impenhoráveis e o pagamento é feito, salvo exceção, por precatório.

Art. 825. A expropriação consiste em:
I – adjudicação;
II – alienação;
III – apropriação de frutos e rendimentos de empresa ou de estabelecimentos e de outros bens.

Comentários: A expropriação pode ser feita de várias maneiras: a) o credor poderá fazer a adjudicação antes da hasta pública ou depois desta; b) o bem poderá ser vendido a particulares antes da hasta pública; c) poderá ser arrematado durante a hasta pública; d) a expropriação poderá ser dos frutos e não do bem. Se for uma empresa com giro razoável de numerário, como é o caso do supermercado ou do pedágio, poderá ser feita sobre o faturamento diário; se for uma empresa atacadista, a expropriação será feita sobre o faturamento do mês em valor razoável para que a empresa não seja impedida de prosseguir com o negócio.

Código sancionado

Art. 826. Antes de adjudicados ou alienados os bens, o executado pode, a todo tempo, remir a execução, pagando ou consignando a importância atualizada da dívida, acrescida de juros, custas e honorários advocatícios.
Registre-se: "Antes de adjudicados ou (de) alienados...

Comentários: Temos aqui a remição da execução correspondente ao art. 651 do Código em vigor. O artigo sob comento comete o mesmo erro do Código atual e exclui os honorários periciais. A remição da execução não exclui nada. O devedor tem de pagar absolutamente tudo, honorários periciais, emolumentos e toda e qualquer despesa que existir no processo. A expressão "pagando ou consignando" pode trazer complicações interpretativas. Embora o verbo "consignar" no léxico tenha conteúdo equívoco, isto é, com vários significados, o termo "consignar" em terminologia jurídica tem significado próprio, qual seja, a de "fazer a consignação para pagamento", quando o credor se nega a receber ou quando o devedor tem dúvida de para quem efetuar o pagamento. Isto não é remição da execução. O legislador usou ambos os termos (pagando ou consignando) como sinônimos. Não são termos sinônimos. Pagar é liquidação, cumprir a obrigação. Consignar é depositar em juízo.

A expressão "a todo tempo" não está correta, pois passa a impressão de que o credor poderá efetuar a remissão a qualquer momento processual. E não é assim. O credor poderá remir a execução até antes da assinatura da carta da adjudicação ou da arrematação ou da venda a particular. A expressão "a todo tempo" deveria ser retirada porque só pode complicar. Melhor seria a seguinte redação:

> Art. 826. Antes de consumada a adjudicação ou a alienação dos bens, o executado pode remir a execução.

A parte final do artigo "pagando ou consignando a importância atualizada da dívida, acrescida de juros, custas e honorários advocatícios" é desnecessária. A locução "remição da execução" contém no seu conteúdo programático a obrigação de o executado honrar a obrigação na sua totalidade. Não será só o pagamento do principal acrescido de correção, juros, custas e honorários advocatícios. Se houver honorários do perito também deverão ser pagos, bem como emolumentos e toda e qualquer despesa que exista e que faça parte da obrigação. Assim, ao invés de indicar de forma incompleta, melhor indicar de forma genérica "remição da execução", cujo significado terminológico jurídico é a liquidação da dívida.

Momento de remir

A remição poderá ser feita até antes da assinatura da carta de adjudicação ou de arrematação ou de venda a particular. Como não será fácil esse controle pelo devedor, preferível que, terminada a almoeda, faça logo o requerimento. Em direito não se correm riscos.

O artigo deveria ter a redação que segue:

> Art. 826. O executado poderá remir a execução antes de assinada a carta de adjudicação, de arrematação ou de alienados os bens.

Redação da Comissão Técnica de Apoio

> Art. 752. Ao despachar a inicial, o juiz fixará, de plano, os honorários advocatícios de dez por cento, a serem pagos pelo executado.
>
> § 1º No caso de integral pagamento no prazo de três dias, a verba honorária será reduzida pela metade.
>
> § 2º Rejeitados os embargos eventualmente opostos pelo executado ou caso estes não tenham sido opostos, ao final do procedimento executivo, o valor dos honorários poderá ser acrescido até o limite de vinte por cento, em atenção ao trabalho realizado supervenientemente à citação.

Comentários: Se o executado efetuar o pagamento integral no prazo de três dias, os honorários de dez serão reduzidos a cinco por cento (§ 1º). Este parágrafo, que copia o *caput* do art. 652-A do Código em vigor, originário da Lei n. 11.382/2006, não foi de boa inspiração. No momento em que o juiz arbitra os honorários de 10% ao advogado, eles passam a fazer parte do patrimônio do advogado. A redução autorizada por lei traduz usurpação de patrimônio. O magistrado poderá aumentar, conforme autoriza o § 2º, caso não haja pagamento, preferindo a parte discutir por meio de embargos ou mesmo deixar transcorrer o prazo *in albis*, caso em que os honorários poderão ser majorados até o limite de 20%. A redução, repita-se, traduz ato de usurpação no patrimônio do advogado. Trata-se de ato jurídico perfeito e de direito adquirido. O artigo não menciona condição suspensiva sobre o direito a honorários.

Código sancionado

Art. 827. Ao despachar a inicial, o juiz fixará, de plano, os honorários advocatícios de dez por cento, a serem pagos pelo executado.

§ 1º No caso de integral pagamento no prazo de 3 (três) dias, o valor dos honorários advocatícios será reduzido pela metade.

§ 2º O valor dos honorários poderá ser elevado até vinte por cento, quando rejeitados os embargos à execução, podendo a majoração, caso não opostos os embargos, ocorrer ao final do procedimento executivo, levando-se em conta o trabalho realizado pelo advogado do exequente.

Comentários: Reportamo-nos aos comentários efetuados ao art. 752 da Comissão Técnica ao § 1º. De conformidade com o *caput* o juiz ao despachar a petição inicial fixará de plano honorários de 10%. No momento em que o juiz fixa os honorários sobre determinado valor, este se amalgama ao patrimônio do advogado. Tem-se aí configurado o ato jurídico perfeito e o direito adquirido. Para que o *caput* tivesse a regência de "condição suspensiva", o *caput* deveria dizê-lo expressamente: "a serem pagos pelo executado, condicionados ao que dispõe o § 1º".

Redação da Comissão Técnica de Apoio

Art. 754. O executado será citado para pagar a dívida no prazo de três dias.

§ 1º Do mandado de citação constarão, também, a ordem de penhora e a avaliação a serem cumpridas pelo oficial de justiça, tão logo verificado o não pagamento no prazo assinalado, de tudo lavrando-se auto, com intimação do devedor.

§ 2º A penhora recairá sobre os bens indicados pelo credor, salvo se outros forem indicados pelo devedor e aceitos pelo juiz, mediante demonstração de que a constrição proposta lhe será menos onerosa e não trará prejuízo ao exequente.

§ 3º A intimação da penhora ao executado será feita na pessoa de seu advogado ou, na falta deste, pessoalmente.

Alteração no relatório geral

Art. 786. O devedor será citado para pagar a dívida no prazo de três dias, contados da juntada do mandado de citação.

§ 1º Do mandado de citação constarão, também, a ordem de penhora e a avaliação a serem cumpridas pelo oficial de justiça, tão logo verificado o não pagamento no prazo assinalado, de tudo lavrando-se auto, com intimação do executado.

§ 2º A penhora recairá sobre os bens indicados pelo exequente, salvo se outros forem indicados pelo executado e aceitos pelo juiz, mediante demonstração de que a constrição proposta lhe será menos onerosa e não trará prejuízo ao exequente.

Comentários: A relatoria concorda com a redação da Comissão de juristas. Apenas substitui devedor por executado e credor por exequente. Do ponto de vista terminológico, a correção é devida.

O § 1º é um avanço procedimental ao determinar que no mandado de citação já conste a ordem de penhora e de avaliação; ambos os atos deverão ser cumpridos pelo oficial de justiça, tão logo verificado o não pagamento previsto no *caput*, com lavratura do auto no qual deve constar a intimação do devedor e o seu ciente.

A intenção é boa, mas o sucesso dependerá do cartorário que deverá fazer um controle efetivo, mantendo livro de registro (ou controle no computador) para cobrança do oficial de justiça. Se assim não se proceder, a penhora poderá ser feita meses depois, neutralizando o objetivo da lei. O advogado deverá fazer a fiscalização, peticionando ao juiz, se for o caso. Um outro óbice poderá surgir se a Vara não contar com número suficiente de oficiais para um volume de processos que supera o limite legal. Nesse caso, deve o juiz dar preferência às citações de processos executórios.

O parágrafo 2º trouxe para o seu cerne o conteúdo do art. 620 do CPC em vigor.

O exequente poderá indicar bens à penhora. O executado, todavia, poderá não concordar e indicar outros bens. Mas deverá demonstrar que os bens indicados pelo exequente são prejudiciais a ele e deverá demonstrar também que a constrição por ele indicada é menos onerosa e não expõe o exequente a nenhum prejuízo. Se os argumentos trazidos pelo executado não forem convincentes, o juiz determinará que sejam penhorados os bens indicados.

Quando a lei diz que a execução deve ser levada a efeito da forma menos onerosa para o executado (a lei fala em devedor, art. 620), isso não significa que a lei está protegendo o executado em detrimento do credor. Interpretação nesse sentido se ressentiria de razoabilidade, já que o exequente teve de movimentar o Poder Judiciário para receber o que lhe seria devido, face à renitência e à inadimplência do executado. Mas a execução não é lugar para se punir o executado, mas para que o exequente receba tudo o que lhe for devido (*restitutio in integrum*). Também não é lugar para se proteger o devedor/executado inadimplente que não honrou o compromisso. Por isso, havendo duas possibilidades processuais que levem a bom termo, escolhe-se a mais razoável, isto é, aquela que não prejudica o exequente nem o executado. Se não houver duas possibilidades, escolhe-se aquela que protege o exequente, ainda que o executado seja prejudicado.

§ 3º A intimação da penhora ao executado será feita na pessoa de seu advogado ou, na falta deste, pessoalmente.

Comentários: Este parágrafo não foi aceito pela relatoria, sem razão. Isso está previsto nos arts. 215 e 241, IV, do CPC em vigor.

Código sanacionado

Art. 829. O executado será citado para pagar a dívida no prazo de 3 (três) dias, contado da citação.

§ 1º Do mandado de citação constarão, também, a ordem de penhora e a avaliação a serem cumpridas pelo oficial de justiça tão logo verificado o não pagamento no prazo assinalado, de tudo lavrando-se auto, com intimação do executado.

§ 2º A penhora recairá sobre os bens indicados pelo exequente, salvo se outros forem indicados pelo executado e aceitos pelo juiz, mediante demonstração de que a constrição proposta lhe será menos onerosa e não trará prejuízo ao exequente.

Comentários: Reportamo-nos aos comentários dos arts. 754 da Comissão Técnica e 786 da relatoria. Código sancionado adotou a redação da relatoria.

Redação da Comissão Técnica de Apoio

Art. 755. Se o oficial de justiça não encontrar o devedor, arrestar-lhe-á tantos bens quantos bastem para garantir a execução.

§ 1º Nos dez dias seguintes à efetivação do arresto, o oficial de justiça procurará o devedor três vezes em dias distintos; não o encontrando, realizará a citação com hora certa, certificando pormenorizadamente o ocorrido.

§ 2º Incumbe ao credor requerer a citação por edital, uma vez frustradas a pessoal e a com hora certa.

§ 3º Aperfeiçoada a citação e transcorrido o prazo de pagamento, o arresto se converterá em penhora, independentemente de termo.

Alteração no relatório geral

Art. 787. Se o oficial de justiça não encontrar o executado, arrestar-lhe-á tantos bens quantos bastem para garantir a execução.

§ 1º Nos dez dias seguintes à efetivação do arresto, o oficial de justiça procurará o executado três vezes em dias distintos; havendo suspeita de ocultação, realizará a citação com hora certa, certificando pormenorizadamente o ocorrido.

§ 2º Incumbe ao exequente requerer a citação por edital, uma vez frustradas a pessoal e a com hora certa.

§ 3º Aperfeiçoada a citação e transcorrido o prazo de pagamento, o arresto se converterá em penhora, independentemente de termo.

Comentários: As redações convergentes da Comissão e da relatoria eliminam o art. 654 do Código em vigor.

O § 1º traduz avanço procedimental, autorizando o oficial a proceder à citação por hora certa. Reportamo-nos aos comentários feitos no art. 786, § 2º. Deverá haver cerrado controle sobre o oficial de justiça. Entretanto, outros óbices poderão ocorrer e que neutralizarão a norma legal.

Se a citação por hora certa não tiver sucesso, a parte poderá requerer a citação por edital (§ 2º).

Nota: No processo trabalhista, não tendo o advogado peso obrigatório (art. 791 da CLT), as partes podem vir pessoalmente a juízo como autores e como réus (empregador poderá indicar preposto que seja empregado devidamente registrado). O princípio dispositivo perde parte do seu rigor e o juiz poderá de ofício determinar a citação por edital, quando a parte não estiver assistida por advogado (art. 40, da Lei 6.830/80, *ex vi* do art. 889 da CLT).

Comanda o § 3º que aperfeiçoada a citação e transcorrido *in albis* o prazo de pagamento, o arresto se converterá automaticamente em penhora independente de termo. Discordamos desta parte. A transformação de arresto em penhora ou de penhora em arresto traduz ato constitutivo e desconstitutivo e deve ser deixado ao controle do juiz do processo. Não vemos óbice a que tudo continue assim.

Código sancionado

Art. 830. Se o oficial de justiça não encontrar o executado, arrestar-lhe-á tantos bens quantos bastem para garantir a execução.

§ 1º Nos 10 (dez) dias seguintes à efetivação do arresto, o oficial de justiça procurará o executado 2 (duas) vezes em dias distintos e, havendo suspeita de ocultação, realizará a citação com hora certa, certificando pormenorizadamente o ocorrido.

Comentários: O controle de prazo é quase impossível. Ainda que haja um livro de anotações obrigatórias para cada oficial de justiça, outros óbices poderão ocorrer ou mesmo o volume de mandados poderá impedir o cumprimento do prazo. Mas o controle do prazo por outra pessoa poderá surtir efeitos, devendo constar a razão do não cumprimento do prazo. Uma incerta do juiz também poderá ser interessante. A possibilidade de o oficial fazer a citação por hora certa é um avanço.

§ 2º Incumbe ao exequente requerer a citação por edital, uma vez frustradas a pessoal e a com hora certa.

Comentários: Essa citação deveria ser de iniciativa do juiz por meio de despacho nos autos e comunicação às partes. São despachos ordinatórios e é dever do juiz agilizar o andamento procedimental. Certamente, não tendo sucesso a citação por hora certa, o juiz comunicará ao exequente. Melhor seria que já deteminasse a medida ao invés de esperar requerer.

Sabem por que o processo do trabalho é mais rápido?

Simples. Porque não se apega a essas filigranas do princípio dispositivo. As decisões interlocutórias são irrecorríveis e o agravo de instrumento tem o núcleo operacional restrito ao desatrelamento de recursos não processados em todas as jurisdições.

§ 3º Aperfeiçoada a citação e transcorrido o prazo de pagamento, o arresto converter-se-á em penhora, independentemente de termo.

Comentários: A conversão do arresto em penhora é automática.

Comentários: Reportamo-nos aos comentários ao art. 787 da relatoria.

Redação da Comissão Técnica de Apoio

Art. 758. São absolutamente impenhoráveis:

X – a quantia depositada em caderneta de poupança, até o limite de quarenta salários mínimos.

Alteração no relatório geral

Art. 790. São absolutamente impenhoráveis:

....

X – a quantia depositada em caderneta de poupança, até o limite de trinta salários mínimos.

Comentários: Sem razão a relatoria. Certamente falta de conhecimento do que ocorre na prática. O dinheiro em poupança é conservado para eventualidades. Justo que o poupador quite as suas dívidas para com os seus credores depois de uma sentença transitada em julgado. O valor de 40% ainda seria tímido. Deveria ser 50%. A conservação de 30% é risível. A norma está incentivando a aplicação do art. 620 às avessas. Protege o devedor em detrimento do credor. Quem deve tem de pagar, nem que seja à custa de algum sacrifício. Quando o Poder Judiciário entrega ao credor um comando sentencial condenatório com trânsito em julgado, ainda não terminou a sua função, pois enquanto não entrega ao credor o bem de vida a lide continua. Pior. Resistindo um comando sentencial do Estado. O legislador faz uma norma obtusa e o Poder Judiciário terá de executar.

Código sancionado

Art. 833. São impenhoráveis:

I – os bens inalienáveis e os declarados, por ato voluntário, não sujeitos à execução;

II – os móveis, os pertences e as utilidades domésticas que guarnecem a residência do executado, salvo os de elevado valor ou os que ultrapassem as necessidades comuns correspondentes a um médio padrão de vida;

Comentários: Se o executado tem várias televisões, vários aparelhos de som, a penhora de uma unidade não lhe trará nenhum incômodo.

III – os vestuários, bem como os pertences de uso pessoal do executado, salvo se de elevado valor;

Comentários: Seria o caso de casacos caros, de marca e de procedência estrangeira; estolas caras de peles de animais.

IV – os vencimentos, os subsídios, os soldos, os salários, as remunerações, os proventos de aposentadoria, as pensões, os pecúlios e os montepios, bem como as quantias recebidas por liberalidade de terceiro e destinadas ao sustento do devedor e de sua família, os ganhos de trabalhador autônomo e os honorários de profissional liberal, ressalvado o § 2º;

Comentários: O inciso é mais rente à realidade do que o § 2º, do art. 549 do Código em vigor que excepciona apenas a hipótese de prestação alimentícia. Referido parágrafo excepciona também todo e qualquer renda do inciso IV que exceda de 50 salários mínimos mensais. É um avanço. Todavia é um avanço muito tímido e fora da realidade. O percentual deveria ser o que exceder a 20 salários mínimos. Hoje, 50 beira o valor de 40 mil reais que serão impenhoráveis. Quem deve tem de fazer esforço, reduzir seus gastos normais, sua vida nababesca, reduzir o vinho caro, as viagens de recreio com a família, para pagar o que deve. Numa análise realista, quem ganha trinta e nove mil reais por mês e não tem bens para garantir o juízo não pagará mil reais pelo conserto do carro feito por uma oficina mecânica, pessoa jurídica.

Créditos trabalhistas – Tem natureza salarial e não tem aplicação o inciso IV.

V – os livros, as máquinas, as ferramentas, os utensílios, os instrumentos ou outros bens móveis necessários ou úteis ao exercício da profissão do executado;

Comentários: A expressão "úteis ou necessários" poderá trazer dificuldades interpretativas. Os livros, as máquinas, as ferramentas, os utensílios, os instrumentos ou outros bens móveis poderão ser necessários, isto é, imprescindíveis ao exercício da profissão. Sem eles não haverá como desenvolver os trabalhos profissionais. Todavia, existirão aqueles que apenas são úteis, isto é, em alguma oportunidade poderão ser úteis, mas poderão permanecer no local sem o devido uso. Não vemos razão para torná-los impenhoráveis. O inciso deveria ter excluído o termo "útil", que não é sinônimo de "necessário".

VI – o seguro de vida;

Comentários: O seguro de vida tem projeção para o futuro dependendo de uma condição: a morte do segurado. O fruto do seguro poderá ser objeto de penhora, isto é, o pagamento do prêmio de seguro, após cumprida a condição.

VII – os materiais necessários para obras em andamento, salvo se essas forem penhoradas;

Comentários: Pelo princípio de que o assessório acompanha o principal, o material necessário será penhorado juntamente com obra em andamento.

VIII – a pequena propriedade rural, assim definida em lei, desde que trabalhada pela família;

IX – os recursos públicos recebidos por instituições privadas para aplicação compulsória em educação, saúde ou assistência social;

Comentários: São recursos com finalidade própria e não podem ser destinados ao pagamento de dívida da instituição privada.

X – a quantia depositada em caderneta de poupança, até o limite de 40 (quarenta) salários mínimos;

Comentários: O limite é muito tímido. Quem deve tem de pagar, ainda que com esforço maior. O limite deveria ser de 20. Mesmo porque a poupança não se destina à manutenção da família, nem tem natureza alimentar. Ao contrário, é a sobra do que recebe mensalmente. Não tem aplicação no crédito trabalhista que tem finalidade alimentar, nos termos do § 2º.

XI – os recursos públicos do fundo partidário recebidos por partido político, nos termos da lei;

Comentários: O fundo partidário é uma invenção do legislativo para engordar o caixa dos partidos, um dinheiro sobre o qual não se vê finalidade. Se o crédito for alimentar, não vemos razão para não lançar mão sobre referido fundo.

XII – os créditos oriundos de alienação de unidades imobiliárias, sob regime de incorporação imobiliária, vinculados à execução da obra.

Comentários: Poderá haver o comprometimento da execução da obra.

§ 1º A impenhorabilidade não é oponível à execução de dívida relativa ao próprio bem, inclusive àquela contraída para sua aquisição.

Comentários: Não vige a impenhorabilidade, quando débito cobrado reverteu no próprio imóvel, dinheiro para compra ou para benfeitorias.

§ 2º O disposto nos incisos IV e X do *caput* não se aplica à hipótese de penhora para pagamento de prestação alimentícia, independentemente de sua origem, bem como às importâncias excedentes a 50 (cinquenta) salários mínimos mensais, devendo a constrição observar o disposto no art. 528, § 8º, e no art. 529, § 3º.

Comentários: Este parágrafo excepciona os incisos IV e X.

§ 3º Incluem-se na impenhorabilidade prevista no inciso V do *caput* os equipamentos, os implementos e as máquinas agrícolas pertencentes a pessoa física ou a empresa individual produtora rural, exceto quando tais bens tenham sido objeto de financiamento e estejam vinculados em garantia a negócio jurídico ou quando respondam por dívida de natureza alimentar, trabalhista ou previdenciária.

Comentários: Este parágrafo completa o inciso V.

Código em vigor

Art. 650. Podem ser penhorados, à falta de outros bens, os frutos e rendimentos dos bens inalienáveis, salvo se destinados à satisfação de prestação alimentícia.

Parágrafo único (VETADO).

Redação da Comissão Técnica de Apoio

Art. 759. Podem ser penhorados, à falta de outros bens, os frutos e os rendimentos dos bens inalienáveis.

Comentários: A redação da Comissão, que teve a concordância da relatoria, não satisfaz. O vocábulo rendimento está incluído no vocábulo "fruto". Quando se fala em frutos advindos do bem, fala-se em dinheiro de aluguel ou frutos oriundos do imóvel, como café, laranja etc., etc.

Por outro lado, há que se preservar a sobrevivência se os frutos advindos estão destinados à satisfação de alimentos. O devedor tem o direito de usufruto de um imóvel que mantém alugado. O aluguel recebido mal paga a sua sobrevivência. Como penhorar o valor?

A Comissão Técnica deveria incluir o seguinte parágrafo:

Parágrafo único. Podem ser penhorada parte dos frutos de bens inalienáveis, à falta de outros, desde que se conserve quantia necessária para a sobrevivência do detentor do direito.

Comentários: Em suma, a exclusão não foi de boa inspiração e leva à impressão de que sempre que não houver outros bens livres de ônus, o bem com o selo de impenhorabilidade poderá ser penhorado. A conclusão imediata é a de que um usufrutuário que vive dos frutos provindos do bem gravado não teria proteção legal e os frutos estariam liberados para a penhora, pois estariam livres para a execução até final pagamento da obrigação.

Como a regra posta no *caput*, sem a ressalva contida no norma em vigor, afronta direitos, a matéria deverá ser resolvida pela doutrina e pela jurisprudência dos tribunais que continuará mantendo a ressalva para evitar a perda de direito. Aplicam-se aqui as lições de Nelson Ney (ob. cit. p. 1431): "...o sistema jurídico tem de encontrar mecanismos idôneos para que haja efetividade do direito ou de seu exercício". Deverá o intérprete e o exegeta buscar suporte nos princípios de hermenêutica.

Somente o excesso dos frutos de bem inalienável poderá ser penhorado, garantindo-se sempre a parte destinada à alimentação do usufrutuário.

Código sancionado

Art. 834. Podem ser penhorados, à falta de outros bens, os frutos e os rendimentos dos bens inalienáveis.

Comentários: Reportamo-nos aos comentários feitos ao art. 759 da Comissão Técnica.

Redação da Comissão Técnica de Apoio

Art. 760. A penhora observará, preferencialmente, a seguinte ordem:

§ 1º A ordem referida nos incisos do *caput* deste artigo não tem caráter absoluto, podendo ser alterada pelo juiz de acordo com as circunstâncias do caso concreto.

Alteração no relatório geral

Art. 792. A penhora observará, preferencialmente, a seguinte ordem:

§ 1º Ressalvada penhora em dinheiro, que é sempre prioritária, a ordem referida nos incisos do *caput* deste artigo não tem caráter absoluto, podendo ser alterada pelo juiz de acordo com as circunstâncias do caso concreto.

Comentários: Não obstante a ordem para penhora, o parágrafo desdiz o *caput*, ressalvando a penhora em dinheiro; os demais itens não têm caráter absoluto, e a penhora será feita pelo juízo dentro do seu douto critério, não havendo falar em ordem preferencial.

Essa tomada de posição é salutar e rompe com critério posto em norma quase secular. Todavia, a preferência posta na lei, por contrariar a razoabilidade das coisas, não vinha sendo obedecida com base na doutrina e na melhor jurisprudência. Quem sabe qual o melhor bem a ser penhorado são o juiz e os advogados, uma vez que existem bens que não têm liquidez na hasta pública. Lamentavelmente, o rol foi copiado do Código em vigor e omitiu a "Fiança Bancária", a melhor garantia existente, que certamente continuará a ter preferência.

O *caput* deveria ter a seguinte redação:

Art. 792. A penhora observará a preferência absoluta somente quanto a constrição de dinheiro; quanto aos demais itens o manejo fica ao douto critério do juiz, podendo incluir outros que o casuísmo indicar.

O acréscimo da relatoria no sentido de que a penhora em dinheiro é absoluta não e´de boa inspiração. A penhora de bem em dinheiro deve ficar ao douto critério do juiz. A doutrina e a jurisprudência dominante são no sentido de que não deve o juiz efetuar penhora em dinheiro no caso de execução provisória. Sempre que isso é feito, os tribunais têm liberado o dinheiro mediante mandado de segurança. A penhora em dinheiro, conforme a hipótese que se apresentar, poderá causar transtornos administrativos para a empresa e causar até mesmo insolvência.

Código sancionado

Art. 835. A penhora observará, preferencialmente, a seguinte ordem:

I – dinheiro, em espécie ou em depósito ou aplicação em instituição financeira;

II – títulos da dívida pública da União, dos Estados e do Distrito Federal com cotação em mercado;

III – títulos e valores mobiliários com cotação em mercado;

IV – veículos de via terrestre;

V – bens imóveis;

VI – bens móveis em geral;

VII – semoventes;

VIII – navios e aeronaves;

IX – ações e quotas de sociedades simples e empresárias;

X – percentual do faturamento de empresa devedora;

XI – pedras e metais preciosos;

XII – direitos aquisitivos derivados de promessa de compra e venda e de alienação fiduciária em garantia;

XIII – outros direitos.

Comentários: O inciso XIII completa com outros direitos confirmando tratar-se de indicação exemplificativa. Todavia, deveria constar na indicação a "fiança bancária", garantia superior ao próprio dinheiro depositado. Como regra, os juízes devem preferir a garantia da execução mediante fiança bancária. Embora o *caput* dê a preferência ao dinheiro vivo, em depósito ou em aplicação (esta tem restrição), o § 1º deixa ao douto critério do juiz a espécie de bem que será penhorado.

§ 1º É prioritária a penhora em dinheiro, podendo o juiz, nas demais hipóteses, alterar a ordem prevista no *caput* de acordo com as circunstâncias do caso concreto.

Comentários: A penhora de dinheiro poderá trazer complicações ao executado. Todos nós sabemos que existe uma dificuldade muita grande de as empresas obterem capital de giro próprio. A penhora em dinheiro poderá trazer transtornos para o pagamento da folha de empregados, dos depósitos do FGTS, do recolhimento de impostos, do pagamento de água, luz, telefone, do 13º salário etc., etc. Por questão mesmo de agir com razoabilidade, a doutrina e a jurisprudência hoje são no sentido de que a penhora em numerário só será devida na execução definitiva. Embora isso seja razoável, os percalços retroindicados também existem na execução definitiva. Por isso, muitas vezes, ao invés de penhorar dinheiro em banco, o juiz determina a penhora de um percentual na "boca do caixa" que não impossibilite a continuação do comércio de forma mais ou menos normal. Daí a preferência pela fiança bancária, que sequer consta do rol do art. 835, numa demonstração eloquente da ausência de intimidade do legislador com o procedimento judicial.

§ 2º Para fins de substituição da penhora, equiparam-se a dinheiro a fiança bancária e o seguro garantia judicial, desde que em valor não inferior ao do débito constante da inicial, acrescido de trinta por cento.

Comentários: O parágrafo considera a fiança bancária como se dinheiro fosse. Na verdade, a fiança bancárias é superior ao próprio dinheiro, porque o numerário depositado poderá ser insuficiente, dependendo do tempo decorrido, para fazer face aos juros e correção monetária. A fiança bancária garante o cumprimento da obrigação na sua totalidade, pouco importando a época em que a liquidação será feita. Por isso, registre-se uma incoerência do legislador. Se a fiança equivale a dinheiro, ela deveria estar colocada em segundo lugar no rol do art. 835, logo depois de dinheiro.

Processo trabalhista

Tem aplicação preferencial a Lei dos Executivos Fiscais (Lei n. 6.830/80), por força do art. 889 da CLT. Referida lei premia a fiança bancária no art. 9º, inciso II, para a garantia do juízo. O Código de Processo Civil terá aplicação suplementar, quando houver omissão na Lei dos Executivos Fiscais.

§ 3º Na execução de crédito com garantia real, a penhora recairá sobre a coisa dada em garantia, e, se a coisa pertencer a terceiro garantidor, este também será intimado da penhora.

Código sancionado

Art. 836. Não se levará a efeito a penhora quando ficar evidente que o produto da execução dos bens encontrados será totalmente absorvido pelo pagamento das custas da execução.

Processo trabalhista

Essa regra são se aplica ao processo trabalhista. Em se tratando de crédito trabalhista, superprivilegiado (art. 186 do Código Tributário Nacional), a preferência é do crédito que tem natureza jurídica alimentar. As custas serão cobradas a final, se existirem bens.

§ 1º Quando não encontrar bens penhoráveis, independentemente de determinação judicial expressa, o oficial de justiça descreverá na certidão os bens que guarnecem a residência ou o estabelecimento do executado, quando este for pessoa jurídica.

§ 2º Elaborada a lista, o executado ou seu representante legal será nomeado depositário provisório de tais bens até ulterior determinação do juiz.

Comentários: Melhor seria que o § 1º vinculasse o bem ao juízo da execução, mediante arresto ou penhora. O § 2º está nomeando o executado depositário de bens que não estão vinculados ao juízo. A providência é ociosa. O proprietário é o depositário de todos os seus bens, não necessitando a lei dizer.

Redação do Código em vigor

Art. 665. O auto de penhora conterá:

I – a indicação do dia, mês, ano e lugar em que foi feita;

II – os nomes do credor e do devedor;

III – a descrição dos bens penhorados, com os seus característicos;

IV – a nomeação do depositário dos bens.

Redação da Comissão Técnica de Apoio

Art. 763. A penhora será realizada mediante auto ou termo, que conterá:

I – a indicação do dia, mês, ano e lugar em que foi feita;

II – os nomes do credor e do devedor;

III – a descrição dos bens penhorados, com as suas características;

IV – a nomeação do depositário dos bens.

Comentários: A redação da Comissão repete o Código em vigor e faz um acerto no inciso III colocando o termo "características" no feminino, enquanto o Código em vigor havia, indevidamente, grafado o termo no masculino.

Código sancionado

Art. 838. A penhora será realizada mediante auto ou termo, que conterá:

I – a indicação do dia, do mês, do ano e do lugar em que foi feita;

II – os nomes do exequente e do executado;

III – a descrição dos bens penhorados, com as suas características;

IV – a nomeação do depositário dos bens.

Comentários: O termo de penhora de bem deve ser formulado com todas as informações que a carcterizam: data completa de quando foi efetuada; os nomes completos do exequente e do executado; a descrição do bem penhorado em consonância com as características próprias de cada bem. Embora não o diga a lei expressamente, por lapso, deve o oficial de justiça dizer o tempo de uso do bem, o desgaste sofrido, e o seu grau de conservação. Não basta dizer que o veículo penhorado foi fabricado no ano tal, é necessário que descreva o seu estado de conservação, pois o valor atribuído deve refletir exatamente o bem no momento da penhora. A nomeação do depositário é necessária, porque sem isso a penhora não se formaliza e o prazo para embargos à execução não tem início.

Código sancionado

Art. 839. Considerar-se-á feita a penhora mediante a apreensão e o depósito dos bens, lavrando-se um só auto se as diligências forem concluídas no mesmo dia.

Parágrafo único. Havendo mais de uma penhora, serão lavrados autos individuais.

Código sancionado

Art. 841. Formalizada a penhora por qualquer dos meios legais, dela será imediatamente intimado o executado.

Redação do Código em vigor

Art. 659....

§ 4º A penhora de bens imóveis realizar-se-á mediante auto ou termo de penhora, cabendo ao exequente, sem prejuízo da imediata intimação do executado (art. 652, § 4º), providenciar, para presunção absoluta de conhecimento por terceiros, a respectiva averbação no ofício imobiliário, mediante a apresentação de certidão de inteiro teor do ato, independentemente de mandado judicial.

Redação da Comissão Técnica de Apoio

Art. 768. Cabe ao exequente providenciar, para presunção absoluta de conhecimento por terceiros, a averbação da penhora, quando se tratar de bens sujeitos a registro público.

Alteração no relatório geral

Art. 800. Cabe ao exequente providenciar, para presunção absoluta de conhecimento por terceiros, a averbação do arresto ou da penhora, quando se tratar de bens sujeitos a registro público, mediante a apresentação de cópia do auto ou termo, independentemente de mandado judicial.

Comentários: Tanto o Código em vigor quando a Comissão e a relatoria cometem o mesmo erro terminológico, qual seja o de falar em averbação da penhora. De conformidade com o art. 167, inciso I, n. 5 da Lei dos Registros Públicos, a penhora será registrada e não averbada. Para clarear a memória, há mais de quatro décadas, o imóvel era registrado no Cartório de Registro de Imóveis e a penhora era averbada. A lei modificou e hoje o imóvel é matriculado no Cartório de Registros de Imóveis e a penhora é registrada à margem da matrícula. Ver art. 240 da Lei dos Registros Públicos.

O registro da penhora retira do adquirente a possibilidade de alegar a existência de boa-fé. Isto é, o registro dá publicidade para terceiros, torna fraudulenta a venda do bem penhorado. Se o bem penhorado não for devidamente registrado, a prova de má-fé deverá ser feita pelo exequente. Daí a necessidade de não correr risco e efetuar o registro da penhora.

Em sede trabalhista, o artigo tem aplicação subsidiária. Todavia, com a peculiaridade de o exequente registrar a penhora sem ônus imediato. O Cartório fará o registro e margeará o valor a ser pago posteriormente pelo executado e oficiará ao juízo trabalhista que tudo anotará para o ressarcimento futuro. O Tribunal da 2ª Região tem provimento nesse sentido que foi instituído com a concordância da Corregedoria do Tribunal de Justiça e da Corregedoria do Tribunal Regional do Trabalho da 2ª Região, de cuja tratativa, à época, participamos, pois fomos nós que tivemos o primeiro caso concreto em que o Cartório se negava a fazer o registro sem que o exequente efetuasse o pagamento.

Código sancionado

Art. 837. Obedecidas as normas de segurança instituídas sob critérios uniformes pelo Conselho Nacional de Justiça, a penhora de dinheiro e as averbações de penhoras de bens imóveis e móveis podem ser realizadas por meio eletrônico.

Existem erros que são repetidos simplesmente porque não se teve o trabalho de consultar a lei. É o caso do Código em vigor, da redação da Comissão Técnica, da redação da relatoria e agora a erronia é repetida pelo Código sancionado. Todos usam a expressão "averbação" em lugar de "registro", isto é, dizem que a "penhora será averbada". Errado. A penhora será registrada. Essa modificação foi feita há cerca de 4 (quatro) décadas. Para a verificação, basta consultar a Lei dos Registros Públicos, art. 167, inciso I, n. 5). Reportamo-nos aos comentários feitos ao art. 800 da relatoria geral que completam estes comentários.

Redação do Código em vigor

Art. 670. O juiz autorizará a alienação antecipada dos bens penhorados quando:

I – sujeitos a deterioração ou depreciação;

II – houver manifesta vantagem.

Redação da Comissão Técnica de Apoio

Art. 776. O juiz determinará a alienação antecipada dos bens penhorados quando:

I – se tratar de veículos automotores, de pedras e metais preciosos e de outros bens móveis sujeitos à depreciação ou à deterioração;

II – houver manifesta vantagem.

Comentários: O inciso I da Comissão de juristas impõe modificação de 180 graus para o conteúdo do termo "deterioração". Até agora, o termo era utilizado para bens perecíveis, como uma carga de peixes e moluscos, repolho, verduras etc., etc., Foram incluídos agora "veículos automotores, pedras preciosas, metais preciosos", além daqueles que nomeamos antes.

Embora um veículo automotor possa perder preço com o passar do tempo, a venda imediata certamente será mais prejudicial ao executado, pois é sabido que o bem não será vendido pelo preço real em hasta pública. Por outro lado, não há sentido na pressa para venda de pedras e metais preciosos, pois certamente não haverá deterioração. Deve-se também ponderar que o executado terá o direito de requerer a remição da execução. O artigo, além de neutralizar o direito de o devedor efetuar a remição, arrosta o art. 620 do Código em vigor. Antes de mandar o bem à praça, o juiz deverá dar ciência ao devedor, evitando-se assim gastos com edital. A remição poderá ser feita mesmo depois da praça, desde que não haja sido assinado o auto de arrematação ou de adjudicação.

Código sancionado

Art. 852. O juiz determinará a alienação antecipada dos bens penhorados quando:

I – se tratar de veículos automotores, de pedras e metais preciosos e de outros bens móveis sujeitos à depreciação ou à deterioração;

II – houver manifesta vantagem.

Comentários: Reportamo-nos aos comentários ao art. 800 da relatoria.

O art. 670 do Código em vigor usava a expressão: "O juiz autorizará..." O atual diz: "O juiz determinará..." Ambos têm tom ditatorial, quando autorizam e quando determinam a vendo de veículo, de pedras e de metais preciosos e outros bens sujeitos a depreciação. Ora, tudo está sujeito a depreciação. Um veículo novo logo depois de ser faturado perde de 15 a 20 por cento do seu valor de compra. O que impressiona no artigo sob comento é que em nenhum momento o legislador lembrou de dar ciência ao executado para saber se ele deseja fazer a remição da execução e liberar o bem penhorado. Pior. O executado tem o direito assegurado pelo próprio Código.

Redação do Código em vigor

Art. 674. Quando o direito estiver sendo pleiteado em juízo, averbar-se-á no rosto dos autos a penhora que recair nele e na ação que lhe corresponder, a fim de se efetivar nos bens que forem adjudicados ou vierem a caber ao devedor.

Redação da Comissão Técnica de Apoio

Art. 784. Quando o direito estiver sendo pleiteado em juízo, será averbada no rosto dos autos a penhora que recair nele e na ação que lhe corresponder, a fim de se efetivar nos bens que forem adjudicados ou vierem a caber ao devedor.

Comentários: O Código em vigor, a Comissão de juristas e a relatoria (art. 816) persistem no emprego errôneo da terminologia jurídica ao falar em averbação da penhora, quando o correto é registro, nos termos do art. 167, item I, n. 5 da Lei dos Registros Públicos em consonância com o art. 240 da mesma lei. Reportamo-nos aos comentários *retro* feitos ao art. 776 da Comissão.

Código sancionado

Art. 860. Quando o direito estiver sendo pleiteado em juízo, a penhora que recair sobre ele será averbada, com destaque, nos autos pertinentes ao direito e na ação correspondente à penhora, a fim de que esta seja efetivada nos bens que forem adjudicados ou que vierem a caber ao executado.

Comentários: Este artigo comete a mesma erronia do art. 837 ao afirmar que a penhora será averbada, quando a penhora não será averbada, mas registrada. Basta que se reporte ao art. 167, inciso I, n. 5, da Lei dos Registros Públicos. Remetemos o leitor aos comentários ao art. 837 do Código sancionado e ao art. 800 da relatoria geral.

Art. 860. Quando o direito estiver sendo pleiteado em juízo, a penhora que recair sobre ele será averbada, com destaque, nos autos pertinentes ao direito e na ação correspondente à penhora, a fim de que esta seja efetivada nos bens que forem adjudicados ou que vierem a caber ao executado.

Continuação dos comentários: O artigo cuida da penhora no rosto dos autos que é feita sobre um possível direito futuro que se materializará em dinheiro ou em bens. O sucesso da penhora no rosto dos autos dependerá do sucesso da ação. Se o autor ganhar a ação a penhora no rosto dos autos se materializará sobre os bens ou dinheiro que vier a ser concedido.

O artigo fala que a penhora se efetivará sobre os bens que forem adjudicados. A afirmação não é correta. Havendo penhora no rosto dos autos, os bens não poderão ser adjudicados, nem o dinheiro liberado, enquanto a situação não for julgada no outro processo do qual originou o pedido de penhora no rosto dos autos. O termo "executado" é derivado de lapso ou de erro material. A penhora no rosto dos autos não é dirigida contra o executado, mas contra o exequente.

Redação da Comissão Técnica de Apoio

Art. 785. Penhoradas as quotas ou as ações de sócio em sociedade simples ou empresária, o juiz assinará prazo razoável, não superior a três meses, para que a sociedade apresente balanço especial na forma da lei, proceda à liquidação das quotas ou das ações e deposite em juízo o valor apurado, em dinheiro.

§ 1º O disposto no *caput* não se aplica à sociedade anônima de capital aberto, cujas ações serão adjudicadas ao credor ou alienadas em bolsa de valores, conforme o caso.

§ 2º Para os fins da liquidação de que trata o *caput*, o juiz poderá, a requerimento do credor ou da sociedade, nomear administrador, que deverá submeter à aprovação judicial a forma de liquidação.

§ 3º O prazo previsto no *caput* poderá ser ampliado pelo juiz, se o pagamento das quotas ou das ações liquidadas colocar em risco a estabilidade financeira da sociedade simples ou empresária.

Comentários: Segundo o *caput*, penhoradas as quotas ou as ações (empresa que não tem capital aberto, isto é, não está na bolsa de valores), o juiz assinará prazo razoável, não superior a três meses (deveria ser "não superior a 90 dias" para evitar transtornos de prazo). Na prática, os juízes não usarão meses, mas dias. O *caput* refere-se a balanço especial. Temos dois tipos de levantamentos. O geral de final de ano para o fisco que se chama "balanço" ou "balanço geral". Outros levantamentos durante o ano denominam-se "balancetes". A diferença está em que no "balancete", não existem as contas de receitas e despesas encerradas; no balanço sim, mais a apuração de lucros e/ou perdas ou lucros e/ou prejuízos. O balanço especial equipara-se ao balanço geral de fim de ano, porque tem por finalidade apurar o lucro líquido sobre as quotas penhoradas. Isto é, pelo levantamento verificar-se-á se as cotas penhoradas serão credoras de lucro líquido (lucro bruto deduzidas as verbas previstas em lei) ou se são deficitárias. Esse levantamento é importante, pois evitará que o exequente, na falta de outros bens da executada, acabe lançando mão de quotas-capital desvalorizadas. Poderá estar adquirindo gato por lebre. O artigo é oportuno e foi referendado pelo art. 816 da relatoria.

O parágrafo primeiro trata das sociedades anônimas de capital aberto. Nesse caso, a transferência é feita por meio de adjudicação das ações ao credor. Nada impede que o juiz determine a venda na bolsa e o produto seja creditado ao juízo para fazer face à execução.

O parágrafo segundo possibilita que o exequente indique administrador que será nomeado pelo juiz. Mas isso é mais comum, quando se faz a penhora na boca do caixa, destinando-se um percentual da arrecadação para o pagamento da execução. Na prática, o percentual varia entre 30 e 40% do valor arrecadado, para que não haja solução de continuidade nas operações empresariais.

O parágrafo terceiro autoriza a ampliação do prazo pelo juiz executor (*dominus processus*), caso o pagamento do lucro líquido referente às quotas ou às ações possa colocar em risco a estabilidade financeira da empresa.

Código sancionado

Art. 861. Penhoradas as quotas ou as ações de sócio em sociedade simples ou empresária, o juiz assinará prazo razoável, não superior a 3 (três) meses, para que a sociedade:

I – apresente balanço especial, na forma da lei;

Comentários: Reportamo-nos aos comentários do art. 785 da Comissão Técnica.

II – ofereça as quotas ou as ações aos demais sócios, observado o direito de preferência legal ou contratual;

III – não havendo interesse dos sócios na aquisição das ações, proceda à liquidação das quotas ou das ações, depositando em juízo o valor apurado, em dinheiro.

Comentários: Lamentável a falta de intimidade do legislador com a parte procedimental de um processo. Se houvesse, certamente evitaria falar em "meses". Temos meses de 28, 29, 30 e 31 dias. Não seria mais fácil, mais lógico, mais razoável, mais transparente em falar, no caso, prazo de 90 dias!? Na prática, nenhum juiz concederá prazo em mês ou meses, pois sabem que isso não será razoável.

Os sócios e acionistas têm preferência na aquisição das cotas ou das ações de sociedades fechadas ou sociedade familiar, fundada na *affectio societatis* ou numa sociedade limitada travestida de sociedade anônima. Se não houver interesse dos sócios nas quotas-capital, elas poderão ser vendidas a particular que se mostrar interessado e, na ausência, serão alienadas em hasta pública; se as ações forem de empresa de capital fechado ou familiar, o juiz determinará a liquidação das ações com apuração em dinheiro. As ações serão reduzidas do capital social. Dependendo do número de ações do acionista que está sendo executado, poderá haver a dissolução da sociedade. Quando se trata de empresa de capital aberto com ações, serão vendidas na Bolsa de Valores; o melhor é a venda das ações e a apuração do numerário. Mas o credor poderá ficar com as ações, devendo o juízo comunicar o fato à Bolsa de Valores, indicando a quantidade e o tipo de ação.

§ 1º Para evitar a liquidação das quotas ou das ações, a sociedade poderá adquiri-las sem redução do capital social e com utilização de reservas, para manutenção em tesouraria.

Comentários: Esta pode ser uma saída para evitar a redução do capital social.

§ 2º O disposto no *caput* e no § 1º não se aplica à sociedade anônima de capital aberto, cujas ações serão adjudicadas ao exequente ou alienadas em bolsa de valores, conforme o caso.

Comentários: Reportamo-nos aos comentários do *caput* e incisos I, II e III.

§ 3º Para os fins da liquidação de que trata o inciso III do *caput*, o juiz poderá, a requerimento do exequente ou da sociedade, nomear administrador, que deverá submeter à aprovação judicial a forma de liquidação.

Comentários: Dificilmente isso acontecerá. Se houve necessidade de apurar o valor líquido, isso poderá ser feito por um perito contábil, dispensando a presença de um administrador que seria mais onerosa.

§ 4º O prazo previsto no *caput* poderá ser ampliado pelo juiz, se o pagamento das quotas ou das ações liquidadas:

I – superar o valor do saldo de lucros ou reservas, exceto a legal, e sem diminuição do capital social, ou por doação; ou

II – colocar em risco a estabilidade financeira da sociedade simples ou empresária.

Comentários: O juiz deverá sempre proceder com razoabilidade em termos de prazo, não sendo aconselhável o açodamento. O remédio deverá ser de preferência em doses equilibradas para manter a higidez da empresa.

§ 5º Caso não haja interesse dos demais sócios no exercício de direito de preferência, não ocorra a aquisição das quotas ou das ações pela sociedade e a liquidação do inciso III do *caput* seja excessivamente onerosa para a sociedade, o juiz poderá determinar o leilão judicial das quotas ou das ações.

Comentários: Essa hipótese dificilmente ocorrerá, a não ser que se trate de uma empresa deficitária e cujo produto não seja de boa aceitação no mercado, já sem possibilidade de competitividade.

Redação da Comissão Técnica de Apoio

Art. 787. A penhora de empresa que funcione mediante concessão ou autorização se fará, conforme o valor do crédito, sobre a renda, sobre determinados bens ou sobre todo o patrimônio, nomeando o juiz como depositário, de preferência, um dos seus diretores.

1º Quando a penhora recair sobre a renda ou sobre determinados bens, o administrador-depositário apresentará a forma de administração e o esquema de pagamento, observando-se, quanto ao mais, o disposto quanto ao regime de penhora de frutos e rendimentos de coisa móvel e imóvel.

§ 2º Recaindo a penhora sobre todo o patrimônio, prosseguirá a execução nos seus ulteriores termos, ouvindo-se, antes da arrematação ou da adjudicação, o ente público que houver outorgado a concessão.

Comentários: O artigo foi referendado pelo art. 819 da relatoria. O *caput* cuida da penhora em empresa que funcione mediante concessão ou autorização. Preferencialmente, a penhora será feita sobre a renda levando-se em conta o valor do crédito. Poderá ser feita sobre determinados bens ou mesmo sobre todo o patrimônio. Nesse último caso, será nomeado depositário um dos diretores, preferentemente. Havendo concessão ou autorização para o desenvolvimento dos trabalhos, o interesse do Poder Público é óbvio, pois dependendo em que mãos o empreendimento for parar, os trabalhos poderão sofrer solução de continuidade. Daí a oportunidade do parágrafo segundo, quando a penhora recair sobre todo o patrimônio, em propiciar ao Poder Público a possibilidade de se pronunciar.

Código sancionado

Art. 863. A penhora de empresa que funcione mediante concessão ou autorização far-se-á, conforme o valor do crédito, sobre a renda, sobre determinados bens ou sobre todo o patrimônio, e o juiz nomeará como depositário, de preferência, um de seus diretores.

§ 1º Quando a penhora recair sobre a renda ou sobre determinados bens, o administrador-depositário apresentará a forma de administração e o esquema de pagamento, observando-se, quanto ao mais, o disposto em relação ao regime de penhora de frutos e rendimentos de coisa móvel e imóvel.

§ 2º Recaindo a penhora sobre todo o patrimônio, prosseguirá a execução em seus ulteriores termos, ouvindo-se, antes da arrematação ou da adjudicação, o ente público que houver outorgado a concessão.

Comentários: Reportamo-nos aos comentários do art. 787 da Comissão Técnica.

Redação da Comissão Técnica de Apoio

Art. 809. Não será aceito lance que ofereça preço vil.

Parágrafo único. Considera-se vil o preço inferior a cinquenta por cento do valor da avaliação, salvo se outro for o preço mínimo estipulado pelo juiz para a alienação do bem.

Comentários: Artigo incluído e referendado pelo art. 841 da relatoria. Cuida da arrematação ou adjudicação por preço vil. O legislador atual não se atreveu a caracterizar o que seja preço vil. O atual foi mais arrojado. Fixou o preço vil em valor inferior a 50% do valor de avaliação, mas deixou oportunidade para que o juiz resolva cada caso de conformidade com o seu douto critério. Para que o artigo funcione, algumas providências deverão ser tomadas, quando decorrido tempo razoável da avaliação. O valor de avaliação poderá sofrer majoração pela sua aceitação no mercado ou sofrer redução pelo desgaste ocasionado pelo tempo decorrido. Por isso, antes de enviar o bem à praça ou leilão deve o juiz determinar oportuna avaliação do bem. Sem que isso aconteça, não terá parâmetro para avaliar.

Código sancionado

Art. 891. Não será aceito lance que ofereça preço vil.

Parágrafo único. Considera-se vil o preço inferior ao mínimo estipulado pelo juiz e constante do edital, e, não tendo sido fixado preço mínimo, considera-se vil o preço inferior a cinquenta por cento do valor da avaliação.

Comentários: O artigo seguiu as pegadas da Comissão Técnica. Reportamo-nos aos comentários ao art. 809 da Comissão Técnica.

Redação do Código em vigor

Art. 708. O pagamento ao credor far-se-á:

I – pela entrega do dinheiro;

II – pela adjudicação dos bens penhorados;

III – pelo usufruto de bem imóvel ou de empresa.

Redação da Comissão Técnica de Apoio

Art. 828. A satisfação do crédito exequendo far-se-á:

I – pela entrega do dinheiro;

II – pela adjudicação dos bens penhorados.

Comentários: Concorde o art. 859 da relatoria. Foi eliminado o inciso III – pelo usufruto de bem imóvel ou de empresa. O inciso cuida da penhora do fruto de bem imóvel (aluguel) ou dos frutos advindos da exploração da empresa (penhora na bocas do caixa ou penhora de parte do faturamento). Os frutos daí advindos se materializam no dinheiro em que os frutos são transformados. A colocação correta do inciso III seria na parte de penhoras. Correta a retirada do artigo pela Comissão Técnica. Todavia, o artigo está incompleto, pois se esqueceu de que a satisfação do crédito poderá operar-se pela "remição da execução". O artigo deveria incluir na redação:

Art. 828. A satisfação do crédito exequendo far-se-á pela:
I – entrega do dinheiro;
II – adjudicação dos bens penhorados;
III- remição da execução.

Código sancionado

Art. 904. A satisfação do crédito exequendo far-se-á:
I – pela entrega do dinheiro;
II – pela adjudicação dos bens penhorados.
Comentários: Reportamo-nos aos comentários do art. 828 da Comissão Técnica.

Redação da Comissão Técnica de Apoio

Art. 832. Concorrendo vários credores, o dinheiro lhes será distribuído e entregue consoante a ordem das respectivas preferências.

Parágrafo único. Não havendo título legal à preferência, o dinheiro será distribuído entre os concorrentes, observando-se a anterioridade de cada penhora.

Alteração no relatório geral

Art. 863. Concorrendo vários credores, o dinheiro lhes será distribuído e entregue consoante a ordem das respectivas preferências.

§ 1º. No caso de adjudicação ou alienação, os créditos que recaem sobre o bem, inclusive os de natureza *propter rem*, sub-rogam-se sobre o respectivo preço, observada a ordem de preferência.

§ 2º. Não havendo título legal à preferência, o dinheiro será distribuído entre os concorrentes, observando-se a anterioridade de cada penhora.

Comentários:

A Comissão de juristas e a relatoria adotaram a ordem de preferência da penhora ou a ordem da sua anterioridade. A redação atual é a melhor, quando desloca a preferência para aquele que promove a execução. Cabendo aos demais concorrentes direito sobre a importância restante, observada a anterioridade de cada penhora.

Código em vigor

Art. 711. Concorrendo vários credores, o dinheiro ser-lhes-á distribuído e entregue consoante a ordem das respectivas prelações; não havendo título legal à preferência, receberá em primeiro lugar o credor que promoveu a execução, cabendo aos demais concorrentes direito sobre a importância restante, observada a anterioridade de cada penhora.

A nova redação não está conforme à realidade ao adotar a preferência de recebimento pela penhora. Essa preferência funciona da seguinte maneira: se houver várias penhoras sobre o mesmo bem, serão nomeadas preferentemente de 1ª, 2ª 3ª etc. penhoras (arts. 612/613 do CPC em vigor). Todavia, o Código em vigor concedeu a preferência, quando houver várias penhoras, por quem promoveu a execução. Essa é a preferência correta. Vejamos. Suponhamos que existem três penhoras sobre o mesmo bem (1ª, 2ª e 3ª). Mas foi o terceiro que promoveu a execução, levando o bem à hasta pública onde foi vendido. O terceiro paga-se e o numerário que sobrar é transferido para o primeiro que se transformou em segundo. Quando o terceiro promoveu a execução, o que estava em primeiro foi para o segundo lugar e o segundo para o terceiro. Do modo que ficou a redação, com a preferência pela data de penhora, haverá dificuldade, porque o juiz da 3ª penhora não levará o bem à hasta pública. Se o primeiro não promover a execução, os demais não o farão, pois sabem que não ficarão com o dinheiro. E mais. Poderá haver falcatrua. O detentor da primeira penhora poderá fazer conchavo com o executado, recebendo por fora, com a condição de não promover a execução, isto é, não levará o bem ao praceamento. Embora possam fazer os demais, isso dificilmente acontecerá, pois sabem que o dinheiro irá para o primeiro. A nova redação não agilizou a execução; colocou óbice à celeridade.

No caso de créditos preferenciais que se subrogarão sobre o referido produto da praça no caso da arrematação ou da venda para terceiro, se o dinheiro arrecadado não for suficiente para pagar o crédito preferencial, o saldo devedor acompanhará o bem arrematado (direito de sequela) na qualidade de crédito quirografário. No caso de adjudicação não existe, em princípio, dinheiro para que seja sub-rogado pelo crédito preferencial. Temos, todavia, duas hipóteses: primeira, o crédito é menor do que o valor do bem adjudicado e o adjudicante deverá efetuar o depósito da diferença. Nesta diferença depositada, o credor preferencial poderá sub-rogar-se e se ainda restar crédito, prosseguirá como crédito quirografário. Se o crédito do adjudicante for maior do que o valor do bem adjudicado, o saldo prosseguirá em nova execução.

Código sancionado

Art. 876.

§ 4º Se o valor do crédito for:

I – inferior ao dos bens, o requerente da adjudicação depositará de imediato a diferença, que ficará à disposição do executado;

II – superior ao dos bens, a execução prosseguirá pelo saldo remanescente.

Processo do Trabalho

A preferência do crédito trabalhista (art. 186 do Código Tributário Nacional) não aceita a subrogação do crédito preferencial (hipoteca etc.). O credor com garantia real não poderá sub-rogar no produto da praça ou adjudicar. O arrematante ou o adjudicante levará com o bem o selo do direito real (Ver artigos 303 e 333, II, do Código Civil). O credor preferencial tem o direito de cobrar a dívida, quando o bem hipotecado ou empenhado for objeto de penhora. Por isso, no edital de praça e leilão deve constar expressamente a existência de ônus real, nome do favorecido, data do vencimento e saldo devedor naquela data. Se houver demora para a realização da praça, deverá o juiz complementar o edital próximo à praça para dar ciência do real saldo devedor. O adjudicante ou o arrematante ou, ainda, quem queira adquirir o bem fora da hasta pública terá em mente o valor que poderá ser executado imediatamente.

Código sancionado

Art. 908. Havendo pluralidade de credores ou exequentes, o dinheiro lhes será distribuído e entregue consoante a ordem das respectivas preferências.

§ 1º No caso de adjudicação ou alienação, os créditos que recaem sobre o bem, inclusive os de natureza *propter rem*, sub-rogam-se sobre o respectivo preço, observada a ordem de preferência.

§ 2º Não havendo título legal à preferência, o dinheiro será distribuído entre os concorrentes, observando-se a anterioridade de cada penhora.

Código sancionado

Art. 909. Os exequentes formularão as suas pretensões, que versarão unicamente sobre o direito de preferência e a anterioridade da penhora, e, apresentadas as razões, o juiz decidirá.

Comentários: Reportamo-nos aos comentários ao art. 863, *caput*, e §§ 1º e 2º, da relatoria geral.

Alteração no relatório geral

Art. 865. Caso qualquer dos credores alegue a insolvência do devedor, o juiz, ouvidos os demais credores concorrentes e o executado, determinará que o dinheiro, respeitadas as preferências legais, seja partilhado proporcionalmente ao valor de cada crédito.

Parágrafo único. A decisão do juiz poderá ser impugnada por agravo de instrumento.

Comentários: Havendo alegação de insolvência do devedor, o juiz ouvirá os demais credores. Nada impede que o próprio devedor alegue a insolvência, embora não o diga o artigo. Haverá a abertura de um incidente processual no próprio processo executório, no qual os interessados terão a oportunidade de produzir provas sobre a existência ou não da insolvência. Se o juiz concluir pela insolvência, todos perdem a preferência adquirida pela anterioridade da penhora e receberão o valor conseguido em hasta pública proporcional ao crédito de cada um. Se a conclusão for pela inexistência de insolvência, a execução prosseguirá normalmente. Em um e outro caso, a parte insatisfeita poderá manejar o agravo de instrumento.

Código sancionado

Art. 797. Ressalvado o caso de insolvência do devedor, em que tem lugar o concurso universal, realiza-se a execução no interesse do exequente que adquire, pela penhora, o direito de preferência sobre os bens penhorados.

Parágrafo único. Recaindo mais de uma penhora sobre o mesmo bem, cada exequente conservará o seu título de preferência.

Comentários: Reportamo-nos aos comentários do art. 865 da relatoria geral.

Declarada a insolvência, o processo executório deve ser reunido, por prevenção, naquela Vara em que foi declarada a insolvência. O valor arrecadado em hasta pública será distribuído de forma equitativa, proporcional ao crédito de cada um. Suponhamos os seguintes créditos: credor 1 = 30 mil; credor 2 = 10 mil; credor 3 = 40 mil; credor 4 = 20 mil. Teremos um crédito total de 100 mil. Os credores serão nomeados respectivamente pelos ns. 3, 1, 4, 2. Teremos a seguinte regra de três:

$100 = 10$
$3\ \ = 30$ mil
$1\ \ = 10$ mil
$4\ \ = 40$ mil
$2\ \ = 20$ mil

Redação da Comissão Técnica de Apoio

Art. 834. Na execução fundada em título extrajudicial contra a Fazenda Pública, a devedora será citada para opor embargos em um mês.

§ 1º Não opostos embargos ou transitada em julgado a decisão que os rejeitar, expedir-se-á precatório em favor do exequente, observando-se o disposto no art. 100 da Constituição da República.

§ 2º O processamento dos embargos, dos precatórios e das requisições de pequeno valor observará o disposto neste Código sobre o cumprimento da sentença que reconhecer obrigação de pagar quantia certa pela Fazenda Pública.

Alteração no relatório geral

Art. 866. Na execução fundada em título extrajudicial, a Fazenda Pública será citada para opor embargos em trinta dias.

§ 1º Não opostos embargos ou transitada em julgado a decisão que os rejeitar, expedir-se-á precatório ou requisição de pequeno valor em favor do exequente, observando-se o disposto no art. 100 da Constituição da República.

§ 2º. Nos embargos, a Fazenda Pública poderá alegar qualquer matéria que lhe seria lícito deduzir como defesa no processo de conhecimento.

§ 3º Aplica-se a este Capítulo, no que couber, o disposto nos artigos 519 e 520.

Comentários: O *caput* dá prazo de um mês para a Fazenda opor embargos. Repetimos aqui o que já dissemos alhures. Não tem sentido a Comissão de juristas falar em prazo de um mês. Temos meses de 30, 31, 28 e 29 dias. O prazo mensal somente traz confusão. Felizmente, a relatoria mais razoável substituiu o termo mês por 30 dias. **Comentários:** O § 2º é didático em se tratando de execução de título extrajudicial.

Código sancionado

Art. 910. Na execução fundada em título extrajudicial, a Fazenda Pública será citada para opor embargos em 30 (trinta) dias.

§ 1º Não opostos embargos ou transitada em julgado a decisão que os rejeitar, expedir-se-á precatório ou requisição de pequeno valor em favor do exequente, observando-se o disposto no art. 100 da Constituição Federal.

§ 2º Nos embargos, a Fazenda Pública poderá alegar qualquer matéria que lhe seria lícito deduzir como defesa no processo de conhecimento.

§ 3º Aplica-se a este Capítulo, no que couber, o disposto nos artigos 534 e 535.

Comentários: Felizmente, o Código sancionado adotou a redação da relatoria e substituiu a expressão mês, indicada pela Comissão Técnica, por 30 dias.

A Fazenda Pública tem o prazo de 30 dias para apresentar embargos, querendo. Existe uma tendência de proteção exagerada da Fazenda Pública, dando sempre tratamento diferenciado. A Fazenda Pública conta, sempre, com aparato jurídico para defendê-la e muitas vezes para impedir que o processo ande normalmente. Temos um exemplo lamentável no Mandado de Segurança, quando, ainda que a autoridade tenha agido arbitrariamente, não será condenada em honorários advocatícios, contrariando o princípio da *restitutio in integrum*. Na sua origem, o *mandamus* foi inspirado para socorrer o jurisdicionado do arbítrio exagerado do Poder Público.

O § 1º, na sua literalidade, esconde no seu âmago o ninho de serpente. A expedição de precatórios ou a requisição de pequeno valor, caso não opostos embargos ou transitada em julgado a decisão que rejeitar os embargos, não vai além de meras formalidades. O que o legislador não consegue ou não quer fazer é legislar no sentido de que os precatórios sejam realmente cumpridos. O legislador poderia impor uma sanção pecuniária por dia, mês ou ano em caso de inadimplência da Fazenda Pública. Mas isso simplesmente não interessa, o legislador de hoje poderá ser o titular do Poder Executivo de amanhã. Por isso, é uma espécie de legislação em causa própria. Nesse marasmo de fazer de conta, quando nada se faz, os precatórios se avolumam e não são pagos. Na nossa prática judicante, um município peticionou no sentido de que a dívida fora feita pelo seu antecessor. Para ser prefeito, governador, presidente, Ministros de Estado, secretários etc., etc., não se exige sequer uma formação primária. Por isso, continuamos sendo o país "do faz de conta".

Em se tratando de execução extrajudicial, a parte de conhecimento e de defesa é feita nos embargos, que é a primeira vez que a Fazenda toma conhecimento da cobrança. O § 2º, quando fala que poderá alegar qualquer matéria que lhe seria lícito deduzir como defesa no processo de conhecimento, está dizendo que não há preclusão por se tratar de direitos indisponíveis. Por isso, o administrador público não pode renunciar ao direito de defesa e, se o fizer dolosamente, a revelia não terá as consequências da confissão da matéria de fato.

Redação da Comissão Técnica de Apoio

Art. 841. Recebidos os embargos, o exequente será ouvido no prazo de quinze dias; a seguir, o juiz julgará imediatamente o pedido ou designará audiência, proferindo sentença.

Parágrafo único. Considera-se conduta atentatória à dignidade da justiça o oferecimento de embargos manifestamente protelatórios.

Comentários: O parágrafo único poderá levar juízes a radicalizar, quando afirma que embargos protelatórios serão considerados conduta atentatória à dignidade da Justiça. A esperança é que os juízes elejam a razoabilidade em tais casos.

O curso de direito, hoje existente numa quantidade enorme de faculdades, com pouca ou sem nenhuma fiscalização, colocam no mercado profissionais deficientes técnica e intelectualmente. De cada 100 formandos certamente não se tiram 10 que possam sobreviver da profissão. O exame da OAB veio dar alento, transformando-se em filtro necessário para que se possa ter um mínimo de conhecimento e para que a instituição não venha a ser enxovalhada com maus profissionais. O fato de haver passado no exame da ordem não constitui garantia de que o cliente estará nas mãos de um bom profissional. Assim, muitos embargos são aviados sem que o causídico tenha o real conhecimento das exigências que, se presentes, tornam os embargos possíveis de sucesso. Muitas vezes, por absoluta incompetência técnica, não por objetivo protelatório, o advogado vale-se dos embargos. Melhor que se utilize da multa. O que pesa no bolso é de maior valia. O ato atentatório à dignidade da Justiça, por demais drástico, permite não só uma pesada multa como também uma sanção processual, qual seja a proibição de falar nos autos. Alguém diria: e o art. 3º das LICC? Responderíamos: o Brasil é um país de contrastes. E o art. 3º citado é um desses contrastes, pois é aplicado em país onde faltam classes de aula para alfabetização.

Código sancionado

Art. 920. Recebidos os embargos:

I – o exequente será ouvido no prazo de 15 (quinze) dias;

II – a seguir, o juiz julgará imediatamente o pedido ou designará audiência;

Comentários: A afirmação de que "julgará imediatamente o pedido ou designará audiência" é ociosa. O que é óbvio a lei não precisa dizer. Ouvido o exequente, os autos serão conclusos ao juiz, que fará ou determinará o que for de direito. Se não necessitar de instrução probatória, se já firmou a sua convicção, poderá julgar de imediato ou designar audiência para julgamento. O julgamento imediato nem sempre é possível, mormente quando o número de processos, como regra, sobeja ao permissivo legal. Em sendo o caso, não haverá outra saída a não ser designar audiência para produção de provas. Mas esta necessidade é remota em sede de embargos.

III – encerrada a instrução, o juiz proferirá sentença.

Comentários: O inciso é ocioso. Cabe ao juiz da ação, terminada a instrução probatória, proferir sentença de imediato ou designar audiência para a prolação. O inciso não serve nem como mero lembrete, pois é uma conclusão lógica das consequências procedimentais.

Em boa hora o Código sancionado eliminou o parágrafo único da Comissão Técnica. Remetemos aos comentários do referido parágrafo no art. 841 da Comissão Técnica.

Redação da Comissão Técnica de Apoio

Art. 845. Extingue-se a execução quando:

I – a petição inicial é indeferida;

II – o devedor satisfaz a obrigação;

III – o devedor obtém, por transação ou por qualquer outro meio, a remissão total da dívida;

IV – o credor renuncia ao crédito;

V – ocorrer a prescrição intercorrente;

VI – o processo permanece suspenso, nos termos do art. 842, incisos III e IV, por tempo suficiente para perfazer a prescrição.

Parágrafo único. Na hipótese de prescrição intercorrente, deverá o juiz, antes de extinguir a execução, ouvir as partes, no prazo comum de cinco dias.

Alteração no relatório geral

Art. 880. Extingue-se a execução quando:

I – a petição inicial é indeferida;

II – o devedor satisfaz a obrigação;

III – o devedor obtém, por transação ou por qualquer outro meio, a remissão total da dívida;

IV – o credor renuncia ao crédito;

V – ocorrer a prescrição intercorrente;

VI – o processo permanece suspenso, nos termos do art. 877, incisos III e IV, por tempo suficiente para perfazer a prescrição.

Parágrafo único. Na hipótese de prescrição intercorrente, deverá o juiz, antes de extinguir a execução, ouvir as partes, no prazo comum de cinco dias.

Comentários: O inciso II, quando fala que "o devedor satisfaz a obrigação", está se reportando à "remição da execução". No inciso III, quando fala em remissão, está reportando à ação de remir, possibilidade de perdão da dívida. O inciso V fala na ocorrência da prescrição intercorrente durante a fase executória. Antes de decretar a prescrição intercorrente, o juiz ouvirá as partes no prazo comum de cinco dias. A oitiva das partes tem nuances ociosas, já que a prescrição será decretada de ofício pelo juiz (art. 219, V, do CPC).

Processo do Trabalho

No processo do trabalho a execução é regida preferentemente pela Lei dos Executivos Fiscais, Lei n. 6.830/1980, artigo 40, art. 186 do Código Tributário Nacional e art. 889 da CLT. Em sede trabalhista, a prescrição intercorrente somente será possível num pequeno espaço que separa a fase de conhecimento da fase executória e que diz respeito à liquidação de sentença. Sendo a sentença ilíquida, a parte ou o seu advogado deverá providenciar a liquidação no prazo de dois (2) anos e a citação deverá ser formalizada. Como o advogado não tem peso de obrigatoriedade no processo trabalhista (art. 791 da CLT), o juiz tem maior participação. Estando o exequente sem advogado, o juiz tomará as providências necessárias para que não haja a prescrição intercorrente e determinará a liquidação por perito ou pelo contador oficial onde houver. Feita a liquidação, confirmada por decisão, citada a parte devedora, ainda que não existam bens para serem penhorados, o processo aguardará no arquivo, sem a possibilidade de sofrer a prescrição intercorrente. Poderá prosseguir a qualquer momento (art. 40 da Lei dos Executivos Fiscais).

Código sancionado

Art. 924. Extingue-se a execução quando:

I – a petição inicial for indeferida;

II – a obrigação for satisfeita;

III – o executado obtiver, por qualquer outro meio, a extinção total da dívida;

IV – o exequente renunciar ao crédito;

V – ocorrer a prescrição intercorrente.

Comentários: A redação da Comissão Técnica era melhor do que o art. 794 do Código em vigor. Mais completa. Código sancionado adotou a redação da Comissão e eliminou o inciso VI, ao nosso sentir, indevidamente.

Art. 925. A extinção só produz efeito quando declarada por sentença.

Comentários: De conformidade com o art. 162 do Código em vigor os atos do juiz constituirão em sentenças, decisões interlocutórias e despachos (ordinatórios). O artigo fala em sentença, isto é, que tenha os requisitos de sentença. A sentença poderá ser sucinta.

Redação da Comissão Técnica de Apoio

Art. 847. Os tribunais velarão pela uniformização e pela estabilidade da jurisprudência, observando-se o seguinte:

....

III – a jurisprudência pacificada de qualquer tribunal deve orientar as decisões de todos os órgãos a ele vinculados;

Alteração no relatório geral

Art. 882. Os tribunais, em princípio, velarão pela uniformização e pela estabilidade da jurisprudência:

....

III – a jurisprudência pacificada de qualquer tribunal deve orientar as decisões de todos os órgãos a ele vinculados;

Comentários: Ensina Mário Guimarães:
"A jurisprudência é, nos tribunais, a sabedoria dos experientes. É o conselho precavido dos mais velhos. Quem conhece a lei e ignora a jurisprudência, diz, com exagero embora, DUPLIANT, não conhece nada. Manter, quanto possível, a jurisprudência será obra de boa política judiciária, porque inspira no povo confiança na Justiça. Não concebem os leigos que o certo da decisão de hoje se repute errado na sentença de amanhã. Mas (adverte) não devemos erigi-la em tabu. Não devemos fechar os tribunais à penetração de ideias novas."

Trazemos as lições de um dos maiores juristas que ocupou uma das cadeiras da Excelsa Corte para advertir que o termo "deve" empregado no inciso III é por demais forte e se entendido na plenitude do seu núcleo conceitual retiraria dos tribunais inferiores a possibilidade de interpretar. Não se pode partir do princípio de que os tribunais superiores seriam dotados de poderes deíficos e nunca errariam. Tanto erram que existe a possibilidade de ação rescisória no Supremo Tribunal Federal. Devemos entender o "deve" como "pode". Temos para nós que na grande maioria do direcionamento jurisprudencial pode-se adotar o princípio da *una lex, una jurisdictio*. Apenas com relação ao Supremo Tribunal Federal tem emprego o "deve", porque não se pode falar na melhor interpretação. A Excelsa Corte diz a última palavra em matéria interpretativa. Por isso, as jurisdições inferiores, mesmo discordando, devem segui-la. A jurisprudência dos demais tribunais é facultativa, para não criar óbices a ideias novas. Mas aconselhamos ao juiz que não concordar com a jurisprudência ou com matéria sumulada que apresente argumentos convincentes, sólidos e objetivos. Discordar por discordar, não é argumento.

IV – a jurisprudência do Supremo Tribunal Federal e dos tribunais superiores deve nortear as decisões de todos os tribunais e juízos singulares do país, de modo a concretizar plenamente os princípios da legalidade e da isonomia.

Comentários: Os mesmos comentários feitos para o inciso III valem para o inciso IV, excepcionado o STF. As jurisdições inferiores não estão obrigadas a seguir a jurisprudência dos tribunais superiores, ainda que sumuladas. Abriria também uma exceção para o STJ quando julga matéria envolvendo lei federal, posto que é sua a última palavra (art. 105, III,"c").

Código sancionado

Art. 926. Os tribunais devem uniformizar sua jurisprudência e mantê-la estável, íntegra e coerente.

§ 1º Na forma estabelecida e segundo os pressupostos fixados no regimento interno, os tribunais editarão enunciados de súmula correspondentes a sua jurisprudência dominante.

§ 2º Ao editar enunciados de súmula, os tribunais devem ater-se às circunstâncias fáticas dos precedentes que motivaram sua criação.

Comentários: A redação eliminou a expressão "deve orientar decisões..." Como regra, é aplicado o princípio da *una lex, una jurisdictio*. Todavia, as decisões dos tribunais superiores não devem, podem orientar os tribunais inferiores, posto que as jurisdições inferiores não estão obrigadas a seguir a matéria sumulada. O direito é dinâmico e a jurisprudência se forma de baixo para cima, e a discussão que se trava em baixo poderá demorar anos para chegar aos Regionais, Tribunais de Justiça e Cortes superiores. Essa oxigenação é necessária e mercê delas que a jurisprudência sumulada também pode e deve ser mudada em atenção à realidade que se modifica. Quanto ao mais, adotam-se os comentários feitos *retro*, no art. 882 da relatoria geral.

Código sancionado

Art. 927. Os juízes e os tribunais observarão:

I – as decisões do Supremo Tribunal Federal em controle concentrado de constitucionalidade;

II – os enunciados de súmula vinculante;

III – os acórdãos em incidente de assunção de competência ou de resolução de demandas repetitivas e em julgamento de recursos extraordinário e especial repetitivos;

IV – os enunciados das súmulas do Supremo Tribunal Federal em matéria constitucional e do Superior Tribunal de Justiça em matéria infraconstitucional;

V – a orientação do plenário ou do órgão especial aos quais estiverem vinculados.

§ 1º Os juízes e os tribunais observarão o disposto no art. 10 e no art. 489, § 1º, quando decidirem com fundamento neste artigo.

§ 2º A alteração de tese jurídica adotada em enunciado de súmula ou em julgamento de casos repetitivos poderá ser precedida de audiências públicas e da participação de pessoas, órgãos ou entidades que possam contribuir para a rediscussão da tese.

§ 3º Na hipótese de alteração de jurisprudência dominante do Supremo Tribunal Federal e dos tribunais superiores ou daquela oriunda de julgamento de casos repetitivos, pode haver modulação dos efeitos da alteração no interesse social e no da segurança jurídica.

§ 4º A modificação de enunciado de súmula, de jurisprudência pacificada ou de tese adotada em julgamento de casos repetitivos observará a necessidade de fundamentação adequada e específica, considerando os princípios da segurança jurídica, da proteção da confiança e da isonomia.

§ 5º Os tribunais darão publicidade a seus precedentes, organizando-os por questão jurídica decidida e divulgando-os, preferencialmente, na rede mundial de computadores.

Redação da Comissão Técnica de Apoio

> Art. 848. Para os fins deste Código, considera-se julgamento de casos repetitivos:
>
> I – o do incidente de resolução de demandas repetitivas;
>
> II – o dos recursos especial e extraordinário repetitivos.

Comentários: O artigo evita que demandas que firmaram entendimento no julgamento nos tribunais superiores não subam para apreciação. O artigo é oportuno e rende tributos aos princípios da celeridade e da economia processual.

Código sancionado

> Art. 928. Para os fins deste Código, considera-se julgamento de casos repetitivos a decisão proferida em:
>
> I – incidente de resolução de demandas repetitivas;
>
> II – recursos especial e extraordinário repetitivos.
>
> Parágrafo único. O julgamento de casos repetitivos tem por objeto questão de direito material ou processual.

Comentários: Reportamo-nos aos comentários do art. 848 da Comissão Técnica, *retro*. Deixam claro que os casos de julgamentos repetitivos abrangem o direito material e o direito processual.

Redação da Comissão Técnica de Apoio

> Art. 851. O recurso de um dos litisconsortes torna prevento o relator para os interpostos pelos demais, na forma do regimento interno do tribunal.

Comentários: O artigo é oportuno ao direcionar todos os recursos dos litisconsorciados para o mesmo relator, tornando-o prevento. Isso seguramente evitará decisões díspares.

Código sancionado

> Art. 1.005. O recurso interposto por um dos litisconsortes a todos aproveita, salvo se distintos ou opostos os seus interesses.
>
> Parágrafo único. Havendo solidariedade passiva, o recurso interposto por um devedor aproveitará aos outros quando as defesas opostas ao credor lhes forem comuns.

Comentários: O litisconsórcio pode ser ativo, quando existem vários autores; passivo, quando existem vários réus. Como regra, sendo os interesses comuns, o recurso de um litisconsorte aproveita aos demais. Havendo solidariedade e sendo comuns as defesas opostas ao credor, o recurso de um aproveita aos demais. Os litisconsortes podem ser facultativos ou necessários. No primeiro, a participação poderá ou não ocorrer; no segundo, é indispensável, como o próprio nome diz, porque a sentença deve ser igual para todos.

Redação da Comissão Técnica de Apoio

> Art. 853. Incumbe ao relator:
>
> I – dirigir e ordenar o processo no tribunal;
>
> II – apreciar o pedido de tutela de urgência nos recursos e nos processos de competência originária do tribunal.

Alteração no relatório geral

Art. 888. Incumbe ao relator:

I – dirigir e ordenar o processo no tribunal;

II – apreciar o pedido de tutela de urgência ou da evidência nos recursos e nos processos de competência originária do tribunal.

....

Comentários: O processo ao ser distribuído no tribunal fixando um relator fixa também o juízo natural. Isso significa que somente o relator pode decidir questões preliminares, proferir despachos ordinatórios etc. Toda e qualquer petição das partes deverá ser dirigida ao relator. O revisor poderá apenas dar o seu visto de recebimento e de remessa à secretaria do cartório.

Código sancionado

Art. 1.011. Recebido o recurso de apelação no tribunal e distribuído imediatamente, o relator:

I – decidi-lo-á monocraticamente apenas nas hipóteses do art. 932, incisos III a V;

Art. 932. Incumbe ao relator:

I – dirigir e ordenar o processo no tribunal, inclusive em relação à produção de prova, bem como, quando for o caso, homologar autocomposição das partes;

II – apreciar o pedido de tutela provisória nos recursos e nos processos de competência originária do tribunal;

III – não conhecer de recurso inadmissível, prejudicado ou que não tenha impugnado especificamente os fundamentos da decisão recorrida;

IV – negar provimento a recurso que for contrário a:

a) súmula do Supremo Tribunal Federal, do Superior Tribunal de Justiça ou do próprio tribunal;

b) acórdão proferido pelo Supremo Tribunal Federal ou pelo Superior Tribunal de Justiça em julgamento de recursos repetitivos;

c) entendimento firmado em incidente de resolução de demandas repetitivas ou de assunção de competência;

V – depois de facultada a apresentação de contrarrazões, dar provimento ao recurso se a decisão recorrida for contrária a:

a) súmula do Supremo Tribunal Federal, do Superior Tribunal de Justiça ou do próprio tribunal;

b) acórdão proferido pelo Supremo Tribunal Federal ou pelo Superior Tribunal de Justiça em julgamento de recursos repetitivos;

c) entendimento firmado em incidente de resolução de demandas repetitivas ou de assunção de competência;

II – se não for o caso de decisão monocrática, elaborará seu voto para julgamento do recurso pelo órgão colegiado.

Comentários: Elaborado o voto pelo relator, os autos são enviados à secretaria do cartório que os enviará ao revisor. Somente depois da devolução pelo revisor é que o presidente do tribunal designará audiência para julgamento pelo colegiado, conforme comanda o *caput* do art. 950.

Enfoque crítico. O legislador demonstra falta de intimidade com a parte procedimental dos tribunais, quando incumbe o presidente da designação de sessão de julgamento. Na prática, cada Turma ou Câmara tem a sua secretaria, onde os autos são guardados, cuja chefia é a guardiã. Essa secretaria é que faz o controle de todos os autos, que controla a devolução pelo relator e pelo revisor e que certamente enviará cópias do voto do relator aos demais desembargadores. Ainda é a secretaria quem fará a pauta de audiência com o auxílio do presidente do colegiado que determinará a publicação no Diário Oficial. Imagine-se o Presidente do Tribunal de Justiça de São Paulo cumprindo o art. 950 e designando audiência para todas as Câmaras etc., etc.

Art. 950. Remetida cópia do acórdão a todos os juízes, o presidente do tribunal designará a sessão de julgamento.

§ 1º As pessoas jurídicas de direito público responsáveis pela edição do ato questionado poderão manifestar-se no incidente de inconstitucionalidade se assim o requererem, observados os prazos e as condições previstos no regimento interno do tribunal.

§ 2º A parte legitimada à propositura das ações previstas no art. 103 da Constituição Federal poderá manifestar-se, por escrito, sobre a questão constitucional objeto de apreciação, no prazo previsto pelo regimento interno, sendo-lhe assegurado o direito de apresentar memoriais ou de requerer a juntada de documentos.

§ 3º Considerando a relevância da matéria e a representatividade dos postulantes, o relator poderá admitir, por despacho irrecorrível, a manifestação de outros órgãos ou entidades.

Código sancionado

Art. 1.012. A apelação terá efeito suspensivo.

§ 1º Além de outras hipóteses previstas em lei, começa a produzir efeitos imediatamente após a sua publicação a sentença que:

I – homologa divisão ou demarcação de terras;

II – condena a pagar alimentos;

III – extingue sem resolução do mérito ou julga improcedentes os embargos do executado;

IV – julga procedente o pedido de instituição de arbitragem;

V – confirma, concede ou revoga tutela provisória;

VI – decreta a interdição.

§ 2º Nos casos do § 1º, o apelado poderá promover o pedido de cumprimento provisório depois de publicada a sentença.

Comentários: Não obstante a regra que informa a apelação seja a do efeito devolutivo e suspensivo, o § 1º arrola as hipóteses excepcionadas. A exceção poderá ser suspensa (§§ 3º e 4º) pelo relator se houver demonstração convincente de possibilidade de provimento do recurso ou existir a possibilidade de concretizar dano grave e de difícil reparação. Nota: o emprego da preposição alternativa "ou" não tem sentido. A "difícil reparação" refere-se ao dano, isto é, o dano que poderá haver pode ser reparável ou pode ser de difícil ou até mesmo de impossível reparação. Em lugar de "ou" deve-se ler "e", preposição aditiva.

§ 3º O pedido de concessão de efeito suspensivo nas hipóteses do § 1º poderá ser formulado por requerimento dirigido ao:

I – tribunal, no período compreendido entre a interposição da apelação e sua distribuição, ficando o relator designado para seu exame prevento para julgá-la;

II – relator, se já distribuída a apelação.

§ 4º Nas hipóteses do § 1º, a eficácia da sentença poderá ser suspensa pelo relator se o apelante demonstrar a probabilidade de provimento do recurso ou se, sendo relevante a fundamentação, houver risco de dano grave ou de difícil reparação.

Código sancionado

Art. 1.013. A apelação devolverá ao tribunal o conhecimento da matéria impugnada.

Comentários: A devolução será da matéria prequestionada. Todavia, a restrição dá-se quanto à horizontalidade da matéria, não quanto à profundidade. O tribunal poderá dar ou negar provimento ao recurso por outro fundamento, que não aquele utilizado pela sentença ou indicado pelo recorrente.

§ 1º Serão, porém, objeto de apreciação e julgamento pelo tribunal todas as questões suscitadas e discutidas no processo, ainda que não tenham sido solucionadas, desde que relativas ao capítulo impugnado.

§ 2º Quando o pedido ou a defesa tiver mais de um fundamento e o juiz acolher apenas um deles, a apelação devolverá ao tribunal o conhecimento dos demais.

§ 3º Se o processo estiver em condições de imediato julgamento, o tribunal deve decidir desde logo o mérito quando:

I – reformar sentença fundada no art. 485.

Código sancionado

Art. 485. O juiz não resolverá o mérito quando:

I – indeferir a petição inicial;

II – o processo ficar parado durante mais de 1 (um) ano por negligência das partes;

III – por não promover os atos e as diligências que lhe incumbir, o autor abandonar a causa por mais de 30 (trinta) dias;

IV – verificar a ausência de pressupostos de constituição e de desenvolvimento válido e regular do processo;

V – reconhecer a existência de perempção, de litispendência ou de coisa julgada;

VI – verificar ausência de legitimidade ou de interesse processual;

VII – acolher a alegação de existência de convenção de arbitragem ou quando o juízo arbitral reconhecer sua competência;

VIII – homologar a desistência da ação;

IX – em caso de morte da parte, a ação for considerada intransmissível por disposição legal; e

X – nos demais casos prescritos neste Código.

§ 1º Nas hipóteses descritas nos incisos II e III, a parte será intimada pessoalmente para suprir a falta no prazo de 5 (cinco) dias.

§ 2º No caso do § 1º, quanto ao inciso II, as partes pagarão proporcionalmente as custas, e, quanto ao inciso III, o autor será condenado ao pagamento das despesas e dos honorários de advogado.

§ 3º O juiz conhecerá de ofício da matéria constante dos incisos IV, V, VI e IX, em qualquer tempo e grau de jurisdição, enquanto não ocorrer o trânsito em julgado.

§ 4º Oferecida a contestação, o autor não poderá, sem o consentimento do réu, desistir da ação.

§ 5º A desistência da ação pode ser apresentada até a sentença.

§ 6º Oferecida a contestação, a extinção do processo por abandono da causa pelo autor depende de requerimento do réu.

§ 7º Interposta a apelação em qualquer dos casos de que tratam os incisos deste artigo, o juiz terá 5 (cinco) dias para retratar-se.

Comentários: O juiz decidirá a lide nos limites em que foi proposta. Não poderá conhecer de questões não contidas no pedido ou na causa de pedir e a cujo respeito a lei exige a iniciativa da parte. A sentença proferida com tais vícios leva no seu cerne nuances de ato arbitrário e deve ser declarada nula.

III – constatar a omissão no exame de um dos pedidos, hipótese em que poderá julgá-lo;

Comentários: Toda e qualquer omissão cometida pelo juiz primário deve ser prequestionada por meio dos embargos declaratórios. Se a parte não o fizer, desaguará na preclusão, não podendo o tribunal conhecer da matéria, pena de supressão de jurisdição.

IV – decretar a nulidade de sentença por falta de fundamentação.

Comentários: A parte tem o direito de saber a razão pela qual o julgamento lhe foi favorável ou desfavorável. A sentença sem fundamento ou o acórdão desfundamentado demonstra a ausência de perfil do magistrado para a nobre profissão de julgar. Demonstra também uma certa indolência e preguiça, defeitos que não se concebem em um juiz.

§ 4º Quando reformar sentença que reconheça a decadência ou a prescrição, o tribunal, se possível, julgará o mérito, examinando as demais questões, sem determinar o retorno do processo ao juízo de primeiro grau.

Comentários: No Código de 1939 a prescrição e a decadência eram consideradas prejudiciais de mérito. O Código em vigor deu-lhes o *status* de verdadeiro mérito (art. 269, IV). Com isso proliferou o entendimento de que, reconhecida a decadência ou a prescrição, os autos deveriam retornar à corte de origem, pois a verdadeira matéria de fundo não havia sido analisada e julgada pelo juiz primário, já que havia encerrado o processo para julgamento, sem a instrução probatória. Nesta hipótese, os autos deverão retornar à origem para que haja instrução e julgamento com análise da matéria de fundo frente à prova produzida, sob pena de supressão de jurisdição.

Tem-se uma segunda hipótese, qual seja, o juiz primário procedeu à instrução do processo normalmente e, por ocasião do julgamento, extinguiu o processo com a resolução do mérito, acolhendo a prescrição ou a decadência. Esta hipótese ainda não tem unanimidade na doutrina no sentido de que o tribunal poderá apreciar o mérito. Na verdade, o juiz de primeiro grau ao acolher a prescrição ou a decadência não analisou a matéria de fundo face ao conjunto probatório. E se o tribunal enfrentar a matéria meritoriamente, haverá supressão de jurisdição. O § 4º, entretanto, seguindo as pegadas do Código em vigor, autoriza o julgamento. Todos aprendemos nos bancos da Faculdade de Direito que a lei pode fazer o quadrado redondo e o branco preto. Alguém disse alhures que o legislador poderá derrubar toda uma biblioteca jurídica. Descontado o exagero, devem prevalecer as palavras de DUPLIAN: "Quem conhece a lei e ignora a jurisprudência, não conhece quase nada". (GUIMARÃES, Mário. *O Juiz e a Função Jurisdicional,* Rio: Forense, 1958, p. 327). Uma terceira hipótese, quando a matéria a ser julgada é apenas de direito, não se imiscuindo em provas. O § 4º se libera de filigranas processuais para dar ênfase e prestigiar os princípios da celeridade e da economia processual.

§ 5º O capítulo da sentença que confirma, concede ou revoga a tutela provisória é impugnável na apelação.

Comentários: É salutar a norma no que confere a possibilidade de a parte recorrer na concessão ou da negação da tutela provisória.

Alteração no relatório geral

Art. 892. Na sessão de julgamento, depois da exposição da causa pelo relator, o presidente dará a palavra, sucessivamente, ao recorrente e ao recorrido, pelo prazo improrrogável de quinze minutos para cada um, a fim de sustentarem as razões nas seguintes hipóteses:

Comentários: O tema está posto no art. 7º, inciso IX, da Lei n. 8.906/1994 (Estatuto da OAB). Embora no Processo –STF- ADI 1.105-7-DF- DJU 4.6.2010, o relator Min. Levandowski não houvesse confirmado o prestígio da norma, os tribunais superiores passaram a aplicá-la. Após o relator discorrer sobre o relatório, a leitura do voto somente se dará depois que o recorrente e/ou recorrido fizerem ou desistirem de sustentação oral. O artigo deveria ter a seguinte redação:

Art. 892. Na sessão de julgamento, depois da exposição da causa pelo relator, o presidente dará a palavra, sucessivamente, ao recorrente e ao recorrido, pelo prazo improrrogável de quinze minutos cada para, QUERENDO, sustentarem as razões nas seguintes hipóteses:

A redação do art. 892 é ambígua e transmite a impressão de que o recorrente e o recorrido são obrigados a fazer a sustentação oral. A redação de norma legal deve ser clara e não deixar margem para entendimentos subliminares ou que possam ser entendidos nas entrelinhas. Sempre que isso acontece, a possibilidade de entendimentos diversificados se faz presente e isso passa a refletir nos julgamentos com reflexos deletérios na celeridade e na economia processual.

Código sancionado

Art. 937. Na sessão de julgamento, depois da exposição da causa pelo relator, o presidente dará a palavra, sucessivamente, ao recorrente, ao recorrido e, nos casos de sua intervenção, ao membro do Ministério Público, pelo prazo improrrogável de 15 (quinze) minutos para cada um, a fim de sustentarem suas razões, nas seguintes hipóteses, nos termos da parte final do *caput* do art. 1.021:

I – no recurso de apelação;

II – no recurso ordinário;

III – no recurso especial;

IV – no recurso extraordinário;

V – nos embargos de divergência;

VI – na ação rescisória, no mandado de segurança e na reclamação;

VII – (VETADO);

VIII – no agravo de instrumento interposto contra decisões interlocutórias que versem sobre tutelas provisórias de urgência ou da evidência;

IX – em outras hipóteses previstas em lei ou no regimento interno do tribunal.

§ 1º A sustentação oral no incidente de resolução de demandas repetitivas observará o disposto no art. 984, no que couber.

Código sancionado

Art. 984. No julgamento do incidente, observar-se-á a seguinte ordem:

I – o relator fará a exposição do objeto do incidente;

II – poderão sustentar suas razões, sucessivamente:

a) o autor e o réu do processo originário e o Ministério Público, pelo prazo de 30 (trinta) minutos;

b) os demais interessados, no prazo de 30 (trinta) minutos, divididos entre todos, sendo exigida inscrição com 2 (dois) dias de antecedência.

§ 1º Considerando o número de inscritos, o prazo poderá ser ampliado.

§ 2º O conteúdo do acórdão abrangerá a análise de todos os fundamentos suscitados concernentes à tese jurídica discutida, sejam favoráveis ou contrários.

Comentários: Não diz a lei como deve ser feito o requerimento até o início da sessão. Normalmente deve ser feito por escrito; se no início da audiência, poderá ser feito verbalmente ao presidente do colegiado.

§ 3º Nos processos de competência originária previstos no inciso VI, caberá sustentação oral no agravo interno interposto contra decisão de relator que o extinga.

§ 4º É permitido ao advogado com domicílio profissional em cidade diversa daquela onde está sediado o tribunal realizar sustentação oral por meio de videoconferência ou outro recurso tecnológico de transmissão de sons e imagens em tempo real, desde que o requeira até o dia anterior ao da sessão.

Comentários: Salutar o avanço trazido pelo § 4º. O processo deve valer-se de toda e qualquer tecnologia que proporcione celeridade ao procedimento e some a isso economia processual. O requerimento poderá ser feito a qualquer momento antes do julgamento e até o dia anterior ao da sessão.

Código sancionado

Art. 1.021. Contra decisão proferida pelo relator caberá agravo interno para o respectivo órgão colegiado, observadas, quanto ao processamento, as regras do regimento interno do tribunal.

§ 1º Na petição de agravo interno, o recorrente impugnará especificadamente os fundamentos da decisão agravada.

Comentários: Do despacho monocrático do relator caberá agravo interno para o colegiado ao qual pertença, observadas as regras do regimento interno do tribunal respectivos.

§ 2º O agravo será dirigido ao relator, que intimará o agravado para manifestar-se sobre o recurso no prazo de 15 (quinze) dias, ao final do qual, não havendo retratação, o relator levá-lo-á a julgamento pelo órgão colegiado, com inclusão em pauta.

Comentários: O agravo será distribuído a um relator entre os componentes do colegiado ao qual pertença o autor do despacho agravado. O agravo será remetido ao agravado que terá 15 (quinze) dias para retratar-se ou confirmar o despacho agravado. Não havendo retratação, o agravo será incluído em pauta para julgamento. Na apreciação, a matéria está restrita ao conteúdo do despacho agravado e a decisão proferida será no sentido de confirmar o despacho agravado ou de cassa-lo.

§ 3º É vedado ao relator limitar-se à reprodução dos fundamentos da decisão agravada para julgar improcedente o agravo interno.

Comentários: Ao relator designado para apreciação do agravo é defeso louvar-se apenas na fundamentação do agravado para julgar improcedente o agravo. Ainda que venha a concordar com o agravado, deverá ofertar os seus próprios argumentos. Na prática, criou-se o hábito de o relator reportar-se simplesmente aos fundamentos do agravado para descartar o agravo em poucas linhas. A procedência ou a improcedência haverá de ser fundamentada de modo a propiciar à parte saber claramente a razão do sucesso ou insucesso do agravo. Em ocorrendo a erronia, pode (deve) a parte agravante manejar os embargos declaratórios com forte na omissão. O presidente do colegiado poderá fazer essa fiscalização, não permitindo que embargos sem fundamentação nos termos do § 3º sejam submetidos a julgamento.

§ 4º Quando o agravo interno for declarado *manifestamente inadmissível ou improcedente* em votação unânime, o órgão colegiado, em decisão fundamentada, condenará o agravante a pagar ao agravado multa fixada entre um e cinco por cento do valor atualizado da causa.

Comentários: O parágrafo autoriza a aplicação de multa que variará ente 1 a 5 por cento do valor atualizado da causa, quando o agravo for julgado improcedente por unanimidade pelo colegiado, se o agravo for considerado manifestamente inadmissível. Não é todo julgamento que direciona para a improcedência que desafiará multa, mas somente aquele considerado "manifestamente inadmissível" Isto é, quando for claro, evidente, induvidoso que o despacho monocrático está correto e que o agravo é prelatório. A declaração de que o agravo é "manifestamente inadmissível" deve constar do julgamento expressamente. A lei não excepciona da multa a Fazenda Pública nem o beneficiário da justiça gratuita. Exepciona-os apenas em caso de recurso (§ 5º)

Todavia, a redação do parágrafo torna-se ambígua, quando inclui a locução "manifestamente inadmissível ou improcedente". A redação nos leva a dois entendimentos: primeiro o de que "manifestadamente inadmissível seria sinônimo de "improcedente", conclusão que não seria verdadeira; segundo, a de que não são termos sinônimos, mas a multa poderá ser aplicada em ambos os casos, conclusão que também não seria verdadeira. Em suma, o legislador falou mais do que devia. O termo improcedente não deveria constar da reação, conforme indicamos abaixo:

"§ 4º Quando o agravo interno for declarado manifestamente inadmissível em votação unânime, que concluiu pela improcedência em decisão fundamentada, o agravante será condenado a pagar multa, que variará de 1 a 5 porcento, calculada sobre o valor da causa corrigido, em favor do agravado.

§ 5º A interposição de qualquer outro recurso está condicionada ao depósito prévio do valor da multa prevista no § 4º, à exceção da Fazenda Pública e do beneficiário de gratuidade da justiça, que farão o pagamento ao final.

Comentários: O § 5º dificulta o manejo de recurso ao agravante, cujo julgamento foi considerado "manifestamente improcedente ao exigir, ocorrendo a hipótese, que o recorrente efetue o depósito da multa prevista no § 4º. Excepciona a Fazenda Pública e o beneficiário da Justiça gratuita.

Redação da Comissão Técnica de Apoio

Art. 858. As questões preliminares suscitadas no julgamento serão solucionadas antes do mérito, deste não se conhecendo se incompatível com a decisão.

§ 1º Verificada a ocorrência de nulidade sanável, o relator deverá determinar a realização ou a renovação do ato processual, no próprio tribunal ou em primeiro grau, intimadas as partes; cumprida a diligência, sempre que possível, prosseguirá o julgamento do recurso.

§ 2º Reconhecida a necessidade de produção de prova, o relator deverá, sem anular o processo, converter o julgamento em diligência para a instrução, que se realizará na instância inferior. Cumprida a determinação, o tribunal decidirá.

Comentários: O *caput* determina que a matéria preliminar suscitadas seja solucionada antes do enfrentamento do mérito. Em termos de regra geral, isso é possível e é assim que acontece. Se a preliminar não for compatível com o que se discute no processo, será descartada obviamente.

O § 1º fala de nulidades sanáveis. Em havendo, o juiz deverá propiciar oportunidade para o saneamento (art. 284 do CPC em vigor). O juiz propiciará prazo razoável. O saneamento de nulidades é de interesse público (art. 13 do CPC em vigor). Ver art. 321 código sancionado.

O § 2º fala que o relator deverá transformar o julgamento em diligência sempre que reconhecer a necessidade de produção de prova.

Comentários: O § 2º transmite a impressão de que sempre que o relator não conseguir julgar o processo e achar que está faltando prova, deverá transformar o processo em diligência e determinar a produção de prova faltante. O artigo usa do termo "deverá", que tem significado imperativo, ou seja, o relator não poderá deixar de transformar o processo em diligência e determinar a reabertura da instrução para a produção das provas que, ele relator, julgar necessárias para formar a sua convicção de julgador. A partir daí o relator passa a substituir a parte para quem produzirá prova!? Alguma coisa, todavia, não está correta.

Primeiro, não compete ao relator fazer prova para uma das partes ou completar provas para uma das partes; segundo, se assim proceder, certamente perderá a imparcialidade, pois estará deixando a sua posição de juiz equidistante das partes para tornar-se um auxiliar do advogado da parte a quem a prova aproveitará. Para não radicalizar, pode o relator transformar o julgamento em diligência para que seja respondida uma determinada pergunta hábil que não teria sido feita pela parte e/ou pelo juiz. Iniciativa probatória, não.

O artigo não diz como será realizada a nova instrução na jurisdição de primeiro grau. O relator enviaria as perguntas por escrito ao juiz da Vara? Primeira hipótese seria o juiz de primeiro grau perguntar às partes se pretendem fazer outras provas. A pergunta poderá ser não. E o juiz não terá outra alternativa, senão devolver o processo ao relator. Estaria criado o impasse, porque o relator não poderá deixar de julgar.

A hipótese de o juiz indicar novas testemunhas ou ouvir novamente as testemunhas já ouvidas e dispensadas pelas partes, nem cogitamos porque seria o sumo absurdo.

Para sanar todo o embróglio que o artigo poderá causar, melhor é seguir a lei. Cada parte se desincumbirá do seu ônus probatório. Produzir provas não é obrigação das partes mas apenas um ônus. Não se pode obrigar ninguém a produzir provas. O relator ao apreciar o processo para efetuar o julgamento não deve nem pode ter qualquer iniciativa probatória para complementar a prova do réu ou do autor. É simples: O RELATOR DEVE JULGAR LEVANDO EM CONTA O ÔNUS DA PROVA. Se aquele que tinha o ônus de provar, *v. g.*, fato constitutivo, dele não se desincumbiu ou se desincumbiu parcialmente, perderá a demanda. A produção de prova pelo autor ou pelo réu não é tema que deva preocupar o relator, sob pena, repita-se, de perder a imparcialidade.

Redação da Comissão Técnica de Apoio

Art. 859. Rejeitada a preliminar ou se com ela for compatível a apreciação do mérito, seguir-se-ão a discussão e o julgamento da matéria principal, sobre a qual deverão se pronunciar os juízes vencidos na preliminar.

Comentários: Na prática é comum aquele juiz que não conhecia do recurso por ausência de uma das condições da ação negar-se a participar do julgamento do mérito, obrigando muitas vezes o deslocamento de juiz de outro colegiado.

Sempe achamos isso um erro de interpretação. O juiz que ficou vencido na preliminar, seja ela qual for, não se libera do julgamento do mérito. Vencido pela douta maioria, vencida essa etapa preliminar, inicia-se outra com o julgamento do mérito. A participação é obrigatória. O artigo acrescido e referendado pela relatoria no art. 894 é oportuno e acaba com a discussão que persistia e que não tinha sentido lógico.

Código sancionado

Art. 938. A questão preliminar suscitada no julgamento será decidida antes do mérito, deste não se conhecendo caso seja incompatível com a decisão.

§ 1º Constatada a ocorrência de vício sanável, inclusive aquele que possa ser conhecido de ofício, o relator determinará a realização ou a renovação do ato processual, no próprio tribunal ou em primeiro grau de jurisdição, intimadas as partes.

§ 2º Cumprida a diligência de que trata o § 1º, o relator, sempre que possível, prosseguirá no julgamento do recurso.

§ 3º Reconhecida a necessidade de produção de prova, o relator converterá o julgamento em diligência, que se realizará no tribunal ou em primeiro grau de jurisdição, decidindo-se o recurso após a conclusão da instrução.

Comentários: Embora o § 3º tenha eliminado o termo "deverá" do § 2º da redação da Comissão Técnica, o comando "converterá" continua a ser imperativo. Reportamos aos comentários do art. 858 da Comissão Técnica. O § 3º comete o mesmo erro ao exigir do juiz iniciativa probatória.

§ 4º Quando não determinadas pelo relator, as providências indicadas nos §§ 1º e 3º poderão ser determinadas pelo órgão competente para julgamento do recurso.

Comentários: O órgão competente é o colegiado. O relator poderia fazê-lo monocraticamente. Os demais componentes do colegiado não podem fazê-lo monocraticamente, porque somente o relator pode falar nos autos, pois detém o *status* de espécie de juiz natural, pela distribuição do recurso. Todavia qualquer juiz do colegiado poderá pedir, fundamentadamente na sessão de julgamento, que o julgamento seja transformado em diligência, mas o pedido deverá ter o referendo de todos os demais juízes do colegiado ou da maioria.

Redação da Comissão Técnica de Apoio

Art. 860. Qualquer juiz, inclusive o relator, que não se considerar habilitado a proferir imediatamente seu voto poderá pedir vista do processo, que deve ser incluído, para julgamento, na sessão seguinte à data do recebimento dos autos.

Alteração no relatório geral

Art. 895. Qualquer juiz, inclusive o relator, que não se considerar habilitado a proferir imediatamente seu voto, poderá pedir vista pelo prazo máximo de dez dias, após o que o recurso será reincluído em pauta para julgamento na sessão seguinte à data da devolução.

Comentários: O artigo 860 fala em "vista do processo", algo impossível, posto que o processo é abstrato. Deveria dizer "vista dos autos".

A redação da relatoria não é boa. Se pode facilitar, por que complicar? O voto da comissão é o melhor. A redação dada pela relatoria segue o Código em vigor e atrasa o processo. Melhor seria pedir vista dos autos em mesa ou para devolver na próxima audiência em que será julgado, o que evitaria nova publicação. Pela redação da relatoria, devolvidos os autos nos dez dias, o processo será incluído na pauta da primeira audiência depois da devolução. Certamente isso não evitará uma nova publicação.

Código sancionado

Art. 940. O relator ou outro juiz que não se considerar habilitado a proferir imediatamente seu voto poderá solicitar vista pelo prazo máximo de 10 (dez) dias, após o qual o recurso será reincluído em pauta para julgamento na sessão seguinte à data da devolução.

Comentários: Reportamos aos comentários do art. 860 da Comissão Técnica, e 895 da relatoria.

§ 1º Se os autos não forem devolvidos tempestivamente ou se não for solicitada pelo juiz prorrogação de prazo de no máximo mais 10 (dez) dias, o presidente do órgão fracionário os requisitará para julgamento do recurso na sessão ordinária subsequente, com publicação da pauta em que for incluído.

Código sancionado

Art. 931. Distribuídos, os autos serão imediatamente conclusos ao relator, que, em 30 (trinta) dias, depois de elaborar o voto, restituí-los-á, com relatório, à secretaria.

Comentários: De conformidade com o parágrafo haverá um controle rigoroso do cumprimento do prazo legal para julgamento de recursos. Surge aqui, nessa exigência, um óbice.

A norma prevê por regra geral, como se todos os tribunais fossem iguais, todos os juízes fossem espécie de "robôs" e todos os processos fossem iguais. Julgamento não se pega na prateleira pronto e acabado. O cumprimento do prazo estará diretamente ligado ao número de processos distribuídos semanalmente. Existem tribunais em que o volume de recursos é demasiado e o número de juízes é diminuto, em que existem distribuições extras. A norma também não leva em conta que um processo não é igual ao outro: uns demandam menos tempo, outros mais. Em suma, na prática, a norma não terá condições de ser cumprida, nem com pedido de prorrogação, salvo exceção. O presidente do colegiado certamente não terá condições de colocar o processo em pauta pra julgamento. A requisição pelo presidente do sodalício dificilmente acontecerá a não ser excepcionalmente, face à conjuntura que assola o Poder Judiciário, com excesso de processos, diminuto quadro funcional e número insuficiente de juízes.

§ 2º Quando requisitar os autos na forma do § 1º, se aquele que fez o pedido de vista ainda não se sentir habilitado a votar, o presidente convocará substituto para proferir voto, na forma estabelecida no regimento interno do tribunal.

Nota: O uso de "aquele" tem nuances de linguagem coloquial. O termo "aquele" designa qualquer um e tem conteúdo indefinido. O correto seria: "...o juiz que fez o pedido."

Comentários: A exemplo do § 1º, este § 2º tem nuances ditatoriais. Vamos por partes.

"Se o juiz não se sentir habilitado para proferir o voto o presidente do colegiado convocará juiz substituto". Deveria dizer: "convocará juiz de outro colegiado para substituir o relator." O texto é ambíguo "juiz substituto" é aquele que ainda não recebeu totalmente a toga.

O relator ao receber a distribuição do processo torna-se o juízo natural para proferir o voto, ocasião em que também recebe do Estado a "competência funcional", competência esta que se estende a todos os demais juízes do colegiado. O presidente do colegiado não pode simplesmente transferir o juízo natural e a competência funcional para outro juiz, de outro colegiado. A convocação de juiz de outro colegiado é feita para completar o quorum e não para substituir juiz do colegiado ao qual terá assento provisoriamente. Ao examinar-se a questão por outro enfoque, o relator que não se sentir ainda habilitado para proferir o voto permanecerá com o processo. Mesmo porque nenhum juiz poderá deixar de julgar o processo que lhe foi distribuído, a não ser por questão de foro íntimo ou em que esteja impedido. Ambos os parágrafos estão fadados ao não cumprimento, em face da ausência de razoabilidade do texto.

Pergunta que se faz: Se o juiz que compõe o colegiado, depois de 30 dias, não se sente apto a proferir o seu voto, tudo leva a crer que se cuida da matéria que exige estudos e um amadurecimento jurídico acendrado. Nesse caso, a saída é prorrogar o prazo. Aliás na Excelsa Corte, existem pedidos de vista que se contam por década. Com toda essa dificuldade, a lei determina que se convoque um juiz substituto para compor o quorum e que terá de proferir voto, sem tempo para estudar o conteúdo dos autos. A exigência do § 2º tisna as raias do desrespeito ao jurisdicionado.

Redação da Comissão Técnica de Apoio

> Art. 861. Proferidos os votos, o presidente anunciará o resultado do julgamento, designando para redigir o acórdão o relator ou, se vencido este, o autor do primeiro voto vencedor.
>
> § 1º Os votos poderão ser alterados até o momento da proclamação do resultado pelo presidente.
>
> § 2º No julgamento de apelação ou de agravo de instrumento, a decisão será tomada, no órgão fracionário, pelo voto de três juízes.
>
> § 3º O voto vencido será necessariamente declarado e considerado parte integrante do acórdão para todos os fins legais, inclusive de prequestionamento.

Comentários: O *caput* não traz novidade. O § 1º é oportuno. Não é tão incomum juiz querer modificar o voto depois da proclamação. Isso não pode ser feito e é uma questão de transparência. Se julgou errado, deverá prestar maior atenção em julgamentos futuros.

A permanência do voto vencido nos autos é praxe secular. Muitas vezes o voto vencido traduz uma lição de direito e foi equivocadamente descartado. Fazer parte integrante do acórdão inclusive para prequestionamento parece-nos formalismo excessivo. Voto vencido é voto vencido. O que estará a viger é o voto vencedor. Sobre a matéria deste, se houver recurso, deverá haver o prequestionamento. Prequestionar matéria do voto vencido é o mesmo que se exigir pronunciamento do tribunal superior dos temas discutidos no voto vencido. Isso é formalismo ocioso e oneroso.

Código sancionado

> Art. 941. Proferidos os votos, o presidente anunciará o resultado do julgamento, designando para redigir o acórdão o relator ou, se vencido este, o autor do primeiro voto vencedor.

Comentários: O texto não está conforme a realidade legal. Depois de proferido o voto, o presidente do colegiado declara o resultado. Só isso. Não designa o relator para redigir o voto. O relator já foi designado para proferir e redigir o voto no momento em que o recurso lhe foi distribuída. Tanto assim é que redigirá o voto antes de ser colocado em pauta, cópia do voto será distribuído aos demais membros do colegiado, inclusive ao revisor. O voto é levado para a sessão de julgamento já redigido para ser votado. Se houver alguma modificação, esta será feita pelo relator que já existe e não necessita ser designado. A redação do *caput* deveria ser a que segue:

> Art. 941. Proferidos os votos, o presidente anunciará o resultado do julgamento. Vencido o relator parcialmente, continuará como relator; vencido o relator totalmente, será designado relator o primeiro voto vencedor.

§ 1º O voto poderá ser alterado até o momento da proclamação do resultado pelo presidente, salvo aquele já proferido por juiz afastado ou substituído.

Comentário: Efetuado o resultado do julgamento, nenhum voto poderá depois ser modificado. Essa é uma questão de transparência e de seriedade com as coisas da Justiça. Não é tão comum essa espécie de pedido ao presidente do colegiado, mas acontece.

Na nossa prática judicante, como presidente de uma das Turmas do tribunal, tivemos o caso de um juiz recém-empossado, proveniente do quinto constitucional dos advogados, vir ao nosso gabinete dizer que no momento da votação havia se distraído e votado de forma contrária ao que achava que deveria ter votado e pedia para modificar o resultado já proclamado. Nesse momento, senti que havia surgido a oportunidade de fazer ver ao ilustre colega que a força do Poder Judiciário está na seriedade e na transparência que deve haver em todos os julgamentos. Aconselhei-o a não mais se distrair em audiência. Votos proferidos por juízes que não mais fazem parte do colegiado ou de juiz que viera compor o quorum e ausente, pois, no momento da proclamação do resultado, não podem ser modificados.

§ 2º No julgamento de apelação ou de agravo de instrumento, a decisão será tomada, no órgão colegiado, pelo voto de 3 (três) juízes.

Observação: O termo "juiz" é desnecessário tisna o óbvio. Só o juiz pode proferir voto.

Comentários: Esse número poderá ser modificado, dependendo do Regimento Interno e cada tribunal. A redação deveria ser:

...no órgão colegiado, a decisão será tomada por, no mínimo, 3 (três) votos.

§ 3º O voto vencido será necessariamente declarado e considerado parte integrante do acórdão para todos os fins legais, inclusive de pré-questionamento.

Comentários: É salutar que o voto vencido seja declarado e faça parte dos autos por escrito. Ele é a prova do voto vencido proferido na sessão de julgamento. Um voto vencido bem fundamentado poderá ser de grande valia para o julgamento no tribunal. Fará parte do acórdão redigido, na qualidade de voto vencido. No recurso, far-se-á a análise da matéria prequestionada e que serviu de base para o julgamento. O voto vencido poderá ser referido como adminículo de reforço para esta ou aquela interpretação.

Redação da Comissão Técnica de Apoio

Art. 862

§ 3º Não publicado o acórdão no prazo de um mês contado da data da sessão de julgamento, as notas taquigráficas o substituirão, para todos os fins legais, independentemente de revisão.

Comentários: Como já disse em vários oportunidades, a redação dada pela Comissão de juristas é de má inspiração, quando emprega o termo "mês". O pior é que poderia ser aprovada, já que a relatoria não manifestara objeção, embora o tenha feito em outras oportunidades, substituindo o termo por número certo. Repetimos, *ad nauseam*, que o termo obrigará o cartório, os advogados e o próprio juiz e tribunais à fiscalização do prazo que poderá ser de 28, 29, 30 ou 31 dias. Isso me lembra aquele livro "O homem que calculava" de Malba Tahan. Ele contava as cabeças de gado pelo número de chifres ou de pernas e não pela cabeça. Nem sempre dava certo, porque tinha gado que havia perdido um dos chifres ou uma das pernas. Quando isso acontecia, o obrigava a contar tudo de novo. Assim seria no Judiciário, quando se errasse o mês. A lei do mínimo esforço deve ser aplicada também no Judiciário, quando for mais vantajosa e não trouxer complicações. No caso, as complicações são patentes e claras. A substituição do acórdão pelas notas taquigráficas é por demais drástica e certamente as partes preferirão aguardar a publicação do acórdão, ainda que com atraso, pois propiciará mais tempo para recorrer. Essa parte do parágrafo vai contra a realidade.

Código sancionado

Art. 944. Não publicado o acórdão no prazo de 30 (trinta) dias, contado da data da sessão de julgamento, as notas taquigráficas o substituirão, para todos os fins legais, independentemente de revisão.

Observação. O *caput* adotou a redação do § 3º do art. 862 da Comissão Técnica, mas consertou a erronia substituindo a palavra "mês" por 30 dias.

Parágrafo único. No caso do *caput*, o presidente do tribunal lavrará, de imediato, as conclusões e a ementa e mandará publicar o acórdão.

Comentários: As súmulas dos acórdãos dos processos julgados em cada sessão são feitas em seguida pela secretaria do Cartório e colocadas na ordem de publicação. Mas podem ter que aguardar espaço no Diário Oficial, dependendo do movimento naquele órgão. A substituição do acórdão pelas notas taquigráficas, independentemente de revisão, não será utilizada pois certamente as partes preferirão aguardar a publicação do acórdão ainda que publicado com atraso, pois haverá mais tempo para recorrer. Pergunta que se faz: e se as notas taquigráficas contiverem erros de conteúdo que levem o recorrente a erro. As razões de recurso poderão ser revistas pelo recorrente? Ou o risco corre por sua conta. O açodamento do legislador não beneficia o princípio da celeridade. Ao contrário, pode complicar a situação do recorrente. Na hipótese aventada, certamente deverá haver devolução de prazo para o acertamento, pena de cerceamento de defesa.

A redação do *caput* é sofrível. Deveria ser:

Art. 944. Não publicado o acórdão no prazo de 30 (trinta) dias, contado da data da sessão de julgamento, a parte, querendo recorrer, poderá utilizar-se das notas taquigráficas, desde que devidamente revisadas.

Redação da Comissão Técnica de Apoio

Art. 863. Havendo recursos de vários litisconsortes versando a mesma questão de direito, a primeira decisão favorável proferida prejudica os demais recursos.

Comentários: Artigo incluído com o referendo do art. 898 da relatoria. A norma é oportuna, pois evitará sentenças díspares no julgamento de matéria idêntica entre litisconsortes, ainda que cada qual utilize o seu próprio recurso. Melhor seria que o artigo fosse mais completo e direcionasse todos os recursos ao mesmo relator. Deveria ser incluído o parágrafo único com a redação que segue:

Parágrafo único. O relator a quem for distribuído o primeiro recurso estará prevento para todos os demais.

Comentários: Se os recursos forem distribuídos para vários relatores, será difícil saber qual foi o primeiro recurso julgado. A mesma dificuldade terão os relatores dos demais recursos. Se deve prevalecer o primeiro julgamento, o que farão os relatores dos demais recursos? Não poderão julgar! Como o relator do primeiro recurso irá estender o julgamento do primeiro recurso aos demais recursos? Somente pela prevenção estaria formado o juízo natural e a competência funcional. Por isso o parágrafo único seria inarredável. Pelo jeito não haverá parágrafo único e a confusão estará posta.

Nesse sentido é o artigo 851 da Comissão Técnica de Apoio:

Art. 851. O recurso de um dos litisconsortes torna prevento o relator para os interpostos pelos demais, na forma do regimento interno do tribunal.

Código sancionado

Art. 1.005. O recurso interposto por um dos litisconsortes a todos aproveita, salvo se distintos ou opostos os seus interesses.

Parágrafo único. Havendo solidariedade passiva, o recurso interposto por um devedor aproveitará aos outros quando as defesas opostas ao credor lhes forem comuns.

Comentários: O *caput* repete o art. 509 do Código em vigor.

Sobre o tema litisconsortes, a norma processual não define quando o litisconsorte será necessário ou quando será facultativo. Pelo comando do art. 47 haverá litisconsórcio necessário quando, por disposição legal ou pela natureza da relação jurídica, o juiz julgar de modo uniforme para todas as partes; e nesse caso a eficácia da sentença dependerá da citação de todos os litisconsortes no processo. Na prática, vamos encontrar casos em que seria impossível a decisão conflitante com vistas a um mesmo objeto. Havendo a hipótese, o litisconsorte será unitário e necessário. Fora dessa hipótese, o litisconsorte será unitário facultativo.

Ocorre o litisconsorte facultativo quando existe a opção de demandar separado ou não. Essa decisão é do autor, pois é ele que ajuizará a ação indicando a parte ou as parte no polo passivo. O litisconsorte facultativo poderá ser unitário, quando a decisão deva ser igual para todos; será facultativo simples, quando não existe essa exigência, *id est*, que o resultado da sentença seja igual para todos os participantes do polo passivo.

Como vimos nos comentários feitos ao art. 863 da Comissão Técnica, a hipótese de existirem litisconsortes necessários e que cada um recorreu. Remetemos àqueles comentários.

Redação da Comissão Técnica de Apoio

Art. 879. As decisões estrangeiras somente terão eficácia no Brasil após homologadas.

Comentários: Este artigo e os demais que seguem cuidam da homologação de sentença estrangeiras. Temos aí a figura do *exequatur* que será declarada após o procedimento delibatório. A competência antes era do STF e com o advento da Emenda Constitucional n. 45, de 8.12.2004, passou para o STJ.

O que é um processo de homologação de sentença estrangeira?

É um processo que visa conferir eficácia a um ato judicial estrangeiro. Qualquer provimento, inclusive não judicial, proveniente de uma autoridade estrangeira só terá eficácia no Brasil após sua homologação pelo Superior Tribunal de Justiça (art. 4º da Resolução n. 9/STJ de 4/5/2005).

Código sancionado

Art. 36. O procedimento da carta rogatória perante o Superior Tribunal de Justiça é de jurisdição contenciosa e deve assegurar às partes as garantias do devido processo legal.

§ 1º A defesa restringir-se-á à discussão quanto ao atendimento dos requisitos para que o pronunciamento judicial estrangeiro produza efeitos no Brasil.

§ 2º Em qualquer hipótese, é vedada a revisão do mérito do pronunciamento judicial estrangeiro pela autoridade judiciária brasileira.

Comentários: O processo delibatório que é realizado não adentra ao mérito da decisão ou do ato que será cumprido em território nacional. Verificam-se apenas os requisitos que autorizam a análise para a homologação. Quando se fala que não se adentra ao mérito, isso não significa que o tribunal deve aceitar tudo como verdade verdadeira, do país que está pedindo. Existe um caso antigo no STF, cuja homologação não foi concedida. Tratava-se de um iraniano divorciado em seu país que queria casar no Brasil. No processo delibatório verificou-se que no Irã o divórcio é concedido somente ouvindo o homem. O que ele disser é tido como verdade verdadeira, já que a mulher é espécie de *res*, cuja palavra não vale perante a do marido, nem teria força *probandi* para desdizê-lo. Em suma, a decisão estrangeira não pode afrontar princípios processuais que nos são caros, como a igualdade probatória e o princípio do contraditório. No caso, não se trata de revisão do mérito da sentença proferida no Irã, mas da análise dos métodos utilizados para chegar ao mérito.

Código sancionado

Art. 960. A homologação de decisão estrangeira será requerida por ação de homologação de decisão estrangeira, salvo disposição especial em sentido contrário prevista em tratado.

Comentários: Trata-se do *exequatur*. Reportamo-nos aos comentários feitos no art. 36 do Código sancionado, *retro*.

§ 1º A decisão interlocutória estrangeira poderá ser executada no Brasil por meio de carta rogatória.

Comentários: A execução poderá ser realizada, desde que haja tratado entre os países ou, não havendo, dependerá da reciprocidade existente.

§ 2º A homologação obedecerá ao que dispuserem os tratados em vigor no Brasil e o Regimento Interno do Superior Tribunal de Justiça.

Comentários: A competência, antes do STF, é hoje do STJ, cujo Regimento Interno dispõe sobre o assunto.

§ 3º A homologação de decisão arbitral estrangeira obedecerá ao disposto em tratado e em lei, aplicando-se, subsidiariamente, as disposições deste Capítulo.

Comentários: Em se tratando de decisão arbitral estrangeira toma-se como norte para a homologação a existência de tratado ou de lei.

Comentários: Reportamo-nos aos comentários feitos no art. 36, *retro*.

Código sancionado

Art. 961. A decisão estrangeira somente terá eficácia no Brasil após a homologação de sentença estrangeira ou a concessão do *exequatur* às cartas rogatórias, salvo disposição em sentido contrário de lei ou tratado.
§ 1º É passível de homologação a decisão judicial definitiva, bem como a decisão não judicial que, pela lei brasileira, teria natureza jurisdicional.
§ 2º A decisão estrangeira poderá ser homologada parcialmente.

Comentários: A sentença que não satisfaça a alguns requisitos poderá não ser homologada ou ser homologada parcialmente.

§ 3º A autoridade judiciária brasileira poderá deferir pedidos de urgência e realizar atos de execução provisória no processo de homologação de decisão estrangeira.

Comentários: Na dependência naturalmente das razões trazidas pelo interessado, a autoridade brasileira poderá conceder pedido de urgência e deferir pedido de execução provisória no processo de homologação da decisão estrangeira.

§ 4º Haverá homologação de decisão estrangeira para fins de execução fiscal quando prevista em tratado ou em promessa de reciprocidade apresentada à autoridade brasileira.

Comentários: A homologação de decisão estrangeira com objetivo de execução fiscal só poderá ser efetivada, presentes todos os requisitos exigidos, quando houver previsão em tratado ou existir promessa expressa de reciprocidade apresentada à autoridade brasileira.

§ 5º A sentença estrangeira de divórcio consensual produz efeitos no Brasil, independentemente de homologação pelo Superior Tribunal de Justiça.

Comentários: Este parágrafo traz no seu cerne uma certa ingenuidade, como se em todos os países houvesse a possibilidade de consenso entre as partes. Nos países de regimes totalitários, a liberdade de expressão é controlada e restrita. Demos antes o exemplo do Irã, onde o consenso não é bilateral, onde só o marido dá a sua versão. O parágrafo permite a legalização da burla ao retirar a participação do STJ. A redação deveria ser:

§ 5º A sentença estrangeira de divórcio consensual produz efeitos no Brasil depois de homologada pelo Superior Tribunal de Justiça.

§ 6º Na hipótese do § 5º, competirá a qualquer juiz examinar a validade da decisão, em caráter principal ou incidental, quando essa questão for suscitada em processo de sua competência.

Comentários: O legislador retira o STJ da homologação e deixa para o juízo primário fazê-lo, se e quando a questão for suscitada em processo de sua competência.

Redação da Comissão Técnica de Apoio

Art. 884. A sentença ou o acórdão de mérito, transitados em julgado, podem ser rescindidos quando:

Alteração no relatório geral

Art. 919. A sentença ou o acórdão de mérito, transitados em julgado, podem ser rescindidos quando:

Comentários: As redações da Comissão e da relatoria incluíram o termo "acórdão", posto que o Código em vigor fala somente em sentença. Oportuna e didática a modificação, não obstante do ponto de vista lógico no conteúdo "sentença" esteja incluído o acórdão e decisões monocráticas do relator, v. g., quando o mesmo reconhece a decadência ou a prescrição e extingue o processo com resolução do mérito. Todavia, a modificação foi feita de forma incompleta. A redação deveria ser:

Art. 919. A sentença, o acórdão E AS DECISÕES MONOCRÁTICAS de mérito, transitados em julgado, podem ser rescindidos quando:

V – violarem manifestamente a norma jurídica.

Comentários: Ambos substituíram a locução "'violar literal disposição de lei" por "violarem manifestamente a norma jurídica". A mudança é meramente tautológica e não diz absolutamente nada. A mesmo locução já estava no Código de 1939, inciso I, "c". O conselho contido nos princípios de hermenêutica é o de não modificar aquilo que vem sendo usado há muito tempo e sempre serviu à finalidade.

VI – se fundarem em prova cuja falsidade tenha sido apurada em processo criminal, ou venha a ser demonstrada na própria ação rescisória;

Comentários: A palavra "provada" foi substituída por demonstrada por ambos, Comissão e relatoria. Buscou-se um termo sinônimo indireto de provar. Mudar por mudar não tem sentido em direito.

VII – o autor, posteriormente ao trânsito em julgado, obtiver prova nova, cuja existência ignorava ou de que não pôde fazer uso, capaz, por si só, de lhe assegurar pronunciamento favorável;

Comentários: A inclusão de "trânsito em julgado" em lugar de "sentença" foi oportuna. O termo sentença deixava muito a desejar em termos de clareza, um dos requisitos que se exigem da lei.

VIII – fundada em erro de fato verificável do exame dos autos.

Comentários: A nova redação é melhor do que a existente, mormente pela clareza.

Código sancionado

Art. 966. A decisão de mérito, transitada em julgado, pode ser rescindida quando:

Comentários: O termo "decisão" engloba de forma inteligente os termos sentença, acórdão e decisões monocráticas que envolveram o mérito e transitaram em julgado.

I – se verificar que foi proferida por força de prevaricação, concussão ou corrupção do juiz;

Obs. Substituiu o termo "dada" por "proferida".

II – for proferida por juiz impedido ou por juízo absolutamente incompetente;

III – resultar de dolo ou coação da parte vencedora em detrimento da parte vencida ou, ainda, de simulação ou colusão entre as partes, a fim de fraudar a lei;

Obs. Deveria ser "resultar de dolo ou de coação", obediente ao princípio do paralelismo da língua portuguesa. Incluiu a palavra "simulação".

IV – ofender a coisa julgada;

V – violar manifestamente norma jurídica;

VI – for fundada em prova cuja falsidade tenha sido apurada em processo criminal ou venha a ser demonstrada na própria ação rescisória;

Obs. A redação do art. 485 Código em vigor é melhor.

VII – obtiver o autor, posteriormente ao trânsito em julgado, prova nova cuja existência ignorava ou de que não pôde fazer uso, capaz, por si só, de lhe assegurar pronunciamento favorável;

VIII – Houver fundamento para invalidar confissão, *desistência* ou transação, em que se baseou a sentença.
Obs. Desistência, leia renúncia.

Este item do Código em vigor não foi adotado pelo novo Código

VIII – for fundada em erro de fato verificável do exame dos autos.

Obs. Redação tautológica. O termo "resultante" de uma decisão está mais em conformidade com a terminologia jurídica, diverso do termo "verificável", ora utilizado.

§ 1º Há erro de fato quando a decisão rescindenda admitir fato inexistente ou quando considerar inexistente fato efetivamente ocorrido, sendo indispensável, em ambos os casos, que o fato não represente ponto controvertido sobre o qual o juiz deveria ter se pronunciado.

Obs. A redação do Código sancionado englobou os §§ 1º e 2º.

§ 2º Nas hipóteses previstas nos incisos do *caput*, será rescindível a decisão transitada em julgado que, embora não seja de mérito, impeça:

Comentários: Se a decisão não é de mérito, a coisa julgada que se formou é apenas formal. Então a redação deveria ser:

"§ 2º Nas hipóteses previstas nos incisos do *caput*, será rescindível a decisão transitada em julgado FORMAL que, embora não seja de mérito, impeça:"
I – nova propositura da demanda; ou
II – admissibilidade do recurso correspondente.

Comentários: O § 2º admite a rescisão transitada em julgado apenas formalmente, que embora não seja de mérito, impeça nova propositura de demanda ou não admitda recurso correspondente. Exemplo de alguns casuísmos: a perempção a litispendência, homologação de desistência, abandona da causa pela terceira vez; na segunda podemos citar.

O parágrafo é de má inspiração e contraria princípio que informa a ação rescisória. Rescindir em terminologia jurídica significa desconstituir. Só se desconstitui a decisão que transitou em julgado materialmente. O que não transitou em julgado materialmente pode ser anulado. O § 2º é ininteligível. Não existe coisa julgada material que não seja de mérito. O que não transita em julgado é a coisa julgada formal, ou seja, aquele arquivamento por ausência de uma das condições da ação ou de um ou de alguns pressupostos processuais. A decisão não impede a parte de repetir a ação, desde que não esteja prescrita, desde que sane o vício que levou ao arquivamento ou à extinção do processo sem a resolução do mérito. Não existe lugar para a ação rescisória, quando não existe decisão de mérito.

Embora não o diga expressamente, o legislador quis referir-se às ações de alçada, hipótese em que a parte não pode recorrer do arquivamento ou da extinção sem resolução do mérito. Isso, entretanto, não é motivo para desfigurar a ação rescisória, excepcionando para caso em que não houve trânsito em julgado material. Como vimos, a parte poderá ajuizar a ação novamente.

O exemplo diz bem da falta de intimidade do legislador com o instituto da ação rescisória, em que fez espécie de "puchadinho" para atender a situação fática com argumentos que simplesmente não existem.

Processo do trabalho

A homologação de conciliação depois da instrução do processo faz coisa julgada material. Será meramente homologatória, quando as partes pedem a homologação mediante petição, antes mesmo da primeira sessão de audiência; ou quando o acordo é homologado na primeira proposta conciliatória. Existe uma interpretação errônea na Justiça do Trabalho sobre o trânsito em julgado por efeito homologatório. A coisa julgada somente terá lugar na homologação de acordo, quando feita na segunda proposta consiliatória. Uma leitura serena do art. 831 e respectivo parágrafo único não deixa qualquer dúvida.

(art. 831, da CLT)

§ 3º A ação rescisória pode ter por objeto apenas 1 (um) capítulo da decisão.

Comentários: Sentença ou acórdão não são dotados de capítulos, podendo ambos ser articulados. O que o legislador quis dizer e não disse é que a ação rescisória poderá ser parcial, isto é, abranger apenas parte da coisa julgada.

§ 4º Os atos de disposição de direitos, praticados pelas partes ou por outros participantes do processo e homologados pelo juízo, bem como os atos homologatórios praticados no curso da execução, estão sujeitos à anulação, nos termos da lei.

Comentários: O parágrafo é ambíguo. Os atos anuláveis são aqueles meramente homologatórios, isto é, aqueles atos em que o juiz não produziu nenhum análise de conteúdo antes de fazer a homologação. A redação deveria ser:

Os atos de disposição de direito meramente homologatórios podem ser anulados por meio de ação anulatória.

Redação da Comissão Técnica de Apoio

Art. 885. Têm legitimidade para propor a ação rescisória:

....

III – o Ministério Público:

se não foi ouvido no processo em que lhe era obrigatória a intervenção;

Comentários: O simples fato de não ter sido ouvido não é de molde a possibilitar a ação rescisória. Se não foi ouvido no primeiro grau e foi na jurisdição *ad quem* estaria sanada a omissão. Se a omissão não trouxe nenhum prejuízo ao processo não vemos razão para o membro ministerial titular uma ação rescisória pelo simples fato da omissão. Seria dar mais valor à forma do que ao próprio julgamento de mérito. A redação deveria ser:

a) se não foi ouvido no processo em que lhe era obrigatória a intervenção, DESDE QUE TENHA HAVIDO PREJUÍZO AO PROCESSO.

Comentários: Vige no processo o princípio de que a nulidade não será declarada se não houver prejuízo às partes. V. arts. 244 e 249, §§ 1º e 2º, do Código em vigor.

VIII – houver fundamento para invalidar confissão, desistência ou transação, em que se baseou a sentença;

Comentários: O inciso VIII do Código em vigor foi eliminado. Com isso sanou-se uma erronia que era a palavra desistência, quando o correto seria renúncia. A desistência não é mérito. Renúncia, sim, o é.

Código sancionado

Art. 967. Têm legitimidade para propor a ação rescisória:

I – quem foi parte no processo ou o seu sucessor a título universal ou singular;

II – o terceiro juridicamente interessado;

III – o Ministério Público:

a) se não foi ouvido no processo em que lhe era obrigatória a intervenção;

b) quando a decisão rescindenda é o efeito de simulação ou de colusão das partes, a fim de fraudar a lei;

Comentários: Esta alínea deveria estar no art. 966. O tema está fora de lugar, já que o *caput* do art. 967 cuida de legitimidade para propor ação rescisória e a alínea "b" cuida dos motivos que amparam a ação.

c) em outros casos em que se imponha sua atuação;

IV – aquele que não foi ouvido no processo em que lhe era obrigatória a intervenção.

Parágrafo único. Nas hipóteses do art. 178, o Ministério Público será intimado para intervir como fiscal da ordem jurídica quando não for parte.

Comentários: Reportamo-nos aos comentários do art. 885 da Comissão Técnica.

Redação da Relatoria Geral

Art. 921. A petição inicial será elaborada com observância dos requisitos essenciais do art. 293 devendo o autor:

§ 1º Não se aplica o disposto no inciso II à União, ao Estado, ao Distrito Federal, ao Município, respectivas autarquias e fundações de direito público, ao Ministério Público, e aos que tenham obtido o benefício da gratuidade de justiça.

Comentários: A nova redação é mais didádica e inclui corretamente os beneficiáros da Justiça gratuita. Discordamos, todavia, da liberação do Poder Público do depósito. O Poder Público hoje ocupa cerca de 60% das pautas de julgamento, procedimento motivado por incompetência ou mesmo por dolo, recorrer por recorrer para não pagar, atrasar pagamento de precatórios, ajuizar rescisória e conseguir a suspensão da execução com o objetivo adredemente preparado de deixar o pagamento para o outro governante. Para isso, todos contam com um aparato de advogados (AGU-União), pagos pelo contribuinte para procrastinar as ações. E ainda assim tem inúmeros benefícios que vêm se repetindo em todas as codificações. Um exemplo gritante é o não pagamento de honorários em mandado de segurança. O writ foi ungido em função de atos arbitrários cometidos pelo Poder Público. Muitos deles perpetrados dolosamente. E os nossos legisladores continuam sendo lenientes com o Poder Público. É simples entender esse desvelo: o legislador de hoje poderá estar no Poder Executivo amanhã.

Código sancionado

Art. 968. A petição inicial será elaborada com observância dos requisitos essenciais do art. 319, devendo o autor:

I – cumular ao pedido de rescisão, se for o caso, o de novo julgamento do processo;

Comentários: O juízo rescindendo poderá ser cumulado com o juízo rescisório. Isto significa que o tribunal, que tem a competência originária, poderá desconstituir a ação e julgar novamente, com base na prova já produzida. A cumulação de pedidos traduz a regra geral.

A doutrina e a jurisprudência se bifurcam sobre a necessidade de a parte pedir ou não a cumulação. Por questão mesmo de evitar discussão estéril, será de bom alvitre que a parte formule o pedido; todavia, se não o fizer, deve o relator fazê-lo de ofício. O processo não é lugar para que se prestigie a filigrana, mas de resultados. Na pior das hipóteses, deve o relator dar oportunidade para que o autor emende o pedido inicial. Mas seria excesso de formalidade, com reflexos na celeridade e na economia processual.

Existem, todavia, casos que fogem a essa regra: quando existir duplicidade da coisa julgada em processos idênticos, a segunda será somente desconstituída, isto é, haverá apenas rescisão e não outro julgamento; se a coisa julgada tiver suporte na revelia e a citação foi circunduta, o sentença será desconstituída e os autos serão enviados à origem no primeiro grau para que a parte seja habilmente citada e o juiz prossiga nos demais trâmites como de direito com posterior prolação de sentença; se o primeiro grau acolheu a decadência e extinguiu o processo com resolução do mérito e no juízo rescisório chegou-se à conclusão de que não havia decadência, a sentença será apenas desconstituída e os autos remetidos ao primeiro grau para que prossiga como de direito com posterior sentença de mérito; a mesma situação dar-se-á em caso de acolhimento da prescrição pelo juízo primário.

II – depositar a importância de cinco por cento sobre o valor da causa, que se converterá em multa caso a ação seja, por unanimidade de votos, declarada inadmissível ou improcedente.

Comentários: O valor da causa mencionada pelo inciso é o valor dado à ação rescisória. Como o valor da causa deve refletir aquilo que economicamente se pleiteia, o valor é aquele do estágio do processo e não o valor formulado no pedido inicial em primeiro grau. Se o estagio processual for o da execução, o valor da ação rescisória será o valor apurado em liquidação de sentença. Esse valor é que será de suporte para o cálculo da multa fixada em 5 (cinco) por cento. Para tanto é necessário que o julgamento seja declarado inadmissível ou improcedente, por unanimidade. Entretanto, se o pedido formulado na rescisória for a desconstituição parcial da sentença, decerto, os valores da causa e do depósito seguirão esse parâmetro de parcialidade.

Processo do trabalho

O valor da causa não pode ser lançado de forma arbitrária. Deve o valor refletir sempre aquilo que economicamente se pleiteia. Vale dizer que deverá refletir aquilo que se discute na sentença rescindenda, aí incluída a correção monetária. A orientação a ser seguida está no art. 258 e ss. do CPC em vigor. Na ação rescisória, o valor da causa está intimamente ligado ao depósito prévio de que fala o art. 836, CLT (com a nova redação dada pela Lei n. 11.495/2007).

No processo do trabalho, a questão do depósito prévio ficou assim delineada pela Resolução 31/2007, do TST:

Se a rescisória busca a desconstituição da sentença prolatada na: 1. Fase cognitiva, tem-se as seguintes hipóteses: a) no caso de improcedência, o valor dado à causa do processo originário, ou aquele porventura fixado pelo juiz; b) no caso de procedência total ou parcial, o valor arbitrado na condenação para efeitos de depósito recursal e de custas. 2. Fase executória: o valor da causa corresponderá ao que foi homologado em liquidação de sentença. Em qualquer dos casos *retro*, o valor será reajustado até o dia do ajuizamento da rescisória pela variação acumulada do INPC do IBGE.

A doutrina civilista ainda não é tranquila a respeito da matéria.

Escreve Ulderico Pires dos Santos (*Teoria e Prática da Rescisória*, Rio: Forense, 1978, p. 52 e ss.) que: "o valor a ser dado à ação rescisória não pode ser outro senão o que foi dado à causa que motivou o pedido rescisório. Não importa que do decurso do tempo, da propositura da ação no juízo ordinário, até a propositura da rescisória, no juízo excepcional, tenha ocorrido brutal modificação no valor da causa. No juízo rescisório, não se há de cuidar de um conteúdo econômico diferente daquele que foi dado à causa na primeira instância porque, rescindindo o julgado submetido ao juízo rescisório, o que em verdade nele se decide é a pretensão originária, cujo valor foi aceito pelas partes".

Pedimos vênia para discordar do eminente Autor. O valor da causa, também em âmbito rescisório, já que a lei não excepciona, deve refletir aquilo que economicamente se pleiteia. Ora, suponha-se que A tenha sido condenado a ressarcir a B o valor de R$ 10.000,00 nos idos de 1980 e que a sentença somente tenha transitado em julgado em 1990. É evidente que ao conseguir o autor a desconstituição do julgado e novo julgamento direcionado para a improcedência deixará de pagar não R$ 10.000,00, mas esse valor acrescido de juros e correção monetária. O valor da ação é aquele que representa o débito no momento da propositura. A resolução 31/2007 do TST elimina a discussão em sede trabalhista, mas desperta outras, como veremos mais abaixo.

Não se relegue ao oblívio, também, que o valor da causa servirá de base para o cálculo de 5% (área civil) que se converterá em depósito e que a final, se a ação for declarada inadmissível ou improcedente por unanimidade de votos, será revertido em multa a favor do réu (art. 488, II, do CPC).

Isso significa que aqueles que defendem o mesmo valor para ambas as causas acabam por neutralizar a própria lei no que toca ao depósito. Este seria tão insignificante que valeria a pena correr o risco. E a parte que restou incomodada pelos inconvenientes receberia a título de multa valor tão ínfimo que em certos casos não teria qualquer significado econômico. O mesmo acontecendo com a verba honorária e custas.

A jurisprudência dos tribunais, que é o direito falado, tem seguido, ao nosso ver, a melhor doutrina.

Valor da causa – Ação do valor da ação originária – Inadmissibilidade. Não deve ser adotado o valor da ação originária para a rescisória, se este não corresponder ao benefício patrimonial visado pelo autor nesta ação (TJSP, 2.º Gr.Cs.-AR 23.418-1. Rel. Des. Moretzsohn de Castro, j. 4.11.82, m. v.).

Valor da causa – Cálculo. O valor da causa em ação rescisória deve ser correspondente ao benefício patrimonial visado, não sendo necessariamente coincidente com o valor da causa onde se proferiu a decisão rescindenda (TJRJ, 4.º Gr.Cs., AgRg-AR 174, Rel. Des. Barbosa Moreira, j. 12.2.81, v. u.).

Pode acontecer, ainda, que a rescisória se volte contra uma parte do julgado. E nesse caso o valor será aquele que representa essa parte do julgado, atualizado até o dia da propositura da ação.

Nesse sentido decidiu o Tribunal de Justiça do Rio de Janeiro, Relator Des. Barbosa Moreira, cuja fundamentação transcrevemos parcialmente (*apud* ALVIM, Arruda, Ação Rescisória – *Repertório de Jurisprudência e Doutrina*, São Paulo: RT, 1988. p. 354):

No art. 259 do CPC não se depara regra específica atinente à determinação do valor da causa na rescisória. A questão há de ser resolvida à luz dos princípios gerais, tendo em vista: a) que o valor da causa se fixa, basicamente, em função do que o autor pretende conseguir, ou seja, do pedido; b) que a ação rescisória não é mero prosseguimento da causa em que foi proferida a sentença rescindenda, mas ação distinta e autônoma, a cujo exercício corresponde novo processo, inconfundível com o anterior; c) que, mesmo quanto ao rejulgamento da causa, nas hipóteses em que caiba, a pretensão deduzida pode não coincidir, em sua significação econômica, com a apreciada no primeiro feito.

Por todas essas razões, parece mal inspirado qualquer critério que estabeleça vinculação necessária entre o valor da causa antes julgada e o valor da rescisória. E tão impróprio se afigura dizer que o desta há de ser igual ao daquela, na sua expressão nominal, como preconizar a atualização mediante a aplicação de índice de correção monetária. Ambos esses alvitres padecem de um vício fundamental: o de arvorar em fator decisivo o valor da outra causa. Ora, basta pensar que a rescisória pode cingir-se à impugnação de parte da sentença, e até de capítulo acessório, qual o dos honorários advocatícios, para compreender quão inadequada é semelhante colocação do problema. O dado essencial a que se tem de atender, repita-se, não pode ser outro senão o pedido na rescisória. Exemplificando: o autor pedira, sem êxito, a condenação do réu ao ressarcimento de dano resultante de suposto ato ilícito. Estimara em x esse dano e indicara tal importância como valor da causa. Pleiteia, agora, a rescisão da sentença que lhe declarou improcedente o pedido e insiste, para o *iudicium rescissorium*, na condenação. Se pretende que o réu seja condenado ao pagamento da importância monetariamente corrigida, o valor da causa será y, resultado do cálculo de correção.

Em suma, dizemos nós, se o autor pleiteia o valor antes pleiteado, mais juros e correção, o valor da causa será a soma desses valores econômicos.

O Tribunal de Justiça do Rio de Janeiro (TJRJ, 8.ª C., AR 511 Rel. Des. Severo da Costa, j. 24.5.83, v. u.; *apud* Arruda Alvim, ob. cit., p. 358, fundamentou: "Como já fixado pelo Egrégio STF, o valor da causa em ação rescisória pode ser maior que o da causa em que foi proferida a sentença rescindenda para que seja feita a atualização monetária desse valor (RT 493/89)".

No processo do trabalho, tínhamos a seguinte realidade:

De conformidade com a Súmula 194, do TST (cancelada), o autor de ação rescisória estava liberado do depósito prévio previsto no art. 488, II, CPC. A benesse sumular trabalhista demonstrou, ao longo do tempo, um efeito maléfico com o aumento de ajuizamentos de ações rescisórias, muitas vezes com o objetivo de conseguir a suspensão da execução, por intermédio de cautelar incidente.

Com o advento da Lei n. 11.495/2007 que deu nova redação ao art. 836, CLT a realidade mudou:

A Lei n. 11.495/2007, com o escopo de "reduzir a utilização desmesurada de ações rescisórias de caráter meramente procrastinatório, no âmbito da justiça laboral", deu nova redação ao art. 836, CLT, em que consta a exigência de depósito prévio para o ajuizamento da ação rescisória de 20% (vinte por cento) do valor da causa, ressalvada a hipótese de comprovação da miserabilidade do autor. A lei exagera na dose quando aumenta de 5% (art. 488, II, CPC para 20% (art. 836, CLT). Houve uma majoração absurda e desmedida de 300%. O valor base para o depósito prévio é aquele dado no momento do ajuizamento da ação rescisória (art. 588, II, CPC). Ver Resolução 31/2007, do TST.

Da situação criada pela Resolução 31/2007, do TST:
Do depósito prévio e a posição do TST – O legislador civilista deu à ação rescisória o tratamento de uma ação especial com a nobreza de desconstituir a coisa julgada, hoje somente a coisa julgada material. Levou em conta o valor intrínseco que carrega a *res judicata* e a majestade da irretratabilidade, posto pertencer ao Estado. Não obstante, permanece com nuances de relatividade, enquanto não decorrido o prazo decadencial. Daí a importância da ação rescisória que se sensibiliza com a ilegalidade, não com a injustiça cometida no julgado. Com o escopo de coibir o seu uso indiscriminado, exigiu-se o depósito de 5% (art. 488, II, CPC), uma espécie de multa em favor da parte adversa, caso a rescisória venha a ser julgada improcedente por unanimidade de votos ou inadmissível. Tem-se, assim, que o depósito prévio, nesse caso, tem a qualidade de uma condição especial da ação ou, como preferem alguns, um pressuposto objetivo extrínseco de admissibilidade.

O Tribunal Superior do Trabalho, desde o advento do Prejulgado n. 49, posteriormente transformado em Enunciado, depois na Súmula 169 (cancelada), substituída pela Súmula 194, manteve o entendimento de que para ajuizar a ação rescisória em âmbito trabalhista não seria necessário o depósito exigido no processo civil. A mais alta Corte Trabalhista, decerto, partiu do pressuposto de que em sendo o Direito do Trabalho informado por filosofia própria, com as suas peculiaridades, em que a formalidade se faz necessária em intensidade mínima a garantir a segurança, fato que resta superado com o advento da EC n. 45/2004, que transformou em híbrido o Direito e o Processo do Trabalho, preferiu não dificultar o ajuizamento da ação rescisória, mesmo porque não poderia excepcionar apenas para o trabalhador, já que não se pode falar em proteção em matéria processual, onde se exige o tratamento de igualdade (art. 125, I, CPC), *ex vi* do art. 769, CLT.

Todavia, decorridas cerca de três décadas da edição do antigo Prejulgado 49 (RA 102/82, 11 e 15.10.1982), verifica-se que o uso da rescisória não tem sido parcimonioso, vislumbrando-se a possibilidade de suspender-se a execução, com objetivos procrastinatórios. Isso é fácil de verificar pelo número crescente da ação e do diminuto sucesso. Se no início, poderia ser louvável, passou a ser um incentivo ao ajuizamento de rescisória, pois, como dizem, não há o que perder, além das custas. E, destas, o autor se livra facilmente com uma declaração de pobreza, em sendo o trabalhador.

Da Lei n. 11.495/07 – Como dissemos acima, a mais alta Corte Trabalhista há muito percebera (ou deveria perceber) que o uso indiscriminado da ação rescisória e a não exigência do depósito prévio havia se transformado em incentivo à procrastinação. <u>Se assim era, não havia necessidade de aguardar que uma lei viesse a ser editada. Poderia adotar, por alento subsidiário, o disposto no art. 488, II, CPC, com o depósito de cinco(5) por cento. Todavia, com a nova redação do art. 836, CLT a Súmula 194 perdeu o seu objeto e foi cancelada.</u>

O valor do depósito de que fala a lei está diretamente ligado ao valor dado à ação rescisória. Aí mora o perigo. Com raríssimas exceções, os juízes do trabalho não se preocupam com o valor da causa. Vem daí o incentivo de um uso corrente entre advogados da praxe: "Valor da causa para simples efeitos de custas e de alçada". Praxe utilizada sem amparo legal, uma vez que o valor da causa deve refletir aquilo que economicamente se pleiteia. Não deve nem pode ser atribuído ao livre arbítrio da parte. No processo comum, o cartório fiscaliza a correção do valor da causa e o juiz determina a complementação de custas, pena de arquivamento. Com vistas à rescisória, essa fiscalização pelo relator não pode ser relegada ao segundo plano. A pressão pecuniária (espécie de multa) está diretamente ligada ao valor da causa. Se for permitido que a parte atribua valor aleatório, certamente irá preferir um valor irrisório para não correr o risco. O valor da causa, também aqui, deve refletir aquilo que economicamente se pleiteia na desconstituição da coisa julgada. Se transitou em julgado no primeiro grau, o valor será aquele arbitrado por ocasião da prolação da sentença e que serviria de base para o depósito recursal e para as custas. Se houve recurso para o Regional com acréscimos ou com redução sobre o que fora deferido na jurisdição primária, o valor será aquele atribuído no acórdão. Se transitou em julgado e existe sentença de liquidação com apuração do *quantum debeatur*, este será o valor da causa a ser atribuído. Se assim não se proceder com a rescisória, as portas procrastinatórias continuarão abertas.

Do depósito de vinte (20) por cento – A rescisória trabalhista sai de um extremo a outro. Antes da Lei n. 11.495, de 22.06.2007, sequer era necessário o depósito para o ajuizamento. Como a lei não retroage, todas as ações rescisórias ajuizadas em âmbito trabalhista depois da lei deverão instruir a petição inicial com prova de depósito prévio de 20% a favor do juízo sobre o valor atribuído à causa. Têm-se, *prima facie*, a impressão de que o percentual foi exagerado (5 para 20), com majoração de 300%. Embora se possa entender o objetivo perseguido, que é claramente o de moralizar o ajuizamento da rescisória na Justiça do Trabalho, exageros à parte, o índice de 20% certamente vai dificultar muito além do que se poderá ter como razoável. Como diz Mário Guimarães: "sem exagero também, repitamos: as ideias novas são como frutas: se não sazonadas, podem fazer mal". Buscava-se a moralização no ajuizamento da rescisória, não a sua proibição. Duas hipóteses são possíveis de futuridade: primeira, os autores procurarão burlar o exagero, atribuindo diminuto valor à causa, fato que demandará fiscalização do relator, face ao que dispõe a Resolução 31/2007; segundo, a ação rescisória se constituirá em remédio processual elitista, ao qual poucos terão a possibilidade de acesso. Isto é, a dose exagerada do remédio não cura, mata!

Da miserabilidade de que fala a lei – A lei excepcionou e desobrigou do depósito, quando houver a prova de miserabilidade jurídica do autor. A lei favorece o autor da ação rescisória que alegar a miserabilidade, quer seja o trabalhador ou a empresa. Dada a natureza jurídica da ação rescisória, onde o Estado tem interesse direto, pois a coisa julgada material, a ele (Estado) pertence, a miserabilidade deverá ser comprovada, como expressamente diz a lei ao usar a locução "salvo prova de miserabilidade". A simples declaração não traduz prova de miserabilidade, pois deverá vir acompanhada de um elemento objetivo. Note-se que a Lei 11.495/2007 fala em prova de miserabilidade, diferente da Lei n. 1.060/1950 que no artigo 4º contenta-se com a simples afirmação de miserabilidade. O art. 6º da Resolução 31/2007, todavia, amenizou a situação do empregado que receba até o dobro do salário mínimo, permitindo a prova por simples declaração.

Habilmente, o legislador previu a hipótese de o autor não ter possibilidade de arcar com o depósito prévio e custas, aí incluindo a pessoa jurídica, no que agiu bem. Nem sempre a empresa tem a possibilidade de efetuar o depósito, com risco de perdê-lo, sem comprometer o giro próprio. O legislador aplicou o princípio da horizontalidade e da igualdade entre as partes, no que agiu bem.

Da Resolução 31/2007, do TST

A Resolução, espécie de regulamento expedido pelo TST, dispôs:

Art. 2º. "O valor da causa da ação rescisória que visa desconstituir decisão da fase de conhecimento corresponderá: I –no caso de improcedência, ao valor dado à causa do processo originário ou aquele que for (foi) fixado pelo juiz; II – no caso de procedência, total ou parcial, ao respectivo valor arbitrado à condenação".

Art. 3º. "O valor da causa da ação rescisória que visa desconstituir decisão da fase de execução corresponderá ao valor apurado em liquidação de sentença".

Art. 4º. "O valor da causa da ação rescisória, quer objetive desconstituir decisão da fase de conhecimento ou objetive desconstituir decisão da fase de execução, será reajustado pela variação cumulada do INPC do IBGE até a data do seu ajuizamento".

Art. 5º. "O valor depositado será revertido em favor do réu, a título de multa, caso o pedido deduzido na ação rescisória seja julgado improcedente". Ver Resolução 154, de 16.02.2009.

O art. 6º. O depósito prévio não será exigido da massa falida e quando o autor perceber salário igual ou inferior ao dobro do mínimo legal, ou declarar, sob as penas da lei, que não está em condições de pagar as custas do processo sem prejuízo do sustento próprio ou de sua família.

Enfoque crítico

A Lei n. 11.495/2007 já foi demasiadamente drástica, em si mesma, ao fixar o percentual de 20% para o depósito prévio. Os cinco por cento previstos no processo comum eram razoáveis e suficientes para coibir investidas procrastinatórias. A crítica que se fazia era pelo fato de a rescisória haver sido liberada em sede trabalhista, possibilitando e facilitando o objetivo abusivo e procrastinatório. Pedia-se a moralização, não a proibição do instituto, posto que necessário para corrigir ilegalidades que são cometidas em julgamentos, todos os dias, e que acabam transitando em julgado. A Lei transformou a ação rescisória em remédio processual elitista, deferido para poucos privilegiados. Deve ser corrigida com urgência. Não se entende o tratamento diferenciado entre as jurisdições civilista e a trabalhista!

Dizíamos que Resolução n. 31/2007 do TST cuidara de tornar pior ainda o cenário da aplicação da lei. Assim, enquanto no processo comum, a multa só se revertia em favor do réu, quando a decisão proferida fosse unânime, no art. 5º, da Resolução, bastaria que a ação rescisória fosse julgada improcedente, não importando se por unanimidade ou se por maioria.

A incoerência era evidente. O depósito prévio tem finalidade moralizadora, qual seja desacoroçoar a procrastinação. Se a decisão fosse tomada por maioria, não existiria procrastinação, tanto assim que não existira unanimidade na própria Corte Julgadora em que juízes acompanharam o relator e, portanto, sem razão de ser o castigo imposto ao autor pela Resolução. Depois, onde a lei não distingue, defeso ao intérprete fazê-lo.

Nesta parte, em boa hora, a erronia foi corrigida pela Resolução 154, de 16.02.2009, que deu nova redação ao art. 5º: "O valor depositado será revertido em favor do réu, a título de multa, caso o pedido deduzido na ação rescisória seja julgado, por unanimidade de votos, improcedente ou inadmissível".

Mas a erronia não ficou só nisso. No artigo 6º, embora nada diga a lei, a mais alta Corte Trabalhista saiu em defesa do falido, liberando-o do depósito, abrindo as comportas para desmandos. Obviamente, seria mais lógico e muito mais razoável que, nesse ponto, acompanhasse, o processo comum, sabendo-se que o crédito trabalhista tem natureza alimentar. Certamente, a mais alta Corte foi influenciada pela Súmula 86 de discutível legalidade. Com isso, descuidou da proteção do hipossuficiente. Decerto, sem qualquer óbice pecuniário, o administrador judicial (antigo síndico) estará à vontade para o manejo da ação rescisória. E usará de todos os recursos, pois também não estará obrigado ao depósito recursal e às custas processuais. O administrador judicial estará à vontade para fazer uso da lei com finalidade menos nobre, com o referendo à Resolução 31/2007. Poderá até mesmo conseguir que a execução seja suspensa. Mas, nessa hipótese, terá que reservar quantia suficiente para pagamento da obrigação, caso não venha a ter sucesso rescisório.

Com a expressão "dobro do mínimo legal", o art. 6º da Resolução 31/2007 retirou a possibilidade de a pessoa jurídica gozar do benefício da Justiça gratuita. Pelo que se sabe, somente o empregado recebe salário. Também aqueles trabalhadores que não são empregados e que, portanto, não recebem salário na acepção conceitual jurídica do termo, não poderão gozar do benefício concedido pela lei. Todavia, se nem o regulamento pode desdizer a lei, sem incorrer em inconstitucionalidade, surge a seguinte pergunta: Pode a Resolução 31/2007 do TST desdizer a lei sem incorrer na ilegalidade? A resposta deverá ser: não. Isto é, a Resolução incorreu em ilegalidade.

Urge que o Tribunal Superior do Trabalho, pelo seu plenário, reveja a Resolução. Mas pelo andar da carruagem, o TST não irá rever de ofício a ilegalidade cometida ao editar a Resolução. Cabe, pois, à Ordem dos Advogados do Brasil levar a discussão para o Supremo Tribunal Federal.

Registre-se, ainda, uma outra hipótese não lembrada pela Resolução, que é a daqueles casos em que o corte rescisório é parcial. A parte quer desconstituir apenas a matéria que diz respeito ao FGTS ou aos juros e correção monetária. Evidente que o valor da causa não poderá ser o da causa ou o valor arbitrado pelo juiz (na improcedência), nem o valor da condenação (procedência parcial ou total), nem o valor arbitrado na decisão liquidatória. Importante que esta parte fique clara na Resolução, posto que haverá uma tendência dos Regionais em cumpri-la *ipsis literis*, já que se criou um preconceito contra a ação rescisória e tudo que vier dificultar será bom.

§ 1º Não se aplica o disposto no inciso II à União, aos Estados, ao Distrito Federal, aos Municípios, às suas respectivas autarquias e fundações de direito público, ao Ministério Público, à Defensoria Pública e aos que tenham obtido o benefício de gratuidade da justiça.

Comentários: Remetemos aos comentários feitos no art. 921, § 1º, da relatoria.

§ 2º O depósito previsto no inciso II do *caput* deste artigo não será superior a 1.000 (mil) salários mínimos.

Comentários: O legislador mais uma vez demonstra não possuir intimidade com a realidade da ação rescisória. É um remédio processual que só tem cabimento para corrigir ilegalidade que nada mais é do que ato de arbítrio do julgador, por culpa ou até mesmo por dolo. A ilegalidade macula a coisa julgada que pertence ao Estado, o mesmo Estado que tomou para si a função de dizer o direito para evitar que as partes o fizessem diretamente ao tempo da *manus injectio*. O valor de 1000 salários mínimos é simplesmente desproporcional e torna a rescisória proibida. O valor de 200 salários mínimos seria o mais razoável. Com esse parâmetro, que tisna as raias do absurdo, prestigia-se a ilegalidade.

§ 3º Além dos casos previstos no art. 330, a petição inicial será indeferida quando não efetuado o depósito exigido pelo inciso II do *caput* deste artigo.

Código sancionado

Art. 330. A petição inicial será indeferida quando:

I – for inepta;

II – a parte for manifestamente ilegítima;

III – o autor carecer de interesse processual;

IV – não atendidas as prescrições dos arts. 106 e 321.

§ 1º Considera-se inepta a petição inicial quando:

I – lhe faltar pedido ou causa de pedir;

II – o pedido for indeterminado, ressalvadas as hipóteses legais em que se permite o pedido genérico;

III – da narração dos fatos não decorrer logicamente a conclusão;

IV – contiver pedidos incompatíveis entre si.

§ 2º Nas ações que tenham por objeto a revisão de obrigação decorrente de empréstimo, de financiamento ou de alienação de bens, o autor terá de, sob pena de inépcia, discriminar na petição inicial, dentre as obrigações contratuais, aquelas que pretende controverter, além de quantificar o valor incontroverso do débito.

§ 3º Na hipótese do § 2º, o valor incontroverso deverá continuar a ser pago no tempo e modo contratados.

Código sancionado

Art. 331. Indeferida a petição inicial, o autor poderá apelar, facultado ao juiz, no prazo de 5 (cinco) dias, retratar-se.

§ 1º Se não houver retratação, o juiz mandará citar o réu para responder ao recurso.

§ 2º Sendo a sentença reformada pelo tribunal, o prazo para a contestação começará a correr da intimação do retorno dos autos, observado o disposto no art. 334.

§ 3º Não interposta a apelação, o réu será intimado do trânsito em julgado da sentença.

Código sancionado

Art. 968. A petição inicial será elaborada com observância dos requisitos essenciais do art. 319, devendo o autor:

II – depositar a importância de cinco por cento sobre o valor da causa, que se converterá em multa caso a ação seja, por unanimidade de votos, declarada inadmissível ou improcedente.

§ 3º Além dos casos previstos no art. 330, a petição inicial será indeferida quando não efetuado o depósito exigido pelo inciso II do *caput* deste artigo.

Comentários: A redação do artigo não é clara, quanto à época do depósito. Será antes da inicial?; será com a inicial?; poderá ser depois da inicial? O § 3º remete para o inciso II e este também nada esclarece. Se fizermos um esforço intelectivo em analogia com as custas, o depósito seria prévio; mas a lei não exige que seja prévio. Se for um requisito de admissibilidade da ação, o depósito deverá ser comprovado com o ajuizamento da ação; mas a lei não diz que o depósito seria um requisito de admissibilidade para o conhecimento da ação. Com esse estado de insegurança que o § 3º e o inciso II proporcionam ao jurisdicionado, caso o depósito não seja feito previamente ou comprovado com a inicial, o juiz deverá conceder prazo para que a parte efetue o depósito, pena de arquivamento. A redação deveria ser a que segue:

§ 3º Além dos casos previstos no art. 330, o depósito é um dos requisitos de admissibilidade para a propositura da ação rescisória e, na ausência, deve o relator dar prazo de 5 (cinco) dias para que o autor comprove o depósito.

§ 4º Aplica-se à ação rescisória o disposto no art. 332.

Código sancionado

Art. 332. Nas causas que dispensem a fase instrutória, o juiz, independentemente da citação do réu, julgará liminarmente improcedente o pedido que contrariar:

I – enunciado de súmula do Supremo Tribunal Federal ou do Superior Tribunal de Justiça;

II – acórdão proferido pelo Supremo Tribunal Federal ou pelo Superior Tribunal de Justiça em julgamento de recursos repetitivos;

III – entendimento firmado em incidente de resolução de demandas repetitivas ou de assunção de competência;

IV – enunciado de súmula de tribunal de justiça sobre direito local.

§ 1º O juiz também poderá julgar liminarmente improcedente o pedido se verificar, desde logo, a ocorrência de decadência ou de prescrição.

§ 2º Não interposta a apelação, o réu será intimado do trânsito em julgado da sentença, nos termos do art. 241.

§ 3º Interposta a apelação, o juiz poderá retratar-se em 5 (cinco) dias.

§ 4º Se houver retratação, o juiz determinará o prosseguimento do processo, com a citação do réu, e, se não houver retratação, determinará a citação do réu para apresentar contrarrazões, no prazo de 15 (quinze) dias.

§ 5º Reconhecida a incompetência do tribunal para julgar a ação rescisória, o autor será intimado para emendar a petição inicial, a fim de adequar o objeto da ação rescisória, quando a decisão apontada como rescindenda:

I – não tiver apreciado o mérito e não se enquadrar na situação prevista no § 2º do art. 966;

II – tiver sido substituída por decisão posterior.

Art. 966. A decisão de mérito, transitada em julgado, pode ser rescindida quando:

§ 2º Nas hipóteses previstas nos incisos do *caput*, será rescindível a decisão transitada em julgado que, embora não seja de mérito, impeça:

I – nova propositura da demanda; ou

II – admissibilidade do recurso correspondente.

§ 6º Na hipótese do § 5º, após a emenda da petição inicial, será permitido ao réu complementar os fundamentos de defesa, e, em seguida, os autos serão remetidos ao tribunal competente.

Comentários: A declaração de incompetência deve sempre ser declarada pelo colegiado. A declaração monocrática pelo relator dá ensejo ao agravo regimental. Se houver pedido de suspensão da execução, com provas objetivas ou possibilidade de reversão da decisão, nada impede que o juízo incompetente defira a tutela. Os autos serão enviados ao tribunal competente e o relator daquele tribunal poderá confirmar ou não a tutela de suspensão concedida por juízo incompetente. O juiz incompetente tem por dever de ofício prover para que não haja perda de direito.

Redação da Comissão Técnica de Apoio

Art. 887. A propositura da ação rescisória não impede o cumprimento da sentença ou do acórdão rescindendo, ressalvada a concessão de tutelas de urgência ou da evidência.

Comentários: A regra geral vigente é a de que a ação rescisória não tem força em princípio para suspender a execução. Essa tomada de posição é importante, pois se a regra fosse a suspensão a rescisória certamente seria usada para procrastinar a execução. Com o depósito de 5% do valor da causa (ou do valor da execução), dependendo a decisão que se pretende desconstituir, e a possibilidade de perda do depósito para a outra parte sem prejuízo dos honorários advocatícios, existe um certo desacoroçoamento no uso procrastinatório do remédio processual. Mas existe a exceção, pois é esta que confirma a regra geral. A suspensão ficará sob o douto critério do relator. Se a ilegalidade se apresentar clara e transparente, a tutela deverá ser deferida e, se não requerida, deverá ser concedida de ofício, pois cabe ao juiz da ação garantir o direito do autor da rescisória, caso venha a ter sucesso. Se a hipótese for da existência de duas coisas julgadas, não haverá dúvida de que a tutela deverá ser concedida.

Processo do trabalho

Art. 836 da CLT:

É vedado aos órgãos da Justiça do Trabalho conhecer de questões já decididas, excetuados os casos expressamente previstos neste Título e a ação rescisória que será admitida na forma do disposto no Capítulo IV do Título IX da Lei n. 5.869, de 11 de janeiro de 1973 – Código de Processo Civil, sujeita ao depósito prévio de 20% (vinte por cento) do valor da causa, salvo prova de miserabilidade jurídica do autor.

Comentários:

O processo trabalhista tornou a ação rescisória proibida. Se não de direito, pelos menos de fato. Basta que se leia o art. 836 da CLT que elevou o percentual de 5% civilista para 20%. Houve uma majoração de 300%. É um absurdo perpetrado pelo legislador com o auxílio de mãos alheias. É como se os juízes trabalhistas fossem ungidos por poderes deíficos e não cometessem ilegalidades. Mas na verdade cometem, sim, ilegalidades como qualquer outro juiz. Mas no processo do trabalho o depósito de 20% impõe o medo, o terror na parte que muitas vezes não tem sequer o numerário para depositar o que torna a rescisória elitista e proibida ao empregador e ao empregado. Como veremos abaixo, a situação do empregador foi tornada pior, não pela lei, mas pela Instrução – TST 31/2007.

A Instrução TST n. 31, de 27.09.2007, modificada pela Resolução n. 142/2007 vai além do comando do art. 836 da CLT, pois legisla ao dispensar a massa falida do depósito prévio, fato que incentiva o ajuizamento de ações rescisórias com o objetivo procrastinatório de suspender a execução. E no art. 6º da Instrução n. 31, o TST eliminou a possibilidade de a empresa (empregador) ser dispensada de depósito, exceção feita à massa falida. Eis abaixo o art. 6º *ipsis litteris*:

> Art. 6º O depósito prévio não será exigido da massa falida e quando o autor receber salário igual ou inferior ao dobro do mínimo legal, ou declarar, sob as penas da lei, que não está em condições de pagar as custas do processo sem prejuízo do sustento próprio ou de sua família.

Comentários: Como se vê, a lei não excluiu a massa falida nem as empresas, pois fala em "miserabilidade do autor". Repita-se: autor pode ser empregador e empregado. Estamos num país em que, do ponto de vista econômico, não existe certeza de nada. Por isso, a lei não alijou a empresa, nem poderia fazê-lo porque todos são iguais perante a lei. Mas o Tribunal Superior do Trabalho fê-lo.

Como se pode ver, o art. 6º alijou toda e qualquer empresa do benefício de ser dispensada do depósito ao falar em ganho de dois salários mínimos ou impossibilidade de cuidar da família. Como se sabe, empresa não recebe salários e nem tem família. É uma pessoa jurídica. Embora o art. 6º não diga expressamente, cuida somente da pessoa natural, restringindo a lei, onde ela não restringe. A Instrução 31/2007 ab-rogou a lei numa parte e legislou noutra ao dispensar a massa falida do depósito prévio. A Instrução é inconstitucional porque atenta contra a lei e contra a Constituição (art. 5º da Constituição Federal).

Redação da Comissão Técnica de Apoio

> Art. 888. O relator mandará citar o réu, assinando-lhe prazo nunca inferior a quinze dias nem superior a um mês para, querendo, contestar. Findo o prazo, com ou sem contestação, observar-se-á no que couber o procedimento comum.

Comentários: A ausência de senso lógico da Comissão ao lidar com prazo é desconcertante. Buscou, todo o tempo, aprazar o tempo processual utilizando o vocábulo mês, sem qualquer critério. Aqui temos prazo nunca inferior a 15 dias nem superior a um mês. Não seria mais lógico, mais claro, mais transparente, mais usual, dizer 30 dias? Repetimos aqui, *ad nauseam*, que temos meses de 28, 29, 30 e 31 dias. Por que usar o malabarismo que a palavra mês impõe, quando podemos falar em 30 dias que mensura quantidade maior de meses no ano? Por que usar o prazo indefinido, quando podemos tê-lo definido?

Código sancionado

> Art. 969. A propositura da ação rescisória não impede o cumprimento da decisão rescindenda, ressalvada a concessão de tutela provisória.

Comentários: A coisa julgada material, embora de força relativa enquanto não esgotado o prazo decadencial, tem força executória e não pode ser obstada pelo simples ajuizamento de ação rescisória. Ressalva-se a possibilidade de suspensão do processo por motivos ponderosos e irreversíveis.

Redação da Comissão Técnica de Apoio

> Art. 887. A propositura da ação rescisória não impede o cumprimento da sentença ou do acórdão rescindendo, ressalvada a concessão de tutelas de urgência ou da evidência.

Redação da Comissão Técnica de Apoio

Art. 889. Na ação rescisória, devolvidos os autos pelo relator, a secretaria do tribunal expedirá cópias do relatório e as distribuirá entre os juízes que compuserem o órgão competente para o julgamento.

Parágrafo único. A escolha de relator e de revisor recairá, sempre que possível, em juiz que não haja participado do julgamento rescindendo.

Comentários: O parágrafo toma um rumo certo, mas o faz pela metade. A Súmula n. 252 do STF não cria óbice a que participem do julgamento juízes que tenham participado da decisão rescindenda. Essa súmula editada nos idos de 1960 já está ancilosada. Por isso, o parágrafo único poderia e deveria ter consertado uma distorção existente que é a participação no julgamento de rescisória de juiz que participou da decisão que poderá ser desconstituída. Já agora acenando com a possibilidade de ser relator aquele que participou do julgamento. Exemplo: juiz de primeiro grau que julgou e o processo transitou em julgado em primeiro grau e que fora promovido para o tribunal. Certamente esse juiz que efetuou o julgamento, até mesmo como relator ou revisor, não vai mudar a sua convicção ao julgar a ação rescisória. Isso é do ser humano, ter dificuldade de retroceder. O juiz não foge a essa regra, embora devesse. Como diz Mário Guimarães: " O juiz não tem rancores. O homem é que os pode ter" (*O juiz e a função jurisdicional,* Rio: Forense, 1958. p. 361). Como regra, nenhum juiz abandona a sua convicção, embora devesse.

O parágrafo único deveria ter a seguinte redação:

A escolha de relator e de revisor para compor o colegiado recairá sempre em juiz que não tenha participado da decisão rescindenda.

Código sancionado

Art. 971. Na ação rescisória, devolvidos os autos pelo relator, a secretaria do tribunal expedirá cópias do relatório e as distribuirá entre os juízes que compuserem o órgão competente para o julgamento.

Parágrafo único. A escolha de relator recairá, sempre que possível, em juiz que não haja participado do julgamento rescindendo.

Comentários: Reportamo-nos aos comentários *retro*, do art. 889 da Comissão Técnica. Lamentamos que o Código sancionado não tenha eliminado a erronia de permitir que o juiz que participou do julgamento da decisão rescindenda possa compor o *quorum* do julgamento da rescisória, inclusive como relator ou revisor. O juiz que formou convicção no julgamento que será desconstituído não mudará o seu ponto de vista e julgará pela manutenção da sua sentença. A prática indica que os juízes têm uma certa dificuldade em mudar entendimentos e os mantêm até mesmo contra matéria sumulada. Como se mudar a posição sempre defendida fosse espécie de *capitis diminutio*. Pensar de modo diferente é laborar em sede romântica. Quem certamente levará o prejuízo é o autor da rescisória.

O parágrafo único deveria ter a seguinte redação:

A escolha de relator e de revisor ou para compor o colegiado recairá sempre em juiz que não tenha participado da decisão rescindenda.

Redação da Comissão Técnica de Apoio

Art. 890. Se os fatos alegados pelas partes dependerem de prova, o relator poderá delegar a competência ao órgão que proferiu a sentença ou o acórdão rescindendo, fixando prazo de um a três meses para a devolução dos autos.

Comentários: No tocante ao vocábulo "mês" utilizado, reportamo-nos aos comentários feitos em várias oportunidades, discordando. A indicação de mês demonstra a falta de intimidade com o casuísmo diário. Assim o prazo poderá ser de 28, 29, 30 ou 31 dias, até 92 dias se estiverem no mês de agosto, setembro e outubro. Cuida-se de um malabarismo inaceitável em termos de legislação, ou julho, agosto e setembro etc., etc., Pior, a relatoria, no art. 925, parece ter cansado de fazer a corrigenda e assim teremos um tratamento eclético para os prazos: definidos e indefinidos. Esperamos que os juízes de primeiro grau coloquem as coisas em termos de razoabilidade.

O artigo é ambíguo ao falar sobre a produção de prova e leva ao entendimento de que a prova estaria liberada. Somente os incisos I, III, VI admitem instrução probatória. Afora esses casos, as provas estarão nos autos da rescisória, juntadas pela inicial e pela defesa e na instrução probatória, e o julgamento será feito sobre as provas já constituídas. Não existe a possibilidade de a parte produzir, em sede de ação rescisória, novas provas que deveriam ser produzidas antes da prolação da decisão rescindenda ou mesmo para complementar a prova que não produzira antes.

O *caput* deveria ser complementado:

> Parágrafo único. A instrução probatória, se necessária, está limitada aos incisos I, III e VI. Defeso às partes produzirem provas que deveriam ser produzidas antes da decisão rescindenda ou complementá-las.

Código sancionado

> Art. 972. Se os fatos alegados pelas partes dependerem de prova, o relator poderá delegar a competência ao órgão que proferiu a decisão rescindenda, fixando prazo de 1 (um) a 3 (três) meses para a devolução dos autos.

Comentários: Reportamo-nos aos comentários do art. 890 da Comissão Técnica.

Não se pode deixar de lamentar que a relatoria deixasse passar a indicação de prazo em "meses". A indicação é indefinida, pois temos meses de 28, 29, 30 e 31 dias. Credite-se ao fato a lapso lamentável que só trará inconvenientes na contagem de tempo. Certamente, os juízes usarão os prazos definidos de 30, 60 ou 90 dias. As leis são feitas em cima; a jurisprudência vem de baixo prestigiando a realidade e se insinuando em todas as jurisdições, transformando-se no direito falado pelos tribunais.

O artigo também merece crítica, quando permite enviar os autos para o mesmo juiz que proferiu a decisão rescindenda. Melhor seria que adotasse a redação do art. 492 do Código em vigor, que autoriza o relator a delegar a competência funcional para o ato ao juiz de direito da comarca onde deve ser produzida a prova. É intuitivo que não se deve enviar para o mesmo juiz que sentenciou para que venha a colher as provas, v. g., de que a sentença foi objeto de prevaricação, de concussão ou de corrupção. Falhou a Comissão Técnica e a relatoria, e falhou o Senado ao não referendar a erronia. Todavia, dos males o menor. Como o comando da norma é apenas "poderá", nem o relator cometerá a erronia e não delegará a competência para o juiz que sentenciou. O "poderá" pode ser também entendido que o relator poderá escolher um juiz de primeiro grau ou poderá determinar que seja feita a distribuição.

Repetimos aqui, por amor à clareza, que o artigo peca quando generaliza: "Se os fatos alegados pelas partes dependerem de prova", dando a impressão de que na rescisória haverá a abertura de instrução probatória para melhorar ou complementar a prova já produzida. Isso não é verdade; salvo em alguns pontos como os incisos I, III e VI, a ação deverá obrigatoriamente ser julgada em função da prova já produzida pelas parte em primeiro grau.

Código sancionado

> Art. 973. Concluída a instrução, será aberta vista ao autor e ao réu para razões finais, sucessivamente, pelo prazo de 10 (dez) dias.
> Parágrafo único. Em seguida, os autos serão conclusos ao relator, procedendo-se ao julgamento pelo órgão competente.

Comentários: O parágrafo comanda fora da realidade em termos de procedimento. Concluída a instrução, os autos serão devolvidos à secretaria de cartório e esta, ouvindo o presidente do colegiado, este dará vista às partes para razões finais, e colocará o processo em pauta com o envio de ordem de publicação no órgão oficial. O parágrafo único deveria ter a seguinte redação:

> Parágrafo único. Concluída a instrução os autos serão remetidos ao tribunal para fins procedimentais e posterior julgamento.

Alteração no relatório geral

Art. 928. O direito de propor ação rescisória se extingue em um ano contado do trânsito em julgado da decisão.

Parágrafo único. Se fundada no art. 919, incisos I e VI, primeira parte, o termo inicial do prazo será computado do trânsito em julgado da sentença penal.

Comentários: O prazo decadencial da ação rescisória vem sofrendo redução através dos tempos. Pelo Código em vigor, o prazo é de dois anos. No Código de 1939 era de 5 anos (Código Civil antigo, art. 178, § 10, VIII). O Projeto e o Anteprojeto do Código em vigor fixava o prazo em 1 (um) ano. Em que pese a majestade da coisa julgada quando exteriorizada, ela se relativiza enquanto pender o prazo para uma possível ação rescisória. O prazo de 1(um) ano se nos afigura razoável. Quem sofreu ilegalidades deverá utilizar o quanto antes do remédio processual colocado à sua disposição. Não existe motivo plausível para que permaneça em silêncio. Há que haver segurança nas relações sociais.

Código sancionado

Art. 975. O direito à rescisão se extingue em 2 (dois) anos contados do trânsito em julgado da última decisão proferida no processo.

Comentários: O *caput* preservou o prazo decadencial de 2 (dois) anos, não obstante a relatoria pender-se pela redução para 1(um) ano. O prazo de dois anos é razoável para corrigir a ilegalidade que desprestigia a coisa julgada material.

§ 1º Prorroga-se até o primeiro dia útil imediatamente subsequente o prazo a que se refere o *caput*, quando expirar durante férias forenses, recesso, feriados ou em dia em que não houver expediente forense.

Comentários: O parágrafo adota o que restou firmado pela doutrina e pela jurisprudência dos tribunais. Houve época em que, se o prazo fatal caísse num sábado, a parte deveria ajuizar a ação no dia anterior, na de consumar-se a decadência que não fosse interrompida. Ver arts. 207 a 210 do Código Civil.

§ 2º Se fundada a ação no inciso VII do art. 966, o termo inicial do prazo será a data de descoberta da prova nova, observado o prazo máximo de 5 (cinco) anos, contado do trânsito em julgado da última decisão proferida no processo.

Código sancionado

Art. 966. A decisão de mérito, transitada em julgado, pode ser rescindida quando: VII – obtiver o autor, posteriormente ao trânsito em julgado, prova nova cuja existência ignorava ou de que não pôde fazer uso, capaz, por si só, de lhe assegurar pronunciamento favorável;

Comentários: O parágrafo trata do fato novo, que nada mais é do que documento já existente ao tempo em que ajuizou a ação, mas do qual não tinha conhecimento, não importando a causa. Simplesmente não se utilizou daquela prova porque não sabia da sua existência, prova essa que houvesse sido utilizada seria capaz, por si, de mudar o rumo da decisão.

§ 3º Nas hipóteses de simulação ou de colusão das partes, o prazo começa a contar, para o terceiro prejudicado e para o Ministério Público, que não interveio no processo, a partir do momento em que têm ciência da simulação ou da colusão. Nesse caso, o período decadencial será de 5 (cinco) anos do trânsito em julgado da última decisão proferida no processo.

Comentários: A norma é salutar e prestigia a coisa julgada prazo maior para expungir a ilegalidade. Mas a redação poderia ser mais completa, para evitar aventuras processuais. O legislador foi mais cuidadoso ao formular o inciso VII do art. 485 do CPC em vigor. Ver abaixo a redação que achamos ideal:

§ 2º Se fundada a ação no inciso VII do art. 966, o termo inicial do prazo será a data de descoberta da prova nova, observado o prazo máximo de 5 (cinco) anos, contado do trânsito em julgado da última decisão proferida no processo, desde que a prova seja capaz, por si só, de assegurar pronunciamento favorável.

Redação da Comissão Técnica de Apoio

Art. 894. Os atos de disposição de direitos, praticados pelas partes ou por outros participantes do processo e homologados pelo juízo, estão sujeitos à anulação, nos termos da lei.

Parágrafo único. São anuláveis também atos homologatórios praticados no curso do processo de execução.

Comentários: O artigo e o respectivo parágrafo tratam de atos homologatórios em que não há o trânsito em julgado, base para a ação rescisória. Esses atos poderão ser anulados por meio de uma ação anulatória incidente, isto é, distribuída ao mesmo juiz que homologou o ato.

Justiça do Trabalho

Comentários: A homologação de ato conciliatório, na fase de conhecimento ou na fase executória, extingue o processo com resolução do mérito e transita em julgado (art. 831, parágrafo único, da CLT). Todos os atos homologatórios e/ou decisões da fase executória (homologação de cálculos e decisão em embargos) que não sejam revistos pelo tribunal pela via do agravo de petição não transitam em julgado e poderão ser objeto de ação anulatória.

Código sancionado

Art. 966. A decisão de mérito, transitada em julgado, pode ser rescindida quando:

§ 4º Os atos de disposição de direitos, praticados pelas partes ou por outros participantes do processo e homologados pelo juízo, bem como os atos homologatórios praticados no curso da execução, estão sujeitos à anulação, nos termos da lei.

Comentários: O *caput* da Comissão Técnica transformou-se no § 4º.

Repetimos aqui os comentários efetuados no § 4º, do art. 966, *retro*.

O parágrafo é ambíguo. Os atos anuláveis são aqueles meramente homologatórios, isto é, aqueles atos em que o juiz não produziu nenhum análise de conteúdo antes de fazer a homologação. A redação deveria ser:

Os atos de disposição de direito meramente homologatórios podem ser anulados por meio de ação anulatória.

Processo do trabalho

A homologação conciliatória (art. 831, parágrafo único, da CLT), feita antes da audiência ou antes da instrução probatória, pode ser anulada; todavia, a homologação feita depois da instrução probatória faz coisa julgada e desafiará a ação rescisória.

Alteração no relatório geral

Art. 949. Os recursos, salvo disposição legal em sentido diverso, não impedem a eficácia da decisão.

§ 1º A eficácia da decisão poderá ser suspensa pelo relator se demonstrada a probabilidade de provimento do recurso, ou, sendo relevante a fundamentação, houver risco de dano grave ou difícil reparação, observado o art. 968.

§ 2º O pedido de efeito suspensivo do recurso será dirigido ao tribunal, em petição autônoma, que terá prioridade na distribuição e tornará prevento o relator.

§ 3º Quando se tratar de pedido de efeito suspensivo a recurso de apelação, o protocolo da petição a que se refere o § 2º impede a eficácia da sentença até que seja apreciado pelo relator.

§ 4º É irrecorrível a decisão do relator que conceder o efeito suspensivo.

Comentários: Tem-se pelo *caput* que todos os recursos subirão somente com o efeito devolutivo, sendo essa a regra geral. De conformidade com o § 1º o relator poderá conceder o efeito suspensivo se houver a probabilidade de provimento do recurso ou, relevante a fundamentação, existir risco de dano grave ou de difícil reparação. Pelo § 2º, o pedido de efeito suspensivo será dirigido ao tribunal em petição autônoma. O juiz a quem for distribuído o pedido torna-se prevento para o recurso.

Melhor seria que se dessem poderes ao juiz de primeiro grau para conceder ou não ambos os efeitos, podendo a parte contrária impugnar a decisão em recurso ou em contrarrazões.

Comanda o § 4º que a decisão que conceder o efeito suspensivo será irrecorrível. Isso significa que a parte poderá recorrer quando o relator negar o pedido.

Código sancionado

Art. 995. Os recursos não impedem a eficácia da decisão, salvo disposição legal ou decisão judicial em sentido diverso.

Parágrafo único. A eficácia da decisão recorrida poderá ser suspensa por decisão do relator, se da imediata produção de seus efeitos houver risco de dano grave, de difícil ou impossível reparação, e ficar demonstrada a probabilidade de provimento do recurso.

Comentários: Reportamo-nos aos comentários feitos no artigo 949 e respectivos parágrafo. O artigo só recepcionou o § 1º da relatoria geral. Trata-se de uma exceção, posto que as decisões interlocutórias são agraváveis. Na ausência, tem-se como aplicada a regra geral, isto é, a concessão do efeito suspensivo poderá ser agravada. O § 4º da relatoria deveria ser recepcionado como inciso I do parágrafo único, pois daria ênfase à celeridade à economia processual.

I – É irrecorrível a decisão do relator que conceder o efeito suspensivo.

Alteração no relatório geral

Art. 961

§ 2º O equívoco no preenchimento da guia de custas não resultará na aplicação da pena de deserção, cabendo ao relator, na hipótese de dúvida quanto ao recolhimento, intimar o recorrente para sanar o vício no prazo de cinco dias ou solicitar informações ao órgão arrecadador.

Comentários: Oportuno o § 2º quando esclarece que o equívoco no preenchimento da guia de custas não resultará na aplicação da pena de deserção. É uma questão de bom-senso. O valor foi depositado e o Poder Público o recebeu. Considerar deserto o recurso por simples erro de preenchimento é dar maior valor à forma do que à verdade real. Mas isso vem acontecendo com uma certa frequência. Claro que esse procedimento não tem unanimidade. Mas o número que assim procede é preocupante. O parágrafo vem em boa hora trazer um comando imperativo em prol do jurisdicionado.

Código sancionado

Art. 1.007. No ato de interposição do recurso, o recorrente comprovará, quando exigido pela legislação pertinente, o respectivo preparo, inclusive porte de remessa e de retorno, sob pena de deserção.

§ 7º O equívoco no preenchimento da guia de custas não implicará a aplicação da pena de deserção, cabendo ao relator, na hipótese de dúvida quanto ao recolhimento, intimar o recorrente para sanar o vício no prazo de 5 (cinco) dias.

Comentários: Código sancionado adotou o § 2º do art. 961 da relatoria geral.

Reportamo-nos aos comentários do referido artigo e respectivo parágrafo.

Redação da Comissão Técnica de Apoio

Art. 922. Se o tribunal, por unanimidade, não admitir ou negar provimento ao recurso, o acórdão fixará novos honorários de sucumbência em favor do recorrido, observado o art. 73.

Parágrafo único. Os honorários de que trata o *caput* são cumuláveis com multas e outras sanções processuais, inclusive a do art. 66.

Comentário. Os honorários são repetitivos. É uma forma de desacoroçoar recursos protelatórios. Mas certamente existirão recursos não protelatórios em que os recorrentes não terão sucesso. Nesse caso, a lei seria injusta. Para uma condenação mais justa haver-se-ia de averiguar o procedimento do recorrente nos autos. A redação deveria ser:

Art. 922. Se o tribunal, por unanimidade, não admitir ou negar provimento ao recurso, o acórdão fixará novos honorários de sucumbência em favor do recorrido, observado o art. 73, desde que o recorrente tenha comportamento reprovável nos autos.

Comentários: Para aquele que tenha comportamento reprovável durante o procedimento normal haverá grande possibilidade de aviar recurso protelatório.

Redação da Comissão Técnica de Apoio

Art. 923. Da sentença cabe apelação.

Parágrafo único. As questões resolvidas na fase cognitiva não ficam cobertas pela preclusão e devem ser suscitadas em preliminar de apelação, eventualmente interposta contra a decisão final.

Comentários: Caso a parte não concorde com o resultado das questões resolvidas na *cognitio*, poderá revê-las no colegiado, desde que sejam suscitadas em preliminar na apelação que venha a interpor.

Alteração no relatório geral

Art. 963. Da sentença cabe apelação.

Parágrafo único. As questões resolvidas na fase cognitiva, se a decisão a seu respeito não comportar agravo de instrumento, não ficam cobertas pela preclusão e devem ser suscitadas em preliminar de apelação, eventualmente interposta contra a decisão final, ou nas contrarrazões.

Comentários: A redação da Comissão eliminava todas as preclusões da fase cognitiva, fato que tornava sem efeito todas as decisões procedimentais. Correta a redação dada pela relatoria que apenas possibilita a discussão em preliminar de recurso daquelas decisões não agravadas de instrumento. Todavia, a relatoria peca quando usa do termo "devem". Não. A parte "pode", se quiser, discutir a matéria em sede preliminar no recurso. Pode não querer ou não precisar se a sentença lhe foi favorável.

Código sancionado

Art. 1.009. Da sentença cabe apelação.

§ 1º As questões resolvidas na fase de conhecimento, se a decisão a seu respeito não comportar agravo de instrumento, não são cobertas pela preclusão e devem ser suscitadas em preliminar de apelação, eventualmente interposta contra a decisão final, ou nas contrarrazões.

Comentários: O parágrafo único do art. 923 da Comissão Técnica foi transformado no § 1º e acrescentado: "ou nas contrarrazões". O acréscimo foi oportuno, podendo a parte que não quis recorrer ou que perdeu o prazo para o recurso trazer a discussão à baila por meio de contrarrazões.

§ 2º Se as questões referidas no § 1º forem suscitadas em contrarrazões, o recorrente será intimado para, em 15 (quinze) dias, manifestar-se a respeito delas.

Comentários: O parágrafo é oportuno e prestigia o princípio do contraditório. Essa verificação, sem prejuízo de que o faça o relator, deverá ser feita no primeiro grau, antes de determinar a subida dos autos ao tribunal.

§ 3º O disposto no *caput* deste artigo aplica-se mesmo quando as questões mencionadas no art. 1.015 integrarem capítulo da sentença.

Código sancionado

Art. 1.015. Cabe agravo de instrumento contra as decisões interlocutórias que versarem sobre:

I – tutelas provisórias;

II – mérito do processo;

III – rejeição da alegação de convenção de arbitragem;

IV – incidente de desconsideração da personalidade jurídica;

V – rejeição do pedido de gratuidade da justiça ou acolhimento do pedido de sua revogação;

VI – exibição ou posse de documento ou coisa;

VII – exclusão de litisconsorte;

VIII – rejeição do pedido de limitação do litisconsórcio;

IX – admissão ou inadmissão de intervenção de terceiros;

X – concessão, modificação ou revogação do efeito suspensivo aos embargos à execução;

XI – redistribuição do ônus da prova nos termos do art. 373, § 1º;

XII – (VETADO);

XIII – outros casos expressamente referidos em lei.

Parágrafo único. Também caberá agravo de instrumento contra decisões interlocutórias proferidas na fase de liquidação de sentença ou de cumprimento de sentença, no processo de execução e no processo de inventário.

Redação da Comissão Técnica de Apoio

Art. 926. A apelação será interposta e processada no juízo de primeiro grau; intimado o apelado e decorrido o prazo para resposta, os autos serão remetidos ao tribunal, onde será realizado o juízo de admissibilidade.

Comentários: Artigo confirmado pelo art. 966 da relatoria. O artigo rompe com tradição secular que é a verificação pelo juiz de primeiro grau dos requisitos de admissibilidade do recurso. O artigo retira essa tarefa do juiz primário e a remete ao relator e ao revisor e demais juízes do colegiado.

O procedimento evitará o aviamento de agravos de instrumento. Por outro lado, permitirá a subida de todos os recursos, ainda que não atendam aos requisitos de admissibilidade. A duplicidade de verificação é sem dúvida a melhor.

Código sancionado

Art. 1.010. A apelação, interposta por petição dirigida ao juízo de primeiro grau, conterá:

I – os nomes e a qualificação das partes;

II – a exposição do fato e do direito;

Comentário. O inciso II, do Código em vigor é mais fiel à terminologia, quando diz: "os fundamentos de fato e de direito". Código sancionado diz "II – exposição do fato e do direito". O correto é que o recorrente fundamente o pedido com os fatos e com o direito, que no caso denomina-se "fundamento jurídico".

III – as razões do pedido de reforma ou de decretação de nulidade;

Comentários: As razões do pedido são os fatos e o fundamento jurídico. Este inciso completa o inciso II, cuja redação não diz o que deveria dizer.

IV – o pedido de nova decisão.

Comentários: Este inciso, que também faz parte do inciso III do art. 515 do Código em vigor é ocioso. Se a parte está recorrendo em razão da sucumbência, exigir que faça o pedido de nova decisão é excesso de ocioso formalismo, que só poderá complicar o procedimento. Se a parte não fizer o pedido, o relator deverá conceder prazo para que a parte peticione fazendo o pedido: "requeiro que seja prolatada nova decisão". O relator não poderá deixar de conhecer o recurso por ausência de requisito.

§ 1º O apelado será intimado para apresentar contrarrazões no prazo de 15 (quinze) dias.

Comentários: A apresentação de contrarrazões é uma faculdade, não uma obrigação. Se a parte não apresentar contrarrazões não pode ser prejudicada por isso. Numa contrarrazão bem elaborada, o apelado poderá convencer o relator de que ele, apelado, está com a razão e que a sentença deverá ser confirmada. Por isso a redação devia ser:

§1º O apelado será intimado para apresentar contrarrazões, QUERENDO, no prazo de 15 (quinze) dias.

§ 2º Se o apelado interpuser apelação adesiva, o juiz intimará o apelante para apresentar contrarrazões.

§ 3º Após as formalidades previstas nos §§ 1º e 2º, os autos serão remetidos ao tribunal pelo juiz, independentemente de juízo de admissibilidade.

Comentários: O parágrafo é inovador. O tempo dirá se foi para melhor. Podemos fazer algumas projeções. Em direito, quanto mais se analisa, certamente aumenta-se a possibilidade de não errar. A verificação pelo juízo primário é um costume secular. Aconselham os doutos que não se mude aquilo que sempre foi feito de determinada forma e sempre deu certo: *minime sunt mutanda que interpretationem certam semper habuerunt*. O legislador seguiu o art. 963 da relatoria geral que certamente não se aconselhou com membros do Judiciário. Isso significa que uma modificação menos inspirada ou errada tem consequências diretas sobre os juízes. Não negamos que irá reduzir os agravos de instrumentos.

Justiça do Trabalho

Podemos mirar por duas óticas: a da segurança e a da celeridade.

Para segurança, não aconselhamos que a norma do § 3º seja adotada no processo do trabalho. A verificação dos requisitos de admissibilidade é trabalho sério que demanda tempo, mas é necessário.

Mirando-se pela ótica da celeridade e da economia processual, se adotada a regra em sede trabalhista, não haverá mais agravo de instrumento, já que a finalidade desse recurso é apenas o de desatrelar recursos cujo processamento foi indeferido. Se não houver mais verificação dos requisitos de admissibilidade consequentemente não haverá mais agravo de instrumento. Do ponto de vista prático e procedimental haverá vantagem.

Redação da Comissão Técnica de Apoio

Art. 928. Atribuído efeito suspensivo à apelação, o juiz não poderá inovar no processo; recebida sem efeito suspensivo, o apelado poderá promover, desde logo, a execução provisória da sentença.

Comentários: Prolatada a sentença, o juiz não poderá mais inovar no julgado, salvo para corrigir erro material ou para apreciar embargos declaratórios. Não é o efeito suspensivo que impõe esse afastamento do juiz. O efeito suspensivo tem como consequência permitir que a execução seja provisória, e não vá além da garantia do juízo com a penhora de bens.

Alteração no relatório geral

Art. 968. A atribuição de efeito suspensivo à apelação obsta a eficácia da sentença.

Comentários: Diríamos que obsta apenas a eficácia completa da sentença, permitindo a eficácia parcial com a execução provisória.

Código sancionado

Art. 1.012. A apelação terá efeito suspensivo.

§ 1º Além de outras hipóteses previstas em lei, começa a produzir efeitos imediatamente após a sua publicação a sentença que:

I – homologa divisão ou demarcação de terras;

II – condena a pagar alimentos;

III – extingue sem resolução do mérito ou julga improcedentes os embargos do executado;

IV – julga procedente o pedido de instituição de arbitragem;

V – confirma, concede ou revoga tutela provisória;

VI – decreta a interdição.

§ 2º Nos casos do § 1º, o apelado poderá promover o pedido de cumprimento provisório depois de publicada a sentença.

§ 3º O pedido de concessão de efeito suspensivo nas hipóteses do § 1º poderá ser formulado por requerimento dirigido ao:

I – tribunal, no período compreendido entre a interposição da apelação e sua distribuição, ficando o relator designado para seu exame prevento para julgá-la;

II – relator, se já distribuída a apelação.

§ 4º Nas hipóteses do § 1º, a eficácia da sentença poderá ser suspensa pelo relator se o apelante demonstrar a probabilidade de provimento do recurso ou se, sendo relevante a fundamentação, houver risco de dano grave ou de difícil reparação.

Comentários: Como regra, o efeito suspensivo retira a eficácia parcial da sentença, podendo promover a liquidação de sentença e a execução provisória até a garantia do juízo. Não poderá promover o praceamento ou leilão de bens.

De conformidade com os §§ 3º e 4º *retros*, a parte poderá requerer o efeito suspensivo na hipótese do § 1º, incisos I, II, III, IV, V, VI, sobre os quais, por suas próprias naturezas, há a eficácia plena da sentença, posto que sobre os mesmos o efeito suspensivo não vigora. Todavia, o pedido deverá ser fundamentado, demonstrando objetivamente haver risco de dano grave irreparável ou de difícil reparação.

Alteração no relatório geral

Art. 969. Cabe agravo de instrumento contra as decisões interlocutórias que versarem sobre:

I – tutelas de urgência ou da evidência;

II – o mérito da causa;

III – rejeição da alegação de convenção de arbitragem;

IV – o incidente de resolução de desconsideração da personalidade jurídica;

V – a gratuidade de justiça;

VI – a exibição ou posse de documento ou coisa;

VII – exclusão de litisconsorte por ilegitimidade;

VIII – a limitação de litisconsórcio;

IX – a admissão ou inadmissão de intervenção de terceiros;

X – outros casos expressamente referidos em lei.

Parágrafo único. Também caberá agravo de instrumento contra decisões interlocutórias proferidas na fase de liquidação de sentença, cumprimento de sentença, no processo de execução e no processo de inventário.

Comentários: A redação dada pela relatoria é didática, mas não cobre toda a casuística, por isso deve ser considerada exemplificativa, posto que outras hipóteses poderão surgir.

Código sancionado

Art. 1.015. Cabe agravo de instrumento contra as decisões interlocutórias que versarem sobre:

I – tutelas provisórias;

II – mérito do processo;

Comentários: O inciso não é claro quando fala em "mérito do processo". Deveria ser: "mérito do processo sem extinção da jurisdição ou instância". (O agravo a decisão interlocutória, que não termina o processo.)

III – rejeição da alegação de convenção de arbitragem;

IV – incidente de desconsideração da personalidade jurídica;

V – rejeição do pedido de gratuidade da justiça ou acolhimento do pedido de sua revogação;

VI – exibição ou posse de documento ou coisa;

VII – exclusão de litisconsorte;

VIII – rejeição do pedido de limitação do litisconsórcio;

IX – admissão ou inadmissão de intervenção de terceiros;

X – concessão, modificação ou revogação do efeito suspensivo aos embargos à execução;

XI – redistribuição do ônus da prova nos termos do art. 373, § 1º;

Código sancionado

Art. 373. O ônus da prova incumbe:

I – ao autor, quanto ao fato constitutivo de seu direito;

II – ao réu, quanto à existência de fato impeditivo, modificativo ou extintivo do direito do autor.

§ 1º Nos casos previstos em lei ou diante de peculiaridades da causa relacionadas à impossibilidade ou à excessiva dificuldade de cumprir o encargo nos termos do *caput* ou à maior facilidade de obtenção da prova do fato contrário, poderá o juiz atribuir o ônus da prova de modo diverso, desde que o faça por decisão fundamentada, caso em que deverá dar à parte a oportunidade de se desincumbir do ônus que lhe foi atribuído.

§ 2º A decisão prevista no § 1º deste artigo não pode gerar situação em que a desincumbência do encargo pela parte seja impossível ou excessivamente difícil.

§ 3º A distribuição diversa do ônus da prova também pode ocorrer por convenção das partes, salvo quando:

I – recair sobre direito indisponível da parte;

II – tornar excessivamente difícil a uma parte o exercício do direito.

§ 4º A convenção de que trata o § 3º pode ser celebrada antes ou durante o processo.

XII – (VETADO);

XIII – outros casos expressamente referidos em lei.

Comentários: Esta redação do inciso XIII é uma espécie de coringa utilizado pelo legislador.

Art. 1015

Parágrafo único. Também caberá agravo de instrumento contra decisões interlocutórias proferidas na fase de liquidação de sentença ou de cumprimento de sentença, no processo de execução e no processo de inventário.

Comentários: No processo do trabalho vige a irrecorribilidade das decisões interlocutórias. A parte a quem aproveita recorrer deverá prequestionar a matéria em sede preliminar ou em contrarrazões, se o recurso for da outra parte. Por consequência, o agravo de instrumento trabalhista tem âmbito operacional restrito ao desatrelamento de recursos que não foram processados em qualquer das jurisdições.

Alteração no relatório geral

Art. 971.

3º A falta de peça obrigatória não implicará a inadmissibilidade do recurso se o recorrente, intimado, vier a supri-la no prazo de cinco dias.

Comentários: O parágrafo 3º é oportuno e prestigia o princípio da economia processual e da própria celeridade. A partir da entrada em vigor do novo dispositivo, o relator não poderá deixar de conhecer do agravo de instrumento por ausência de peça obrigatória antes de intimar o interessado para sanar a omissão no prazo de 5 dias. Vale dizer, com intimação e outros trâmites, em menos de 30 dias salva-se o processo e proporciona-se a entrega da jurisdição, que é o objetivo primeiro do Estado.

Código sancionado

Art. 1.017. A petição de agravo de instrumento será instruída:

§ 3º Na falta da cópia de qualquer peça ou no caso de algum outro vício que comprometa a admissibilidade do agravo de instrumento, deve o relator aplicar o disposto no art. 932, parágrafo único.

Código sancionado

Art. 932. Incumbe ao relator:

Parágrafo único. Antes de considerar inadmissível o recurso, o relator concederá o prazo de 5 (cinco) dias ao recorrente para que seja sanado vício ou complementada a documentação exigível.

Comentários: O artigo cita a fonte sobre o prazo, mas poderia simplesmente citar o prazo de 5 (cinco) dias. Isso facilitaria a todos que venham a compulsar os autos.

Art. 1017

§ 4º Se o recurso for interposto por sistema de transmissão de dados tipo fac-símile ou similar, as peças devem ser juntadas no momento de protocolo da petição original.

§ 5º Sendo eletrônicos os autos do processo, dispensam-se as peças referidas nos incisos I e II do *caput*, facultando-se ao agravante anexar outros documentos que entender úteis para a compreensão da controvérsia.

Redação da Comissão Técnica de Apoio

Art. 934. Em prazo não superior a um mês da intimação do agravado, o relator pedirá dia para julgamento.

Comentários: O emprego do termo "mês" não tem sentido, quando se sabe que o n. de dias no mês varia de 28, 29, 30 e 31. Pior. A erronia poderia permanecer por algumas décadas até que alguém a percebesse e usasse o prazo de 30 dias. Felizmente o art. 934 sancionado deu outra redação.

Código sancionado

Art. 934. Em seguida, os autos serão apresentados ao presidente, que designará dia para julgamento, ordenando, em todas as hipóteses previstas neste Livro, a publicação da pauta no órgão oficial.

Comentários: Refere-se ao presidente do colegiado. Na prática, o presidente é somente comunicado, posto que a secretaria providencia toda a parte burocrática.

Código sancionado

Art. 935. Entre a data de publicação da pauta e a da sessão de julgamento decorrerá, pelo menos, o prazo de 5 (cinco) dias, incluindo-se em nova pauta os processos que não tenham sido julgados, salvo aqueles cujo julgamento tiver sido expressamente adiado para a primeira sessão seguinte.

Comentários: Dá-se o prazo mínimo de 5 (cinco) dias para que o processo entre em pauta para facilitar às partes a consulta dos autos.

§ 1º Às partes será permitida vista dos autos em cartório após a publicação da pauta de julgamento.

Comentários: Depois da publicação da pauta, a vista dos autos somente pode ser dada em cartório para evitar tumulto com a não devolução dos autos.

§ 2º Afixar-se-á a pauta na entrada da sala em que se realizar a sessão de julgamento.

Comentários: A fixação da pauta em lugar visível é salutar. Em havendo possibilidade, a pauta deve ser afixada em mais de um lugar para facilidade dos advogados.

Redação da Comissão Técnica de Apoio

Art. 937. Cabem embargos de declaração quando:

I – houver, na decisão monocrática ou colegiada, obscuridade ou contradição;

II – for omitido ponto sobre o qual devia pronunciar-se o juiz ou tribunal.

Parágrafo único. Eventual efeito modificativo dos embargos de declaração somente poderá ocorrer em virtude da correção do vício, desde que ouvida a parte contrária no prazo de cinco dias.

Alteração no relatório geral

Art. 976. Cabem embargos de declaração contra qualquer decisão monocrática ou colegiada para:

I – esclarecer obscuridade ou eliminar contradição;

II – suprir omissão de ponto sobre o qual devia pronunciar-se o juiz ou tribunal;

III – corrigir erro material.

Parágrafo único. Eventual efeito modificativo dos embargos de declaração somente poderá ocorrer em virtude da correção do vício, desde que ouvida a parte contrária no prazo de cinco dias.

Comentários: O *caput* é um avanço e retira discussão estéril provocada por juízes no sentido de que não caberia contra decisões monocráticas. Houve a inclusão do item III – "corrigir erro material". A tradição doutrinária e jurisprudencial é a de que o erro material pode ser corrigido a qualquer momento, em qualquer jurisdição, não importando quem cometeu o erro, por simples petição. Não há razão para que seja colocado no rol dos embargos. Mesmo porque o erro material não está sujeito a prazo. Se for apresentado por meio de embargos declaratórios, não se submeterá a nenhum prazo. Por isso, acredito que as partes continuarão peticionando em caso de erro material e os juízes continuarão a atendê-las independentemente de prazo. O erro material é considerado um instituto com regramentos próprios. Não pode a lei simplesmente colocá-lo numa redoma, mediante critérios outros que não lhe dizem respeito.

Código sancionado

Art. 1.022. Cabem embargos de declaração contra qualquer decisão judicial para:

Obs. A redação do *caput* é incompleta e repete a mesma erronia do art. 535 do Código em vigor. A redação deveria ser a que segue:

Cabem embargos de declaração de decisão monocrática e colegiada e de despachos para:

Comentários: O artigo, a exemplo do Código em vigor, é incompleto. Os embargos são cabíveis de decisões monocráticas e colegiadas e também dos despachos proferidos pelo juiz. Todavia, não é só nas decisões que o juiz pode deixar dúvidas. Num simples despacho podem surgir obscuridade e/ou contradição. Existem juízes prolixos, que abusam do vernáculo. Todos sabemos que as palavras falada e escrita são má condutoras do pensamento. O legislador, com frequência, comete essa erronia. A parte é intimada de um despacho, mas não entende a mensagem ali contida. Muitos vão à secretaria do cartório e conversam com o cartorário que já está acostumado com o modo de escrever do juiz. Falar com o juiz e dizer que não entendeu o seu despacho poderá provocar milindres, principalmente se for juiz novo, já os encanecidos no mister sempre são mais pacientes e atenciosos. Como resolver. Atravessar uma petição pedindo a devolução do prazo e pedindo para que o juiz explique melhor o que pretende, providência que poderá não ter sucesso; ou aviar embargos declaratórios.

I – esclarecer obscuridade ou eliminar contradição;

Comentários: Uma redação prolixa tende a ser obscura. A redação deve ser sucinta, objetiva, com períodos curtos; com emprego do verbo no infinitivo sempre que possível; não abusar do gerúndio, usando-o nos casos em que se faz necessário. Quem escreve períodos longos acaba pontuando mal e às vezes esquecendo do objeto. A contradição é de mais fácil observação. O juiz julgou procedente o pedido e condenou o autor em honorários advocatícios.

II – suprir omissão de ponto ou questão sobre o qual devia se pronunciar o juiz de ofício ou a requerimento;

Omissão. A omissão está diretamente ligada ao pedido. A sentença tem que analisar todos os pedidos em consonância com a causa de pedir. Omissa a sentença, se a parte não utilizar os embargos declaratórios, a matéria torna-se preclusa e não poderá ser discutida no tribunal, cuja competência é revisora. Se o tribunal conhecer de tema que não foi enfrentado pelo juiz primário, haverá o vício da supressão de jurisdição. A parte terá de usar dos embargos de declaração para que a matéria seja prequestionada e só assim poderá ser levada ao conhecimento do tribunal para que se pronuncie sobre a matéria.

Na prática, existe um resistência preocupante de número crescente de juízes que ficam inquietos frente aos embargos de declaração. A questão deve ser focada sobre dois ângulos: primeiro, existem aqueles advogados que se utilizam dos embargos de declaração para conseguir maior prazo para o recurso, uma vez que os embargos, salvo se forem intempestivos, suspendem o prazo; segundo existem juízes que acham que os embargos seriam uma espécie de *capitis diminutio* da sua capacidade de julgar. Existem aqueles que colocam na sentença uma espécie de aviso, alerta contra os embargos declaratórios, fato que não se pode deixar de lamentar! Na primeira hipótese, o juiz, se for o caso, poderá considerar os embargos protelatórios e fixar multa; no segundo caso, é pura prevenção. Os embargos se fazem necessários principalmente nos tribunais para o prequestionamento da matéria para o recurso para o STJ ou para o TST. Em sede trabalhista, os embargos declaratórios nos tribunais sempre sofreram uma espécie de resistência, que o TST sumulou que se a parte ajuizou embargos declaratórios, ainda que o tribunal tenha apreciado mal ou mesmo não tenha apreciado, considera-se a matéria prequestionada para fins de recurso e revista.

A providência posta no item III da Súmula 297 do TST apenas contornou a situação, mas não fez cumprir a lei. Ao contrário, reforçou o mau costume, podendo atrair adeptos.

O relator que se nega a prequestionar a matéria nada mais faz do que defender o seu acórdão. Com essa resistência passa a exercer uma espécie de advocacia em favor daquele a quem ele e o colegiado, por unanimidade ou por maioria, julgaram favorável. A resistência é justamente para que o tribunal superior (STJ, TST, STF) não conheçam do recurso por ausência de prequestionamento. A consequência nociva e perversa é que o relator subverte o princípio da imparcialidade, pois está claramente escolhendo o lado do processo.

O juiz de primeiro grau poderá adotar um dos fundamentos que a parte indicar e decidir, não sendo obrigado a analisar todos os demais fundamentos; esse princípio, todavia, não se aplica aos tribunais. O relator deverá analisar todos os fundamentos trazidos pelos recursos e dar a sua conclusão, que poderá ser diferente. Todavia, temos em nossos arquivos acórdão de tribunal em que o relator simplesmente adota o princípio unitário e não aprecia os demais fundamentos. Certamente haverá embargos declaratórios para o prequestionamento da matéria omitida. O inciso II do parágrafo único é oportuno para que haja efetiva fundamentação. Temos acórdão em que o relator diz apenas: "considerem-se apreciadas todas as questões legais e constitucionais neste julgamento", sem mesmo ter apreciado nenhuma matéria de direito ou constitucional. Tem-se aí espécie de apreciação virtual de matéria alegada e não apreciada. A situação tende a piorar se não houver uma providência drástica do legislador juntamente com a Corregedoria Geral do ramo de Jurisdição, respectivo.

III – corrigir erro material.

Comentários: O erro material pode e deve ser corrigido a qualquer momento ou grau de jurisdição, de ofício, porque não transita em julgado. A correção poderá ser pleiteada por simples petição ao juiz. Agora, poderá ser objeto de embargos de declaração.

Art. 1022

Prima facie parece que a discussão do erro material em sede de embargos de declaração não traria outra consequência a não ser sanar o erro existente. Todavia, haverá de forma subliminar. É sabido que o erro material poderá ser alegado a qualquer tempo ou grau de jurisdição. Qualquer juiz de qualquer grau de jurisdição poderá corrigir o erro material, mesmo não sendo o juiz que cometeu o erro. Isso porque o erro material não transita em julgado em nenhum momento. Nesse sentido é a jurisprudência e a doutrina secular.

Todavia ao ser submetido à apreciação jurisdicional, ainda que o juiz ou o relator (colegiado) erre na apreciação e no julgamento do erro material, dizendo que ele não existe quando existe, este deixa de ser erro material e a discussão somente poderá ser revivida por meio de recurso.

O prejudicado pelo erro material, entretanto não está obrigado a discuti-lo em embargos de declaração. Se preferir utilizá-lo, correrá o risco que aventamos acima, se o erro material não for sanado. Se não se utilizar dos embargos de declaração, poderá discuti-lo a qualquer tempo ou grau de jurisdição, simplesmente porque não haverá preclusão do erro material.

Processo do trabalho

A CLT prevê os embargos de declaração no art. 897-A, acrescentado pela Lei n. 9.957/2000. Antes o processo do trabalho buscava alento subsidiário no CPC. Com a nova redação do art. 1.022 do CPC que entrará em vigor foi acrescentado o inciso II referente ao "erro material", tema que não consta do art. 897-A da CLT. Temos, assim, duas possibilidades. A primeira seria a aplicação complementar do CPC, trazendo para o processo laboral a possibilidade de invocar o erro material em sede de embargos de declaração; a segunda seria dar-se por satisfeito com o que temos, sem necessidade da busca subsidiária. É a forma que nos parece melhor. Conservaríamos, assim, a possibilidade de invocar o erro material a qualquer momento e em qualquer grau de jurisdição. Para aqueles que entendem que o art. 769 somente terá aplicação, quando a CLT for totalmente omissa, diríamos que isso é meia verdade. Basta que nos reportemos aos artigos 818 e 836 da CLT, entre inúmeros outros, onde se verifica a necessidade do subsídio complementar. A CLT prevê a matéria, mas a norma é incompleta. Será que existe alguém em sede trabalhista que afirme que em matéria probatória, basta o art. 818 da CLT? ou que se possa manejar a ação rescisória somente com o art. 836 da CLT. A resposta é intuitiva.

Parágrafo único. Considera-se omissa a decisão que:

I – deixe de se manifestar sobre tese firmada em julgamento de casos repetitivos ou em incidente de assunção de competência aplicável ao caso sob julgamento;

II – incorra em qualquer das condutas descritas no art. 489, § 1º

Código sancionado

Art. 489

§ 1º Não se considera fundamentada qualquer decisão judicial, seja ela interlocutória, sentença ou acórdão, que:

I – se limitar à indicação, à reprodução ou à paráfrase de ato normativo, sem explicar sua relação com a causa ou a questão decidida;

II – empregar conceitos jurídicos indeterminados, sem explicar o motivo concreto de sua incidência no caso;

III – invocar motivos que se prestariam a justificar qualquer outra decisão;

IV – não enfrentar todos os argumentos deduzidos no processo capazes de, em tese, infirmar a conclusão adotada pelo julgador;

V – se limitar a invocar precedente ou enunciado de súmula, sem identificar seus fundamentos determinantes nem demonstrar que o caso sob julgamento se ajusta àqueles fundamentos;

VI – deixar de seguir enunciado de súmula, jurisprudência ou precedente invocado pela parte, sem demonstrar a existência de distinção no caso em julgamento ou a superação do entendimento.

§ 2º No caso de colisão entre normas, o juiz deve justificar o objeto e os critérios gerais da ponderação efetuada, enunciando as razões que autorizam a interferência na norma afastada e as premissas fáticas que fundamentam a conclusão.

§ 3º A decisão judicial deve ser interpretada a partir da conjugação de todos os seus elementos e em conformidade com o princípio da boa-fé.

Comentários: O inciso II do parágrafo único aumentou o âmbito operacional dos embargos de declaração. O acréscimo foi oportuno e obrigará que sentenças e acórdãos sejam cuidadosamente fundamentados. Não se lance mão de fundamentos virtuais. Mas, sabemos que o sucesso da lei vai depender em grande parte dos tribunais superiores em alijar esse costume nocivo do mínimo esforço em desrespeito ao jurisdicionado, já que o legislador não previu penalidade.

Alteração no relatório geral

Art. 978. O juiz julgará os embargos em cinco dias; nos tribunais, o relator apresentará os embargos em mesa na sessão subsequente, proferindo voto. Não havendo julgamento nessa sessão, será o recurso incluído em pauta.

Parágrafo único. Quando os embargos de declaração forem opostos contra decisão proferida na forma do art. 888 o relator os decidirá monocraticamente.

Comentários: O parágrafo único permite que o relator decida monocraticamente os embargos declaratórios que tenham por fundo as decisões proferidas em sede do art. 888 do novo Código.

Comentários: Ver abaixo o art. 1024 do Código sancionado.

Art. 888. Incumbe ao relator:

I – dirigir e ordenar o processo no tribunal;

II – apreciar o pedido de tutela de urgência ou da evidência nos recursos e nos processos de competência originária do tribunal;

III – negar seguimento a recurso inadmissível, prejudicado ou que não tenha atacado especificamente os fundamentos da decisão ou sentença recorrida;

IV – negar provimento a recurso que contrariar:

a) súmula do Supremo Tribunal Federal, do Superior Tribunal de Justiça ou do próprio tribunal;

b) acórdão proferido pelo Supremo Tribunal Federal ou pelo Superior Tribunal de Justiça em julgamento de recursos repetitivos;

c) entendimento firmado em incidente de resolução de demandas repetitivas ou de assunção de competência.

V – dar provimento ao recurso se a decisão recorrida contrariar:

a) súmula do Supremo Tribunal Federal, do Superior Tribunal de Justiça ou do próprio tribunal;

b) acórdão proferido pelo Supremo Tribunal Federal, ou pelo Superior Tribunal de Justiça em julgamento de recursos repetitivos;

c) entendimento firmado em incidente de resolução de demandas repetitivas ou de assunção de competência.

VI – exercer outras atribuições estabelecidas nos regimentos internos dos tribunais.

Código sancionado

Art. 1.024. O juiz julgará os embargos em 5 (cinco) dias.

§ 1º Nos tribunais, o relator apresentará os embargos em mesa na sessão subsequente, proferindo voto, e, não havendo julgamento nessa sessão, será o recurso incluído em pauta automaticamente.

§ 2º Quando os embargos de declaração forem opostos contra decisão de relator ou outra decisão unipessoal proferida em tribunal, o órgão prolator da decisão embargada decidi-los-á monocraticamente.

Comentários: A decisão será monocrática se o tema dos embargos for matéria que diga respeito somente ao relator ou de outro órgão prolator.

§ 3º O órgão julgador conhecerá dos embargos de declaração como agravo interno se entender ser este o recurso cabível, desde que determine previamente a intimação do recorrente para, no prazo de 5 (cinco) dias, complementar as razões recursais, de modo a ajustá-las às exigências do art. 1.021, § 1º.

Comentários: Se houver erro ou engano na utilização dos embargos declaratórios, este poderá ser recebido como agravo interno se for esse o recurso que caberia. Em se apresentando a hipótese, o recorrente deverá ser intimado previamente para complementar as razões recursais no prazo de 5 (cinco) dias, ajustando-as às exigências do art. 1021, § 1º.

§ 4º Caso o acolhimento dos embargos de declaração implique modificação da decisão embargada, o embargado que já tiver interposto outro recurso contra a decisão originária tem o direito de complementar ou alterar suas razões, nos exatos limites da modificação, no prazo de 15 (quinze) dias, contado da intimação da decisão dos embargos de declaração.

Comentários: O parágrafo é mais razoável. Quando o juiz vai apreciar embargos declaratórios, ele não sabe se irá dar provimento ou não. A determinação do Código em vigor de intimar a parte contrária antes da decisão dá a impressão de que haverá obrigatoriamente modificação, quando poderá não haver. Age-se por conjectura. A redação do § 4º é mais inteligente. Se houver modificação na decisão embargada, o embargado será intimado da modificação e terá 15 (quinze) dias, contados da intimação, para complementar as razões recursais.

§ 5º Se os embargos de declaração forem rejeitados ou não alterarem a conclusão do julgamento anterior, o recurso interposto pela outra parte antes da publicação do julgamento dos embargos de declaração será processado e julgado independentemente de ratificação.

Comentários: Se os embargos declaratórios forem rejeitados ou não alterarem a conclusão do julgamento principal, não haverá necessidade de intimação do embargado e o recurso por ele interposto será processado e julgado normalmente.

Redação da Comissão Técnica de Apoio

Art. 940. Consideram-se incluídos no acórdão os elementos que o embargante pleiteou, para fins de prequestionamento, ainda que os embargos de declaração não sejam admitidos, caso o tribunal superior considere existentes omissão, contradição ou obscuridade.

Comentários: O artigo é oportuno. Existe uma tendência generalizada de juízes em não apreciar embargos declaratórios com o devido critério. Muitos têm adredemente preparado determinada redação: "o que o embargante pretende é discutir matéria própria de recurso". Com isso, os embargos são descartados. Tem-se uma situação perversa na qual o juiz não aprecia os embargos e o tribunal não considera a matéria prequestionada para o recurso. Temos caso em nossos arquivos em que o relator no tribunal ao proferir o acórdão faz alerta às partes sobre o uso de embargos declaratórios protelatórios. Cria-se um clima de terror para desacoroçoar as partes do uso do remédio legal.

Processo do Trabalho

No processo do trabalho, o número crescente de embargos declaratórios em que o relator não entregava a prestação jurisdicional e o TST determinava a devolução dos autos à origem avolumou-se de tal forma que foi criado o item III da Súmula 297, em que se considera julgados os embargos, desde que opostos habilmente. Com isso, mesmo sem terem sido julgados pelo Regional, aquele tribunal considera prequestionada a matéria para fins de recurso de revista.

O artigo sob comento vai além e considera prequestionada a matéria, ainda que os embargos declaratórios não sejam conhecidos, desde que o tribunal superior considere existentes omissão, contradição ou obscuridade. A locução "tribunal superior" engloba todos os tribunais *ad quem*.

O artigo teria plena aplicação em sede do processo do trabalho.

Código sancionado

Art. 1.025. Consideram-se incluídos no acórdão os elementos que o embargante suscitou, para fins de pré-questionamento, ainda que os embargos de declaração sejam inadmitidos ou rejeitados, caso o tribunal superior considere existentes erro, omissão, contradição ou obscuridade.

Comentários: Reportamo-nos aos comentários do art. 940, *retro*, da Comissão Técnica. A redação da Comissão Técnica e do Código sancionado é um avanço, mormente do termo "rejeitados", enquanto a Comissão Técnica restringia aos embargos que não fossem admitidos. Em ambos os casos, inadmitidos ou rejeitados, o prequestionamento estará configurado, desde que o tribunal superior considere existente erro, omissão, contradição ou obscuridade. O artigo certamente virá sanar injustiças que são cometidas por juiz que conhece dos embargos, por tempestivos, mas os rejeitam sem uma apreciação mais séria, baseada na pressa e no açodamento.

Reportamo-nos aos comentários que fizemos no art. 1022 do Código sancionado.

Na prática, existe uma resistência preocupante de número crescente de juízes que ficam inquietos frente aos embargos de declaração. A questão deve ser focada sob dois ângulos: primeiro, existem advogados que se utilizam dos embargos de declaração para conseguir maior prazo para o recurso, uma vez que os embargos, salvo se forem intempestivos, não suspendem o prazo; segundo, existem juízes que acham que os embargos seriam uma espécie de *capitis diminutio* da sua capacidade de julgar. Existem aqueles que colocam na sentença uma espécie de aviso, alerta contra os embargos declaratórios, fato que não se pode deixar de lamentar! Na primeira hipótese, o juiz, se for o caso, poderá considerar os embargos protelatórios e fixar multa; no segundo caso, é pura prevenção. Os embargos se fazem necessários principalmente nos tribunais para o prequestionamento da matéria para o recurso para o STJ ou para o TST. Em sede trabalhista, os embargos declaratórios nos tribunais sempre sofreram uma espécie de resistência, que o TST sumulou que se a parte ajuizou embargos declaratórios, ainda que o tribunal tenha se omitido, considera-se a matéria prequestionada para fins de recurso de revista. A providência posta no item III da Súmula 297 do TST apenas contornou a situação, mas não fez cumprir a lei. Ao contrário, reforçou o mau costume, podendo atrair adeptos.

O relator que se nega a prequestionar a matéria nada mais faz do que defender o seu acórdão. Com essa resistência passa a exercer uma espécie de advocacia em favor daquele a quem ele e o colegiado, por unanimidade ou por maioria, julgaram favorável. A resistência é justamente para que os tribunais superiores (STJ, TST, STF) não conheçam do recurso por ausência de prequestionamento. A consequência nociva e perversa é que o relator subverte o princípio da imparcialidade, pois está claramente escolhendo o lado do processo.

Se de um lado a nova norma beneficia o jurisdicionado, pois é sabido que os tribunais superiores leem com redobrado cuidado as razões recursais para evitar embargos declaratórios, o fato de trazerem para o âmbito do relator e do colegiado a análise daquilo que deveria ter sido feito pelo órgão *ad quem* pode tornar-se um incentivo para que os embargos declaratórios não sejam cuidadosamente analisados nas jurisdições regionais e tribunais de justiça. Mas não deixa de ser um avanço. Do jeito que está, os tribunais inferiores não cumprem o seu papel de entregar a prestação jurisdicional completa com o prequestionamento e os tribunais superiores pousam num faz de conta de não saber o que se passa na jurisdição inferior e de exigir o prequestionamento, situação que leva ao não conhecimento de recursos e de clara injustiça. A aprovação foi uma avanço.

Redação da Comissão Técnica de Apoio

Art. 941. Os embargos de declaração não têm efeito suspensivo e, salvo quando intempestivos, interrompem o prazo para a interposição de outros recursos por qualquer das partes.

Alteração no relatório geral

Art. 980 Os embargos de declaração não têm efeito suspensivo e interrompem o prazo para a interposição de outros recursos por qualquer das partes.

Comentários: O parágrafo 2º, *retro*, poderá fazer parte do *caput*, a exemplo do art. 941 da Comissão Técnica.

O art. 980 deixa uma dúvida. Ao não adotar a exceção direcionou para o entendimento de que os embargos, mesmo intempestivos, suspendem o prazo recursal. Entretanto, a doutrina e a jurisprudência firmaram-se no sentido de que, se intempestivos, não haverá suspensão. Parece-me correta a asserção. A intempestividade torna o recurso inexistente.

De conformidade com o *caput* os embargos não têm efeito suspensivo, o que significa que a execução provisória poderá ser feita, mas suspende o prazo para a interposição de outros recursos. Isso significa que os embargos serão sempre conhecidos, desde que tempestivos, e suspenderão o prazo para recurso. Existe no Código em vigor uma tendência de juízes no sentido de não suspender o prazo quando ausentes requisitos de admissibilidade (obscuridade, contradição, omissão) ou quando os embargos forem julgados improcedentes. A tendência afronta a lei. Ainda que considerados protelatórios, os embargos suspendem o prazo para recurso, podendo (devendo) o juiz aplicar a multa prevista para a espécie.

§ 1º A eficácia da decisão monocrática ou colegiada poderá ser suspensa pelo respectivo juiz ou relator se demonstrada a probabilidade de provimento do recurso, ou, sendo relevante a fundamentação, houver risco de dano grave ou difícil reparação.

Comentários: O parágrafo 1º se ressente do princípio do paralelismo, fato que acontece em outros artigos com preocupante intensidade, já que o legislador deve prestigiar o vernáculo.

Referido parágrafo possibilita a suspensão da sentença ou do acórdão pelo juiz ou pelo relator, quando possível o provimento do recurso ou, sendo relevantes os argumentos trazidos, existir o risco de dano grave ou de difícil reparação. A primeira hipótese, possibilidade de provimento do recurso, dificilmente será utilizada pelo juiz de primeiro grau ou pelo relator. Já a segunda hipótese é de real importância, porque o julgamento traz fundamentos relevantes e existe a verossimilhança de risco de dano grave ou de difícil reparação. Nesse caso, a suspensão equivale ao efeito suspensivo, quando a execução somente dar-se-á com o trânsito em julgado material. Pergunta que se faz: se os embargos forem intempestivos, haverá a possibilidade de suspensão? De um lado haveria o óbice de que os embargos, considerados intempestivos, sequer adentraram ao mundo jurídico; mas, por outro lado, a informação de risco de dano grave ou de difícil reparação chegou ao magistrado. Ele faria de conta que não recebeu a informação ou passaria por cima dessa filigrana prossessual e determinaria a suspensão? Nesse caso, o parágrafo segundo deveria ter a seguinte redação:

§ 2º Quando intempestivos, a interrupção do prazo não aproveitará ao embargante.

Segundo o § 2º, os embargos declaratórios, quando intempestivos, não suspendem o prazo para recurso. A redação do referido parágrafo não é clara e poderá causar confusão interpretativa. Melhor que a redação seja feita sempre na ordem direta. Deveria ser:

§ 2º Os embargos declaratórios, quando intempestivos, não suspenderão o prazo para recurso.

Todavia, se intempestivo não haveria suspensão de prazo, porque os embargos sequer adentraram ao mundo jurídico. A redação deveria ser a que segue:

§ 3º Se, ao julgar os embargos de declaração, o juiz, relator ou órgão colegiado não alterar a conclusão do julgamento anterior, o recurso principal interposto pela outra parte antes da publicação do resultado será processado e julgado independentemente de ratificação.

Comentários: Se no julgamento de embargos não houve qualquer modificação do julgado, nada impede que se prossiga no julgamento do recurso da parte adversa. Nesse caso, a suspensão de prazo não lhe aproveita simplesmente porque não haveria de emendar o recurso.

§ 4º Quando manifestamente protelatórios os embargos, o juiz ou o tribunal condenará o embargante a pagar ao embargado multa não excedente a cinco por cento sobre o valor da causa.

Comanda o § 4º que se os embargos forem protelatórios, a autoridade judiciária condenará o embargante a pagar ao embargado multa que não poderá exceder a 5% sobre o valor da causa. Também aqui a redação deixa a desejar, quando fala em juiz e tribunal. Por simetria deveria falar em Vara e tribunal, mas não seria correto. Não vemos razão para a redução da multa. A redação deveria ser a que segue, fazendo uso da ordem direta, a saber:

§ 4º O juiz ou o relator dos embargos declaratórios, quando manifestamente protelatórios, condenará o embargante a pagar ao embargado multa não excedente a cinco por cento sobre o valor da causa ou o valor arbitrado no voto.

Os embargos considerados protelatórios devem, assim, ser declarados pelo juiz para que possa ser aplicada a multa. A multa, que variará até cinco por cento, deve ser aplicada com razoabilidade. Isto é, o juiz deverá verificar se houve realmente o *animus* protelatório.

§ 5º Não serão admitidos novos embargos declaratórios, se os anteriores houverem sido considerados protelatórios.

Comentários: O § 5º trata de uma questão recorrente. Não é comum, mas existem casos em que o embargante repete os mesmos embargos sob o argumento de que não foram respondidos integralmente. O embargante poderá até ter razão. Em sendo o caso, o juiz deverá completar a entrega da prestação jurisdicional. Todavia, se não for o caso, e se o embargante reincide na protelação, o fato de o juiz haver aplicado a multa em seu índice máximo de 5% não traduz impedimento para que o juiz aplique nova multa ou tantas multas quantos forem os atos protelatórios repetidos. O entendimento de que, aplicada a multa o juiz não poderia mais penalizar o embargante protelador desaguaria em interpretação estrábica, pois a lei não foi editada para referendar falcatruas. E mais. Os segundos embargos protelatórios autorizam que o juiz declare que o procedimento é ato atentatório à dignidade da Justiça, com nova multa e a possibilidade de impedir falar nos autos.

§ 6º A interposição de qualquer outro recurso fica condicionada ao depósito do valor de cada multa, ressalvados a Fazenda Pública e os beneficiários da gratuidade de justiça que a recolherão ao final, conforme a lei.

Comentários: A exigência é salutar e profilática, pois serve para desacoroçoar as investidas protelatórias. O artigo excepciona a Fazenda Pública e aumenta o rol de benesses, ao nosso ver, sem razão, porque o Poder Público é useiro e vezeiro em praticar atos arbitrários e usar de todos os artifícios para que a execução não cheque a bom termo.

Código sancionado

Art. 1.026. Os embargos de declaração não possuem efeito suspensivo e interrompem o prazo para a interposição de recurso.

Comentários: O artigo repete o art. 538 do Código em vigor e determina a suspensão do prazo recursal. Todavia, diferentemente do art. 941 da Comissão Técnica e do art. 980 da relatoria, não excepciona para o caso de os embargos serem intempestivos. A não adoção da exceção pode levar à conclusão de que os embargos declaratórios, ainda que intempestivos, suspendem o prazo de recurso. Todavia, com redação idêntica no Código em vigor, a doutrina e a jurisprudência direcionaram para o entendimento de que, no caso de intempestividade, não haverá a suspensão do prazo recursal. É que os embargos aviados intempestivamente não existem juridicamente, embora marquem presença de fato nos autos, fato que pode servir de adminículo para a conclusão de uso protelatório do remédio processual. O ideal é que a lei sempre adote aquilo que restou firmado pela doutrina e pela jurisprudência. Diante da omissão devem prevalecer a doutrina e a jurisprudência firmadas sobre o assunto, que excepciona pela não suspensão do prazo recursal em caso de intempestividade. Remetemos aos comentários feitos no art. 980 da relatoria.

§ 1º A eficácia da decisão monocrática ou colegiada poderá ser suspensa pelo respectivo juiz ou relator se demonstrada a probabilidade de provimento do recurso ou, sendo relevante a fundamentação, se houver risco de dano grave ou de difícil reparação.

Comentários: Remetemos aos comentários do § 1º do art. 840, *retro*.

§ 2º Quando manifestamente protelatórios os embargos de declaração, o juiz ou o tribunal, em decisão fundamentada, condenará o embargante a pagar ao embargado multa não excedente a dois por cento sobre o valor atualizado da causa.

Comentários: O juiz não deve agir com açodamento ao analisar se a parte agiu ou não com objetivo protelatório. Não se pode fugir à seguinte afirmação: a análise feita pelo advogado é subjetiva, como também será a análise que será feita pelo juiz. Aquilo que pode não ser obscuro ao juiz poderá sê-lo ao advogado, principalmente se pensarmos em termos de advogado iniciante. A omissão e a contradição são requisitos de mais fácil percepção. Deve haver uma análise tranquila com base na razoabilidade que determinará se houve ou não o querer protelatório. Tem-se, ainda, um outro complicador no art. 1.022, parágrafo único, inciso II, que inclui outros requisitos dos embargos : § 1º, incisos I a VI e §§ 2º e 3º, do art. 489.

§ 3º Na reiteração de embargos de declaração manifestamente protelatórios, a multa será elevada a até dez por cento sobre o valor atualizado da causa, e a interposição de qualquer recurso ficará condicionada ao depósito prévio do valor da multa, à exceção da Fazenda Pública e do beneficiário de gratuidade da justiça, que a recolherão ao final.

Comentários: A multa de 2 (dois)% do § 2º, *retro*, será majorada para até 10 (dez) por cento sobre o valor atualizado da causa. Deverá haver razoabilidade na majoração da multa acima de 2 (dois) por cento. A multa aplicada passará a constituir um dos requisitos de admissibilidade para o processamento do recurso. O § 3º diz que a multa será depositada previamente. Somente o depósito é prévio, a comprovação será feita juntamente com a interposição do recurso, a exemplo das custas processuais.

§ 4º Não serão admitidos novos embargos de declaração se os 2 (dois) anteriores houverem sido considerados protelatórios.

Comentários: Os embargos declaratórios, mesmo com a possibilidade de serem declarados protelatórios, têm sido usados de forma indevida e de maneira protelatória para conseguir a suspensão de prazo, mormente no direito criminal. É razoável que não sejam processados depois que foram declarados protelatórios duas vezes. Os princípios da ampla defesa e do devido processo legal não podem ser levados a extremos. A lei é uma construção cultural com o objetivo de prover e prever para uma realidade, não para ser usada como meio procrastinatório.

Alteração no relatório geral

Art. 996. Não admitido o recurso extraordinário ou o recurso especial, caberá agravo de admissão para o Supremo Tribunal Federal ou para o Superior Tribunal de Justiça, conforme o caso.

Nota: "para o Supremo Tribunal Federal 'ou' para o Superior Tribunal de Justiça". Deveria estar gravado e/ou, uma vez que ambos os recursos poderão não ser admitidos, hipótese em que haverá dois agravos de admissão.

§ 1º Na hipótese de interposição conjunta de recurso extraordinário e recurso especial, o agravante deverá interpor um agravo para cada recurso não admitido.

Comentários: O agravo de admissão deverá ser distinto para cada recurso indeferido. A modificação do *nomen juris* não tem sentido. Deve permanecer aquilo que sempre foi usado e deu certo.

§ 2º A petição de agravo de admissão será dirigida à presidência do tribunal de origem, não dependendo do pagamento de custas e despesas postais.

Comentários: A isenção é uma iniciativa que merece aplausos num país que cobra absolutamente tudo, não só no Poder Judiciário. Essa norma deveria se estendida para as jurisdições inferiores para o agravo de instrumento,

§ 3º O agravado será intimado, de imediato, para oferecer resposta.

Comentários: O termo "resposta" tem significado diverso em terminologia jurídica (art. 297, do Código em vigor). Deveria ser usado o termo "contrarrazões".

§ 4º Havendo apenas um agravo de admissão, o recurso será remetido ao tribunal competente. Havendo interposição conjunta, os autos serão remetidos ao Superior Tribunal de Justiça.

Comentários: Será decidida primeiramente a questão de direito; depois será enviado ao STF para apreciação da matéria constitucional, em sendo o caso.

§ 5º Concluído o julgamento do agravo de admissão pelo Superior Tribunal de Justiça e, se for o caso, do recurso especial, os autos serão remetidos ao Supremo Tribunal Federal, para apreciação do agravo de admissão a ele dirigido, salvo se estiver prejudicado.

Comentários: Reportamo-nos ao que foi comentado acima.

§ 6º No Supremo Tribunal Federal e no Superior Tribunal de Justiça, o julgamento do agravo de admissão obedecerá ao disposto no respectivo regimento interno, podendo o relator, se for o caso, decidir na forma do art. 888.

Comentários: O *caput* cuida do "agravo de admissão" interposto quando houver a negativa de processamento do recurso extraordinário e/ou do recurso especial. O § 1º confirma a nota aposta abaixo do *caput*. O agravo de admissão não necessita de pagamento de custas e despesas postais (§ 2º). O § 3º fala em intimação imediata do agravado. O imediato segue os trâmites normais do cartório. A intimação depende de atos anteriores. O § 4º aponta didaticamente que havendo interposição conjunta os autos serão enviados ao STJ. O § 5º completa o anterior. Julgado o agravo de admissão pelo STJ, em sendo o caso, os autos serão remetidos para o STF para apreciação como de direito. Em ambos os tribunais superiores (STJ e STF) a apreciação do agravo de admissão obedecerá à normas regimentais (§ 5º). Em sendo o caso, o relator poderá decidir monocraticamente nos moldes do art. 888 (§ 6º).

Art. 996. Não admitido o recurso extraordinário ou o recurso especial, caberá agravo de admissão para o Supremo Tribunal Federal ou para o Superior Tribunal de Justiça, conforme o caso.

Código sancionado

Art. 1.042. Cabe agravo contra decisão de presidente ou de vice-presidente do tribunal que:

I – indeferir pedido formulado com base no art. 1.035, § 6º, ou no art. 1.036, § 2º, de inadmissão de recurso especial ou extraordinário intempestivo;

II – inadmitir, com base no art. 1.040, inciso I, recurso especial ou extraordinário sob o fundamento de que o acórdão recorrido coincide com a orientação do tribunal superior;

III – inadmitir recurso extraordinário, com base no art. 1.035, § 8º, ou no art. 1.039, parágrafo único, sob o fundamento de que o Supremo Tribunal Federal reconheceu a inexistência de repercussão geral da questão constitucional discutida.

§ 1º Sob pena de não conhecimento do agravo, incumbirá ao agravante demonstrar, de forma expressa:

I – a intempestividade do recurso especial ou extraordinário sobrestado, quando o recurso fundar-se na hipótese do inciso I do *caput* deste artigo;

II – a existência de distinção entre o caso em análise e o precedente invocado, quando a inadmissão do recurso:

a) especial ou extraordinário fundar-se em entendimento firmado em julgamento de recurso repetitivo por tribunal superior;

b) extraordinário fundar-se em decisão anterior do Supremo Tribunal Federal de inexistência de repercussão geral da questão constitucional discutida.

Comentários: Os incisos *retro* constituem requisitos de admissibilidade.

§ 2º A petição de agravo será dirigida ao presidente ou vice-presidente do tribunal de origem e independe do pagamento de custas e despesas postais.

Obs. A redação deveria observar o princípio do paralelismo:...... "independe do pagamento de custas e (de) despesas postais."

Comentários: O conhecimento e processamento independerá do pagamento de custas e de despesas postais.

§ 3º O agravado será intimado, de imediato, para oferecer resposta no prazo de 15 (quinze) dias.

Comentários: O termos "resposta" não é sinônimo de "contrarrazões" e tem significado diverso na terminologia jurídica e legal (art. 297 do Código em vigor). Deveria usar o termo "contrarrazões." Código sancionado tornou homogêneos os prazos recursais para interpor e para contra-arrazoar.

§ 4º Após o prazo de resposta, não havendo retratação, o agravo será remetido ao tribunal superior competente.

§ 5º O agravo poderá ser julgado, conforme o caso, conjuntamente com o recurso especial ou extraordinário, assegurada, neste caso, sustentação oral, observando-se, ainda, o disposto no regimento interno do tribunal respectivo.

Comentários: O agravo deverá se julgado na oportunidade própria nos tribunais respectivos. Ver §§ 6º, 7º e 8º, abaixo.

§ 6º Na hipótese de interposição conjunta de recursos extraordinário e especial, o agravante deverá interpor um agravo para cada recurso não admitido.

Comentário: Ainda que a interposição dos recursos seja conjunta, deverá haver um agravo para cada tribunal para o qual o recurso foi dirigido.

§ 7º Havendo apenas um agravo, o recurso será remetido ao tribunal competente, e, havendo interposição conjunta, os autos serão remetidos ao Superior Tribunal de Justiça.

§ 8º Concluído o julgamento do agravo pelo Superior Tribunal de Justiça e, se for o caso, do recurso especial, independentemente de pedido, os autos serão remetidos ao Supremo Tribunal Federal para apreciação do agravo a ele dirigido, salvo se estiver prejudicado.

Comentários: Havendo matéria de direito e constitucional, os autos com os agravos serão remetidos ao STJ; julgado neste, os autos serão enviados ao STF, independentemente de pedido formal.

Alteração no relatório geral

Art. 997. É embargável a decisão de turma que:

I – em recurso especial, divergir do julgamento de outra turma, da seção ou do órgão especial, sendo as decisões, embargada e paradigma, de mérito;

Comentários: Este artigo, que trata dos embargos de divergência, repete o artigo 959 da Comissão, em que foi acrescentado oportunamente: "sendo as decisões, embargada e paradigma, de mérito". O art. 546 do Código em vigor é omisso.

Código sancionado

Art. 1.043. É embargável o acórdão de órgão fracionário que:

Comentários: Os exemplos que seguem alinham situações em que a parte poderá aviar os embargos de divergência.

O § 4º indica como "o recorrente provará a divergência com certidão, cópia ou citação de repositório oficial ou credenciado de jurisprudência, inclusive em mídia eletrônica, onde foi publicado o acórdão divergente, ou com a reprodução de julgado disponível na rede mundial de computadores, indicando a respectiva fonte, e mencionará as circunstâncias que identificam ou assemelham os casos confrontados".

Nota: O Tribunal, a seu turno, não admitirá recurso com base em fundamento genérico de que as circunstâncias fáticas são diferentes, sem que seja demonstrada a existência de distinção.

I – em recurso extraordinário ou em recurso especial, divergir do julgamento de qualquer outro órgão do mesmo tribunal, sendo os acórdãos, embargado e paradigma, de mérito;

II – em recurso extraordinário ou em recurso especial, divergir do julgamento de qualquer outro órgão do mesmo tribunal, sendo os acórdãos, embargado e paradigma, relativos ao juízo de admissibilidade;

III – em recurso extraordinário ou em recurso especial, divergir do julgamento de qualquer outro órgão do mesmo tribunal, sendo um acórdão de mérito e outro que não tenha conhecido do recurso, embora tenha apreciado a controvérsia;

IV – nos processos de competência originária, divergir do julgamento de qualquer outro órgão do mesmo tribunal.

§ 1º Poderão ser confrontadas teses jurídicas contidas em julgamentos de recursos e de ações de competência originária.

§ 2º A divergência que autoriza a interposição de embargos de divergência pode verificar-se na aplicação do direito material ou do direito processual.

§ 3º Cabem embargos de divergência quando o acórdão paradigma for da mesma turma que proferiu a decisão embargada, desde que sua composição tenha sofrido alteração em mais da metade de seus membros.

§ 4º O recorrente provará a divergência com certidão, cópia ou citação de repositório oficial ou credenciado de jurisprudência, inclusive em mídia eletrônica, onde foi publicado o acórdão divergente, ou com a reprodução de julgado disponível na rede mundial de computadores, indicando a respectiva fonte, e mencionará as circunstâncias que identificam ou assemelham os casos confrontados.

Comentários: Estas são exigências para que, admitido o processamento do recurso, possa ser julgado no mérito.

§ 5º É vedado ao tribunal inadmitir o recurso com base em fundamento genérico de que as circunstâncias fáticas são diferentes, sem demonstrar a existência da distinção.

Comentários: De conformidade com o inciso IX do art. 93 da Constituição toda decisão deverá ser fundamentada. O § 5º reforça o comando constitucional ao deixar claro que o tribunal não pode barrar recursos com fundamento genérico em que as circunstâncias fáticas são diferentes, sem demonstrar a existência de distinção. Temos dito, sempre que surge oportunidade, que o elemento mais importante no processo é o jurisdicionado. Por ele e para ele é que existe o Poder Judiciário, um dos pilares do regime republicano. O juiz, o promotor de justiça, o advogado são elementos importantes do processo para que tudo caminhe a bom termo e se faça justiça, mas são elementos coadjuvantes. Existe uma luta muito grande nos bastidores processuais no tocante ao julgamento pelos tribunais. Existe uma tendência de o relator evitar o prequestionamento de matéria que abre as portas para o recurso para o STJ e para o STF. Daí a necessidade inaderrável de a parte fazer uso dos embargos declaratórios para firmar o prequestionamento. Também aqui a resistência é muito grande, fato que levou o Código sancionado a considerar prequestionada a matéria com a simples interposição dos embargos de declaração. Essa mesma resistência que havia se generalizado nos tribunais do trabalho levou o TST a emitir o item III da Súmula 297 que trata do prequestionamento. Durante muito tempo, mediante embargos mal apreciados ou descartados com fundamentações genéricas, os autos eram devolvidos à origem para que os embargos fossem corretamente apreciados e a matéria prequestionada. O volume elevou-se a índice tão preocupante, determinando o atraso nos julgamentos daquele sodalício, que a saída foi considerar prequestionada a matéria, ainda que os embargos sejam mal apreciados. É uma saída prática. Mas não se pode deixar de lamentar que membros do Judiciário, representantes do Estado, não cumpram o seu dever de ofício de entregar a prestação jurisdicional corretamente. A saída dada pela Súmula 297, item III, e pelo Código sancionado, traduz um incentivo ao desleixo e a esse costume deletério que se instalou e que depõe contra o próprio Poder Judiciário.

Redação da Comissão Técnica de Apoio

Art. 960. No recurso de embargos de divergência, será observado o procedimento estabelecido no regimento interno.

Parágrafo único. Na pendência de embargos de divergência de decisão proferida em recurso especial, não corre prazo para interposição de eventual recurso extraordinário.

Comentários: Este artigo, concorde o art. 998 da relatoria, deixa claro que na pendência de embargos de divergência de decisão prolatada em recurso especial não corre o prazo para interposição de eventual recurso extraordinário.

Art. 1000. Ao entrar em vigor este Código, suas disposições se aplicarão desde logo aos processos pendentes, ficando revogado o Código de Processo Civil instituído pela Lei n. 5.869, de 11 de janeiro de 1973.

§ 1º As regras do Código de Processo Civil revogado relativas ao procedimento sumário e aos procedimentos especiais não mantidos por este Código serão aplicadas aos processos ajuizados até o início da vigência deste Código, desde que não tenham, ainda, sido sentenciados.

Comentários: O artigo trata das "Disposições Finais e Transitórias". Os procedimentos sumário e especial não foram recepcionados pelo Código novo, mas continuarão a ser aplicados aos processos já ajuizados até o início da vigência do Código, desde que ainda não tenham sido sentenciados.

§ 4º As remissões a disposições do Código de Processo Civil revogado, existentes em outras leis, passam a referir-se às que lhes são correspondentes neste Código.

Comentários: As remições postas na legislação extravagante sobre o Código revogado passam automaticamente a referir-se àquelas que lhes são correspondentes no Código novo.

Art. 960. No recurso de embargos de divergência será observado o procedimento estabelecido no regimento interno.

Parágrafo único. Na pendência de embargos de divergência de decisão proferida em recurso especial, não corre prazo para interposição de eventual recurso extraordinário.

Código sancionado

Art. 1.044. No recurso de embargos de divergência será observado o procedimento estabelecido no regimento interno do respectivo tribunal superior.

Comentários: Os embargos de divergência terão a parte procedimental prevista no Regimento Interno do respectivo tribunal.

§ 1º A interposição de embargos de divergência no Superior Tribunal de Justiça interrompe o prazo para interposição de recurso extraordinário por qualquer das partes.

Comentários: A interposição dos embargos de divergência por qualquer das partes no STJ interrompe o prazo para a interposição do recurso extraordinário.

§ 2º Se os embargos de divergência forem desprovidos ou não alterarem a conclusão do julgamento anterior, o recurso extraordinário interposto pela outra parte antes da publicação do julgamento dos embargos de divergência será processado e julgado independentemente de ratificação.

Comentários: Caso os embargos sejam desprovidos ou o julgamento não tenha ocasionado modificação na decisão recorrida, o recurso extraordinário será julgado sem que a parte tenha que fazer ratificação. Sempre é salutar que o processo civil se desprenda de amarras formalísticas com excesso de obediência ao princípio dispositivo.

Redação da Comissão Técnica de Apoio

Art. 963. A extensão da coisa julgada às questões prejudiciais somente se dará em causas ajuizadas depois do início da vigência do presente Código, aplicando-se às anteriores o disposto nos arts. 5º, 325 e 470 do Código revogado.

Comentários: Pelo Código em vigor, as questões incidentes não transitam em julgado, mas podem fazê-lo caso a parte o requeira (arts. 5º, 325 e 470). Pelo Código novo, as questões prejudiciais transitam em julgado. Assim, para as ações ajuizadas antes da vigência do Código novo, serão aplicadas as disposições do Código em vigor.

Código sancionado

Art. 1.054 (DT). O disposto no art. 503, § 1º, somente se aplica aos processos iniciados após a vigência deste Código, aplicando-se aos anteriores o disposto nos arts. 5º, 325 e 470 da Lei n. 5.869, de 11 de janeiro de 1973.

Art. 503. A decisão que julgar total ou parcialmente o mérito tem força de lei nos limites da questão principal expressamente decidida.

§ 1º O disposto no *caput* aplica-se à resolução de questão prejudicial, decidida expressa e incidentemente no processo, se:

Comentários: O artigo1.054 (Disposições Transitórias) somente terá aplicação nos processos iniciados após o Código sancionado entrar em vigência. Nos processos já ajuizados até o seu final, a regência dos arts. 5º, 325 e 470 do CPC seguirá pelo Código Buzaid (Lei n. 5.869, de 11 de janeiro de 1973).

Redação da Comissão Técnica de Apoio

Art. 965. As disposições de direito probatório adotadas neste Código aplicam-se apenas às provas que tenham sido requeridas ou determinadas de ofício a partir da data de início da sua vigência.

Comentários: Para as ações ajuizadas antes, a instrução probatória prosseguirá pelas regras do Código em vigor. As disposições do novo Código, todavia, serão aplicadas para as provas requeridas a partir da sua vigência. Ainda que a ação tenha sido ajuizada antes da vigência, aplica-se o princípio de que a norma processual nova é aplicada aos atos posteriores à sua vigência, isto é, àqueles atos que ainda não se consumaram.

Código sancionado

Art. 1.047. As disposições de direito probatório adotadas neste Código aplicam-se apenas às provas requeridas ou determinadas de ofício a partir da data de início de sua vigência.

Comentários: Este artigo adotou a redação da Comissão Técnica. Reportamo-nos aos comentários do art. 965, *retro*.

Redação do Código em vigor

Art. 1.211-A. Os procedimentos judiciais em que figure como parte ou interessado pessoa com idade igual ou superior a 60 (sessenta) anos, ou portadora de doença grave, terão prioridade de tramitação em todas as instâncias.

Redação da Comissão Técnica de Apoio

Art. 966. Os procedimentos judiciais em que figure como parte ou interessado pessoa com idade igual ou superior a sessenta anos, ou portadora de doença grave, terão prioridade de tramitação em todas as instâncias.

Alteração no relatório geral

Art. 1.004. Os procedimentos judiciais em que figure como parte ou interessado pessoa com idade igual ou superior a sessenta anos, ou portadora de doença grave, terão prioridade de tramitação em todas as instâncias.

Comentários: A Comissão e a relatoria conservaram a mesma redação do Código em vigor e continuam empregando o termo "instância". Embora o termo instância seja utilizado como sinônimo de jurisdição, este último seria o mais adequado. "Jurisdição é o poder que o Estado detém para aplicar o direito a um determinado caso, com o objetivo de solucionar conflitos de interesses e, com isso, resguardar a ordem jurídica e a autoridade da lei. Jurisdição vem do latim *juris* e *dicere* que significa dizer direito."

O Poder Judiciário é dividido em várias jurisdições: de primeiro grau; intermediária formada por TJs (Estados), TRFs e TRTs (federal comum e federal especial); TRE (estaduais); tribunais superiores (STF, STJ, TSE, TST). O uso de jurisdição seria mais adequado.

Código sancionado

Art. 1.048. Terão prioridade de tramitação, em qualquer juízo ou tribunal, os procedimentos judiciais:

I – em que figure como parte ou interessado pessoa com idade igual ou superior a 60 (sessenta) anos ou portadora de doença grave, assim compreendida qualquer das enumeradas no art. 6º, inciso XIV, da Lei n. 7.713, de 22 de dezembro de 1988;

II – regulados pela Lei n. 8.069, de 13 de julho de 1990 (Estatuto da Criança e do Adolescente).

§ 1º A pessoa interessada na obtenção do benefício, juntando prova de sua condição, deverá requerê-lo à autoridade judiciária competente para decidir o feito, que determinará ao cartório do juízo as providências a serem cumpridas.

§ 2º Deferida a prioridade, os autos receberão identificação própria que evidencie o regime de tramitação prioritária.

§ 3º Concedida a prioridade, essa não cessará com a morte do beneficiado, estendendo-se em favor do cônjuge supérstite ou do companheiro em união estável.

§ 4º A tramitação prioritária independe de deferimento pelo órgão jurisdicional e deverá ser imediatamente concedida diante da prova da condição de beneficiário.

Comentários: A norma trata das pessoas que têm prioridade no trâmite processual mais célere; prioridade pela faixa etária e prioridades especiais. A prerrogativa se estende ao cônjuge supérstite ou companheiro em união estável.

Alteração no relatório geral

Art. 1.008. Ficam revogados o parágrafo único do art. 456 e o inciso I do art. 202 do Código Civil; o art. 17 da Lei n. 1.060/1950, o art. 5º da Lei n. 9.469/1997; os arts. 13 e 18 da Lei n. 8.038/1990 e os arts. 16 a 18 da Lei n. 5.478/1968.

Disposições Transitórias do Código Sancionado

Alteração no relatório geral

Art. 1.000. Ao entrar em vigor este Código, suas disposições se aplicarão desde logo aos processos pendentes, ficando revogado o Código de Processo Civil instituído pela Lei n. 5.869, de 11 de janeiro de 1973.

§ 1º As regras do Código de Processo Civil revogado relativas ao procedimento sumário e aos procedimentos especiais não mantidos por este Código serão aplicadas aos processos ajuizados até o início da vigência deste Código, desde que não tenham, ainda, sido sentenciados.

§ 2º Permanecem em vigor as disposições especiais dos procedimentos regulados em outras leis, aos quais se aplicará supletivamente este Código.

§ 3º Os procedimentos mencionados no art. 1.218 do Código revogado e ainda não incorporados por lei submetem-se ao procedimento comum previsto neste Código.

§ 4º As remissões a disposições do Código de Processo Civil revogado, existentes em outras leis, passam a referir-se às que lhes são correspondentes neste Código.

Código sancionado

Art. 1.045. Este Código entra em vigor após decorrido 1 (um) ano da data de sua publicação oficial.

Art. 1.046. Ao entrar em vigor este Código, suas disposições se aplicarão desde logo aos processos pendentes, ficando revogada a Lei n. 5.869, de 11 de janeiro de 1973.

Comentários: Com a entrada em vigor do novo Código de Processo Civil (Lei n. 13.015/2015), a Lei n. 5.869, de 11 de janeiro de 1973 ficará revogada simultaneamente com a entrada do novo Código de Processo Civil em vigor.

§ 1º As disposições da Lei n. 5.869, de 11 de janeiro de 1973, relativas ao procedimento sumário e aos procedimentos especiais que forem revogadas aplicar-se-ão às ações propostas e não sentenciadas até o início da vigência deste Código.

Comentários: O novo Código não recepcionou os procedimentos sumárias, e os procedimentos especiais que forem revogados continuarão a ser aplicados às ações propostas e ainda não sentenciadas até o início da vigência do novo Código. Após a sentença de mérito, o procedimento será o determinado pelo novo Código.

§ 2º Permanecem em vigor as disposições especiais dos procedimentos regulados em outras leis, aos quais se aplicará supletivamente este Código.

Comentários: As disposições especiais reguladas em leis extravagantes permanecerão e o novo Código terá presença subsidiária e supletiva.

§ 3º Os processos mencionados no art. 1.218 da Lei n. 5.869, de 11 de janeiro de 1973, cujo procedimento ainda não tenha sido incorporado por lei submetem-se ao procedimento comum previsto neste Código.

Comentários: O art. 1.218 "Das Disposições Finais Transitórias" do Código em vigor, cujo procedimento ali previsto ainda não tenha sido incorporado legalmente, terão o procedimento submetido ao novo Código.

§ 4º As remissões a disposições do Código de Processo Civil revogado, existentes em outras leis, passam a referir-se às que lhes são correspondentes neste Código.

Comentários: Todas as remissões do Código a ser revogado feitas em outras leis extravagantes passam a referir-se aos artigos correspondentes no Código novo.

§ 5º A primeira lista de processos para julgamento em ordem cronológica observará a antiguidade da distribuição entre os já conclusos na data da entrada em vigor deste Código.

Comentários: Cuida da ordem de julgamento em consonância com as regras do novo Código.

Redação da Comissão Técnica

Art. 965. As disposições de direito probatório adotadas neste Código aplicam-se apenas às provas que tenham sido requeridas ou determinadas de ofício a partir da data de início da sua vigência.

Código sancionado

Art. 1.047. As disposições de direito probatório adotadas neste Código aplicam-se apenas às provas requeridas ou determinadas de ofício a partir da data de início de sua vigência.

Comentários: Código sancionado recepcionou a redação da Comissão Técnica e melhorou-a eliminando: "que tenham sido". As disposições sobre prova do Código novo somente terão aplicação a partir do início da sua vigência.

Redação dada pela relatoria

Art. 1.004. Os procedimentos judiciais em que figure como parte ou interessada pessoa com idade igual ou superior a sessenta anos, ou portadora de doença grave, terão prioridade de tramitação em todas as instâncias. Juntando prova de sua condição, deverá requerê-lo à autoridade judiciária competente para decidir o feito, que determinará ao cartório do juízo as providências a serem cumpridas.

Comentários: O advogado deve juntar documentos que comprovem a idade e/ou atestado médico que comprove que foi acometido de doença grave, ocasião em que deve constar na inicial o pedido preferencial no trâmite processual.

§ 2º Deferida a prioridade, os autos receberão identificação própria que evidencie o regime de tramitação prioritária.

Comentários: Os autos terão identificação da preferência. A identificação poderá ser uma tarja colorida.

§ 3º Concedida a prioridade, essa não cessará com a morte do beneficiado, estendendo-se em favor do cônjuge supérstite ou companheiro em união estável.

Comentários: A prerrogativa não termina com a morte do beneficiário e passa para o cônjuge ou para o companheiro sobrevivente.

Código sancionado

Art. 1.048. Terão prioridade de tramitação, em qualquer juízo ou tribunal, os procedimentos judiciais:

I – em que figure como parte ou interessado pessoa com idade igual ou superior a 60 (sessenta) anos ou portadora de doença grave, assim compreendida qualquer das enumeradas no art. 6º, inciso XIV, da Lei n. 7.713, de 22 de dezembro de 1988;

II – regulados pela Lei n. 8.069, de 13 de julho de 1990 (Estatuto da Criança e do Adolescente).

§ 1º A pessoa interessada na obtenção do benefício, juntando prova de sua condição, deverá requerê-lo à autoridade judiciária competente para decidir o feito, que determinará ao cartório do juízo as providências a serem cumpridas.

§ 2º Deferida a prioridade, os autos receberão identificação própria que evidencie o regime de tramitação prioritária.

§ 3º Concedida a prioridade, essa não cessará com a morte do beneficiado, estendendo-se em favor do cônjuge supérstite ou do companheiro em união estável.

§ 4º A tramitação prioritária independe de deferimento pelo órgão jurisdicional e deverá ser imediatamente concedida diante da prova da condição de beneficiário.

Comentários: O artigo e respectivos parágrafos cuidam das prerrogativas que a lei defere em determinadas circunstâncias. Merece ênfase o § 3º que conserva a prerrogativa do benefício ao cônjuge ou companheiro sobrevivente.

A redação, todavia, é ambígua ao dizer: "estendendo-se em favor do cônjuge supérstite ou companheiro em união estável". Supérstite significa aquele cônjuge que sobreviveu; como o adjetivo não foi usado para a palavra companheiro, pode levar ao entendimento de que no caso da união estável somente seria beneficiado o companheiro no caso de morte da companheira e não vice-versa. Por isso a redação deveria ser:

§ 3º Concedida a prioridade, essa não cessará com a morte do beneficiado, estendendo-se em favor do cônjuge supérstite ou do companheiro em união estável SOBREVIVENTE.

Comentários: O emprego do termo latino "supérstite" cabe tanto para cônjuge como para companheiro. Por isso, a redação também poderia ser:

§ 3º Concedida a prioridade, essa não cessará com a morte do beneficiado, estendendo-se em favor do cônjuge ou do companheiro supérstite.

A discussão não é cerebrina. Existe um princípio hermenêutico pelo qual o intérprete não restringe onde a lei não restringiu. Todavia, neste caso, a literalidade da lei restringiu ao empregar o termo superstétite somente para os casados. A lei, certamente, sem querer, trouxe o preconceito para a união estável.

Em direito vale, sempre, a clareza da norma. Todo Código, este não fugiu à regra, é prenhe de construções ambíguas, com pontuações defeituosas e o uso exagerado da ordem indireta, como se isso valorizasse o escrito ou o legislador. É uma cultura nociva que vem sendo utilizada através dos tempos, uns copiando os outros. Não são poucas as heresias em que o legislador quer dizer uma coisa e diz outra, não se empenhando na terminologia jurídica. Com esses defeitos difíceis de corrigir, posto que entranhados na cultura legislativa, a *mens legis* muitas vezes não se consuma no resultado querido pela *mens legislatoris*. A lei sancionada se desgarra da sua origem e a interpretação histórica e a gramatical valem muito pouco para a hermenêutica interpretativa. A verdade visível no mundo da realidade da comunicação escrita é que a palavra é um veículo que conduz mal o pensamento. Leis mal escritas tomam tempo e trabalho dos juristas, da doutrina e da jurisprudência. Muitas vezes bipartindo ou tripartindo o entendimento interpretativo. O brocardo latino *in claris cessat interpretatio* deve ser entendido no mundo atual como "tudo se interpreta".

Código sancionado

Art. 1.049. Sempre que a lei remeter a procedimento previsto na lei processual sem especificá-lo, será observado o procedimento comum previsto neste Código.

Parágrafo único. Na hipótese de a lei remeter ao procedimento sumário, será observado o procedimento comum previsto neste Código, com as modificações previstas na própria lei especial, se houver.

Comentários: O *caput* diz respeito às leis esparsas que citam artigos do Código em vigor à época. O intérprete deverá fazer a transposição daquele artigo do Código revogado para o artigo correspondente do novo Código. O parágrafo único traz uma adaptação, uma vez que o Código novo não recepcionou os procedimentos sumário e sumaríssimo. Nesse caso, o procedimento sumário será transposto para o procedimento comum do Código novo.

Código sancionado

Art. 1.050. A União, os Estados, o Distrito Federal, os Municípios, suas respectivas entidades da administração indireta, o Ministério Público, a Defensoria Pública e a Advocacia Pública, no prazo de 30 (trinta) dias a contar da data da entrada em vigor deste Código, deverão se cadastrar perante a administração do tribunal no qual atuem para cumprimento do disposto nos arts. 246, § 2º, e 270, parágrafo único.

Comentários: A providência determinada pelo *caput* é importante. Com isso, acaba-se com uma discussão, qual seja, a de o Ministério Público, a Defensoria Pública e a advocacia Pública resistirem a comprovar as suas funções e os juízes, com razão, exigirem a comprovação. Com a entrada do Código em vigor, esses profissionais do direito deverão providenciar os respectivos cadastramentos no tribunal ou tribunais no qual ou quais atuem para cumprir o que dispõem nos arts. 246, § 2º, e 270, parágrafo único.

Código sancionado

Art. 246. A citação será feita:

§ 2º O disposto no § 1º aplica-se à União, aos Estados, ao Distrito Federal, aos Municípios e às entidades da administração indireta.

§ 1º Com exceção das microempresas e das empresas de pequeno porte, as empresas públicas e privadas são obrigadas a manter cadastro nos sistemas de processo em autos eletrônicos, para efeito de recebimento de citações e intimações, as quais serão efetuadas preferencialmente por esse meio.

Parágrafo único. O disposto no *caput* não se aplica às microempresas e às empresas de pequeno porte.

Código sancionado

Art. 270. As intimações realizam-se, sempre que possível, por meio eletrônico, na forma da lei. Parágrafo único. Aplica-se ao Ministério Público, à Defensoria Pública e à Advocacia Pública o disposto no § 1º do art. 246.

Código sancionado

Art. 1.051. As empresas públicas e privadas devem cumprir o disposto no art. 246, § 1º, no prazo de 30 (trinta) dias, a contar da data de inscrição do ato constitutivo da pessoa jurídica, perante o juízo onde tenham sede ou filial.

Comentários: O *caput* exige o cadastramento das empresas públicas e privadas no sistema de processos em autos eletrônicos para o recebimento de citações e intimações, preferentemente, pelo meio eletrônico. O parágrafo único excepciona as microempresas e todas as demais empresas de pequeno porte. Ver Lei da Microempresa – Lei Complementar n. 123/2006. Modificações: esta lei sofreu importantes ajustes pela Leis Complementares ns. 127/2007, 128/ 2008, 133/2009 e pela LC n. 139/2011 e ficou conhecida como a "Lei Geral das Microempresas e Empresas de Pequeno Porte" ou, mais sucintamente, da "Lei Geral das Micro e Pequenas Empresas".

Código sancionado

Art. 1.052. Até a edição de lei específica, as execuções contra devedor insolvente, em curso ou que venham a ser propostas, permanecem reguladas pelo Livro II, Título IV, da Lei n. 5.869, de 11 de janeiro de 1973.

Comentários: A execução contra devedor insolvente, pelas disposições transitórias do Código novo, continuará sendo regida pelas normas do Código atual. Pergunta que se faz. Se o novo Código não dispuser sobre o assunto depois da sua entrada em vigor, como ficará? Nesse caso, tem-se como recepcionada esta parte do Código revogado, o que poderá ser modificado posteriormente por meio de lei ordinária. Enquanto isso não for feito prevalecerá o efeito *ex tunc* para o procedimento.

Código sancionado

Art. 1.053. Os atos processuais praticados por meio eletrônico até a transição definitiva para certificação digital ficam convalidados, ainda que não tenham observado os requisitos mínimos estabelecidos por este Código, desde que tenham atingido sua finalidade e não tenha havido prejuízo à defesa de qualquer das partes.

Comentários: O artigo premia a realidade, abrindo mão da excessiva formalidade. Os trâmites processuais eletrônicos, decerto, apresentarão dificuldades iniciantes para a transição definitiva para a certificação digital. Ainda que se cometam erros, os atos serão convalidados, ainda que não observados os requisitos mínimos estabelecidos pelo Código, mas desde que tenha atingido a sua finalidade e não tenha havido prejuízo à defesa de qualquer das partes. Tem-se aqui a aplicação do princípio de que não se decreta a nulidade, quando o ato atingiu a sua finalidade e não causou prejuízo a ninguém.

Código sancionado

Art. 1.054. O disposto no art. 503, § 1º, somente se aplica aos processos iniciados após a vigência deste Código, aplicando-se aos anteriores o disposto nos arts. 5º, 325 e 470 da Lei n. 5.869, de 11 de janeiro de 1973.

Art. 503. A decisão que julgar total ou parcialmente o mérito tem força de lei nos limites da questão principal expressamente decidida.

§ 1º O disposto no *caput* aplica-se à resolução de questão prejudicial, decidida expressa e incidentemente no processo, se: I – dessa resolução depender o julgamento do mérito; II – a seu respeito tiver havido contraditório prévio e efetivo, não se aplicando no caso de revelia; III – o juízo tiver competência em razão da matéria e da pessoa para resolvê-la como questão principal.

§ 2º A hipótese do § 1º não se aplica se no processo houver restrições probatórias ou limitações à cognição que impeçam o aprofundamento da análise da questão prejudicial.

Código em vigor

Art. 5º Se no curso do processo, se tornar litigiosa relação jurídica de cuja existência ou inexistência depender o julgamento da lide, qualquer das partes poderá requerer que o juiz a declare por sentença.

Art. 325 Contestando o réu o direito que constitui fundamento do pedido, o autor poderá requerer, no prazo de 10 (dez) dias, que sobre ele o juiz profira sentença incidente, se da declaração da existência ou inexistência do direito depender, no todo ou em parte, o julgamento da lide.

Art. 470 Faz, todavia, coisa julgada a resolução de questão prejudicial, se a parte o requerer (arts. 5º e 325), o juiz for competente em razão da matéria e constituir pressuposto necessário para o julgamento da lide.

Obs.: O juiz deverá ser competente em razão da matéria e ter competência funcional. O artigo falha nesse sentido. Espera-se que Código novo repare a erronia futuramente.

Código sancionado

Art. 1.056. Considerar-se-á como termo inicial do prazo da prescrição prevista no art. 924, inciso V, inclusive para as execuções em curso, a data de vigência deste Código.

Código sancionado

Art. 924. Extingue-se a execução quando: V – ocorrer a prescrição intercorrente.

Comentários: O Código novo tem aplicação para extinção do processo com resolução do mérito em se apresentando a prescrição intercorrente, considerando o prazo inicial para a contagem de tempo o previsto no inciso V, do art. 924.

Processo do Trabalho

Como regra, não tem aplicação a prescrição intercorrente........................

Art. 1.057. O disposto no art. 525, §§ 14 e 15, e no art. 535, §§ 7º e 8º, aplica-se às decisões transitadas em julgado após a entrada em vigor deste Código, e, às decisões transitadas em julgado anteriormente, aplica-se o disposto no art. 475-L, § 1º, e no art. 741, parágrafo único, da Lei n. 5.869, de 11 de janeiro de 1973.

Coisa julgada: após a entrada em vigor do novo Código

Código sancionado

Art. 525. Transcorrido o prazo previsto no art. 523 sem o pagamento voluntário, inicia-se o prazo de 15 (quinze) dias para que o executado, independentemente de penhora ou nova intimação, apresente, nos próprios autos, sua impugnação. § 14. A decisão do Supremo Tribunal Federal referida no § 12 deve ser anterior ao trânsito em julgado da decisão exequenda. § 15. Se a decisão referida no § 12 for proferida após o trânsito em julgado da decisão exequenda, caberá ação rescisória, cujo prazo será contado do trânsito em julgado da decisão proferida pelo Supremo Tribunal Federal.

Código sancionado

Art. 535. A Fazenda Pública será intimada na pessoa de seu representante judicial, por carga, remessa ou meio eletrônico, para, querendo, no prazo de 30 (trinta) dias e nos próprios autos, impugnar a execução, podendo arguir: § 7º A decisão do Supremo Tribunal Federal referida no § 5º deve ter sido proferida antes do trânsito em julgado da decisão exequenda. § 8º Se a decisão referida no § 5º for proferida após o trânsito em julgado da decisão exequenda, caberá ação rescisória, cujo prazo será contado do trânsito em julgado da decisão proferida pelo Supremo Tribunal Federal.

Coisa julgada: antes da entrada em vigor do novo Código

Código em vigor

Art. 475-L A impugnação somente poderá versar sobre: § 1º Para efeito do disposto no inciso II –(inexigibilidade do título) do *caput* deste artigo, considera-se também inexigível o título judicial fundado em lei ou ato normativo considerado inconstitucional pelo Supremo Tribunal Federal como incompatíveis com a Constituição Federal.

Código em vigor

Art. 741. Na execução contra a Fazenda Pública, os embargos só poderão versar sobre:

Parágrafo único. Para efeito do disposto no inciso II do *caput* deste artigo, considera-se também inexigível o título judicial fundado em lei ou ato normativo declarado inconstitucional pelo Supremo Tribunal Federal, ou fundado em aplicação ou interpretação de lei ou ato normativo tidas pelo Supremo Tribunal Federal como incompatíveis com a Constituição Federal.

Código sancionado

Art. 1.058. Em todos os casos em que houver recolhimento de importância em dinheiro, esta será depositada em nome da parte ou do interessado, em conta especial movimentada por ordem do juiz, nos termos do art. 840, inciso I.

Código sancionado

Art. 840. Serão preferencialmente depositados: I – as quantias em dinheiro, os papéis de crédito e as pedras e os metais preciosos, no Banco do Brasil, na Caixa Econômica Federal ou em banco do qual o Estado ou o Distrito Federal possua mais da metade do capital social integralizado, ou, na falta desses estabelecimentos, em qualquer instituição de crédito designada pelo juiz;

Comentários: O titular do depósito em dinheiro será a parte ou o interessado, em conta especial, mas a movimentação fica vinculada à autorização do juiz. Esses depósitos judiciais não poderão ser movimentados pelo governo para suprimento de caixa.

Código sancionado

Art. 1.059. À tutela provisória requerida contra a Fazenda Pública aplica-se o disposto nos arts. 1º a 4º da Lei n. 8.437, de 30 de junho de 1992, e no art. 7º, § 2º, da Lei n. 12.016, de 7 de agosto de 2009.

Lei n. 8.437/1992 (Dispõe sobre concessão de medidas cautelares contra atos do Poder Público e dá outras providências).

Art. 1º Não será cabível medida liminar contra atos do Poder Público, no procedimento cautelar ou em quaisquer outras ações de natureza cautelar ou preventiva, toda vez que providência semelhante não puder ser concedida em ações de mandado de segurança, em virtude de vedação legal.

§ 1º Não será cabível, no juízo de primeiro grau, medida cautelar inominada ou a sua liminar, quando impugnado ato de autoridade sujeita, na via de mandado de segurança, à competência originária de tribunal.

§ 2º O disposto no parágrafo anterior não se aplica aos processos de ação popular e de ação civil pública.

§ 3º Não será cabível medida liminar que esgote, no todo ou em qualquer parte, o objeto da ação.

§ 4º Nos casos em que cabível medida liminar, sem prejuízo da comunicação ao dirigente do órgão ou entidade, o respectivo representante judicial dela será imediatamente intimado. (Incluído pela Medida Provisória n. 2.180-35, de 2001).

§ 5º Não será cabível medida liminar que defira compensação de créditos tributários ou previdenciários. (Incluído pela Medida Provisória n. 2.180-35, de 2001).

Art. 2º No mandado de segurança coletivo e na ação civil pública, a liminar será concedida, quando cabível, após a audiência do representante judicial da pessoa jurídica de direito público, que deverá se pronunciar no prazo de setenta e duas horas.

Art. 3º O recurso voluntário ou *ex oficio*, interposto contra sentença em processo cautelar, proferida contra pessoa jurídica de direito público ou seus agentes, que importe em outorga ou adição de vencimentos ou de reclassificação funcional, terá efeito suspensivo.

Art. 4º Compete ao presidente do tribunal, ao qual couber o conhecimento do respectivo recurso, suspender, em despacho fundamentado, a execução da liminar nas ações movidas contra o Poder Público ou seus agentes, a requerimento do Ministério Público ou da pessoa jurídica de direito público interessada, em caso de manifesto interesse público ou de flagrante ilegitimidade, e para evitar grave lesão à ordem, à saúde, à segurança e à economia públicas.

§ 1º Aplica-se o disposto neste artigo à sentença proferida em processo de ação cautelar inominada, no processo de ação popular e na ação civil pública, enquanto não transitada em julgado.

§ 2º O Presidente do Tribunal poderá ouvir o autor e o Ministério Público, em setenta e duas horas. (Redação dada pela Medida Provisória n. 2.180-35, de 2001).

§ 3º Do despacho que conceder ou negar a suspensão, caberá agravo, no prazo de cinco dias, que será levado a julgamento na sessão seguinte a sua interposição. (Redação dada pela Medida Provisória n. 2.180-35, de 2001).

§ 4º Se do julgamento do agravo de que trata o § 3º resultar a manutenção ou o restabelecimento da decisão que se pretende suspender, caberá novo pedido de suspensão ao Presidente do Tribunal competente para conhecer de eventual recurso especial ou extraordinário. (Incluído pela Medida Provisória n. 2.180-35, de 2001).

§ 5º É cabível também o pedido de suspensão a que se refere o § 4º, quando negado provimento a agravo de instrumento interposto contra a liminar a que se refere este artigo. (Incluído pela Medida Provisória n. 2.180-35, de 2001).

§ 6º A interposição do agravo de instrumento contra liminar concedida nas ações movidas contra o Poder Público e seus agentes não prejudica nem condiciona o julgamento do pedido de suspensão a que se refere este artigo. (Incluído pela Medida Provisória n. 2.180-35, de 2001).

§ 7º O Presidente do Tribunal poderá conferir ao pedido efeito suspensivo liminar, se constatar, em juízo prévio, a plausibilidade do direito invocado e a urgência na concessão da medida. (Incluído pela Medida Provisória n. 2.180-35, de 2001).

§ 8º As liminares cujo objeto seja idêntico poderão ser suspensas em uma única decisão, podendo o Presidente do Tribunal estender os efeitos da suspensão a liminares supervenientes, mediante simples aditamento do pedido original. (Incluído pela Medida Provisória n. 2.180-35, de 2001).

§ 9º A suspensão deferida pelo Presidente do Tribunal vigorará até o trânsito em julgado da decisão de mérito na ação principal. (Incluído pela Medida Provisória n. 2.180-35, de 2001).

Lei n. 12.016/2009 (Nova Lei do Mandado de Segurança).

Art. 7º Ao despachar a inicial, o juiz ordenará: § 2º Não será concedida medida liminar que tenha por objeto a compensação de créditos tributários, a entrega de mercadorias e bens provenientes do exterior, a reclassificação ou equiparação de servidores públicos e a concessão de aumento ou a extensão de vantagens ou pagamento de qualquer natureza.

Art. 1.062. O incidente de desconsideração da personalidade jurídica aplica-se ao processo de competência dos juizados especiais.

Comentários: A Teoria da *Disregar of Legal Entity* ou desconsideração da personalidade até então era aplicada *ex vi* da doutrina e da jurisprudência e regimento interno de alguns tribunais.

Código sancionado

Art. 1.063. Até a edição de lei específica, os juizados especiais cíveis previstos na Lei n. 9.099, de 26 de setembro de 1995, continuam competentes para o processamento e julgamento das causas previstas no art. 275, inciso II, da Lei n. 5.869, de 11 de janeiro de 1973.

Comentários: O Código novo recepciona o art. 275, inciso II, do Código em vigor até que a matéria seja revista posteriormente por lei Ordinária. Há casos em que a revisão poderá demorar décadas.

Código sancionado

Art. 1.064. O *caput* do art. 48 da Lei n. 9.099, de 26 de setembro de 1995, passa a vigorar com a seguinte redação: (Vigência)

Art. 48. Caberão embargos de declaração contra sentença ou acórdão nos casos previstos no Código de Processo Civil.

Código sancionado

Art. 1.065. O art. 50 da Lei n. 9.099, de 26 de setembro de 1995, passa a vigorar com a seguinte redação: (Vigência)

"Art. 50. Os embargos de declaração interrompem o prazo para a interposição de recurso." (NR)

Código sancionado

Art. 1.066. O art. 83 da Lei n. 9.099, de 26 de setembro de 1995, passam a vigorar com a seguinte redação: (Vigência)

Art. 83. Cabem embargos de declaração quando, em sentença ou acórdão, houver obscuridade, contradição ou omissão.

2º Os embargos de declaração interrompem o prazo para a interposição de recurso.

Código sancionado

Art. 1.067. O art. 275 da Lei n. 4.737, de 15 de julho de 1965 (Código Eleitoral), passa a vigorar com a seguinte redação: (Vigência)

Art. 275. São admissíveis embargos de declaração nas hipóteses previstas no Código de Processo Civil.

§ 1º Os embargos de declaração serão opostos no prazo de 3 (três) dias, contado da data de publicação da decisão embargada, em petição dirigida ao juiz ou relator, com a indicação do ponto que lhes deu causa.

§ 2º Os embargos de declaração não estão sujeitos a preparo.

§ 3º O juiz julgará os embargos em 5 (cinco) dias.

§ 4º Nos tribunais:

I – o relator apresentará os embargos em mesa na sessão subsequente, proferindo voto;

II – não havendo julgamento na sessão referida no inciso I, será o recurso incluído em pauta;

III – vencido o relator, outro será designado para lavrar o acórdão.

§ 5º Os embargos de declaração interrompem o prazo para a interposição de recurso.

§ 6º Quando manifestamente protelatórios os embargos de declaração, o juiz ou o tribunal, em decisão fundamentada, condenará o embargante a pagar ao embargado multa não excedente a 2 (dois) salários-mínimos.

§ 7º Na reiteração de embargos de declaração manifestamente protelatórios, a multa será elevada a até 10 (dez) salários-mínimos." (NR)

Código sancionado

Art. 1.068. O art. 274 e o *caput* do art. 2.027 da Lei n. 10.406, de 10 de janeiro de 2002 (Código Civil), passam a vigorar com a seguinte redação: (Vigência)

Art. 274. O julgamento contrário a um dos credores solidários não atinge os demais, mas o julgamento favorável aproveita-lhes, sem prejuízo de exceção pessoal que o devedor tenha direito de invocar em relação a qualquer deles. (NR)

Art. 2.027. A partilha é anulável pelos vícios e defeitos que invalidam, em geral, os negócios jurídicos.

Comentários: Novas redações entrarão em vigor com o novo Código.

Código sancionado

Art. 1.069. O Conselho Nacional de Justiça promoverá, periodicamente, pesquisas estatísticas para avaliação da efetividade das normas previstas neste Código.

Comentários: O artigo acrescenta para a CNJ função que não lhe é própria. Melhor seria que essa função fosse endereçada aos tribunais, que poderiam fazer essa pesquisa *in loco*, por meio de dados estatísticos das várias jurisdições, cujos dados seriam reunidos e, depois sim, remetidos ao Conselho Nacional de Justiça.

O Conselho Nacional de Justiça foi colocado como órgão encarregado do levantamento de pesquisas estatísticas para avaliar a efetividade das normas previstas no novo Código. Está claro que a CNJ vai fazer o levantamento, mas não ficou claro qual o órgão que avaliará a efetividade. A avaliação deve ser feita por quem realmente lida com as leis e tem de fazer um julgamento de valor. Pela nossa prática judicante, do levantamento feito pela CNJ deve-se dar conhecimento aos juízes de todas as jurisdições, profissionais com possibilidade maior de indicar sugestões modificativas, porque convivem diuturnamente com as leis e poderão dar sugestões abalizadas para melhorar.

A iniciativa é boa, não temos certeza se foi indicado o órgão correto para o mister.

Código sancionado

Art. 1.070. É de 15 (quinze) dias o prazo para a interposição de qualquer agravo, previsto em lei ou em regimento interno de tribunal, contra decisão de relator ou outra decisão unipessoal proferida em tribunal.

Comentários: A redação final é rebuscada; deveria substituir a parte que diz "contra decisão de relator ou outra decisão unipessoal proferida em tribunal". Assim a redação seria:

Art. 1.070. É de 15 (quinze) dias o prazo para a interposição de qualquer agravo, previsto em lei ou em regimento interno de tribunal, contra decisão monocrática.

Comentários: O artigo é oportuno, de uma praticidade elogiável. O Código deve ter uma organização clara, por isso é denominado Código e não um conglomerado de artigos. A partir do Código novo, todos os agravos terão o prazo de 15 (quinze) dias para a interposição contra despachos monocráticos.

Código sancionado

Art. 1.071. O Capítulo III do Título V da Lei n. 6.015, de 31 de dezembro de 1973 (Lei de Registros Públicos), passa a vigorar acrescido do seguinte art. 216-A: (Vigência)

Art. 216-A. Sem prejuízo da via jurisdicional, é admitido o pedido de reconhecimento extrajudicial de usucapião, que será processado diretamente perante o cartório do registro de imóveis da comarca em que estiver situado o imóvel usucapiendo, a requerimento do interessado, representado por advogado, instruído com:

I – ata notarial lavrada pelo tabelião, atestando o tempo de posse do requerente e seus antecessores, conforme o caso e suas circunstâncias;

II – planta e memorial descritivo assinado por profissional legalmente habilitado, com prova de anotação de responsabilidade técnica no respectivo conselho de fiscalização profissional, e pelos titulares de direitos reais e de outros direitos registrados ou averbados na matrícula do imóvel usucapiendo e na matrícula dos imóveis confinantes;

III – certidões negativas dos distribuidores da comarca da situação do imóvel e do domicílio do requerente;

IV – justo título ou quaisquer outros documentos que demonstrem a origem, a continuidade, a natureza e o tempo da posse, tais como o pagamento dos impostos e das taxas que incidirem sobre o imóvel.

§ 1º O pedido será autuado pelo registrador, prorrogando-se o prazo da prenotação até o acolhimento ou a rejeição do pedido.

§ 2º Se a planta não contiver a assinatura de qualquer um dos titulares de direitos reais e de outros direitos registrados ou averbados na matrícula do imóvel usucapiendo e na matrícula dos imóveis confinantes, esse será notificado pelo registrador competente, pessoalmente ou pelo correio com aviso de recebimento, para manifestar seu consentimento expresso em 15 (quinze) dias, interpretado o seu silêncio como discordância.

§ 3º O oficial de registro de imóveis dará ciência à União, ao Estado, ao Distrito Federal e ao Município, pessoalmente, por intermédio do oficial de registro de títulos e documentos, ou pelo correio com aviso de recebimento, para que se manifestem, em 15 (quinze) dias, sobre o pedido.

§ 4º O oficial de registro de imóveis promoverá a publicação de edital em jornal de grande circulação, onde houver, para a ciência de terceiros eventualmente interessados, que poderão se manifestar em 15 (quinze) dias.

§ 5º Para a elucidação de qualquer ponto de dúvida, poderão ser solicitadas ou realizadas diligências pelo oficial de registro de imóveis.

§ 6º Transcorrido o prazo de que trata o § 4º deste artigo, sem pendência de diligências na forma do § 5º deste artigo e achando-se em ordem a documentação, com inclusão da concordância expressa dos titulares de direitos reais e de outros direitos registrados ou averbados na matrícula do imóvel usucapiendo e na matrícula dos imóveis confinantes, o oficial de registro de imóveis registrará a aquisição do imóvel com as descrições apresentadas, sendo permitida a abertura de matrícula, se for o caso.

§ 7º Em qualquer caso, é lícito ao interessado suscitar o procedimento de dúvida, nos termos desta Lei.

§ 8º Ao final das diligências, se a documentação não estiver em ordem, o oficial de registro de imóveis rejeitará o pedido.

§ 9º A rejeição do pedido extrajudicial não impede o ajuizamento de ação de usucapião.

§ 10. Em caso de impugnação do pedido de reconhecimento extrajudicial de usucapião, apresentada por qualquer um dos titulares de direito reais e de outros direitos registrados ou averbados na matrícula do imóvel usucapiendo e na matrícula dos imóveis confinantes, por algum dos entes públicos ou por algum terceiro interessado, o oficial de registro de imóveis remeterá os autos ao juízo competente da comarca da situação do imóvel, cabendo ao requerente emendar a petição inicial para adequá-la ao procedimento.

COMENTÁRIOS AOS VETOS PRESIDENCIAIS

Art. 35. Dar-se-á por meio de carta rogatória o pedido de cooperação entre órgão jurisdicional brasileiro e órgão jurisdicional estrangeiro para prática de ato de citação, intimação, notificação judicial, colheita de provas, abstenção de informações e cumprimento de decisões interlocutórias, sempre que o ato estrangeiro constituir decisão a ser executada no Brasil.

Razões do veto

Consultados o Ministério Público e o Superior Tribunal de Justiça, entende-se que o dispositivo impõe que determinados atos sejam praticados exclusivamente por meio de carta rogatória, o que ofende a celeridade e efetividade da cooperação jurídica internacional que, nesses casos, poderia ser processada pela via do auxílio direto.

Comentários: Correto o veto. O processo civil brasileiro é prenhe de formalidades tão a gosto de juristas do passado. A formalidade deve ser mínima para dar segurança às partes e aos atos processuais. O formalismo exacerbado contraria o princípio da celeridade e arrosta o princípio da economia processual.

Art. 333. Atendidos os pressupostos de relevância social e da dificuldade de formação de litisconsórcio, o juiz, a requerimento do Ministério Público ou da Defensoria Pública, ouvido o autor, poderá converter em coletiva a ação individual que veicule pedido que:

I- tenha alcance coletivo, em razão da tutela de bem jurídico difuso ou coletivo, assim entendidos aqueles definidos pelo art. 81, parágrafo único, incisos I e II da Lei n. 8.078, de 11 de setembro de 1990 (Código de Defesa do Consumidor), e cuja ofensa afete, a um só tempo, as esferas jurídicas do indivíduo e da coletividade.

II- tenha por objetivo a solução de conflitos de interesse relativo a uma mesma relação jurídica plurilateral, cuja solução, por sua natureza ou por disposição de lei, deva ser necessariamente uniforme, assegurando-se tratamento isonômico para todos os membros do grupo.

§ 1º Além do Ministério Púbico e da Defensoria Pública, podem requerer a conversão os legitimados referidos no art. 5º da Lei n. 7.347, de 24 de julho de 1985, e no art. 82 da Lei n. 8.078 de 11 de setembro de 1990 (Código de Defesa do Consumidor).

§ 2º A conversão não pode implicar a formação de processo coletivo para a tutela de direitos individuais homogêneos.

§3º Não se admite a conversão, ainda se:

I – já iniciada, no processo individual, a audiência de instrução e julgamento; ou

II – houver processo coletivo pendente com o mesmo objeto; ou

III – o juízo não tiver competência para o processo coletivo que seria formado.

§ 4º Determinada a conversão, o juiz intimará o autor do requerimento para que, no prazo fixado, adite ou emende a petição inicial, para adaptá-la à tutela coletiva.

§ 5º Havendo aditamento ou emenda da petição inicial, o juiz determinará a intimação do réu para, querendo, manifestar-se no prazo de 15 (quinze) dias.

§ 6º O autor originário da ação individual atuará na condição de litisconsorte unitário legitimado para a condução do processo coletivo.

§ 7º O autor originário não é responsável por nenhuma despesa processual decorrente da conversão do processo individual em coletivo.

§ 8º Após a conversão, observar-se-ão as regras do processo coletivo.

§ 9º A conversão poderá ocorrer mesmo que o autor tenha cumulado pedido de natureza estritamente individual, hipótese em que o processamento desse pedido dar-se-á em autos apartados.

§ 10 O Ministério Público deverá ser ouvido sobre o requerimento previsto no *caput*, salvo quando ele próprio o houver formulado.

Razões do veto

"Da forma como foi redigido, o dispositivo poderia levar à conversão de ação individual em ação coletiva de maneira pouco criteriosa, inclusive em detrimento do interesse das partes. O tema exige disciplina própria para garantir a plena eficácia do instituto. Alem disso, o novo Código já contempla mecanismos para tratar demandas repetitivas. No sentido do veto manifestou-se também a Ordem dos Advogados do Brasil –OAB. A Advocacia Geral da União manifestou-se contra."

Comentários: O artigo premia redação complicada e de difícil aplicação. As normas procedimentais, para o litisconsórcio, que existem são claras. A transformação em norma coletiva demandaria um certo malabarismo jurídico que não deve ser adotado. As normas processuais devem fluir com leveza.

"Art. 515. São títulos executivos judiciais, cujo cumprimento dar-se-á de acordo com os artigos previstos neste Título:
Inciso-X – o acórdão proferido pelo Tribunal Marítimo quando do julgamento de acidentes e fatos da navegação."

Razões do veto

"Ao atribuir natureza de título executivo judicial às decisões do Tribunal Marítimo, o controle de suas decisões poderia ser afastado do Poder Judiciário, possibilitando a interpretação de que tal colegiado administrativo passaria a dispor de natureza jurisdicional."

Comentários: Veto corretíssimo. Somente poderá dar força de título executivo judicial quem tem poder jurisdicional de dizer o direito no caso concreto. A competência jurisdicional está posta na Constituição Federal e na Constituição dos Estados. Felizmente, o erro foi detectado e em boa hora vetado.

"Art. 895. O interessado em adquirir o bem penhorado em prestações poderá apresentar, por escrito:
§ 3º As prestações, que poderão ser pagas por meio eletrônico, serão corrigidas mensalmente pelo índice de atualização financeira, a ser informado, se for o caso, para a operadora do cartão de crédito."

Razões do veto

"O dispositivo institui correção monetária mensal por um índice oficial de preços, o que caracteriza indexação. Sua introdução potencializaria a memória inflacionária, culminando em uma indesejada inflação inercial."

Obs. Foi ouvido o Ministério da Fazenda que se manifestou pelo veto.

Comentários: O § 3º foi de má inspiração ao fazer a anexação da correção monetária, numa transmissão inoportuna da memória inflacionária que assolou o pais em décadas passadas.

"Art. 937. Na sessão de julgamento, depois da exposição da causa pelo relator, o presidente dará a palavra, sucessivamente, ao recorrente, ao recorrido e, nos casos de sua intervenção, ao membro do Ministério Público, pelo prazo improrrogável de 15 (quinze) minutos para cada um, a fim de sustentarem suas razões, nas seguintes hipóteses, nos termos da parte final do *caput* do art. 1.021:

VII – no agravo interno originário de recurso de apelação, de recurso ordinário, de recurso especial ou de recurso extraordinário."

Razões do veto

"A previsão de sustentação oral para todos os casos de agravo interno resultaria em perda da celeridade processual, princípio norteador do novo Código, provocando ainda sobrecarga nos Tribunais."

Obs. O Ministério da Justiça opinou pelo veto.

Comentários: O Poder Judiciário brasileiro tem uma cultura de excesso de recursos. E nos tribunais existe a sustentação oral dos recursos básicos com objetivos revisores das sentenças proferidas no primeiro grau. Assim é nos tribunais de justiça e no tribunais regionais federais (Justiça comum federal e Justiça do Trabalho). Para os tribunais superiores, embora se restrinja a análise para a matéria de direito e constitucional, é devida a sustentação oral. O veto foi bem lançado. Estar-se-ia criando mais uma formalidade para os tribunais já assoberbados, quando o Código novo busca a celeridade procedimental. Haveria certamente, se fossem os reflexos deletérios, incoerência.

"Art. 1.015. Cabe agravo de instrumento contra as decisões interlocutórias que versarem sobre:

XII –conversão da ação individual em coletiva."

Razões do veto

"Da forma como foi redigido, o dispositivo poderia levar à conversão de ação individual em ação coletiva de maneira pouco criteriosa, inclusive em detrimento do interesse das partes. O tema exige disciplina própria para garantir a plena eficácia do instituto. Alem disso, o novo Código já contempla mecanismos para tratar demandas repetitivas. No sentido do veto manifestou-se também a Ordem dos Advogados do Brasil –OAB. A Advocacia Geral da União manifestou-se contra."

Comentários: Este veto acompanha o veto feito no art. 333 sobre a conversão de ações individual em coletiva.

"Art. 1.055. O devedor ou arrendatário não se exime da obrigação de pagamento dos tributos, das multas e das taxas incidentes sobre os bens vinculados e de outros encargos previstos em contrato, exceto se a obrigação de pagar não for de sua responsabilidade, conforme o contrato, ou for objeto de suspensão em tutela provisória."

Razões do veto

"Ao converter em artigo autônomo o § 2º do art. 285-B do Código de Processo Ciivil de 1973, as hipóteses de sua aplicação, hoje restritas, ficariam imprecisas e ensejariam interpretações equivocadas, tais como possibilitar a transferência de responsabilidade tributária por meio de contrato."

Comentários: O artigo comete um lapso inescusável, qual seja, o de afirmar que o responsável por tributos, multas e taxas poderá livrar-se por meio de cláusula contratual ou se a dívida foi objeto de suspensão por meio de tutela provisória. O avençado no contrato, dada a bilateralidade que une os contratantes, tem valor de lei entre as partes. Todavia, não há como fazer valer o avençado contra terceiro, pois este está na posição de *res inter alios*. No caso, trata-se do Poder Público. Remetemos aos artigos 134 a 137 do Código Tributário Nacional.

Produção Gráfica e Editoração Eletrônica: Linotec
Projeto de Capa: R. P. Tiezzi
Impressão: Bartira